Wilhelm von Ockham
Texte zur politischen Theorie

W0071151

Wilhelm von Ockham

Texte zur politischen Theorie

Exzerpte aus dem Dialogus

Lateinisch / Deutsch

Ausgewählt, übersetzt
und herausgegeben
von Jürgen Miethke

Philipp Reclam jun. Stuttgart

Umschlagabbildung:
Zeitgenössische Zeichnung von Wilhelm von Ockham
(Codex 464/571 im Gonville and Caius College, Cambridge)

Universal-Bibliothek Nr. 9412
Alle Rechte vorbehalten
© 1995 Philipp Reclam jun. GmbH & Co., Stuttgart
Gesamtherstellung: Reclam, Ditzingen. Printed in Germany 1995
RECLAM und UNIVERSAL-BIBLIOTHEK sind eingetragene
Warenzeichen der Philipp Reclam jun. GmbH & Co., Stuttgart
ISBN 3-15-009412-7

Inhalt

Anhang

Vorbemerkung

Eine zweisprachige Ausgabe des gesamten gewaltigen Fragments von Ockhams *Dialogus*, einer Hauptschrift politischer Theorie des späteren Mittelalters, ist in Reclams Universalbibliothek schwer vorstellbar: die in Vorbereitung befindliche kritische Ausgabe des lateinischen Texts wird allein drei oder vier gediegene Bände des normalen Oktavformats von jeweils mehreren hundert Seiten umfassen. Angesichts schwindender Lateinkenntnisse können aber bei der Einführung für Studierende und Interessenten auch zweisprachige Auswahlausgaben von Nutzen sein, da ein Leser, durch die Übersetzung an das Werk herangeführt, sogleich selbst am lateinischen Text die Übersetzung überprüfen kann, die bei aller erstrebten Genauigkeit doch stets auch Interpretation sein muß.

Vor einiger Zeit habe ich eine weiter ausgreifende deutsche Übersetzung von Auszügen aus Ockhams *Dialogus* zur politischen Theorie publiziert, der der lateinische Text nicht gegenübergestellt werden konnte. Dem Reclam-Verlag, der schon Ockhams Erkenntnistheorie in einer eigenen, von Ruedi Imbach betreuten zweisprachigen Auswahl vorgestellt hat (Universal-Bibliothek, Nr. 8239), ist es zu danken, daß er eine erheblich verminderte Fassung dieser Auswahlübersetzung (die noch einmal durchgesehen wurde) zusammen mit dem lateinischen Text (vgl. dazu das Nachwort, S. 398 f.) zugänglich macht.

Der Wissenschaftlichen Buchgesellschaft in Darmstadt sage ich für die Überlassung der Verlagsrechte an der deutschen Übersetzung zu diesem Vorhaben meinen verbindlichen Dank. Herzlichen Dank habe ich auch den Helfern abzustatten, ohne die das Manuskript nicht hätte erstellt werden können, vor allem an Studienreferendarin Eva Luise Wittneben, die mit wacher Sprachkompetenz und penibler Aufmerksamkeit bei der Erstellung des lateinischen Textes

geholfen hat. Für technische Hilfe danke ich stud. phil. Helke Rausch und stud. phil. Harald Braun sowie für das Schreiben des lateinischen Manuskriptteils Frau Gisela Grieger. Den Dank an Susanne Degenring, Christoph Flüeler und Roberto Lambertini für Hilfe bei der Verifizierung von Zitaten wiederhole ich hier gern. Die Hilfestellung von ihnen allen und von zahlreichen hier nicht genannten Ratgebern, die mich bei dem einen oder anderen Problem mit hilfreichen Winken auf einen mir gangbar scheinenden Weg geführt haben, entbindet mich freilich nicht von der Verantwortung für Fehler und Irrtümer, die ausschließlich von mir zu verantworten sind: *haec omnia corrigat benevolens lector.* Möge diese Sammlung von Splittern eines großen Textes dazu helfen, das Bild spätmittelalterlicher Reflexion über politische Strukturen exemplarisch zu vertiefen und zu verlebendigen.

Heidelberg, im April 1995   *Jürgen Miethke*

Texte aus dem »Dialogus«

1

Versprengter Prolog zum »Dialogus« [aus Ms. Frankfurt a. M., Stadt- und Universitätsbibliothek, lat. qu. 4, fol. 12vb]

Venerandorum virorum vestigia non relinquens duas personas, discipuli scilicet et magistri, finxi seu suscepi, inter quas sequens dialogus verteretur, in persona discipuli verbis utens quam pluribus, ex quibus posse colligi videretur, quod idem discipulus de parte esset mihi omnino contraria mecumque communionem habere penitus non auderet tali modo, quod ego sequentis operis essem auctor, omnibus duobus exceptis putans et gestiens occultari.

Sed contra estimationem meam et intencionem accidit, nescio per quem, contrarium. Nam communicata prima parte operis huius, statim quod ego feceram, quam plures non latuit. Nec tamen propter hoc inceptum procedendi modum et loquendi dimisi, sed continuavi et usque in finem continuare propono. Quam ob rem nemo mihi debet quamcumque opinionem qualitercumque hic discussam vel recitatam imponere, nisi quam alias vel aliis in operibus a me scriptam vel dictam assertive vel opinative cognoverit. Nihil enim in persona mea sed aliorum hic dico. Quid autem de omnibus sentio, in quodam alio opere intendo concedente domino explicare.

Selbstzeugnis (?) Ockhams zum »Dialogus«

Dem Vorbild verehrungswürdiger Männer eiferte ich nach, als ich zwei Rollen, die eines Schülers und die eines Lehrers, eingerichtet und übernommen habe, zwischen denen das folgende Zwiegespräch stattfinden sollte, wobei ich in der Rolle des Schülers häufig Äußerungen gebrauchte, aus denen anscheinend entnommen werden konnte, daß dieser Schüler der mir gänzlich entgegengesetzten Partei zugehört und mit mir Gemeinschaft zu halten ganz und gar nicht wagen könnte, so sehr, daß ich mich dem Glauben hingeben konnte, daß meine Urheberschaft an dem folgenden Werk allen, mit Ausnahme vielleicht von zwei Personen, verborgen bleiben könnte, was ich mir sehr wünschte.

Aber meiner Einschätzung und Absicht zuwider geschah das Gegenteil, ohne daß ich weiß, wer das bewirkt hat. Denn als der erste Teil dieser Schrift einmal veröffentlicht war, war sofort sehr vielen Menschen klar, daß ich der Verfasser war. Dennoch habe ich deswegen nicht das, was einmal begonnen war, in der Methode des Vorgehens oder Form der Darstellung aufgegeben, sondern habe es fortgesetzt, und beabsichtige, es zu Ende zu führen. Darum soll niemand mir irgendeine Auffassung, die hier irgendwie erörtert oder vorgetragen wird, persönlich zurechnen, es sei denn, daß ich sie anderwärts in anderen Schriften als eigene Position oder Meinung niedergeschrieben oder vertreten hätte. Hier nämlich sage ich nichts in eigener Person, sondern spreche nur im Namen anderer. Was ich selber aber zu alledem denke, das habe ich vor, in einer anderen Schrift, so Gott will, zu erläutern.

MAGISTER. In omnibus curiosus existis nec me desinis infestare. Quamvis enim ob multos editos laboriose tractatus scias me non modicum fatigatum, quoddam tamen opus insolitum postulas importune. Nam ut de controversia, que de fide catholica et multis incidentibus inter christianos nunc vertitur questio, quam tibi summam exponam, impudenter exposcis et audacter formam procedendi modumque loquendi mihi, ut dicis, intendis imponere. Sane cum tuam fuerim importunitatem frequenter expertus, non eo quod amicus meus es, sed propter improbitatem tuam voluntati tue parere conabor. Quale ergo opus et cuiusmodi desideras, manifesta.

DISCIPULUS. Vehementer exulto, quod tu meis supplicationibus acquiescis. Teneo ergo firmissime, quod opus futurum occasionem inveniendi veritates quamplurimas toti christianitati perutiles ministrabit. Quod opto in tres distingui partes, quarum prima 'De hereticis', secunda 'De dogmatibus Iohannis XXII.', tertia 'De gestis *circa* fidem altercantium orthodoxam' volo vocari. Totum vero opus 'Dialogum' censeo appellandum. Peto enim, ut per interrogationem et per responsionem fiat. Volo enim te interrogare et tu mihi respondebis. Persona autem mea nomine discipuli, tua vero nomine magistri vocetur, in quo personam recitantis assumas, nec tantum unam, sed plures, quando tibi videbitur, ad eandem interrogationem narra sententias. Sed quod tua sapientia sentit, mihi velis nullatenus indicare. Quamvis enim velis omnino, ut cum diversas et adversas

Programm und Methode des »Dialogus«

LEHRER. Allzu groß ist deine Neugier, denn du läßt nicht davon ab, mich zu bedrängen: wenngleich du weißt, daß ich der mühselig allenthalben entstandenen Traktate einigermaßen müde bin, forderst du unpassend ein ganz ungewöhnliches Werk von mir. Denn unverschämt verlangst du von mir, dir die Auseinandersetzung, die zur Zeit unter den Christen über den katholischen Glauben geführt wird, und vieles, was damit zusammenhängt, systematisch zu erklären, und keck willst du mir auch noch die Methode des Vorgehens und die Form der Darlegung vorschreiben. Wenn ich auch schon häufig deine Rücksichtslosigkeit erfahren habe, so will ich doch versuchen, deinem Wunsche zu willfahren, nicht weil du mein Freund bist, sondern weil du so unverschämt bittest [vgl. Lc. 11,8]. Mache mir also deutlich, was für ein Werk du von mir haben willst.

SCHÜLER. Ich freue mich sehr, daß du dich meiner Bitte anbequemst. Denn ich glaube fest, daß das Werk, an das wir jetzt gehen, die Gelegenheit bieten wird, sehr viele Wahrheiten aufzuspüren, die der ganzen Christenheit großen Nutzen bringen. Die Schrift soll in drei Teile gegliedert werden. Dabei will ich, daß der Titel des ersten Teils »Die Ketzer« lauten soll, der des zweiten »Die Lehren Johannes' XXII.« und der des dritten »Die Geschichte derer, die um den rechten Glauben streiten«. Das ganze Werk aber soll, so meine ich, »Zwiegespräch« heißen, denn ich will, daß es in Frage und Antwort voranschreite. Ich will dich fragen, und du sollst mir antworten. Ich will unter dem Namen »Schüler« auftreten, du aber sollst »Lehrer« heißen, wobei du die Rolle eines Berichterstatters übernimmst, und nicht nur eine, sondern, wenn es dir gut scheint, mehrere Meinungen zu meinen Fragen anführst. Was aber du selbst in deiner Weisheit denkst, das sollst du mir keinesfalls anzeigen. Ob du schon, wo du verschiedene und auch gegen-

assertiones fueris discursurus, tuam conclusionem minime pretermittas, que tamen tua sit, nullatenus manifestes. Ad quod petendum moveor ex duobus: Primum est, quia tantam de tua doctrina estimationem obtineo, quod propter sententiam, quam te omnino scirem asserere, intellectum proprium cogerer captivare. In his autem, que modo gestio indagare, nolo auctoritate moveri, sed quid in me possint rationes et auctoritates, quas quis adduceret, aut meditatio propria, experiri. Secundum est, quia cum amor et odium, superbia, ira et invidia nec non alie anime passiones ab inquisitione veritatis humanum impediant, imo et pervertant iudicium, si sententiam tuam et etiam nomen occultare volueris, nec amici opus futurum plus quam debeant amplectentur, nec plus quam oporteat despicient inimici. Sed hi et illi non, quis est alicuius sententie auctor, sed quid dicitur attendentes remotis zeli oculis scribenda respicient et insistent sincerius indagare veritatem. Propter quam etiam rationem in hoc opere, quid de domino summo pontifice ac de doctrina eius suisque emulis sentias, nunquam aperias. Quod ut magis abscondas, cum de personis loqueris, eorum nomina supprimas officiorum et primis litteris nominum propriorum appella. Unde dominum papam dominum I., Bavarie dominum B., fratrem Michaelem generalem Fratrum Minorum M., fratrem Giraldum Odonis fratrem G. cura vocare.

A te autem specialiter hoc opus efflagito, non solum quia te reputo pre aliis eruditum, sed etiam quia te video circa controversiam prefatam singulariter occupatum. Omnes

sätzliche Antworten erörterst, die deinige nicht auslassen
darfst, sollst du doch auf keinen Fall deutlich machen, welches deine Meinung ist. Zu dieser Bitte fühle ich mich aus
zwei Gründen bewogen: Einmal fühle ich mich von einer
großen Wertschätzung deiner Gelehrsamkeit so befangen,
daß ich wegen der Meinung, die ich als die deine kennte,
meine eigene Einsicht in Zaum nehmen würde. Aber bei
dem Thema, das ich jetzt untersuchen möchte, möchte ich
mich nicht durch deine Wertschätzung bestimmen lassen,
sondern erfahren, was Vernunftgründe und Autoritäten, die
eine Partei anführt, oder was eigenes Nachdenken bei mir
vermögen. Zweitens aber, weil Liebe und Haß, Stolz, Zorn
und Mißgunst und all die anderen Leidenschaften das
menschliche Urteil bei der Suche nach der Wahrheit behindern, ja es verkehren, werden, wenn du deine eigene Meinung und auch deinen Namen verbirgst, weder Freunde die
künftige Schrift mehr als billig begrüßen, noch auch die
Gegner sie mehr als nötig verachten. Vielmehr werden beide
nicht darauf achten müssen, wer eine bestimmte Meinung
vertritt, sondern was gesagt wird. Und sie werden ohne Ei-
feraugen allein auf das schauen, was da geschrieben steht,
und ernsthafter darauf bedacht sein, die Wahrheit zu erforschen. Aus eben diesem Grunde sollst du auch in dieser
Schrift niemals offenlegen, was du vom Herrn Papst und
seiner Lehre und was du von dessen Feinden hältst. Um das
noch stärker verborgen halten zu können, sollst du, wenn
du von Einzelpersonen sprichst, ihre Amtstitel unterdrük-
ken und sie mit den Initialen ihres Namens bezeichnen.
Nenne denn also den Herrn Papst den Herrn J.[ohannes],
den Herrn Bayerns nenne den B.[ayern], Bruder Michael,
den Generalminister der Minderbrüder, nenne Bruder M.;
Bruder Geraldus Odonis Bruder G.

Von dir fordere ich die Schrift freilich nicht nur deshalb,
weil ich dich vor anderen für gelehrt halte, sondern auch
darum, weil ich dich in besonderer Weise mit der genannten
Kontroverse beschäftigt sehe: alle Streitschriften und Bü-

enim libellos et opera adversariorum contra dominum summum pontificem niteris congregare, in quibus sine intermissione studes, ita ut aliquando occasionem habeam suspicandi, quod aliqua dubitatio in corde tuo de summo pontifice eiusque doctrina nascatur. Quia tamen a me (quem scis eiusdem domini summi pontificis *sincerrimum* zelatorem et quod adversarios complicesque eorum valde detestor) de predictis nihil abscondis, mihi prebes materiam opinandi, quod ad reprobandum tempore opportuno omnia opera colligis emulorum. Verumtamen propter motiva prescripta ante huius operis consummationem mihi mentem tuam minime pandas nec propter hoc putes te culpam aliquam incursurum. Primam ergo partem de hereticis acceleres inchoare. [. . .]

MAGISTER. Affectas, ut video, quatenus ex serie dicendorum nemo possit colligere, quam partem dissentientium circa fidem catholicam reputem iustiorem; quod tue satisfaciens voluntanti una cum aliis, que vel efflagitas vel affectas, servare curabo. Primo tamen, cum opus futurum per interrogationem et responsionem fieri roges, responsionem autem interrogatio antecedit, tuum erit incipere. Quod ergo tibi placet, interroga.

cher der Gegner des Herrn Papstes sammelst du eifrig und studierst in ihnen ohne Unterlaß, so daß ich bisweilen schon den Verdacht hegen möchte, in deinem Herzen keime ein Zweifel über den Papst und seine Lehre. Wenn du aber vor mir (der ich, wie du weißt, ganz ernsthaft ein Anhänger des Herrn Papstes bin und seine Gegner und deren Anhänger zutiefst verabscheue) nichts von alledem verbergen wirst, gibst du mir andererseits Anlaß zur Annahme, daß du all diese Schriften seiner Feinde nur sammelst, um sie zu geeigneter Zeit zu widerlegen. Aus den oben genannten Gründen sollst du mir jedoch das Innere deiner Gedanken vor der Beendigung der vorliegenden Schrift keineswegs offenbaren und brauchst nicht zu glauben, mir darin irgend etwas schuldig zu bleiben. So beginne denn eilends den ersten Teil, der »Die Ketzer« betitelt ist. [...]

LEHRER. Du wünschst, wie ich sehe, daß aus der Reihenfolge der Argumente niemand entnehmen könne, welcher der beiden Parteien, die sich um den katholischen Glauben streiten, ich die gerechtere Sache zuschreibe. Deinem Wunsch willfahrend will ich das ebenso wie deine anderen Forderungen und Wünsche sorgfältig beachten. Da aber das künftige Buch in Frage und Antwort vonstatten gehen soll, einer Antwort aber eine Frage vorausgeht, ist es zuallererst deine Sache zu beginnen. Frage also, was du willst.

I Dialogus V, cc. 1–5 [fol. 32vb–37ra]

c. 1

DISCIPULUS. [. . .] Nunc autem, postquam quesivi, quomodo potest quis convinci esse hereticus, indagare propono, qui possint pravitate heretica maculari. Et quia omnes christiani sentire videntur, quod tota multitudo christianorum hereticari non potest; quidam autem secundo, quod
nec concilium generale; aliqui vero tertio, quod Romana ecclesia; nonnulli autem quarto, quod nec collegium cardinalium; aliqui vero quinto, quod nec etiam papa potest heretica pollui pravitate. Ideo de istis quinque, quid sentiant
christiani, cupio ut mihi reveles. Primo autem dicas, an omnes putent papam intrantem canonice hereticari non posse. MAGISTER. De hoc sunt opiniones contrarie. Sunt enim
quidam dicentes, quod papa intrans canonice errare potest
contra catholicam veritatem et pravitati heretice pertinaciter
adherere. Alii autem dicunt, quod papa intrans canonice
contra fidem errare non potest. DISCIPULUS. Quomodo
primi opinantes se muniunt, non differas explicare. MAGI-
STER. Assertionem predictam auctoritatibus et exemplis ac
etiam rationibus fulcire nituntur.

Primo autem hoc auctoritate beati Pauli conantur ostendere, quia Hebr. 7 sic legitur: '*Omnis pontifex ex hominibus
assumptus pro omnibus constituitur in his, que sunt ad
deum, ut offerat deo sacrificia pro peccatis, et qui condolere
possit his, qui ignorant et errant, quoniam et ipse circumdatus est infirmitate.*' Ex quibus verbis colligitur, quod omnis

Der Papst als Ketzer

c. 1

SCHÜLER. [. . .] Nachdem ich gefragt habe, wie jemand als Ketzer überführt werden kann, schlage ich nun zur Untersuchung die Frage vor, wer sich mit ketzerischer Schlechtigkeit beflecken kann. Alle Christen meinen offenbar, daß die gesamte Menge der Gläubigen nicht zu Ketzern werden kann; andere auch, daß darüber hinaus das Generalkonzil nicht ketzerisch werden kann; wieder andere leugnen das drittens von der Römischen Kirche; viertens meinen einige, daß auch das Kardinalskolleg nicht zu Ketzern werden kann; fünftens meinen andere, daß auch der Papst sich nicht mit ketzerischer Schlechtigkeit beflecken kann. Daher möchte ich, daß du mir eröffnest, was christliche (Gelehrte) über diese fünf Ansichten meinen. Zuerst aber sage mir, ob alle glauben, daß ein kanonisch in sein Amt gelangter Papst nicht Ketzer werden kann. LEHRER. Darüber gibt es gegensätzliche Auffassungen. Einige sagen, daß auch ein kanonisch in sein Amt gelangter Papst gegen die katholische Wahrheit irren und einer Ketzerei hartnäckig anhangen kann. Andere aber sagen, daß ein kanonisch in sein Amt gelangter Papst gegen den Glauben nicht irren kann. SCHÜLER. Erkläre mir ohne Zögern, wie die Vertreter der ersten Meinung sich mit Argumenten versehen. LEHRER. Diese Aussage möchten sie mit Autoritäten und Präzedenzfällen und auch mit Argumenten stützen.

Erstens versuchen sie es mit dem Wort des heiligen Paulus zu beweisen, denn Hebr. 7 [richtig: Hebr. 5,1 f.] ist zu lesen: »*Denn ein jeglicher Hoherpriester, der aus Menschen genommen wird, der wird gesetzt für die Menschen zum Dienst vor Gott, auf daß er opfere Gaben und Opfer für die Sünden. Er kann mitfühlen mit denen, die da unwissend sind und irren, weil er auch selber Schwachheit an sich*

pontifex ex hominibus assumptus – qualis est summus pontifex – sicut condolere potest his, qui ignorant et errant, ita et infirmitate, id est potentia ignorandi et errandi, circumdatus dinoscitur. Item, 1. Cor. 10 apostolus generaliter admonet omnes in gratia minime confirmatos dicens: *'Qui se existimat stare, videat, ne cadat.'* Ex quibus verbis datur intelligi, quod omnis homo in gratia minime confirmatus potest cadere in peccatum et per consequens potest errare contra fidem. Item apostolus ad Gal. 6 universitatem erudiens prelatorum, quomodo debent subditos instruere suos, ait: *'Si preoccupatus fuerit homo in aliquo delicto, vos, qui spirituales estis, instruite huiusmodi in spiritu lenitatis considerans teipsum, ne et tu tenteris.'* Ex quibus datur intelligi, quod de omni delicto, de quo preoccupatus fuerit subditus homo, potest prelatus tentari et consimile delictum committere. Cum ergo a predicta admonitione apostoli papa minime sit exceptus et subditi possunt errare contra fidem, considerare debet etiam summus pontifex, ne de errore contra fidem tentatus in hereticam incidat pravitatem.

Item hoc probatur auctoritate Bonifacii, qui legitur di. 40, c. 'Si papa', qui loquens de papa ait: *'Huius culpas istic redarguere presumit nullus mortalium, quia cunctos ipse iudicaturus a nemine est iudicandus, nisi deprehendatur a fide devius.'* Ex quibus verbis evidenter colligitur, quod papa a fide deviare potest catholica et hereticam incurrere pravitatem. Quod glosa ibidem asserit manifeste, di. super verbo 'a

trägt.« Aus diesen Worten kann man entnehmen, daß jeder Hohepriester, der aus den Menschen genommen wird – und solch einer ist auch der höchste Bischof – in gleicher Weise, wie er mit denen mitfühlen kann, die da unwissend sind und irren, auch Schwachheit, d. h. die Fähigkeit zu Unwissenheit und Irrtum, ganz offensichtlich an sich trägt. Auch ermahnt der Apostel 1. Cor. 10,12 ganz allgemein die, die in der Gnade nicht gefestigt sind, wenn er schreibt: »*Wer sich läßt dünken, er stehe, mag wohl zusehen, daß er nicht falle.*« Mit diesen Worten wird uns zu verstehen gegeben, daß jeder Mensch, der nicht in der Gnade gefestigt ist, in Sünde fallen kann und folglich auch gegen den Glauben irren kann. Ebenso zeigt der Apostel Gal. 6,1 der Gesamtheit aller Prälaten, wie sie ihre Untergebenen unterrichten sollen, wenn er sagt: »*Wenn ein Mensch etwa von einem Fehl übereilt würde, so helfet ihm wieder zurecht mit sanftmütigem Geist, ihr, die ihr geistlich seid; und siehe auf dich selbst, daß du nicht versucht werdest.*« In diesen Worten wird zu verstehen gegeben, daß der Prälat von jedem Fehl, dessen sich ein Untergebener schuldig macht, selber versucht werden und es ebenso begehen kann. Da aber von dieser Ermahnung des Apostels der Papst keineswegs ausgenommen wird und da die Untergebenen gegen den Glauben irren können, muß auch der höchste Bischof sich hüten, sich von einem Irrtum gegen den Glauben in Versuchung führen zu lassen und in ketzerische Schlechtigkeit zu verfallen.

Auch wird das bewiesen mit einem Text von (Pseudo-) Papst Bonifaz I., den man D. 40 c. 6 lesen kann, denn der sagt, und er redet vom Papst: »*Seine Schuld nehme sich kein Sterblicher heraus ihm vorzuwerfen, denn er ist es, der alle richten wird, ist aber von niemandem zu richten, es sei denn, er werde als jemand erfunden, der vom Glauben abgewichen ist.*« Aus diesen Worten geht evident hervor, daß der Papst vom katholischen Glauben abweichen kann und in Ketzerei verfallen kann, was auch die Glosse ebenda ganz

fide': '*Quod intelligit Huguccio: cum papa non vult corrigi.
Si enim paratus esset corrigi, non posset accusari.*' Et infra:
'*Fit specialiter mentio de heresi, ideo quia etsi occulta esset
heresis, de illa posset accusari.*' Et infra querit dicens: '*Nunquid posset papa statuere, quod non posset accusari de heresi?*' Et respondet dicens: '*Respondeo, quod non, quia ex
hoc periclitaretur tota ecclesia.*' Ex his verbis patenter habetur, quod papa potest de heresi accusari, et per consequens
potest pravitate heretica irretiri. Item eandem assertionem
auctoritate Urbani pape, que ponitur 25 q. 1, c. 'Sunt quidam', nituntur astruere. Ait enim Urbanus papa: '*Sciendum
summopere est, quod inde novas leges potest condere, unde
evangeliste aliquid nequaquam dixerint. Ubi vero aperte
dominus vel eius apostoli aut eos sequentes sancti patres sententialiter aliquid dixerunt, ibi non novam legem Romanus
pontifex dare potest, sed potius quod predicatum est usque
ad animam et sanguinem, confirmare debet. Si enim, quod
docuerunt apostoli et prophete, destruere (quod absit) niteretur, non sententiam dare, sed magis errare convinceretur.*'
Ex his insinuatur, quod quamvis Romanus pontifex non debeat, tamen potest errare contra apostolos et prophetas, et
ita potest heretica infici pravitate. Quod glose multe super
decreta sententialiter et vocaliter asserunt et affirmant.
Glosa enim 24 q. 1, c. finale: '*Quando quis incidit in heresim
iam damnatam, est casus, in quo papa iam papam ligare potest et in quo papa canonem late sententie incidit. Nec obstat
illa regula: Par parem solvere vel ligare non potest. Quia si*

klar ausdrückt, die über D. 40 c. 6, s. v. *a fide devius*, sagt:
»Das versteht Huguccio[1] *so: wenn der Papst sich nicht korri-*
gieren lassen will. Wenn er sich nämlich korrigieren zu las-
sen bereit ist, könnte er nicht angeklagt werden.« Und weiter unten: *»Hier wird ausdrücklich der Ketzer Erwähnung*
getan. Darum könnte er, auch wenn es eine verborgene Ket-
zerei wäre, ihrer doch angeklagt werden.« Und ein wenig
später fragt diese Glosse: *»Könnte der Papst nicht durch*
Statut bestimmen, daß er einer Ketzerei nicht angeklagt
werden kann?« Und sie antwortet: *»Ich sage nein. Denn*
damit geriete die gesamte Kirche in Gefahr.« Aus diesen
Worten sieht man klar, daß der Papst einer Ketzerei angeklagt werden kann und folglich kann er sich in Ketzerei verstricken. Sie versuchen, dieselbe Behauptung auch mit einem Text des Papstes Urban zu begründen, der C. 25 q. 1
c. 6 steht; Papst Urban sagt nämlich: *»Man muß allerdring-*
lichst wissen, daß er dort neue Gesetze geben kann, wo die
Evangelisten keine spezifischen Äußerungen gemacht ha-
ben. Wo aber der Herr oder seine Apostel oder die heiligen
Väter, die ihnen gefolgt sind, irgendeine Äußerung getan
haben, dort kann der Römische Bischof kein neues Gesetz
geben, vielmehr muß er bis aufs Blut und bis zur Hingabe
seines Lebens bekräftigen, was [dort] gepredigt wurde.
Denn sollte er, was ferne sei, zerstören wollen, was die Apo-
stel und Propheten gelehrt haben, dann wäre er überführt,
nicht so sehr ein Urteil zu sprechen, als zu irren.« Darin
wird angedeutet: Wenngleich ein römischer Bischof nicht irren sollte, kann er doch irren gegen die Apostel und Propheten;[2] also kann er auch von Ketzerei angesteckt werden, was
viele Glossen über Canones des Dekrets ausdrücklich und
wörtlich schreiben und sagen, so die Glosse zu C. 24 q. 1
c. 16: *»Wenn jemand in eine bereits verurteilte Ketzerei ver-*
fällt, entsteht ein Fall, in dem ein Papst einen anderen Papst
binden kann, wenn ein Papst die Festsetzung eines ergange-
nen Urteils auf sich zieht; und die Regel: Ein Gleicher kann
einen Gleichen nicht binden oder lösen, steht dem nicht ent-

papa hereticus est, in eo, quod hereticus, est minor quocun-
que catholico.' Item eadem causa 2 q. 1, c. 'Recta', et dicit
glosa: *'Quero, de qua ecclesia intelligas, quod dicitur, quod*
non possit errare? Non de ipso papa, quia ecclesia dicitur, ut
supra eodem "Quicunque" et 27 q. 1; scire debes, quod cer-
tum est, quod papa potest errare, sicut di. 19 c. "Anastasius"
et di. 40, "Si papa".' Item 24 q. 1, 'Que ad perpetuam', dicit
glosa, quod *'papa contra generale ecclesie statutum dispen-*
sare non potest nec contra articulos fidei. Nam etsi omnes as-
sentiant ei, non valet statutum, sed omnes heretici essent,
di. 15, "Sicut".'

c. 2

DISCIPULUS. Iste auctoritates sufficiant pro assertione
predicta, ideo adducas exempla. MAGISTER. Quod papa intrans canonice potest errare contra catholicam veritatem
multis exemplis ostenditur. Apertum autem exemplum est
de apostolorum principe beato Petro, quem ideo (ut videtur) divina providentia, postquam ipsum ad papatum as-
sumpsit, errare permisit, ne successores eius – ipso fide,
constantia et sanctitate longe inferiores – se non posse errare putarent. Quod autem beatus Petrus contra veritatem
evangelii erraverit, beatus Paulus ad Gal. 2 asserit manifeste
dicens: *'Cum autem venisset Cephas Antiochiam, in faciem*
ei resisti, quia reprehensibilis erat.' Et quod reprehensibilis
erat, apparet, quia erravit contra evangelicam veritatem. Et
quod erravit contra evangelicam veritatem, ostendit sub-
dens: *'Cum vidissem, quod non recte ambulabat ad veri-*
tatem evangelii, dixi Cephe coram omnibus: "Si tu, cum

*gegen. Denn wenn der Papst Ketzer ist, ist er damit, daß er
Ketzer ist, geringer als jeder Katholik.«* – Ebenso sagt zu
derselben Causa 24 q. 1 c. 9 die Glosse [s. v. *novitatibus*]:
*»Ich frage, von welcher Kirche nach deinem Verständnis
hier gesagt ist, daß sie nicht irren kann? Nicht vom Papst,
der ja bisweilen für die Kirche steht, wie oben in C. 27 q. 1*
[richtig: C. 24 q. 1 c. 6 und C. 7 q. 1 c. 7]; *es ist nämlich sicher,
daß der Papst irren kann, wie D. 19 c. 9 und D. 40 c. 6.«* So
sagt auch die Glosse zu C. 25 q. 1 c. 3 [s. v. *nulla commuta-
tione*]: *»Der Papst kann gegen das allgemeine Gesetz der
Kirche nicht dispensieren, auch nicht gegen Glaubensarti-
kel. Denn wenn auch alle ihm beipflichteten, so gälte das Gesetz doch nicht, vielmehr wären alle Ketzer, wie in D. 15
c. 2. steht.«*

c. 2

SCHÜLER. Diese Autoritäten sollen jetzt für die besagte
Meinung ausreichen. Führe deshalb die Präzedenzfälle an!
LEHRER. Daß ein Papst, der kanonisch in sein Amt gelangt
ist, gegen die katholische Wahrheit irren kann, läßt sich an
vielen Präzedenzien zeigen. Ein ganz offensichtlicher Fall
ist der Apostelfürst Petrus, den die göttliche Vorsehung
deshalb, nachdem sie ihn bereits für das päpstliche Amt bestimmt hatte, noch irren ließ, damit nicht seine Nachfolger
– die ja an Glauben, Standfestigkeit und Heiligkeit weit geringer sind als er – meinten, sie könnten nicht irren. Daß
der heilige Petrus gegen die Wahrheit des Evangeliums irrte,
sagt der heilige Paulus Gal. 2,11 ganz offenkundig, wenn es
heißt: *»Als aber Kephas nach Antiochien kam, widerstand
ich ihm ins Angesicht, denn er war tadelnswert.«* Und daß
er tadelnswert war, ist deutlich zu erkennen, irrte er doch
gegen die evangelische Wahrheit. Und daß er gegen die
evangelische Wahrheit irrte, sagt Paulus im Anschluß
[Gal. 2,14]: *»Als ich aber sah, daß er nicht recht wandelte
nach der Wahrheit des Evangeliums, sprach ich zu Kephas*

*iudeus sis, gentiliter vivis et non iudaice, quomodo cogis
gentes iudaizare?"'* Ex his verbis datur intelligi, quod beatus Petrus a veritate deviavit. Unde quod a fide Christi
exorbitaverit, habetur in decretis 2 q.7, c. 'Testes', 'Ecce',
ubi Gratianus allegat, quod subditi valeant reprehendere
prelatos per exemplum de Paulo, qui reprehendit beatum
Petrum. Cui allegationi respondet dicens, quod hoc licet,
quando prelati a fide exorbitant, quemadmodum exorbita-
vit beatus Petrus. Unde dicit ibidem in hec verba: *'Paulus
Petrum reprehendit, qui princeps apostolorum erat. Unde
datur intelligi, quod subditi possunt reprehendere prelatos, si
fuerint reprehensibiles.'* Et isti allegationi respondet dicens:
*'Sed hoc facile refellitur, si unde sit reprehensus, advertitur.
Petrus cogebat gentes iudaizare et a veritate evangelii rece-
dere cum iudeis gregem faciens et a cibis gentilium latenter
se subtrahens. Par autem est in se a fide exorbitare et alios
exemplo vel verbo a fide deiicere. Ergo hoc exemplo non
probantur prelati accusandi a subditis, nisi forte a fide exor-
bitaverint vel exorbitare coegerint.'* Ex his verbis patet,
quod beatus Petrus erravit non recte ad veritatem evangelii
ambulando.

DISCIPULUS. Nunquid doctores moderni tenent, quod
beatus Petrus erravit contra fidem? MAGISTER. Thomas de
Aquino hoc tenet manifeste. Nam 2. 2, q. 33, art. 4 dicit in
hec verba: *'In faciem resistere coram omnibus excedit modum fraterne correctionis. Et ideo Paulus Petrum non repre-
hendisset, nisi aliquo modo esset ei par quantum ad fidei*

vor allen öffentlich: ›*Wenn du, der du ein Jude bist, heidnisch lebst und nicht jüdisch, warum zwingst du dann die Heiden, jüdisch zu leben?*‹« Diese Worte geben zu verstehen, daß der heilige Petrus von der Wahrheit abwich. Daß er vom Glauben an Christus sich entfernte, steht im Dekret C. 2 q. 7 p. c. 39, wo Gratian auch anführt, daß die Untergebenen ihre Prälaten tadeln können nach dem Beispiel des Paulus, der den heiligen Petrus tadelte. Und diesem Argument antwortet er, daß es erlaubt ist, wenn die Prälaten vom Glauben abweichen, wie der heilige Petrus abgewichen ist. So sagt er dort wörtlich: »*Paulus tadelte Petrus, der der Fürst der Apostel war. Damit wird zu verstehen gegeben, daß die Untergebenen die Prälaten tadeln können, wenn sie tadelnswert sind.*« Und auf dieses Argument antwortet er (Gratian) ebenda, wie folgt: »*Aber das läßt sich leicht widerlegen, wenn man beachtet, warum Petrus tadelnswert war; Petrus gedachte, die Heiden jüdisch zu machen und von der Wahrheit des Evangeliums zurückzuweichen, weil er mit den Juden eine Sondergruppe bilden wollte und sich heimlich den Speisen der Heiden entzog. Ein Gleiches aber ist es, für sich allein vom Glauben abzuweichen, wie andere durch Tat und Wort vom Glauben abzubringen. Also kann durch dies Beispiel nicht gesagt werden, daß die Prälaten von ihren Untergebenen angeklagt werden können, es sei denn, daß sie vielleicht vom Glauben abgewichen sind oder andere gezwungen haben, vom Glauben abzuweichen.*« Daraus wird deutlich, daß der heilige Petrus in Irrtum fiel und nicht richtig nach der Wahrheit des Evangeliums wandelte.

SCHÜLER. Glauben nicht auch unsere modernen Theologen, daß der heilige Petrus gegen den Glauben irrte? LEHRER. Thomas von Aquin ist offenkundig dieser Auffassung, denn in [seiner »Summa Theologica«] 2,2 q. 33, a. 4, sagt er wörtlich: »*Vor allen ihm ins Angesicht zu widerstehen, geht weit über eine brüderliche Zurechtweisung hinaus. Und daher hätte Paulus Petrus nicht getadelt, wenn er ihm nicht wenigstens hinsichtlich der Verteidigung des Glaubens ir-*

defensionem.' Et subdit: *'Sciendum tamen est, quod ubi imminet periculum fidei, etiam publice essent prelati a subditis arguendi. Unde et Paulus, qui erat subditus Petro, propter imminens periculum scandali circa fidem Petrum publice arguit.'*

DISCIPULUS. Miror, quomodo isti presumunt beatum Petrum inter hereticos numerare. MAGISTER. Erras ipsis imponendo falsum, quod minime dicunt. Non enim sentiunt, quod beatus Petrus fuerit hereticus, licet erraverit, quia suo errori pertinaciter nequaquam adhesit. Nam ad correctionem beati Pauli statim se correxit et reprehensionem eiusdem libenter audivit nec beatum Paulum predicantem veritatem in aliquo molestavit.

DISCIPULUS. Ut video, secundum istos, si beatus Petrus suo errori pertinaciter adhesisset, fuisset inter hereticos computandus, ideo ad alia exempla te converte. MAGISTER. Secundum exemplum de beato Marcellino papa, qui contra fidem erravit idola adorando, de quo Nicolaus papa, ut habetur di. 21, 'Nunc autem', ait: *'Tempore Diocletiani et Maximiani augustorum Marcellinus, episcopus urbis Romane, qui postea insignis martyr effectus est, adeo compulsus est a paganis, ut templum eorum ingressus grana thuris super prunas imponeret.'* Et in legenda eiusdem sic legitur: *'Marcellinus ad sacrificandum ductus est, ut thurificaret, quod etiam fecit.'* Et in cronicis sic habetur: *'Qui compulsus a Diocletiano incensum idolis dedit.'* Et infra ad scelus inquit: *'"Idolatrie iudico me deponendum, et anathematizo, quicunque corpus meum tradiderit sepulture", et flens dixit: "Heu me anathematizari, et non possum in sacerdotio remanere."'* Ex his colligitur, quod beatus Marcellinus papa contra fidem

gendwie gleich gewesen wäre.« Und dann heißt es: »*Man
muß freilich wissen, daß dort, wo für den Glauben Gefahr
ist, die Prälaten auch in aller Öffentlichkeit von den Untergebenen gescholten werden müssen. Auch Paulus, der dem
Petrus untergeben war, hat ja wegen der drohenden Gefahr
eines Glaubensanstoßes Petrus öffentlich gescholten.*«

SCHÜLER. Ich wundere mich, wie jene sich erfrechen können, den heiligen Petrus unter die Ketzer zu rechnen. LEH-
RER. Du irrst, wenn du ihnen etwas Falsches unterstellst,
was sie niemals gesagt haben. Sie glauben nämlich nicht,
daß der heilige Petrus ein Ketzer war, wenngleich er irrte,
weil er an seinem Irrtum keinesfalls hartnäckig festhielt.
Denn auf die Zurechtweisung des heiligen Paulus hin hat er
sich sogleich gebessert, dessen Schelte gerne gehört und den
heiligen Paulus bei der Predigt der Wahrheit überhaupt
nicht behelligt.

SCHÜLER. Ich sehe schon, daß diese Leute glauben, daß
der heilige Petrus, hätte er hartnäckig an seinen Irrtümern
festgehalten, unter die Ketzer gerechnet werden müßte.
Darum wende dich anderen Präzedenzfällen zu. LEHRER.
Das zweite Beispiel ist der selige Papst Marcellinus[3], der gegen den Glauben irrte, als er Götzenbilder anbetete, von
dem Papst Nikolaus in D. 21 c. 7 sagt: »*Zu Zeiten der Kaiser
Diokletian und Marcellinus wurde der Bischof der Stadt
Rom von den Heiden so sehr genötigt, daß er ihren Tempel
betrat und Weihrauchkörner ins Räucherbecken warf.*« Und
in seiner Legende kann man lesen: »*Marcellinus wurde zum
Opfer geführt, damit er Weihrauch streue, und das tat er
auch.*« Und in den Chroniken liest man folgendes: »*Er hat,
gezwungen von Diokletian, Götzenbildern geopfert.*« Und
weiter unten sagt er selbst zu seinem Vergehen: »*›Wie ich
urteile, muß ich wegen Götzendienstes abgesetzt werden;
verflucht sei der, der meinen Leichnam bestattet!‹ Und unter Tränen sagte er: ›Weh, daß ich verflucht bin und nicht im
Priesterstande bleiben kann!‹*« Daraus geht hervor, daß der
selige Papst Marcellinus gegen den Glauben irrte, als er das

erravit scelus idolatrie committendo. DISCIPULUS. Per illa
non probatur, quod beatus Marcellinus tunc erravit in
mente pravitati heretice adherendo, sed quia actum idolatrie
commisit. MAGISTER. Verum est, quod beatus Marcellinus
non erravit in mente pravitati heretice adherendo. Ex hoc
tamen, quod facto negavit Christum, dum renuit confiteri
se esse christianum, infertur, quod potuit errare in mente et
quod potuit effici hereticus, sicut idolatra fuit effectus.

DISCIPULUS. Dic alia exempla. MAGISTER. Tertium exemplum ponitur de Liberio papa, qui consensit perfidie Arri-
ane, sicut in cronicis legitur manifeste. DISCIPULUS. Non
dicitur, quod Liberius existens verus papa Arrianis consen-
serit, sed solummodo, postquam renunciavit papatui. MA-
GISTER. Dicunt isti, quod nullus papa manens papa potest
errare pertinaciter contra fidem, quia eo ipso, quo pertinaciter contra fidem erraret, esset papatu privatus de iure, licet
de facto gereret se pro papa. Ideo non intendunt isti, quod
papa posset fieri hereticus, cum manet papa, sed quod verus
papa postea potest hereticari, quod contigit de Liberio su-
pradicto, qui primo verus papa et postea hereticus est effectus. Quod autem primo renunciaverit papatui, hoc accidit,
poterat enim hereticari, licet nunquam renunciasset papatui.

DISCIPULUS. Suntne plura exempla? MAGISTER. Quartum exemplum ponitur de Anastasio II., qui propter hereticam pravitatem fuit a Romana repudiatus ecclesia. De quo
in decreto di. 19 sic legitur: '*Anastasius secundus natione
Romana fuit temporibus Theodorici regis. Eodem tempore
multi clerici se a communione ipsius abegerunt, eo quod*

Verbrechen des Götzendienstes beging. SCHÜLER. Dadurch ist nicht erwiesen, daß der selige Papst Marcellinus damals einen Irrtum beging, indem er in seinem Geiste einer Ketzerei anhing, sondern ⟨nur⟩, daß er eine Handlung des Götzendienstes vollzog. LEHRER. Es ist wahr, daß der selige Marcellinus nicht dergestalt geirrt hat, daß er im Geist einer Ketzerei anhing. Doch daraus, daß er faktisch Christus verleugnete, als er sich weigerte zu bekennen, daß er Christ sei, kann man folgern, daß er in seinem Geiste irren konnte und Ketzer werden konnte, so wie er zum Götzendiener geworden ist.

SCHÜLER. Nenne andere Präzedenzfälle! LEHRER. Als drittes Beispiel wird Papst Liberius[4] genannt, der dem arrianischen Irrglauben beistimmte, wie man deutlich in Chroniken lesen kann. SCHÜLER. Man sagt, daß Liberius nicht als wahrer Papst dem arrianischen Irrglauben[5] beistimmte, sondern erst, nachdem er dem päpstlichen Amt schon entsagt hatte. LEHRER. Jene antworten, daß kein Papst als Papst hartnäckig gegen den Glauben irren kann, denn eben damit, daß er hartnäckig gegen den Glauben irrte, wäre er von Rechts wegen des päpstlichen Amtes entsetzt, auch wenn er sich faktisch als Papst aufspielte. Und darum wollen sie auch nicht darauf hinaus, daß ein Papst Ketzer werden kann, während er Papst bleibt, sondern daß ein wahrer Papst später Ketzer werden kann, was bei Liberius, wie gesagt, geschah, der zuerst wahrer Papst war und später Ketzer wurde. Daß er aber zuvor seinem päpstlichen Amte entsagt hatte, das ist nur ein Zufall, denn er hätte Ketzer werden können, selbst wenn er niemals auf sein päpstliches Amt verzichtet hätte.

SCHÜLER. Gibt es nicht weitere Beispiele? LEHRER. Als ein viertes Beispiel wird Anastasius II.[6] genannt, der wegen Ketzerei von der Römischen Kirche abgewiesen worden ist, über den es in D.19 c.9 heißt: »*Anastasius II., von Herkunft ein Römer, lebte zur Zeit des Königs Theoderich. Damals hielten viele Kleriker sich von der Gemeinschaft mit*

communicasset sine consilio episcoporum vel presbyterorum
ecclesie cuncte catholice decano Thessalonicensi nomine Fo-
tino, qui in scelere communicaverat Achatio. Et quia voluit
occulte revocare Achatium et non potuit, nutu dei percussus
est.' Quia, ut dicit glosa, et accepit a cronicis: _'Dum assella-_
ret, emisit viscera.' Ex his patet, quod iste Anastasius pravitate heretica extitit maculatus, propter quam clerici catholici
se ab eius communione laudabiliter abegerunt. DISCIPU-
LUS. Ex his non habetur, quod Anastasius fuerit hereticus,
sed quod communicavit heretico, scilicet Fotino. Multi
enim communicant hereticis, qui heretici minime sunt cen-
sendi. MAGISTER. Iste communicavit pertinaciter hereticis
in crimine. Unde dicit glosa: _'Hic communicavit in male-_
ficio, scilicet in heresi', et ideo fuit hereticus, quia scienter
communicavit in heresi per ecclesiam condemnata, ut patet
ex hoc, quod Achatium, quem scivit propter heresim iam
damnatam ab ecclesia condemnatum, voluit revocare. Et
ideo ille Anastasius incidit scienter in assertionem, quam
scivit esse damnatam, quare fuit hereticus reputandus.

DISCIPULUS. Ex cronicis et glosis super decretis satis apparet Anastasium fuisse hereticum, ideo aliud pone exemplum. MAGISTER. Quintum exemplum adducitur non ad
probandum, quod papa de facto erravit, sed ad verrifican-
dum, quod potuit hereticari et de pravitate heretica accusari.
[. . .]

ihm fern, weil er ohne den Rat der Bischöfe und Priester der genannten katholischen Kirche mit dem Dekan von Saloniki namens Photinus (Sakraments-)Gemeinschaft geübt hatte, der sich wiederum mit Akazius in seinem Verbrechen gemein gemacht hatte. Und weil er insgeheim den Akazius hatte zurückrufen wollen, es aber nicht vermochte, wurde er auf göttlichen Wink dahingerafft«, denn, wie die Glosse [ebd., Gl. ad D. 19 c. 9 s. v. *divino*] sagt, und sie entnahm das den Chroniken: *»Während er Stuhlgang hatte, kehrte er seine Eingeweide nach außen.«*[7] Daraus wird deutlich, daß dieser Anastasius II. mit Ketzerei befleckt war, um derentwillen sich katholische Kleriker der Gemeinschaft mit ihm enthielten. Schüler. Daraus kann man aber nicht ableiten, daß Anastasius ein Ketzer war, sondern ⟨nur⟩, daß er mit einem Ketzer, nämlich Photinus Gemeinschaft pflegte. Viele halten mit Ketzern Gemeinschaft, die selbst keinesfalls als Ketzer zu betrachten sind. Lehrer. Er hat aber hartnäckig mit Ketzern an ihrem Verbrechen teilgenommen. Daher sagt die Glosse [ebd. D. 19 c. 9 s. v. *qui communicaverat*]: *»Er hielt Gemeinschaft in der Untat, nämlich der Ketzerei«,* und deshalb war er ein Ketzer, denn in vollem Bewußtsein hielt er Gemeinschaft in der Ketzerei, die von der Kirche verdammt war, wie daran klar wird, daß er den Akazius, von dem er wußte, daß er wegen einer von der Kirche schon verurteilten Ketzerei verdammt war, zurückrufen wollte. Und deshalb verfiel Anastasius in vollem Bewußtsein auf eine Aussage, von der er wußte, daß sie verurteilt war. Darum hatte er als Ketzer zu gelten.

Schüler. Aus den Chroniken und den Glossen zum Dekret geht genügend deutlich hervor, daß Anastasius ein Ketzer war, deshalb stelle ein anderes Beispiel vor. Lehrer. Ein fünftes Beispiel wird aufgeführt, nicht zum Beweis, daß ein Papst tatsächlich geirrt hat, sondern um festzustellen, daß er in Ketzerei verfallen und der Ketzerei angeklagt werden konnte. [Es folgt eine Darstellung des Falles des Papstes Symmachus[8] nach C. 2 q. 7 p. c. 41.]

Sextum exemplum ponitur de Leone, quem convicit beatus Hilarius episcopus Pictaviensis. De illo tamen sunt opiniones quibusdam dicentibus, quod non fuit verus papa, antequam in heresim laberetur.

Septimum exemplum ad probandum, quod papa potest hereticari, probatur de Sylvestro II., de quo legitur, quod diabolo fecit homagium, quem etiam in papatu exercens consuluit. Ex quo arguunt, quod potuit hereticari, quia omnis demonum invocator et cultor habensque cum demoniis societatem pestiferam, potest hereticam incurrere pravitatem.

Octavum exemplum est de pluribus summis pontificibus tenentibus contra ea, que fidei sunt, assertiones contrarias, videlicet de Iohanne XXII. ex una parte et de Nicolao III. aliisque quampluribus ex altera, qui de paupertate Christi et apostolorum eius contrariam sententiam diffinierunt vel approbaverunt ab aliis diffinitam, quam sententiam predictus Iohannes XXII. reprobat manifeste. Ex quo infertur, quod vel Iohannes XXII. vel Nicolaus III. – ex quo alter eorum erravit in fide – fuit hereticus reputandus. Nam ille eorum, qui erravit solemniter diffiniendo aliosque ad tenendum artando, pertinaciter suo errori adhesit. Alter eorum erravit in fide et fuit hereticus iudicandus.

Item ponitur exemplum de Innocentio III. et eodem Iohanne XXII., quod alter eorum erravit. Nam Innocentius III., sicut legitur Extra, de celebratione missarum, c. 'cum Marthe', ponit et asserit manifeste, quod sancti in celo sunt perfecte beati et quod omnia eis ad vota succedunt et per consequens vident deum. Iterum in 'Libro de contemptu mundi' idem Innocentius dogmatizat, quod anime reproborum sunt nunc in inferno, ubi graviter puniuntur. Iohannes XXII. docet et probat, quod anime sanctorum non

Als sechstes Beispiel wird Leo angeführt, den der heilige Hilarius, Bischof von Poitiers, öffentlich tadelte.[9] Doch gibt es über ihn auch andere Auffassungen, da einige sagen, daß er nicht wahrer Papst war, bevor er in Ketzerei versank.

Ein siebtes Beispiel zum Beweis, daß ein Papst Ketzer sein kann, wird von Silvester II. hergeleitet, über den man lesen kann, daß er dem Teufel seinen treuen Dienst versprach und ihn auch während der Zeit seiner päpstlichen Amtsführung um Rat fragte.[10] Daraus schließt man, daß er der Ketzerei verfallen sein konnte, denn jeder, der Dämonen anruft oder verehrt und mit Dämonen verderbliche Gesellschaft pflegt, kann auf Ketzerei verfallen.

Das achte Beispiel stammt von mehreren höchsten Bischöfen, die gegen Glaubenssätze widersprüchliche Aussagen für wahr halten, nämlich einerseits von Johannes XXII. und andererseits von Nikolaus III. und vielen anderen, die über die Armut Christi und seiner Apostel eine entgegengesetzte Lehre als richtig definierten bzw. eine von anderen definierte Lehre ihrerseits offiziell gebilligt haben. Diese Lehre verwirft der genannte Johannes XXII.[11] ausdrücklich. Daraus kann man schließen, daß entweder Johannes XXII. oder Nikolaus III. – da doch einer von beiden im Glauben irrte – als Ketzer gelten muß. Denn derjenige von beiden, der irrte und seinen Irrtum feierlich (als Wahrheit) definierte und andere zum Glauben daran drängte, der hing seinem Irrtum hartnäckig an. Einer von beiden also irrte im Glauben und muß als Ketzer gelten.

Auch werden als Beispiel Innozenz III. und Johannes XXII. angeführt, weil einer von beiden geirrt hat.[12] Denn Innozenz III. schreibt und sagt deutlich, wie X 3.41.6 zu lesen ist, daß die Heiligen im Himmel vollkommen selig seien, daß ihnen alles nach Wunsch geschähe und daß sie folglich Gott schauen. Und wiederum im »Buch über die Verachtung der Welt« lehrt derselbe Innozenz III.: Die Seelen der Verdammten sind jetzt in der Hölle, wo sie schwer gestraft werden. Johannes XXII. lehrt und beweist dagegen,

vident deum et quod anime reproborum non sunt in inferno nec ante diem generalis iudicii puniuntur. Cum ergo
contradictorie simul verum esse non possunt, constat, quod
alter istorum erravit. Et ita liquet aperte, quod papa potest
errare.

Item ponitur de Iohanne XXII. et de beato Gregorio.
Nam sicut ex libris 'Dialogorum' beati Gregorii clare patet,
ipse sensit, quod anime sanctorum in celo vident deum et
quod anime reproborum puniuntur in inferno. Iohannes XXII. negat utrunque, ergo alter eorum erravit.

Item ponitur exemplum de eodem Iohanne XXII. et multis aliis summis pontificibus, qui sibi circa rerum contingen-
tiam contradicunt. Nam Iohanne XXII. dogmatizat et probat, quod omnia de necessitate eveniunt, quia omnia preor-
dinata sunt a deo; ordinatio autem dei impediri non potest.
Unde et propter hoc in constitutione sua 'Quia vir reprobus' tenet expresse, quod Christus in quantum homo regno
temporali et dominio universali rerum renunciare non potuit, quia contra ordinationem patris fecisset. Propter hoc
etiam distinctionem theologorum de potentia dei absoluta
et ordinata impugnat. Propter hoc etiam dicit, quod deus
necessario predestinavit electis vitam eternam et minime
contingenter; et ita plane putat, quod omnia de necessitate
eveniunt. Cui tamen plures summi pontifices contradicunt.
Ait tamen Iohannes papa VIII., ut habetur di. 8, c. 'Facientis
quoque': *'Proculdubio culpam habet, qui potest corrigere et
negligit emendare.'* Ex quibus verbis colligitur evidenter,
quod quandoque quis non corrigit, quod potest corrigere;
et ita potest corrigere et non corrigere. Quare non omnia de

daß die Seelen der Heiligen Gott nicht schauen, daß die Seelen der Verdammten nicht in der Hölle sind und vor dem
Tag des allgemeinen Gerichts auch nicht bestraft werden.
Da aber Gegensätze nicht zugleich wahr sein können, steht
fest, daß einer von beiden geirrt hat. Und so ist offenbar,
daß ein Papst irren kann.

Ebenso (ist ein weiteres Beispiel) Johannes XXII. und der
heilige Gregor. Denn wie aus den »Dialogen« des heiligen
Gregor klar hervorgeht,[13] meint dieser, daß die Seelen der
Heiligen im Himmel Gott schauen und daß die Seelen der
Verdammten in der Hölle gestraft werden. Johannes XXII.
aber leugnet beides. Also hat einer von beiden geirrt.

Von demselben Johannes XXII. und vielen anderen Päpsten wird ein weiteres Beispiel angeführt, da sie sich über
die Kontingenz der Dinge widersprechen. Denn Johannes XXII. lehrt und beweist, daß alles aus Notwendigkeit
geschieht, denn alles ist von Gott vorherbestimmt; eine Bestimmung Gottes aber läßt sich nicht behindern. Daher
meint er in seiner Bulle »Quia vir reprobus« ausdrücklich,
daß Christus, insofern er Mensch war, auf zeitliche Königsherrschaft und auf die allgemeine Bestimmung über die
Dinge dieser Welt nicht Verzicht leisten konnte, da er damit
gegen die Anordnung des Vaters verstoßen hätte.[14] Aus diesem Grund bekämpft er auch die Unterscheidung der Theologen von Gottes absoluter und ordentlicher Macht. Aus
diesem Grunde sagt er auch, daß Gott den Erwählten mit
Notwendigkeit das ewige Leben bestimmt hat und keineswegs kontingent. Somit glaubt er offensichtlich, daß alles
mit Notwendigkeit geschieht. Dem aber widersprechen
zahlreiche Päpste. So sagt Papst Johannes VIII., wie es D. 8
c. 3 heißt: *»Die Schuld des Täters hat unzweifelhaft, wer
(jemanden) zurechtweisen kann und die Zurechtweisung
vernachlässigt.«* Daraus geht evident hervor, daß bisweilen
jemand nicht korrigiert, was er korrigieren kann; somit
kann er zurechtweisen und nicht zurechtweisen. Darum geschieht nicht alles mit Notwendigkeit. Ebenso sagt Papst

neccessitate eveniunt. Item Gregorius papa, ut dicitur di. 83,
c. 'Consentire videtur', ait: *'Consentire videtur erranti, qui
dum ad resecanda, que corrigi debent, non occurrit.'* Ex quibus verbis datur intelligi, quod potest aliquis corrigere et
non corrigere, que tamen debet, et per consequens potest
corrigere et potest non corrigere.

Item Leo papa, ut habetur Extra, de hereticis, c. 'Qui
alios', ait: *'Qui alios, cum potest, ab errore non revocat'.*
Item Eleutherius papa, ut habetur 2 q. 7, c. 'Negligere', ait:
*'Negligere, quippe cum possis perturbare perversos, nihil
aliud quam foves.'* Item Innocentius III., ut habetur Extra,
de sententia excommunicationis, c. 'Quanto', ait: *'Facientes
et consentientes pari pena plectendos catholica damnat auctoritas eos delinquentibus favere interpretans, qui, cum possint manifesto facinori, desunt obviare.'* Item Innocentius
papa, ut habetur di. 83, c. 'Error', ponit eadem verba cum
Eleutherio dicens: *'Neglige, quippe cum possis perversos perturbare'* etc. Item Symachus papa – ut habetur eadem
di. c. 1 – ait: *'Mortem enim languentibus probatur infligere,
qui hanc, cum possit, non excludit.'*

Ecce, quod summi pontifices sententialiter et vocaliter asserunt manifeste, quod potest quis facere, quod non facit;
quod etiam sententialiter multi alii pape in scripturis suis
affirmant. Et per consequens secundum eos non omnia de
necessitate eveniunt, sicut asserit Iohannes XXII. Ergo vel
ille erravit vel alii erraverunt. Et constat, quod hoc tangit fidem; ergo aliquis summus pontifex contra fidem erravit.

c. 3

Discipulus. Illa, que tangunt sanctissimum patrem dominum Iohannem XXII., volo usque ad tractatum de dogmatibus ipsius differre. Nunc vero rationes pro assertione

Gregor I., wie es D. 83 c. 5 heißt: *»Dem Irrenden scheint beizupflichten, wer nicht das, was Zurechtweisung verdient, eilends zurückschneidet.«* Damit wird zu verstehen gegeben, daß jemand zurechtweisen und nicht zurechtweisen kann, obwohl er es tun sollte, und folglich kann er zurechtweisen und nicht zurechtweisen.

Weiterhin sagt Papst Leo, wie es X 5.7.2 heißt: *»Wer andere, so er's vermag, von ihrem Irrtum nicht zurückruft, ⟨beweist, daß er selber irrt⟩.«* Gleichfalls sagt Papst Eleutherius, wie es C. 2 q. 7 c. 55 heißt: *»Die Schlechten zu verwirren, wenn man es kann, das zu unterlassen heißt nichts anderes, als sie zu begünstigen.«* Und auch Innozenz III. sagt, wie es X 5.39.47 heißt: *»Daß die, die es taten, und die, die dazu ihre Zustimmung gaben, mit gleicher Strafe zu züchtigen sind, dazu verurteilt sie die katholische Autorität: Wie wir es verstehen, begünstigt offenkundig ein Verbrechen, wer unterläßt, wenn er es kann, ihm zu widerstehen.«* Ebenso gebraucht Innozenz ⟨II.?⟩ wie es D. 83 c. 3 heißt, dieselben Worte wie Eleutherius, wenn er sagt: *»Die Schlechten zu verwirren, wenn man es kann, das zu unterlassen«* (usw.). Desgleichen sagt Papst Symmachus, wie es D. 83 c. 1 heißt: *»Der bringt offenkundig den Nachlässigen den Tod, der das nicht ausschließt, wenn er es vermag.«*

Also sieht man, daß Päpste ausdrücklich und wörtlich ganz deutlich gesagt haben, daß jemand etwas tun kann, was er nicht tut, was auch ausdrücklich viele andere Päpste in ihren Texten bekräftigen. Und folglich geschieht nach ihrer Meinung nicht alles aus Notwendigkeit, wie es Johannes XXII. behauptet. Also irrte entweder er, oder die anderen irrten. Und ganz offensichtlich berührt diese Frage den Glauben. Also hat ein Papst gegen den Glauben geirrt.

c. 3

SCHÜLER. Das, was den Heiligsten Vater Herrn Johannes XXII. berührt, will ich bis zum Traktat über seine Lehren aufschieben. So führe denn jetzt geradewegs die Argu-

predicta producàs in medium. MAGISTER. Quod papa intrans canonice potest ante omnem renunciationem spontaneam non solum errare, sed etiam pravitate heretica fedari,
multis rationibus in scripturis autenticis fundatis assertores
prefati probare conantur.

Prima talis est: Omnis purus viator habens usum rationis
non confirmatus in gratia potest contra fidem errare et eidem errori pertinaciter adherere; quia talis potest a veritate,
que non est nota nec per experientiam certam accepta nec
est sibi demonstrative probata, si voluerit, divertere et eius
contrarium opinari, quia secundum beatum Augustinum
credere nullus potest, nisi volens. Sed papa est purus viator
et non comprehensor. Si enim esset comprehensor, errare
non posset. Papa etiam est habens usum rationis, ut com-
muniter. Si enim per infirmitatem aut senectutem vel per
aliquam aliam causam perderet usum rationis, et tunc,
quamdiu usu rationis careret, hereticari non potest, quemadmodum pueri amentes et dormientes statu isto durante
hereticari non possunt. Papa insuper non est confirmatus in
gratia, cum possit peccare et damnari. Ergo talis papa potest
veritati, que non est per se nota nec per experientiam certam
accepta nec est sibi demonstrative probata, si voluerit, dissentire. Multe autem sunt catholice veritates, que nec per se
sunt note nec per experientiam certam accepte nec sunt
pape demonstrative probate, cum dicat beatus Gregorius:
'*Fides non habet meritum, cui ratio humana prebet experi-*

mente für die genannte Behauptung ins Feld. LEHRER. Daß
ein Papst, der kanonisch in sein Amt gelangt ist, vor jedem
freiwilligen Verzicht nicht nur irren sondern sich mit Ketzerei besudeln kann, das versuchen die besagten Vertreter
dieser Meinung mit vielen Argumentationen, die sich auf
authentische Schriften stützen, zu beweisen.

Die erste Argumentation ist folgende: Jeder Mensch in
seinem Erdenleben, der über Vernunftgebrauch verfügt,
aber noch nicht im Gnadenstand gefestigt ist, kann gegen
den Glauben irren und solchem Irrtum hartnäckig anhängen, denn er kann von einer Wahrheit, die nicht (aus sich
selbst) bekannt ist, die nicht aus sicherer Erfahrung gewonnen ist, noch ihm durch wissenschaftliche Darlegung bewiesen ist, wenn er will, abweichen und ihr Gegenteil annehmen, denn nach dem heiligen Augustinus kann niemand
glauben, es sei denn, er wolle es. Aber ein Papst ist ein
Mensch in seinem Erdenleben, nicht in unmittelbarer Anschauung (Gottes im Himmel). Wäre er in unmittelbarer
Anschauung Gottes, so könnte er nicht irren. Ein Papst verfügt über Vernunftgebrauch, jedenfalls im allgemeinen,
denn wenn er wegen Krankheit oder Alters oder aus irgendeinem anderen Grund den Gebrauch seiner Vernunft
verlöre, so könnte er dann, solange er des Gebrauches seiner Vernunft entbehrte, nicht Ketzer sein, so wie Knaben,
die blödsinnig sind oder schlafen, solange dieser Zustand
währt, nicht Ketzer sein können. Darüber hinaus ist auch
ein Papst nicht im Gnadenstande gefestigt, da er sündigen
kann und verdammt werden kann. Also kann solch ein
Papst einer Wahrheit, die nicht aus ihr selbst bekannt ist,
noch durch sichere Erfahrung gewonnen, noch ihm durch
wissenschaftliche Darlegung bewiesen ist, nach seinem Willen seine Zustimmung verweigern. Es gibt aber viele katholische Wahrheiten, die weder aus sich selbst heraus bekannt
sind noch durch sichere Erfahrung gewonnen, noch dem
Papst wissenschaftlich bewiesen wurden, da ja der heilige
Gregor sagt: *»Ein Glaube, dem die menschliche Vernunft*

mentum.' Ergo huiusmodi veritatibus papa potest, si voluerit, dissentire, et per consequens pravitate heretica poterit
irretiri.

Secunda ratio est hec: Constitutus in officio, per quod
non necessario neque confirmatur nec necessario augentur
gratia et virtutes, potest labi in hereticam pravitatem, si ante
susceptum officium potuit heretica pravitate fedari. Hec est
nota, quod sine gratia vel virtute non potest aliquis viator a
pravitate heretica preservari, qui prius poterat eandem pravitatem incurrere, nisi perderet usum rationis. Sed in sus-
ceptione papalis officii non necessario conferuntur gratia et
virtutes, nec etiam necessario tunc augentur. Ergo cum papa
ante susceptum papale officium potuit heretica pravitate in-
volvi, sequitur etiam, quod post susceptum officium, si non
perdiderit usum rationis, possit eadem labe fedari. Maior
patet, minor ratione et auctoritatibus probatur. [. . .]

MAGISTER. Tertia ratio est hec: Qui non est confirmatus
in fide, si usum habeat rationis, potest errare contra fidem.
Sed papa non est confirmatus in fide, quia si esset confirmatus in fide, per aliquod donum supernaturale confirmaretur
in fide. Sed nullum donum supernaturale apparet collatum
pape per quod confirmetur in fide. Inter omnia enim dona
supernaturalia, que de lege communi puris viatoribus con-
ferentur, precipua et maxime stabilientia recipientem in fide
sunt gratia et virtutes theologice, scilicet fides, spes et cari-
tas et dona spiritus sancti. Sed per illa purus viator minime

einen Beweis gibt, hat kein Verdienst.«[15] Daher kann ein
Papst solchen Wahrheiten, wenn er will, seine Zustimmung
verweigern, und folglich könnte er sich in Ketzerei verstrik-
ken.

Die zweite Argumentation ist folgende: Jemand, der ein
Amt innehat, welches ihn weder mit Notwendigkeit ⟨im
Gnadenstand⟩ festigt, noch auch ihm Gnade und Tugenden
verstärkt zuwendet, kann in Ketzerei stürzen, wenn er sich
vor der Übernahme seines Amtes mit Ketzerei beflecken
konnte. Dieses Argument ist bekannt: ohne Gnade oder Tu-
gend kann kein Mensch in seinem Erdenleben vor Ketzerei
bewahrt werden, der zuvor in diese Ketzerei fallen konnte,
es sei denn er verlöre seinen Vernunftgebrauch. Aber bei
der Übernahme des päpstlichen Amtes werden nicht mit
Notwendigkeit Gnade und Tugenden übertragen, noch
werden sie auch mit Notwendigkeit in diesem Augenblick
vermehrt. Da aber ein Papst vor der Übernahme des päpstlichen Amtes sich in Ketzerei verwickeln konnte, folgt auch,
daß er nach der Übernahme des Amtes, wenn er nicht den
Vernunftgebrauch verloren hat, sich mit derselben Beflek-
kung besudeln kann. Der Obersatz ist klar. Der Untersatz
wird durch Vernunftgründe und durch Autoritäten bewiesen. [Es folgt eine lange Reihe von Gründen und Belegen.]

LEHRER. Die dritte Argumentation ist folgende: Wer im
Glauben nicht versiegelt ist, kann, wenn er über Vernunftgebrauch verfügt, gegen den Glauben irren. Aber der Papst
ist nicht versiegelt im Glauben, denn wäre er versiegelt, so
müßte er durch irgendeine übernatürliche Gabe im Glauben
versiegelt sein. Aber anscheinend wird dem Papst keine
übernatürliche Gabe übertragen, durch die er im Glauben
versiegelt werden könnte. Denn unter allen übernatürlichen
Gaben, die nach dem allgemeinen Gesetz Menschen in ihrem Erdenleben geschenkt werden, sind die vornehmsten
und die, die ihren Empfänger am meisten im Glauben stärken, die Gnade und die theologischen Tugenden, d. h.
Glaube, Hoffnung und Liebe, und die Gaben des Heiligen

confirmatur in fide, cum illa perfectiora et maiora sepe in-
veniantur in aliis quam in papa, qui tamen per ipsa minime
confirmatur in fide. Ergo papa minime confirmatur in fide,
et ita nullum donum supernaturale collatum ipsum confirmat in fide, quare contra fidem potest errare.

DISCIPULUS. Ista ratio non concludit, quia probaretur per
ipsam, quod concilium generale, imo tota congregatio fidelium potest errare contra fidem. Quia nullum donum supernaturale apparet collatum concilio generali nec congregationi fidelium, per quod confirmetur in fide, cum gratia et
virtutes et dona spiritus sancti viatores non confirment in
fide, que tamen inter omnia dona supernaturaliter collata
concilio generali et congregationi fidelium noscuntur esse
precipua. MAGISTER. Assertores predicti concedunt, quod
ratio illa sic universaliter sumpta non concludit, quia possibile est apud deum non solum congregationem fidelium,
sed et papam et quemlibet alium viatorem absque dono su-
pernaturali animam informante ab errore et heresi preser-
vare, per quam congregatio fidelium usque ad consummationem seculi permanebit immunis. Hoc tamen non debet
de persona nec de collegio affirmari, nisi de quo vel qua
deus revelavit, quod nunquam errabit contra fidem. Deus
autem hoc revelavit de congregatione fidelium, non de
papa. Et ideo temerarium est dicere, quod papa intrans canonice nunquam errabit contra fidem.

DISCIPULUS. Alias rationes allega. MAGISTER. [...] Sexta
ratio est hec: Tam papa iuste depositus quam papa, qui

Geistes. Aber durch sie wird ein bloßer Mensch im Erdenleben keineswegs im Glauben versiegelt, zumal sie alle oft in höherer Vollkommenheit und größerer Kraft bei anderen als dem Papst zu finden sind, der also durch sie keinesfalls im Glauben versiegelt wird. Also wird der Papst nicht im Glauben versiegelt, und ihn versiegelt keine übernatürliche Gabe im Glauben. Daher kann er gegen den Glauben irren.

SCHÜLER. Dieses Argument ist so nicht schlüssig, denn dadurch ließe sich auch beweisen, daß das allgemeine Konzil, ja die ganze Gesamtheit der Gläubigen gegen den Glauben irren kann. Denn dem Konzil oder der Gesamtheit der Gläubigen ist anscheinend keine übernatürliche Gabe übertragen, durch die sie im Glauben versiegelt wurden, da auch die Gnade und die (theologischen) Tugenden und die Gaben des Heiligen Geistes die Menschen auf Erden nicht im Glauben versiegeln, die unter allen übernatürlichen Gaben, die dem Konzil und der Gesamtheit der Gläubigen übertragen sind, wie man weiß, die vornehmsten sind. LEHRER. Die Vertreter dieser Auffassung räumen ein, daß dieses Argument, wenn man es so allgemein faßt, nicht schlüssig ist, denn bei Gott ist es möglich, nicht nur die Gesamtheit der Gläubigen, sondern auch den Papst und jeden anderen Menschen auf Erden auch ohne übernatürliche Gabe, die seine Seele überformt, vor Irrtum und Ketzerei zu bewahren, von der die Gesamtheit der Gläubigen bis zum Ende der Welt unversehrt bleiben wird. Aber das darf man von einer einzelnen Person oder von einem Kollegium nur dann behaupten, wenn Gott es von ihnen ausdrücklich offenbart hat, daß sie niemals gegen den Glauben irren werden. Gott hat dies nun von der Gesamtheit der Gläubigen, nicht aber vom Papst geoffenbart. Daher ist es tollkühn zu sagen, daß ein Papst, der kanonisch in sein Amt gelangt, niemals gegen den Glauben irren wird.

SCHÜLER. Führe noch andere Argumente an! LEHRER. [Die Argumentationen vier und fünf wurden hier ausgelassen.] Ein sechstes Argument ist folgendes: Sowohl ein

sponte renunciavit papatui, potest errare contra fidem. Ergo papa ante depositionem vel renunciationem spontaneam potest errare contra fidem. Antecedens patet: Quia si papa depositus et qui renunciavit papatui non potest errare contra fidem, sequeretur, quod aliquis purus viator multis involutus peccatis alius a papa non posset contra fidem errare. Consequentia probatur, quia per actum meritorium non acquiritur potestas viatori erranti contra fidem. Sed tam depositio pape quam renunciatio spontanea potest esse meritoria, cum enim papa dignus depositione suam depositionem acceptat vel propter deum sustinet patienter, in hoc meretur. Unde si Iohannes XXII., quoniam deponebatur de papatu, amore dei patienter tolerasset, apud deum meritum habuisset. Probabile est etiam, quod tam Symachus papa, qui renuncians papatui adhesit undecim milibus, quam Celestinus V. renunciando papatui merebatur coram deo. Ergo nec per depositionem nec per renunciationem huiusmodi acquiritur potestas errandi contra fidem. Et ita papa ante depositionem vel renunciationem habet potestatem errandi contra fidem.

DISCIPULUS. Ista ratio videtur unam affirmationem falsam accipere, quod papa scilicet possit ante depositionem contra fidem errare. Nam videtur secundum iura, quod quamcito papa errat contra fidem, tamcito esset depositus. MAGISTER. Ad illam instantiam nonnulli respondent dicentes, quod duplex est depositio, scilicet ab homine et a iure. Ante depositionem ab homine potest papa errare contra fidem et hereticam incurrere pravitatem, et de illa depositione

Papst, der mit Recht abgesetzt wurde, als auch ein Papst, der freiwillig auf sein päpstliches Amt verzichtet hat, kann gegen den Glauben irren. Also kann ein Papst auch vor seiner Absetzung oder seinem freiwilligen Amtsverzicht gegen den Glauben irren. Der erste Satz erhellt, denn wenn der Papst, der abgesetzt ist oder auf sein Amt verzichtet hat, nicht gegen den Glauben irren könnte, so würde daraus folgen, daß auch irgendein anderer Mensch als der Papst, der in viele Sünden verwickelt ist, nicht gegen den Glauben irren könnte. Die Folgerung wird so erwiesen: Durch eine verdienstliche Handlung wächst einem Menschen auf Erden nicht die Möglichkeit zu, gegen den Glauben zu irren. Aber sowohl die Absetzung als auch der freiwillige Verzicht kann verdienstlich sein: wenn nämlich ein Papst, der seine Absetzung verdient hat, seine Absetzung akzeptiert oder um Gottes willen geduldig hinnimmt, so hat er davon Verdienst. Wenn etwa Johannes XXII., als er vom päpstlichen Amt abgesetzt wurde, das geduldig ertragen hätte, hätte er bei Gott Verdienst erworben. Auch ist es wahrscheinlich, daß sowohl Symmachus, der sich nach seinem Amtsverzicht den 11 000 (Jungfrauen) anschloß,[16] als auch Coelestin V.[17] in dem Verzicht auf das päpstliche Amt bei Gott Verdienst gewannen. Also wird weder durch die Absetzung noch durch solchen Verzicht die Möglichkeit erworben, gegen den Glauben zu irren. Somit hat ein Papst vor seiner Absetzung oder seinem Amtsverzicht die Möglichkeit, gegen den Glauben zu irren.

SCHÜLER. Diese Argumentation stützt sich offenbar auf eine falsche Behauptung, daß nämlich ein Papst vor seiner Absetzung irren könne. Denn gemäß dem Kirchenrecht ist klar, daß, sobald der Papst gegen den Glauben irrte, er sogleich abgesetzt wäre. LEHRER. Diesem Einwand begegnen einige mit dem Hinweis, daß eine Absetzung zweifach verstanden werden kann: durch Menschen und von Rechts wegen. Vor der Absetzung durch Menschen kann der Papst gegen den Glauben irren und in Ketzerei verfallen, und von

procedit ratio supradicta; quia primo effectus hereticus et postea conversus et sacrificans deo potest deponi ab homine et depositionem meritorie acceptare. Ante depositionem autem a iure potest papa ex simplicitate vel ignorantia contra fidem errare, sed non hereticorum numero aggregari; quare licet a fide ex ignorantia vel simplicitate deviaverit, si tamen paratus est corrigi, non est papatu privatus. Sed si pertinaciter errori contra fidem adheserit, est ipso facto depositus et de iure omni auctoritate nudatus: sed non ab homine, sed a iure.

DISCIPULUS. Adde alias rationes. MAGISTER. [. . .] Octava ratio eorum est hec: Ille status, per quem assumens ipsum confirmatur in fide et in quo nullus potest errare, non est fugiendus a viro perfecto, sed toto desiderio appetendus. Quia talis status vel est omnino ab omni periculo spirituali securus vel est minus periculosus statu, in quo non est quis confirmatus in fide, eo quod propter defectum fidei et imperfectior sit et ad peccandum proclivior. Sed papatus non est appetendus, sed est fugiendus nec minus periculosus quam alii status, in quibus convenit errare contra fidem. Propter quod et beatus Clemens recusavit fieri papa. Ergo per papatum nemo confirmatur in fide.

Nona ratio eorum est: Ille, qui contra fidem errare non potest, ad diffiniendum et determinandum dubia, que con-

solcher Absetzung geht die oben genannte Argumentation aus; denn ein Papst, der zuerst Ketzer wird und später, bekehrt, wiederum Gott opfert, kann von Menschen abgesetzt werden und solche Absetzung verdienstlich akzeptieren. Vor seiner Absetzung von Rechts wegen aber kann ein Papst aus Einfalt oder Unwissen gegen den Glauben irren, ohne der Zahl der Ketzer zugerechnet werden zu müssen; mag er darum auch aus Unkenntnis oder Einfalt vom Glauben abgewichen sein, wenn er gleichwohl bereit ist, sich korrigieren zu lassen, ist er seines päpstlichen Amtes nicht beraubt. Aber wenn er hartnäckig einem Irrtum gegen den Glauben anhängt, ist er damit ohne weiteres Verfahren abgesetzt und von Rechts wegen von aller Amtsgewalt entblößt, und das nicht durch Menschen, sondern von Rechts wegen.

SCHÜLER. Nenne zusätzlich weitere Argumentationen.

LEHRER. [Die siebente Argumentation wurde hier ausgelassen.] Eine achte Argumentation ist folgende: Jener Stand, durch welchen der, der ihn erreicht, im Glauben versiegelt wird, jener Stand, in dem niemand irren kann, der darf von einem vollkommenen Mann nicht gemieden werden, sondern muß mit allen Fasern seiner Sehnsucht erstrebt werden, weil solch ein Stand entweder vor jeder geistlichen Gefährdung gesichert ist oder doch weniger gefährdet ist als ein Stand, in dem man nicht versiegelt ist in seinem Glauben, weil man wegen eines Glaubensmangels ja weniger vollkommen sein könnte und zur Sünde geneigter. Aber das päpstliche Amt darf nicht erstrebt werden, sondern man muß es fliehen, und es ist nicht weniger gefährdet als andere Stände, in denen man gegen den Glauben irren kann. Darum hat der heilige Clemens auch darauf verzichtet, Papst zu werden. Also wird niemand durch das päpstliche Amt in seinem Glauben versiegelt.

Eine neunte Argumentation ist folgende: Jener, der gegen den Glauben nicht irren kann, bedarf zur Definition und Entscheidung von Zweifelhaftem, das gegen den Glauben

tra fidem emergunt, non indiget aliorum constitutorum in
hac vita mortali peritia, sicut qui in geometria vel alia facultate errare non potest, ad diffiniendum dubia in eadem aliorum consilio minime indigeret. Sicut etiam quia congregatio
fidelium contra fidem errare non potest, aliorum quam
christianorum sapientiam non requirit ad diffiniendum illa,
que sunt consona catholice veritati. Sed papa ad multa dubia, que circa fidem emergunt catholicam, declaranda et dif-
finienda indiget aliorum peritia; aliter enim pro dubiis de-
clarandis et heresibus extirpandis frustra fuissent generalia
concilia congregata, frustra etiam vocaret in sacra pagina
eruditos. Ergo papa potest contra fidem errare.

    [...] Undecima ratio eorum est hec: Illi, qui exponendis
scripturis sunt preferendi pape, possunt errare contra fidem.
Igitur multo magis ille potest errare contra fidem. Consequentia patet, tum quia tenet per locum a minori; tum quia
ille, qui non potest errare contra fidem preferendus est in
expositione divinarum scripturarum illi, qui potest errare;
tum quia sicut mendax est veraci nullatenus preponendus,
ita qui contra ea, que fidei sunt, potest mentiri, nullo modo
preponendus est illi, qui mentiri non potest. Antecedens autem probatur aperte: Nam sicut allegatum est prius, secundum quod habetur in decretis di. 20, c. 1, tractatores scripturarum divinarum in expositione scripture sunt pontificibus
summis preferendi. Dicti autem tractatores possunt errare
contra fidem secundum quod prius de beato Cypriano et
Augustino ac etiam Hieronymo probatum extitit. Origenes
tractator divine scripture non minus erravit aperte et in

auftaucht, nicht des Expertenwissens anderer Sterblicher, so
wie der, der in der Geometrie oder einer anderen Disziplin
nicht irren kann, zur Entscheidung von Zweifelsfragen in
dieser Wissenschaft keineswegs des Rates anderer bedarf.
Weil auch die Gesamtheit der Gläubigen gegen den Glauben nicht irren kann, braucht sie ja keine andere als nur die
christliche Weisheit, um zu entscheiden, was mit der katholischen Wahrheit übereinstimmt. Aber der Papst bedarf zur
Erklärung und Entscheidung vieler Zweifelsfragen, die über
den katholischen Glauben auftauchen, der Kennerschaft anderer, denn sonst würden ganz umsonst allgemeine Konzilien zur Klärung von Zweifelsfragen und zur Ausmerzung
von Ketzereien zusammengerufen. Ganz umsonst auch be-
riefe er gelehrte Theologen (zu sich); also kann der Papst
gegen den Glauben irren.

[Es folgt eine zehnte Argumentation.] Eine elfte Argumentation von ihnen lautet: Jene, die bei der Auslegung der
Heiligen Schrift dem Papst vorzuziehen sind, können gegen
den Glauben irren. Desto mehr kann also auch er selbst gegen den Glauben irren. Dieser Schluß ist klar: und zwar
einmal kraft der Regel des Schlusses vom Kleineren (zum
Größeren), außerdem, weil der, der nicht gegen den Glauben irren kann, bei der Auslegung der Heiligen Schrift den
Vorzug verdient vor dem, der irren kann. Außerdem: wie
ein der Lüge verhafteter Mensch keinesfalls einem wahrhaf-
tigen vorzuziehen ist, so ist auch der, der gegen das, was
zum Glauben gehört, Falsches sagen kann, keineswegs
demjenigen vorzuziehen, der nichts Falsches sagen kann.
Der Obersatz wurde offenkundig bewiesen: denn, wie
schon aus D. 20 a. c. 1 angeführt wurde, sind diejenigen, die
die Heilige Schrift ständig handhaben, bei der Auslegung
der Schrift den Päpsten vorzuziehen. Diese Männer aber,
die die Heilige Schrift ständig handhaben, können gegen
den Glauben irren, wie es oben vom heiligen Cyprian, von
Augustinus und auch von Hieronymus bewiesen wurde.
Origenes, nicht der unbedeutendste der Schriftkundigen,

hereticam incidit pravitatem. Ergo multo magis summi pontifices, qui sepe sunt illiterati et sanctarum divinarum scripturarum ignari, possunt in hereticam incidere pravitatem.

[. . .] Tredecima ratio est hec: De nulla persona est licitum affirmare ipsam non posse errare contra fidem, de qua ipsam non posse errare neque per scripturam sacram nec per doctrinam ecclesie vel sanctorum neque per rationem in dicta doctrina fundatam potest ostendi. Sed quod papa non possit errare contra fidem, nullo predictorum modorum potest ostendi. Si enim posset ostendi, optime probaretur per illas auctoritates salvatoris: _'Vobiscum sum omnibus diebus usque ad consummationem seculi'_; Luc. 22: _'Simon ecce Sathanas expetivit vos, ut cribraret sicut triticum. Ego autem rogavi pro te, ut non deficiat fides tua, et tu – aliquando conversus – confirma fratres tuos.'_ Sed per illas auctoritates non potest ostendi, quod papa non possit errare contra fidem. Non per primam: Quia auctoritas non intelligitur de papa, cum vacante sede nullus sit papa. Et ita non dicit Christus pro papa, sed pro ecclesia militante: _'Vobiscum sum omnibus diebus usque ad consummationem seculi.'_ Item Christus non solum intellexit se permansurum cum ecclesia militante usque ad consummationem seculi per fidem solummodo, sed etiam per caritatem et bonam vitam. Constat autem, quod Christus non est cum papa per caritatem et bonam vitam, cum papa sit nepharius extra caritatem existens. Ergo de papa non debent verba predicta intelligi.

Nec secunda auctoritas potest de papa intelligi, ut Christus rogaverit, ut fides pape non deficeret. Tum quia sedes

irrte nichtsdestoweniger offenkundig und verfiel der Ketzerei. Also können um so mehr die Päpste, die oft ungelehrt und der Heiligen Schrift ganz unkundig sind, in Ketzerei verfallen.

[Es folgt eine zwölfte Argumentation.] Eine dreizehnte Argumentation lautet: Man darf von niemandem behaupten, er könne nicht gegen den Glauben irren, von dem nicht durch die Heilige Schrift, durch die Lehre der Kirche oder der Heiligen oder durch eine Argumentation, die sich auf die besagte Lehre gründet, feststeht, daß er nicht irren kann. Daß aber ein Papst nicht gegen den Glauben irren kann, kann durch keines dieser genannten Mittel gezeigt werden. Wenn es nämlich bewiesen werden könnte, so ließe es sich am ehesten beweisen aus jenen Worten des Heilands [Mt. 28,22]: »*Ich bin bei euch alle Tage bis an der Welt Ende*«, und Lc. 22,31: »*Simon, Simon, siehe der Satan hat euer begehrt, daß er euch möchte sichten wie den Weizen. Ich aber habe für dich gebetet, daß dein Glaube nicht aufhöre. Und wenn du dermaleinst dich bekehrst, so stärke deine Brüder!*« Aber durch diese Bibeltexte kann nicht bewiesen werden, daß ein Papst nicht gegen den Glauben irren kann, nicht durch den ersten, denn dieser Text kann nicht auf den Papst bezogen werden, weil es während einer Sedisvakanz keinen Papst gibt. Und also sagt Christus das nicht, indem er den Papst meint, sondern er bezieht es auf die streitende Kirche, wenn es heißt: »*Ich bin bei euch alle Tage bis ans Ende der Welt.*« Gleichermaßen hat Christus nicht nur gemeint, daß er mit der streitenden Kirche bleiben werde bis ans Ende der Welt allein durch den Glauben, vielmehr meint er auch durch Liebe und gute Werke. Nun steht es aber fest, daß Christus nicht beim Papst ist durch Liebe und gute Werke, wenn der Papst ein Übeltäter ist, der außerhalb der Liebe steht. Also dürfen diese Worte nicht im Hinblick auf den Papst verstanden werden.

Auch der andere Vers kann nicht auf den Papst bezogen werden, so als betete Christus darum, daß der Glaube des

apostolica sepe vacat, et tamen nunc non deficit fides, pro qua Christus rogavit; tum quia papa potest renunciare papatui vel deponi et postea contra fidem errare, cum nullo tempore deficiat fides, pro qua rogavit Christus. Verba vero predicta dicit Christus beato Petro pro persona ipsius Petri, quia fides eius finaliter non deficit, licet ad tempus defecerit. Propter quod dicit sibi Christus: *'Et tu aliquando conversus'*, postquam scilicet fides tua defecerit, ergo tu ad fidem rediens *'confirma fratres tuos'*. Eadem etiam verba, scilicet *'ego pro te rogavi, ut non deficiat fides tua'*, dicit Christus Petro pro congregatione fidelium, quia fides Petri fuit et est in congregatione fidelium absque interruptione usque ad consummationem seculi duratura. Nam fides, quam beatus Petrus tenuit, predicavit et docuit, nunquam deficiet, sed in aliquibus christianis, clericis vel laicis, viris vel mulieribus usque ad finem seculi remanebit.

Quartadecima ratio est hec: Qui potest hereticorum et heresis fautor et defensor existere, potest heretica pravitate fedari, imo talis heresiarcha est censendus, teste Urbano papa, qui – ut habetur 24 q.3, c. 'Qui aliorum' – ait: *'Qui aliorum errorem defendit, multo est damnabilior illis, qui errant, quia non solum ille errat, sed etiam aliis offendicula erroris preparat et confirmat. Unde qui magister erroris est, non tantum hereticus, sed heresiarcha dicendus est.'* Sed papa non potest hereticorum pravitatis heretice fautor et defensor existere, quod per duo exempla probatur. Primum est de Anastasio, qui fuit fautor Fotini et Achatii hereticorum, secundum quod habetur di. 19, c. 'Anastasius'. Secundum exemplum ponunt aliqui de Iohanne XXII., qui Nico-

Papstes nicht aufhöre. Einmal weil der apostolische Stuhl oft vakant ist, und dennoch hört dann der Glaube nicht auf, um den Christus gebeten hat. Auch weil der Papst auf sein Amt verzichten kann oder abgesetzt werden kann und später gegen den Glauben irren kann, während der Glaube, um den Christus gebeten hat, zu keiner Zeit aufhören kann. Diese Worte sagt Christus vielmehr dem heiligen Petrus ganz persönlich, weil dessen Glauben am Ende nicht aufhörte, wenn er auch für eine Zeitlang aufgehört hat. Deshalb hat Christus ihm auch gesagt: »*Und wenn du dermaleinst dich bekehrst*«, nachdem dein Glaube nämlich aufgehört hat, »*so*« kehre zurück zum Glauben und »*stärke deine Brüder*«. Dieselben Worte: »*Ich habe für dich gebetet, daß dein Glaube nicht aufhöre*«, sagte Christus dem Petrus auch als einem Stellvertreter der Gesamtheit der Gläubigen, weil der Glaube Petri in der Gesamtheit der Gläubigen ohne Unterbrechung war und ist und bis ans Ende der Welt dauern wird. Denn der Glauben, an den Petrus sich hielt und den er predigte, wird niemals aufhören, sondern wird in einigen Christen, Klerikern oder Laien, Männern oder Frauen, bis ans Ende der Welt bleiben.

Eine vierzehnte Argumentation lautet: Wer einen Ketzer und Ketzerei begünstigen und schützen kann, der kann sich auch mit Ketzerei beflecken, ja der kann als Ketzermeister angesehen werden nach dem Zeugnis Papst Urbans, der C. 24 q. 3 c. 32 sagt: »*Wer dem Irrtum anderer Schutz gewährt, ist viel verdammenswürdiger als jene, die irren, weil er nicht allein selber irrt, sondern anderen eine Schutzwehr ihres Irrtums bereitstellt und sie in ihrem Irrtum bestärkt. Weil er ein Lehrer des Irrtums ist, darum ist er nicht allein als Ketzer, sondern als Ketzermeister zu bezeichnen.*« Aber ein Papst kann ein Ketzer sein ⟨und Ketzereien⟩ begünstigen und schützen. Das beweisen zwei Beispiele: Das erste ist der Fall des Anastasius, der die Ketzer Photinus und Akazius begünstigt hat, wie es in D. 19 c. 9 steht. Das zweite Beispiel finden manche in Johannes XXII., der früher ein-

lai III. et decretalis sue, que incipit 'Exiit, qui seminat', necnon et Clementis *V*. et decretalis sue, que incipit '*Exivi*
de Paradiso', fautor fuit aliquando et defensor, et tamen in
dictis decretalibus 'Exiit' et 'Exivi', plures hereses de paupe-
rate Christi et apostolorum eius necnon et de voto abdica-
tionis proprietatis omnium temporalium in speciali et etiam
in communi loquendo continentur, ut nonnulli dicunt et
scribunt.

DISCIPULUS. Isti maliciose contra dominum Iohannem
XXII. procedunt. Nituntur enim, quod vel fuit vel est hereticus, monstrare. MAGISTER. Volo te scire, quod nonnulli
putant – non maliciose, sed veraciter, et infallibiliter demon-
stratur –, quod Iohannes XXII. vel fuit vel est modo hereticus, quia, ut asserunt, nulla potest tergiversatione negari,
quin doctrina sua de paupertate Christi et apostolorum eius
et de abdicatione proprietatis omnium temporalium in speciali et etiam in communi et de paupertate evangelica doc-
trine Nicolai III. et aliorum summorum pontificum adver-
setur. Cum ergo omnia predicta ad fidem pertineant vel ad
bonos mores, necesse est, quod altera istarum doctrinarum
contineatur sub heretica pravitate. Aut ergo doctrina Iohannis XXII. est heretica, aut doctrina Nicolai III. et aliorum
summorum pontificum cum eo concordantium circa predicta, est heretica. Si doctrina Iohannis XXII. est heretica,
cum enim diffiniverit solemniter eam esse tenendam, sequitur, quod pertinax et hereticus est censendus. Si autem doctrina Nicolai III. et aliorum summorum pontificum est
heretica, ergo Iohannes XXII., quando eam per declaratio-
nem suam solemniter approbavit et multipliciter mandavit,
fuit hereticus reputandus, quia pravitatis heretice defensor
et fautor.

Unde nonnulli ex predictis formant decimamquintam rationem sic: Qui circa ea, que fidei sunt, est sibi ipsi contra-

mal Nikolaus III. und seine Dekretale »Exiit qui seminat«
[VI 5.12.3] und auch Clemens V. und seine Dekretale »Exivi
de Paradiso« [Clem. 5,11,1] einmal begünstigt und verteidigt hat, und dennoch sind in diesen Dekretalen »Exiit« und
»Exivi« mehrere Ketzereien über die Armut Christi und
seiner Apostel und über das Gelübde des Verzichts auf alles
Eigentum an zeitlichen Dingen enthalten, was sowohl für
einzelne, als auch für eine Gemeinschaft gilt, wie etliche sagen und schreiben.

SCHÜLER. Diese Leute gehen bösartig gegen Herrn Johannes XXII. vor, bemühen sie sich doch zu zeigen, daß er
ein Ketzer war oder ist. LEHRER. Ich möchte, daß du weißt,
daß einige meinen, und zwar nicht aus Bosheit, vielmehr
wird es wahrheitsgemäß und fehlerfrei bewiesen, daß Johannes XXII. entweder einmal Ketzer war oder jetzt Ketzer
ist, denn mit keiner Ausflucht, wie sie sagen, läßt sich leugnen, daß seine Lehre von der Armut Christi und seiner
Apostel und von dem Verzicht auf das Eigentum an allen
zeitlichen Gütern, sowohl für einen einzelnen, als auch für
die Gemeinschaft, und seine Lehre von der evangelischen
Armut der Lehre Nikolaus' III. und anderer Päpste widerspricht. Da nun all das zum Glauben und zur Sittenlehre
gehört, muß notwendigerweise eine dieser beiden Lehren
unter die Ketzerei eingeordnet werden. Also ist entweder
die Lehre Johannes' XXII. oder die Lehre Nikolaus' III.
und anderer Päpste, die mit ihm in diesen Fragen überein-
stimmten, ketzerisch. Wenn die Lehre Johannes' XXII. ketzerisch ist, da er ja feierlich festgelegt hat, daß seine Lehre
zu gelten habe, so folgt, daß er hartnäckig ist und ⟨demnach⟩
als Ketzer einzuschätzen ist. Wenn aber die Lehre Nikolaus' III. und anderer Päpste ketzerisch ist, dann war auch
Johannes XXII., als er sie durch seine Erklärung feierlich
billigte und vielfach anbefahl, als Ketzer zu beurteilen,
nämlich als Verteidiger und Begünstiger einer Ketzerei.

Daher bilden einige aus dieser Überlegung folgende fünf-
zehnte Argumentation: Wer sich in Glaubensfragen selber

rius, potest errare circa fidem. Papa autem potest circa ea, que fidei sunt, esse sibi ipsi contrarius. Hanc probant per exemplum de Iohanne XXII., qui sibi contrarius invenitur, cum prius approbat doctrinam Nicolai III. de paupertate Christi et apostolorum eius et de abdicatione proprietatis Christi omnium temporalium in speciali et in communi et postea contradicit eidem.

c. 4

DISCIPULUS. Quamvis rationes, que impugnare videntur sacratissimum patrem nostrum dominum papam, non putem concludere, licet sint difficiles ad solvendum – de quarum solutione sollicite cogitabo, tamen alie quedam efficaces apparent. Unde et probabile mihi videtur, quod non est impossibile, quod papa primo intret canonice et postea efficiatur hereticus. Verum quia *'veritas exagitata magis splendescit in lucem'*, peto, ut in contrarium allegare nitaris. MAGISTER. Pro assertione contraria (quam tenet, ut dicitur, Iohannes XXII. et etiam frater G(iraldus Odonis), ut fertur) multis modis arguitur. Primo sic: In illa communitate non potest esse iudicium certum sine vacillatione de dubiis, que emergunt, circa que dubia et fundamenta eorum quilibet in illa communitate existens potest errare. Sed in ecclesia militante est iudicium certum absque vacillatione de dubiis, que circa fidem emergunt; aliter enim nulli determinationi, diffinitioni seu declarationi ecclesie militantis circa ea, que fidei sunt, esset firmiter adherendum, quia illi, qui potest errare, non est indubitata fide credendum. Ergo non quilibet in ecclesia militante potest errare, ergo est aliquis in

widerspricht, kann im Glauben irren. Ein Papst aber kann sich in Glaubensfragen selber widersprechen. Das beweisen sie durch das Beispiel Johannes' XXII., der sich selber klar widersprach, da er zuerst die Lehre Nikolaus' III. über die Armut Christi und seiner Apostel und über Christi Verzicht auf Eigentum an allen zeitlichen Gütern für sich als Einzelperson und für eine Gemeinschaft billigte und später derselben Lehre widersprach.

c. 4

SCHÜLER. Wenngleich ich die Argumentationen, die unseren allerheiligsten Vater und Herrn, den Papst, offenbar angreifen, nicht für schlüssig halte, wenn sie auch nur schwierig aufzulösen sind – über ihre Auflösung will ich gründlich nachdenken –, so sind doch einige der anderen, wie es scheint, sehr stark. Daher, so glaube ich, ist es nicht unmöglich, daß ein Papst zuerst kanonisch in sein Amt gelangt und später zum Ketzer wird. Weil aber »*die Wahrheit, wenn sie hin und her gewendet wird, stärker zum Leuchten kommt*« [C. 35 q. 9 c. 7][18], bitte ich dich, daß du dich bemühst, für die Gegenmeinung Argumente anzuführen. LEHRER. Für die Gegenmeinung (die, wie man sagt, Johannes XXII. für richtig hält und auch Bruder G.⟨eraldus Odonis⟩, wie berichtet wird) läßt sich auf vielerlei Weise argumentieren. Zuerst so: In einer Gemeinschaft kann es kein sicheres Urteil ohne Schwanken über auftauchende Zweifel geben, wenn über solche Zweifel und ihre Grundlagen jeder, der in jener Gemeinschaft lebt, irren kann. Aber in der streitenden Kirche gibt es ein sicheres Urteil ohne jedes Schwanken über die Zweifel, die über den Glauben auftauchen, sonst könnte niemand verpflichtet werden, einer Festlegung oder Erklärung der streitenden Kirche in Glaubensfragen fest anzuhangen, denn keinem, der irren kann, ist ohne jeden Zweifel zu glauben. Also ist nicht jeder in der streitenden Kirche irrtumsfähig, also ist in der streitenden

ecclesia militante, qui errare non potest; et non alius quam papa. Ergo papa circa ea, que fidei sunt, non potest errare. [. . .]

c. 5

Discipulus. Quamvis ille rationes videantur mihi difficiles, tamen conclusioni nequeo assentire. Unde qualiter respondeatur ad eas, declara. Magister. Ad primam earum respondetur, quod in illa communitate, que non est sibi ipsi relicta, sed est preservata ab eo, qui errare non potest, potest esse iudicium certum de dubiis, licet quilibet de illa communitate singillatim possit errare. Et hoc, quia nullus eorum specialiter preservatur, quin possit errare, sicut communitas preservatur. Sic est de ecclesia militante, quia quilibet in ecclesia militante in manu consilii sui relinquitur, ut secundum sue voluntatis arbitrium manere possit in fide, gratia, affinitate divina vel a fide catholica deviare. Communitas autem christianorum sic preservatur a deo, quod si unus a fide exorbitaverit, alius firmus in fide divino munere permanebit. Unde si papa contra fidem erraverit, alius christianus, vir vel mulier, minime a fide recedet.

Discipulus. Nonne talis modus arguendi valet: Quilibet christianus potest errare contra fidem, ergo tota christianorum communitas potest errare contra fidem. Magister. Talis modus arguendi, ut multi dicunt, non valet, sed est fallacia figure dictionis, quia sepe a nomine, quod non est collectivum, ad nomen collectivum est fallacia figure dictionis, sicut hoc: 'Quilibet de populo potest sustentari de uno pane

Kirche einer, der nicht irren kann. Das aber ist niemand anderes als der Papst. Also kann der Papst in Glaubensfragen nicht irren. [Es folgen weitere Argumente.]

c. 5

SCHÜLER. Wenngleich ich glaube, daß diese Argumentationen sehr schwierig ⟨aufzulösen⟩ sind, so kann ich dennoch der Schlußfolgerung daraus nicht beipflichten. Daher erkläre mir, wie auf sie geantwortet wird. LEHRER. Auf ihre erste ist die Antwort, daß in derjenigen Gemeinschaft, die sich nicht selbst überlassen ist, sondern die bewahrt wird von jemanden, der nicht irren kann, ein sicheres Urteil über Zweifel möglich ist, auch wenn jeder einzelne aus dieser Gemeinschaft für sich genommen irren kann. Und das gilt, weil keiner von ihnen besonders davor bewahrt wird, daß er irrt, während die Gemeinschaft sehr wohl bewahrt wird. So ist es aber bei der streitenden Kirche, denn jeder einzelne in der streitenden Kirche wird dergestalt in der Hand seines eigenen Erwägens belassen, daß er nach seiner eigenen freien Willenswahl in Glauben, Gnade und göttlicher Nähe bleiben oder vom katholischen Glauben abweichen kann. Die Gemeinschaft der Christen aber wird dergestalt von Gott bewahrt, daß, wenn einer sich vom Glauben entfernt, ein anderer aufgrund göttlicher Gnade im Glauben fest verharrt. Wenn daher der Papst gegen den Glauben irrt, wird ein anderer Christ, es sei ein Mann oder eine Frau, keineswegs vom Glauben abgehen.

SCHÜLER. Ist etwa folgende Argumentation gültig: Jeder einzelne Christ kann gegen den Glauben irren, also kann die gesamte Gemeinschaft der Christen gegen den Glauben irren? LEHRER. Diese Art der Argumentation ist, wie viele sagen, nicht gültig, sondern ist ein Fehlschluß aus dem Wortlaut[19], weil häufig der Schluß vom Substantiv, wenn es kein Kollektivbegriff ist, auf einen Kollektivbegriff ein Fehlschluß aus dem Wortlaut ist, so wie in folgendem Schluß: »Jeder einzelne vom Volk kann von einem Brot am

in die, ergo populus potest sustenari de uno pane in die', et sicut hoc: 'Utraque pars contradictionis potest esse vera, ergo contradictoria possunt esse vera.' DISCIPULUS. Non placet mihi, quod circa rationalem scientiam te diffundas. Ideo refer, quomodo ad alias rationes respondetur. [...]

Tag satt werden, also kann das Volk von einem Brot am Tag satt werden«, und wie in diesem Schluß: »Jede der beiden gegensätzlichen Aussagen kann wahr sein, also können beide Gegensätze (zugleich) wahr sein.« SCHÜLER. Es gefällt mir nicht, daß du dich hier über die Logik verbreitest. Deshalb berichte, wie auf die anderen Argumente zu antworten ist. [...]

c. 38

Discipulus. Per istam rationem probaretur, quod impugnantes catholicam fidem vel veritatem essent a catholicis defendendi, quia opera misericordie non solum bonis, sed etiam malis oportet catholicos exhibere. Cum ergo defensio sit opus misericordie, oportet catholicos defensare hereticos veritatem catholicam impugnantes. Item opera misericordie nequaquamque cadunt sub precepto (tunc enim, qui non daret elemosynam aut non redimeret captivos, peccaret mortaliter); si ergo defensio est opus misericordie, catholici ad talem defensionem de necessitate salutis minime astringuntur. Amplius: Sicut punire delinquentes pertinet solummodo ad iudices seculares vel ecclesiasticos, ita defendere bonos ad superiores et potestates publicas noscitur pertinere. Ergo non ad omnes catholicos pertinet defendere papam hereticum. Rursus: Oppressorum defensio exhibetur, cum illate vel inferende iniurie pulsantur. Sed iniurias pro-

Verpflichtung zum Widerstand

[Auf die Frage, ob die Kritiker eines ketzerischen Papstes von anderen Christen unterstützt werden müssen, hat Ockham in Kapitel 37 in neun Argumentationen eine positive Antwort begründet. Als neuntes Argument hatte der LEH-RER angeführt: »Werke der Barmherzigkeit sind allen zuzuwenden. Also ist die Verteidigung, die ja ein Werk der Barmherzigkeit ist, allen zuzuwenden. Und folglich ist sie auch denen zu gewähren, die den ketzerischen Papst bekämpfen.«]

c. 38

SCHÜLER. Durch dieses Argument ließe es sich beweisen, daß jene, die den katholischen Glauben bekämpfen oder die katholische Wahrheit, von Katholiken verteidigt werden müssen, da ja katholische Werke der Barmherzigkeit nicht nur den Guten, sondern auch den Schlechten erwiesen werden sollen. Da aber die Verteidigung ein Werk der Barmherzigkeit ist, sollten Katholiken die Ketzer verteidigen, welche gegen die katholische Wahrheit kämpfen. Desgleichen fallen Werke der Barmherzigkeit keineswegs unter ein positives Gebot (sonst nämlich beginge, wer keine Almosen gäbe und Gefangene nicht loskaufte, eine Todsünde). Wenn also die Verteidigung ein Werk der Barmherzigkeit ist, so sind doch Katholiken zu solcher Verteidigung um ihrer Seelen Seligkeit willen keineswegs verpflichtet. Weiterhin: Wie die Bestrafung von Übeltätern ausschließlich weltlichen oder geistlichen Richtern zusteht, so kommt auch, wie man weiß, die Verteidigung des Guten der Obrigkeit als Träger eines öffentlichen Amtes zu. Also kommt es nicht allen Katholiken zu, einen ketzerischen Papst zu verteidigen. Außerdem: Eine Verteidigung gegen Unterdrücker geschieht, wenn zugefügtes oder künftiges Unrecht abgewehrt wird. Unrecht aber abzuwehren gehört nicht zur Vollkommen-

pulsare ad viros perfectos minime pertinet; tum quia prima
veritas talibus ait, Matth. 5.: *'Ego autem dico vobis non resi-*
stere malo'; tum quia armis iniuria propulsatur, viris autem
perfectis, sicut clericis, non licet arma movere. Ergo saltem
ad viros perfectos minime spectat impugnantes papam hereticum defendere. Ista sunt, que rationem factam de operibus
misericordie et nonnullas alias (ut mihi videtur) impediunt.
Ideo, quomodo respondetur ad ea, gestio scire.

c. 39

MAGISTER. Dicunt nonnulli, quod iste obiectiones tuam
insipientiam manifestant et, quod non intelligis assertionem
predictam, ostendunt. Ad cuius evidentiam tria debent esse
notanda: Quorum primum est, quod sicut diversa sunt
opera iusticie, quorum quedam omnibus subditis et prepo-
sitis possunt congrue convenire, sicut cum subditus sive
prepositus alienum habet, de necessitate iusticie restituere
habet, nisi ex causa rationali excusetur. Quedam vero sunt
opera iusticie, que non conveniunt omnibus, sed solum pre-
positis, sicut iudicare iuste non competit nisi superiori. Sic
sunt quedam opera misericordie et beneficientie, que omnibus competere possunt, sicut orare, intercedere pro aliquo
et nonnulla alia. Quedam vero sunt opera misericordie, que
non omnibus competere debent, cuiusmodi est opus nonnunquam alios armis defendere.

Secundo dicunt esse notandum, quod licet precepta affir-
mativa obligent semper, non tamen pro semper. Et ideo
semper remanet quilibet obligatus ad opera misericordie,

heit, einmal weil die höchste Wahrheit selbst zu den Vollkommenen sagt [Mt. 5,39]: »*Ich aber sage euch, daß ihr
nicht widerstehen sollt dem Übel*«, zum anderen weil mit
Waffen dem Unrecht gewehrt wird, während es vollkommenen Menschen, ebenso wie Klerikern, nicht erlaubt ist,
Waffen zu gebrauchen. Also kommt es wenigstens den
Vollkommenen nicht zu, diejenigen zu verteidigen, die gegen einen ketzerischen Papst kämpfen. All das behindert,
wie ich glaube, deine Argumentation mit den Werken der
Barmherzigkeit und auch einige andere deiner Gründe.
Darum möchte ich gerne wissen, wie darauf geantwortet
wird.

c. 39

LEHRER. Einige sagen, daß diese Einwände deine man-
gelnde Einsicht deutlich hervortreten lassen und zeigen, daß
du die obige Behauptung nicht verstehst. Um das klar zu
machen, sind drei Anmerkungen nötig. Erstens: Wie es verschiedene Werke der Gerechtigkeit gibt, solche, die allen,
den Untergebenen und den Vorgesetzten, angemessen zukommen können, so etwa wenn ein Untergebener oder ein
Vorgesetzter eine fremde Sache hat, muß er sie notwendig
von Rechts wegen zurückerstatten, wenn er sich nicht mit
einem vernünftigen Grund entschuldigen kann; andere
Werke der Gerechtigkeit aber stehen nicht allen gleichermaßen zu, sondern nur den Vorgesetzten, wie etwa gerecht zu
richten nur einem Oberen zusteht. So gibt es auch einige
Werke der Barmherzigkeit und Mildtätigkeit, die allen zustehen können, wie etwa beten und eintreten für jemand
anderen, und einige andere Dinge. Einige aber sind Werke
der Barmherzigkeit, die nicht allen zustehen müssen. Derart
ist das Werk, bisweilen andere mit Waffengewalt zu verteidigen.

Zweitens muß angemerkt werden: Wenn auch positive
Gebote immer verpflichten, so dennoch nicht für jeden einzelnen Fall. Daher bleibt jedermann immer zu ihm zukom-

que sibi competunt proximis exhibenda. Non tamen tenetur quilibet talia opera misericordie omni tempore exercere,
sed hoc loco et tempore oportunis aliis circumstantiis de-
bite observatis.

Tertio dicunt esse notandum, quod multis modis potest
quis defendere. Uno modo armis violentie resistendo, alio
modo verbis pro alio allegando vel impugnare nolentes verbis exhortatoriis, preceptoriis vel prohibitoriis seu aliis quibuscunque a violentia reprehendendo, alio modo occultando vel non prodendo aut in domum vel locum tutum
recipiendo aliisque modis pluribus, quos longum esset enarrare, convenit alios defendere.

DISCIPULUS. Narra, quomodo ad obiectiones meas per
ista notabilia respondetur. MAGISTER. Ad primam dicunt,
quod quamvis interdum etiam oporteat malis opera misericordie exhibere, non tamen opera omnia misericordie sunt
omnibus malis et impiis exhibenda. Intercedere enim apud
iudicem pro puniendis reis est opus misericordie, et tamen
pro sceleratis incorrigibilibus liberandis nullus intercedere
debet, 23 q. 4, c. 'Est iniusta'. Et ideo, licet hereticis impugnantibus catholicam veritatem sint quedam opera misericordie impendenda, defensio tamen, que in favorem heretice pravitatis vel in preiudicium fidei christiane potest
aliqualiter redundare, est omnino substrahenda; que tamen
catholicis papam hereticum impugnantibus in favorem fidei
orthodoxe a fidelibus est prebenda.

Ad secundam potest dici, quod omnia opera misericordie
pro aliquo tempore cadunt sub precepto. Quemadmodum

menden Werken der Barmherzigkeit verpflichtet, die er seinen Nächsten erweisen kann. Nicht aber muß jedermann zu jeder Zeit solche Werke der Barmherzigkeit ausführen, sondern nur an gelegenem Ort und zu gelegener Zeit und unter schuldiger Beachtung der anderen Umstände.

Drittens ist anzumerken, wie sie sagen, daß man jemanden auf sehr verschiedene Art verteidigen kann, einmal, indem man mit Waffen oder Gewalt Widerstand leistet, anders, indem man mit Worten für einen anderen argumentiert oder diejenigen, die den Kampf nicht aufnehmen wollen, mit Aufforderungen, Befehlen, Verboten oder anderen Worten von Gewaltanwendung zurückhält, wieder anders durch Verbergen und Nichtherausgeben, indem man ihn im eigenen Haus oder an einem sicheren Ort aufnimmt. Und man kann auch auf vielerlei andere Weisen, die hier aufzuzählen zu weit führen würde, andere verteidigen.

SCHÜLER. Berichte, wie aufgrund dieser Anmerkungen auf meine Einwände geantwortet wird. LEHRER. Zu dem ersten Einwand sagt man: Selbst wenn bisweilen auch an Schlechten Werke der Barmherzigkeit getan werden sollen, so sind doch nicht alle Werke der Barmherzigkeit allen Schlechten und Gottlosen zu erweisen. Bei einem Richter gegen die Bestrafung der Angeschuldigten vorstellig zu werden, ist ein Werk der Barmherzigkeit, und dennoch darf niemand zur Befreiung von unverbesserlichen Verbrechern vorstellig werden, C. 23 q. 4 c. 33. Wenn daher auch den Ketzern, die die katholische Wahrheit bekämpfen, einige Werke der Barmherzigkeit zu erweisen sind, ist ihnen jedenfalls aber jeder Schutz zu entziehen, der irgendwie zugunsten der ketzerischen Verderbtheit oder zum Präjudiz gegen den christlichen Glauben ausschlagen könnte. Gleichwohl ist solcher Schutz aber von den Gläubigen jenen Katholiken zu gewähren, die gegen einen ketzerischen Papst für den rechten Glauben kämpfen.

Zum zweiten Einwand läßt sich sagen, daß alle Werke der Barmherzigkeit für eine bestimmte Zeit unmittelbar unter

amor proximi, ex quo omnia opera misericordie procedere
debent, cadit sub precepto. Et ideo defensio impugnantium
papam hereticum circumstantiis debitis observatis cadit sub
precepto, licet tale preceptum non intelligitur pro omni
tempore obligare.

Discipulus. Pro quo tempore secundum istos obligat
hoc preceptum? Magister. Respondetur, quod sicut dare
elemosynam tenetur de necessitate ille, qui potest, cum ex
parte indigentis apparet evidens et urgens necessitas nec scit
alium, quem probabiliter credit velle et posse necessitatem
habenti iuxta indigentiam subvenire; sic tunc tenetur quilibet, qui potest modo defensionis sibi congruo et possibili
impugnantes papam hereticum defendere, quando tali defensione necessario indigent, nec apparet alius, qui eis velit
et possit tuitionem impendere. Sicut etiam, quando imminet
periculum fidei, essent prelati a subditis arguendi et fides
catholica esset fideliter confitenda. Sic, quando ex omis-
sione defensionis impugnantium papam hereticum periculum fidei immineret vel subtraheretur honor dei, essent impugnantes papam hereticum ab omnibus, qui possunt, si
non appareret alius, qui eos protegeret, defendendi. Et quicunque eis in aliquo casu, videlicet predictorum, defensionem debitam denegaret, in peccatum mortale et fautoriam
pravitatis heretice laberetur, nec possent aliqui, nisi per so-
lam impotentiam, excusari.

Discipulus. De ista in septimo huius inquiram. Ideo refer, quomodo ad aliam instantiam respondetur. Magister.

das Gebot fallen, wie die Liebe zum Nächsten, aus der alle
Werke der Barmherzigkeit hervorgehen, unmittelbar unter
das Gebot fällt. Deshalb fällt die Verteidigung derer, die den
ketzerischen Papst bekämpfen, wenn man die nötigen Umstände beachtet, unmittelbar unter das Gebot, wenn ein solches Gebot auch keineswegs für alle Zeit verpflichtend sein
kann.

SCHÜLER. Wann, zu welcher Zeit ist ein solches Gebot
nach ihrer Auffassung denn verpflichtend? LEHRER. Die
Antwort ist: Wie jener, der es vermag, um seiner Seele Seligkeit willen verpflichtet ist, Almosen zu geben, wenn von
Seiten des Bedürftigen eine eindeutige und dringende Not
sichtbar wird und er keinen anderen weiß, der, wie er mit
Wahrscheinlichkeit annehmen kann, dem in Not Befindli-
chen in seiner Bedürftigkeit aufhelfen kann und will, so ist
jedermann dazu gehalten, der es vermag, mit jenem Mittel
des Schutzes, das ihm zu Gebote steht und möglich ist, diejenigen, die den ketzerischen Papst bekämpfen, zu verteidigen, wenn sie eines solchen Schutzes mit Notwendigkeit
bedürfen und wenn niemand anderes erscheint, der ihnen
Schutz gewähren könnte oder wollte. Wie ja auch, wenn
eine Gefahr für den Glauben droht, die Prälaten von ihren
Untergebenen notfalls gescholten werden müssen und der
katholische Glauben getreulich zu bekennen ist, so wären
auch, wenn aus unterlassener Verteidigung derer, die den
ketzerischen Papst bekämpfen, eine Gefahr für den Glauben drohte oder Gottes Ehre Abbruch geschähe, diejenigen,
die den ketzerischen Papst bekämpfen, von allen zu verteid-
digen, die das können, sofern niemand anderes erschiene,
der sie schützen wollte. Und wer ihnen in solch einem Fall,
wie er hier geschildert ist, den schuldigen Schutz versagte,
der verfiele in Todsünde und Begünstigung ketzerischer
Verdorbenheit und könnte sich ausschließlich mit seiner
eigenen Ohnmacht entschuldigen.

SCHÜLER. Das wollen wir im siebten Buch [von I Dialo-
gus] untersuchen. Darum berichte, wie auf die anderen Ein-

Ad illam instantiam respondetur seu dicitur, quod aliquod genus defensionis solummodo pertinet ad iurisdictionem habentes, quemadmodum ad eosdem pertinet tantummodo regulariter petere, plectere delinquentes. Sed preter talem defensionem, sicut dictum est in tertio notabili supra-scripto, sunt multi alii modi defendendi papam hereticum impugnantes, qui aliis a iudicibus competere possunt. Sepe enim aliqui a violentiis aliorum solum precibus defendun-tur, unde de tali modo defensionis habetur di. 87, c. 'Eos', ubi sic legitur: *'Eos, qui ad ecclesiam confugiunt, tradi non oportet, sed loci sancti reverentia et intercessione defendi.'* Ex quibus verbis colligitur, quod nonnunquam eo ipso, quod aliqui non traduntur vel pro eis interceditur, defen-duntur. Multis etiam aliis modis potest quis defendi, qui non solum ad iurisdictionem habentes, sed etiam ad quos-cunque alios pertinere noscuntur. Possunt ergo catholici nullam iurisdictionem habentes et etiam maiores multis mo-dis defendere papam hereticum impugnantes, quia interdum non tradendo, occultando ab eorum persecutione, verbis molestantes multifariis revocando et aliis modis, quos lon-gum esset enarrare.

Et per idem respondetur ad quartam: Quia preter defen-sionem, que sit armis, multi sunt alii modi defendendi im-pugnantes predictos. Cum vero accipis, quod iniuriam pro-pulsare ad viros perfectos minime pertinet, negatur de mul-tis modis iniuriam propulsandi; et cum allegas auctoritatem Christi, respondetur secundum Augustinum super Iohan-nem, ut legitur 23 q. 1, c.'Paratus': *'Quod dictum Christi preceptum magis est ad preparationem cordis quam ad opus';*

wände geantwortet wird. LEHRER. Auf jenen (dritten) Einwand wird erwidert, daß eine bestimmte Art des Schutzes
nur denen zukommt, bei denen die Gerichtshoheit liegt, wie
es im Regelfall ihnen allein zukommt, Übeltäter zu suchen
und zurechtzuweisen. Aber neben solchem Schutz gibt es
ja, wie in der dritten Anmerkung schon gesagt wurde, viele
andere Arten, die Kämpfer wider einen ketzerischen Papst
zu verteidigen, die auch denen zukommen mögen, die nicht
Gerichtsgewalt haben. Oft lassen sich Betroffene vor der
Gewalttat anderer allein durch Bitten verteidigen, und von
diesem Schutz kann man in D. 87 c. 6 lesen: »*Man darf diejenigen nicht ausliefern, die zu der Kirche Zuflucht suchen,
sondern muß sie aus Ehrfurcht vor der heiligen Stätte durch
Dazwischentreten verteidigen.*« Daraus ergibt sich, daß bisweilen eben durch Nichtauslieferung oder Dazwischentreten Schutz gewährt wird. Auch auf vielerlei andere Art kann
jemand verteidigt werden, was nicht nur denen zukommt,
bei denen die Gerichtshoheit liegt, sondern jedermann zukommen kann. So können Katholiken, die keine Gerichtsgewalt haben, und auch höherstehende Persönlichkeiten auf
vielerlei Art die Kämpfer gegen einen ketzerischen Papst
verteidigen, manchmal indem sie sie nicht ausliefern, sie verbergen vor denen, die sie verfolgen, oder diejenigen, die sie
mit vielerlei Schmähungen belästigen, zurückrufen, und
auch auf vielerlei andere Weise, die aufzuzählen allzu weit
führen würde.

Und mit demselben Argument wird auf den vierten Einwand geantwortet: Außer der Verteidigung mit der Waffe
gibt es vielerlei anderen Schutz für die obengenannten
Kämpfer. Wenn du aber meinst, daß es keineswegs Aufgabe
der Vollkommenen sei, dem Unrecht zu wehren, so wird
das von vielerlei Abwehr des Unrechts geleugnet. Und
wenn du das Wort Christi anführst, so wird darauf mit Augustin geantwortet, der zum Johannesevangelium sagt, wie
man C. 23 q. 1 c. 2 lesen kann: »*Dieses Wort Christi ist eher
ein Gebot zur Herzensbildung als zur Tat.*« Wenn du aber

cum autem dicis, quod armis iniuria propulsatur, verum
dicis, sed preter istum modum pulsandi iniuriam sunt multi
alii viris perfectis et clericis congruentes.

sagst, daß man mit Waffen dem Unrecht wehrt (und das den Vollkommenen verboten ist),[20] so sprichst du die Wahrheit. Aber neben dieser Art, dem Unrecht zu wehren, gibt es noch viele andere, die den Vollkommenen und den Klerikern durchaus angemessen sind.

DISCIPULUS. Salomonis utcunque sequendo vestigia proposui in animo meo *querere et investigare sapienter de omnibus, que sunt sub sole*, in ecclesia scilicet militante, de qua non omnes christiani his diebus consimiliter opinantur. Quia enim quidam circa fidem catholicam altercantur se hereticos mutuo appellantes, quidam eorum apud quosdam et alii apud alios veram existimant ecclesiam consistere militantem, perinde ad tertiam partem 'Dialogi' nostri (quam ab initio 'De gestis circa fidem altercantium orthodoxam' volui appellari) nostram intentionem vertamus, quantum nostre occupationes et studia presentis congruant temporis qualitati, quia ut beatus asserit Augustinus ad Bonifacium militem, et habetur 23 q.4, c. 'Si ecclesia': *Omnia debent suis temporibus convenire.*

Quam in novem tractatus volo secari, quorum unumquemque in diversos libros censeo dividendum. Primi namque duo erunt preparatorii et preambuli ad sequentes, in quibus de gestis diversorum christianorum scrutabimur. Primus quidem disputando de potestate pape et cleri. Secundus de potestate et iuribus Romani imperii; in quo quamplurima de iuribus regum ac principum ac etiam laicorum aliquorum tractabimus. Tertius de gestis Iohannis XXII., quem nonnulli putant propter hereticam pravitatem, diu antequam de hoc mundo migraret, omni dignitate ecclesiastica fuisse privatum; alii ipsum fuisse catholicum et in vero papatu finisse dies suos existimant. Quartus de gestis

Das Programm des ersten Traktats der Tertia Pars

SCHÜLER. Auf den Spuren Salomons habe ich mir in meinem Herzen vorgenommen, »*in Weisheit nach allem, was unter der Sonne geschieht, zu fragen und zu forschen*« [Eccles. 1,13], und zwar in der streitenden Kirche, über die nicht alle Christen heutzutage dasselbe denken. Denn weil einige, die sich um den katholischen Glauben streiten, sich gegenseitig Ketzer nennen, und die einen glauben, die wahre streitende Kirche sei bei einer Partei, die anderen, sie bestehe bei der anderen, so wollen wir unsere Bemühung auf den dritten Teil unseres Zwiegesprächs lenken (den wir ja von Anbeginn an »Die Geschichte derer, die um den rechten Glauben kämpfen« hatten nennen wollen), soweit unsere Beschäftigung und unser Studium dem Charakter der gegenwärtigen Zeit entspricht. Denn wie der heilige Augustinus an den Ritter Bonifaz schreibt – man findet das C. 23 q. 4 c. 42 –, »*muß alles seiner Zeit entsprechen*«.[21]

Diesen Teil will ich in neun Abhandlungen gliedern, deren jede ich in verschiedene Bücher unterteilen will. Die ersten beiden Abhandlungen sollen eine Vorbereitung und Einleitung für die folgenden sein, in denen wir die Geschichte verschiedener Christenmenschen erforschen wollen. Die erste Abhandlung tut das durch eine Erörterung über die Kompetenz des Papstes und des Klerus, die zweite handelt über die Kompetenz und die Rechte des Römischen Reiches; in ihr wollen wir ausführlichst über die Rechte der Könige und Fürsten und auch die einiger Laien Überlegungen anstellen. Die dritte Abhandlung handelt über die Geschichte Johannes' XXII., von dem einige glauben, daß er, lange bevor er diese Welt verließ, wegen Ketzerei von jeglicher kirchlichen Würde abgesetzt, andere aber, daß er katholisch gewesen sei und seine Tage als wahrer Papst beschlossen habe. Die vierte Abhandlung handelt über die Taten Ludwigs des Bayern, den einige nicht für einen wah-

domini Ludovici de Bavaria, quem aliqui verum imperatorem non reputant, alii contrarium arbitrantur. Quintus de
gestis Benedicti XII., quem multi, sed non omnes, tanquam
summum pontificem venerantur. Sextus de gestis fratris
Michaelis de Cesena. Septimus de gestis et doctrina fratris
Giraldi Odonis, quorum unum quidam, alii alium verum
generalem ordinis Fratrum Minorum affirmant. Octavus de
gestis fratris Guillermi de Okam. Nonus de gestis aliorum
christianorum, regum, principum et prelatorum ac subditorum, laicorum ac clericorum, secularium, religiosorum,
Fratrum Minorum et aliorum, qui alicui et aliquibus de prenominatis personis adherent, obediunt, consentiunt, communicant, favent vel quomodolibet prebere auxilium aut
consilium dinoscuntur vel ipsos aut eorum aliquem impu-
gnant, molestant vel reprehensibilem aut reprehensibiles arbitrantur.

MAGISTER. Tam tua instantia quam desiderium perfi-
ciendi predicta aggredi mihi suadet. Sed timor calumniam
incurrendi illorum, qui forsitan dicent me audere illicite disputare de potestate summi pontificis, dissuadet, presertim
cum leges etiam canonice et civiles videantur asserere, quod
sacrilegium incurrit, qui presumit de auctoritate principis
disputare. Ideo, si tibi videtur, de prefatis me nullatenus in-
tromittam, maxime cum ad libros necessarios non valeam,
ut estimo, pervenire.

DISCIPULUS. Timor non te retrahat memoratus, quia sicut
videmus catholicos de fide absque periculo iuste calumnie
ad exercitium disputare. Doctores enim sacre theologie de

ren Kaiser halten, andere ganz im Gegenteil. Die fünfte Abhandlung handelt über die Taten Benedikts XII., den viele, aber nicht alle, als höchsten Bischof verehren. Die sechste Abhandlung handelt über die Taten Bruder Michaels von Cesena, die siebente über die Taten und Lehrmeinungen des Bruders Geraldus Odonis, von denen jeweils einen die eine Gruppe, den anderen die andere zum wahren Generalminister der Minderbrüder erklärt. Die achte Abhandlung handelt über das, was Bruder Wilhelm Ockham getan hat. Die neunte über das, was andere Christen taten, Könige, Fürsten, Prälaten und einfache Gläubige, Laien und Kleriker, Weltpriester und Ordensleute, Minderbrüder und andere, die einer oder einigen der oben genannten Personen anhängen, ihnen Gehorsam leisten, ihnen beistimmen, mit ihnen Gemeinschaft halten, ihnen Vorschub tun, oder irgend Hilfe und Rat zukommen lassen, oder vielmehr einen oder mehrere von ihnen bekämpfen, ihnen lästig fallen oder auch sie für tadelnswert halten.

LEHRER. Dein Drängen wie mein Wunsch, das Werk zu vollenden, rät mir zu, es, wie besprochen, in Angriff zu nehmen. Aber die Furcht, mir die Verleumdung jener zuzuziehen, die vielleicht sagen werden, ich nähme mir heraus, ohne Erlaubnis eine Erörterung über die Kompetenz des höchsten Bischofs anzustellen, widerrät mir, zumal ja auch kanonisches und römisches Recht offensichtlich sagen, daß derjenige sich den Vorwurf eines Sakrilegs zuzieht, der es sich herausnimmt, über die Gewalt der Fürsten Erörterungen anzustellen.[22] Darum will ich, wenn es dir recht ist, mich mit diesen Themen nicht beschäftigen, zumal ich zu ganz notwendiger Literatur, wie ich die Dinge einschätze, keinen Zugang habe.

SCHÜLER. Diese Befürchtung braucht dich nicht abzuhalten: denn wir sehen ja, daß katholische Männer zur bloßen Übung Erörterungen über den Glauben anstellen, ohne sich auch nur der Gefahr eines berechtigten Vorwurfs auszusetzen: Doktoren der Theologie disputieren in den Hörsälen

fide in scholis publice disputant et contra veritatem fidei,
quam sciunt, acutius arguentes nullum crimen incurrunt,
licet nec tunc nec unquam postea veritatem questionis dis-
putate determinent. Baccalarii etiam et prudentes, quantum
possunt fortius irreprehensibiliter, imo sepe laudabiliter
contra veritatem arguunt et allegant. Sic de potestate summi
pontificis ad exercitium contingit laudabiliter disputare.
Cum igitur contra potestatem pape neque asserendo neque
dubitando aliquid sis dicturus, sed solummodo recitando
(sicut pro toto isto dialogo peractum est inter nos a princi-
pio), de potestate pape et omnibus aliis, que commemoravi
tractanda, nullatenus metuas indagare, presertim cum sciam
te paratum omnem veritatem de potestate pape et aliam,
quam teneris explicite credere, oportunis loco et tempore,
quando erit expediens, occulte et publice confiteri. Nec
librorum carentia te retardet, quia licet non possis facere
opus perfectum, aliquid tamen facere non erit inutile, quia
occasionem faciendi opera perfecta copiam librorum habentibus ministrabis.

MAGISTER. Quod absque assertione et dubitatione falsa
liceat recitare et in persona dicere aliorum quodque non sit
necesse omni tempore ore veritatem, etiam catholicam, confiteri (cum cadat sub precepto affirmativo, quod semper obligat, sed non pro semper), multis modis posset ostendi.

öffentlich über den Glauben und argumentieren mit allem
Scharfsinn gegen die Wahrheit des Glaubens, die ihnen sehr
wohl bekannt ist, ohne sich den Vorwurf eines Verbrechens
zuzuziehen, auch wenn sie weder zu dieser Zeit, noch vielleicht überhaupt jemals später den wahren Sachverhalt in
der erörterten Frage öffentlich feststellen. Auch die Bakka-
lare und die fortgeschrittenen Studenten argumentieren, so
heftig sie nur können, ohne Tadel, ja häufig lobenswert gegen die Wahrheit, und suchen wissenschaftliche Argumente
zusammen. In eben demselben Maße kann es geschehen,
daß man über die Kompetenz des höchsten Bischofs lobenswert zur Übung disputiert. Sofern du also weder durch
positive Aussagen, noch in zweifelnder Bestreitung etwas
gegen die Kompetenz des Papstes sagen willst, sondern nur
im Referat über die Kompetenz des Papstes und all die anderen Gegenstände, die ich zur Verhandlung angemahnt
habe, sprichst (so wie es für dieses ganze Gespräch zwischen
uns von Beginn an abgemacht ist), brauchst du die Untersuchung keineswegs zu scheuen, da ich ja weiß, daß du bereit
bist, alle Wahrheit über die Kompetenz des Papstes und
auch jede andere Wahrheit, die ausdrücklich anzuerkennen
du verpflichtet bist, an gelegenen Ort und zu gelegener
Zeit, wenn es sinnvoll ist, im privaten Kreis und auch in der
Öffentlichkeit zu bekennen. Auch braucht der Bücherman-
gel uns nicht zu hindern, denn wenn du auch kein vollkommenes Werk schaffen kannst, so wird es doch keineswegs
unnütz sein, das Werk wenigstens fertigzustellen, weil du
damit denen Gelegenheit gibst, vollkommene Werke zu
schaffen, die über eine Menge Bücher verfügen.

LEHRER. Daß es erlaubt ist, ohne positive Aussage und
ohne zweifelnde Bestreitung auch Falsches vorzutragen und
namens anderer zu sagen; daß es nicht nötig ist, zu jeder
Zeit mit dem Munde die Wahrheit, auch die katholische
Wahrheit nicht, zu bekennen (da das einem affirmativen
Gebot unterliegt, das zwar immer gültig ist, aber nicht für
jeden Augenblick bindet), das kann auf verschiedene Weise

Ideoque malignorum parvipendens calumnias tue instantie acquiescam et ad exercitanda studiosorum ingenia tam circa potestatem pape quam circa alia, que duxeris inquirenda, etiam sententias et opiniones, quas reputo erroneas, imo hereticas, recitabo, pro quibus, quo voluero, fortius allegabo. Quod etiam tu poteris interdum facere, si tibi videbitur. Incipe igitur sine mora primum tractatum.

bewiesen werden. Dabei will ich die Verleumdungen der Übelwollenden gering achten und mich deinem Drängen fügen. Um den Scharfsinn der Experten zu trainieren, will ich hier über die Kompetenz des Papstes und über alles andere, was du untersuchen zu müssen glaubst, auch Ansichten und Meinungen vortragen, die ich für irrig, ja für ketzerisch halte, und für sie, so wirkungsvoll ich immer kann, wissenschaftliche Argumente anführen. Und auch du kannst das von Zeit zu Zeit tun, wenn du willst. Beginne also unverzüglich den ersten Traktat.

c. 5

DISCIPULUS. Pro predicta opinione allegationes tetigisti et
estimo fortiores. Ideo pro ea ad presens alias non adducas,
quia iste solventur patenter. Sed ad alias in contrarium posset forsitan leviter responderi.

MAGISTER. Sunt nonnulli, qui opinionem prescriptam falsam, periculosam, perniciosam ac hereticalem estimant,
quod multipliciter probare conantur. Lex enim christiana ex
institutione Christi est lex libertatis respectu veteris legis,
que respectu nove legis fuit lex servitutis. Sed si papa haberet a Christo talem plenitudinem potestatis, ut omnia possit, que non sunt contra legem divinam nec contra legem nature, lex christiana ex institutione Christi esset lex intolerabilis servitutis et multo maioris servitutis quam fuerit lex
vetus. Ergo papa non habet a Christo talem plenitudinem
potestatis tam in spiritualibus quam in temporalibus.

Maior auctoritatibus apertissimis scripture divine videtur
posse probari. Beatus enim Iacobus in canonica sua c. 1 eam
vocat legem perfecte libertatis, dicens: '*Quicunque prospexerit in lege perfecte libertatis et permanserit in ea non audi-
tor obliviosus factus, sed factor operis, hic beatus erit in facto
suo.*' Et apostolus ad Gal. ait: '*Neque Titus, qui mecum erat,*

Lex Libertatis – Das Evangelium als Gesetz der Freiheit

c. 5

SCHÜLER. Für die genannte Auffassung [daß nämlich der Papst in geistlichen und weltlichen Angelegenheiten die Fülle der Gewalt von Gott selbst erhalten hat] hast du Zeugnisse angedeutet, die, wie ich glaube, recht stark sind. Darum füge dem jetzt nicht weitere an. Denn diese sollen jetzt klar aufgelöst werden. Könnte man gegen die angeführten Argumentationen jetzt zum Erweis des Gegenteils mit Leichtigkeit Antwort geben?

LEHRER. Es gibt einige Leute, die die genannte Meinung für falsch, gefährlich, verderblich und der Ketzerei verdächtig halten. Das versuchen sie auf vielfältige Weise zu beweisen. Das christliche Gesetz ist kraft seiner Einsetzung durch Christus ein Gesetz der Freiheit[23] im Verhältnis zum alten Gesetz, das im Verhältnis zum neuen Gesetz ein Gesetz der Knechtschaft war. Wenn aber der Papst von Christus solche Gewaltenfülle erhalten hätte, daß er alles vermöchte, was nicht gegen das göttliche Gesetz und nicht gegen das Naturgesetz verstößt, dann wäre das christliche Gesetz kraft seiner Einsetzung durch Christus ein Gesetz unerträglicher Knechtschaft, und zwar erheblich größerer Knechtschaft, als es das alte Gesetz gewesen ist. Also hat der Papst von Christus nicht solche Gewaltenfülle in geistlichen wie in weltlichen Angelegenheiten.

Der Obersatz kann mit ganz eindeutigen Texten aus der Heiligen Schrift bewiesen werden. Denn der heilige Jakobus nennt es in seinem Brief 1,25 ein Gesetz der vollkommenen Freiheit, wenn er sagt: *»Wer aber durchschaut in das Gesetz der vollkommenen Freiheit und darin beharrt, und ist nicht ein vergeßlicher Hörer, sondern ein Täter, der wird selig sein in seiner Tat.«* Und der Apostel [Paulus] schreibt an die Galater [Gal. 2,3–5]: *»Aber es ward selbst Titus, der mit mir*

cum esset gentilis, compulsus est circumcidi. Sed propter in-
troductos falsos fratres, qui introierant exploraturi liberta-
tem nostram, quam habemus in Christo Iesu, ut nos in ser-
vitutem redigerent, quibus nec ad horam cessimus subiec-
tioni, ut veritas evangelica permaneat apud vos.' Ex quibus
verbis datur intelligi, quod lex evangelica est lex libertatis,
per quam christiani a servitute sunt erepti ultra in servitutem minime reducendi. Quod etiam apostolus c. 5 videtur
asserere dicens: *'Utinam et abscindantur, qui vos contur-*
bant. Vos enim in libertatem vocati estis, fratres. Tantum ne
libertatem in occasionem detis carnis, sed per caritatem suc-
currite invicem.' Item beatus Petrus, ut habetur Act. 15. ait:
'Quid tentatis deum imponere iugum super cervices discipu-
lorum, quod neque patres nostri neque nos portare potui-
mus?' Ex quibus verbis colligitur, quod christianis non est
tam grave iugum servitutis impositum, sicut fuit positum
super iudeos. Unde beatus Iacobus ibidem post verba Petri
dixit: *'Ego iudico non inquietari eos, qui ex gentibus conver-*
tuntur ad deum, sed scribere ad eos, ut abstineant se a conta-
minationibus simulacrorum et fornicatione et suffocato san-
guine.' Et hec sententia Iacobi ab apostolis et senioribus,
imo a spiritu sancto extitit approbata. Unde et ibidem sub-
iungitur: *'Tunc placuit apostolis et senioribus cum omni ec-*
clesia eligere viros ex eis et mittere Antiochiam cum Paulo et
Barnaba: Iudam, qui cognominatur Bersabas, et viros pri-
mos in fratribus. Scribentes per manus eorum epistolam con-

war, nicht gezwungen, sich beschneiden zu lassen, obwohl er ein Heide war. Denn da etliche falsche Brüder sich mit eingedrängt hatten und nebeneingeschlichen waren, auszukundschaften unsere Freiheit, die wir haben in Christus Jesus, damit sie uns knechteten, wichen wir denselben auch nicht eine Stunde und waren ihnen nicht untertan, damit die Wahrheit des Evangeliums bei euch bestehen bliebe.« Damit wird uns zu verstehen gegeben, daß das evangelische Gesetz ein Gesetz der Freiheit ist, durch welches die Christen aus der Knechtschaft herausgerissen sind, keineswegs um erneut in Knechtschaft zurückgeführt zu werden. Dasselbe meint Paulus offenbar auch, wenn er Gal. 5,12–13 sagt: *»Sie sollen sich doch gleich beschneiden lassen, die euch in Unruhe setzen. Ihr aber, liebe Brüder, seid zur Freiheit berufen. Allein sehet zu, daß ihr durch die Freiheit nicht dem Fleisch Raum gebet, sondern durch die Liebe diene einer dem anderen!«* Auch der heilige Petrus sagt, wie es in Act. 15,10 heißt: *»Was versucht ihr denn nun Gott dadurch, daß ihr ein Joch auf der Jünger Hälse legt, welches weder unsere Väter noch wir haben tragen können?«* Daraus erhellt, daß den Christen nicht ein solch schweres Joch der Knechtschaft auferlegt ist, wie es auf den Juden lastete. Darum erwidert der heilige Jakobus dort auf die Worte des Petrus [Act. 15,19 f.]: *»Darum urteile ich, daß man denen, die aus den Heiden zu Gott sich bekehren, nicht Unruhe mache, sondern schreibe ihnen, daß sie sich enthalten sollen von Befleckung durch Götzen und von Unzucht und vom Erstickten und vom Blut.«* Und diese Auffassung des Jakobus wurde von den Aposteln und Ältesten, ja vom Heiligen Geist selbst gebilligt. Darum wird dort unmittelbar anschließend gesagt [Act. 15,22 f.]: *»Und es beschlossen die Apostel und Ältesten samt der ganzen Gemeinde, aus ihrer Mitte Männer zu erwählen und nach Antiochia zu senden mit Paulus und Barnabas, nämlich Judas mit dem Zunamen Barsabas, und (Silas), angesehene Männer unter den Brüdern. Und sie gaben ihnen ein Schreiben in ihre Hand, also*

tinentem hec: "Apostoli et seniores fratres".' Et post: 'Visum
est spiritui sancto et nobis nihil ultra imponere vobis onerum
quam necessaria, ut abstineatis ab immolatione simulacro-
rum et sanguine suffocato et fornicatione; a quibus custo-
dientes vos bene agetis.'

Ex quibus colligitur, quod christiani per legem evangelicam sunt a servitute multiplici liberati et quod lex evangelica est lex minoris servitutis quam fuerit lex vetus. Quod
Augustinus 'Ad inquisitiones Ianuarii', ut habetur di. 12,
c. 'Omnia', videtur innuere manifeste dicens de quibusdam,
qui christianam religionem servitute nimia oppresserunt:
'Quamvis enim neque hoc inveniri possit, quomodo contra
fidem sint, ipsam tamen religionem, quam paucissimis et
manifestissimis celebrationum sacramentis misericordia dei
voluit esse liberam, servilibus oneribus premunt, adeo ut to-
lerabilior sit conditio iudeorum, qui etsi iam tempus libera-
tionis non agnoverunt, legalibus tamen sacramentis, non hu-
manis presumptionibus subiiciuntur.' Item apostolus ad
Gal. 4: *'Non sumus ancille filii, sed libere. Qua libertate*
Christus nos liberavit, state et nolite iterum iugo servitutis
contineri.' Et apostolus 2. ad Cor. 3: *'Ubi autem spiritus do-*
mini, ibi libertas.'

Ex quibus omnibus colligitur, quod maioris libertatis est
lex nova quam vetus. Minor autem predicte allegationis,
quod scilicet lex nova sive evangelica esset intolerabilis servitutis et maioris quam fuerit lex vetus, si papa haberet ex
institutione Christi talem plenitudinem potestatis tam in
spiritualibus quam in temporalibus, videtur probatione nul-

lautend: ›*Wir die Apostel und Ältesten, eure Brüder*‹« (usw.).
Und wenig später heißt es [Act. 15,28 f.]: »*Denn beschlossen
haben der Heilige Geist und wir, euch keine Last weiter aufzulegen als nur diese nötigen Stücke: daß ihr euch enthaltet
vom Götzenopfer und vom Blut und vom Erstickten und
von Unzucht; und wenn ihr euch vor diesem bewahret, tut
ihr recht.*«

Daraus wird klar, daß Christen durch das evangelische
Gesetz von vielfältiger Knechtschaft befreit sind und daß
das evangelische Gesetz ein Gesetz geringerer Knechtschaft
ist, als es das alte Gesetz gewesen ist. Augustinus deutet das
offenbar an in seiner Schrift »*Ad inquisitiones Ianuarii*«
[ep. 119], und man findet das in D. 12 c. 12, wenn er von
einigen sagt, die die christliche Religionsgemeinschaft mit
allzu großer Knechtschaft bedrückten: »*Obschon man nicht
finden könnte, wie das gegen den Glauben verstößt, so
drücken sie die christliche Religionsgemeinschaft, die die
göttliche Barmherzigkeit kraft ganz weniger und ganz klarer Sakramente und ihrer Feier frei haben wollte, dennoch
durch knechtische Lasten, so daß die Lage der Juden noch
erträglicher ist: wenn diese auch die Zeit der Befreiung nicht
erkannt haben, so sind sie doch nur gesetzlichen Sakramenten, nicht menschlichen Anmaßungen unterworfen.*«
Ebenso sagt der Apostel im Galaterbrief (4,31–5,1): »*So
sind wir denn nun ⟨. . .⟩ nicht der Magd Kinder, sondern der
Freien. Zur Freiheit, zu der uns Christus befreit hat, stehet
nun fest und lasset euch nicht wiederum in das knechtische
Joch fangen.*« Und 2. Cor. 3,17 schreibt Paulus: »*Wo aber
der Geist des Herrn ist, da ist Freiheit.*«

Aus all dem ergibt sich, daß das neue Gesetz von größerer Freiheit ist als das alte Gesetz. Der Untersatz der oben
angeführten Argumentation, daß nämlich das neue Gesetz,
d. h. das evangelische Gesetz, von einer unerträglichen
Knechtschaft wäre, einer schlimmeren sogar, als es das alte
Gesetz gewesen ist, wenn der Papst aus Christi Einsetzung
solche Gewaltenfülle über Geistliches und Weltliches hätte,

latenus indigere. Si enim hoc esset, omnes christiani essent
servi et nullus esset libere conditionis; omnes enim essent
servi summi pontificis. Et summus pontifex tantam potestatem in temporalibus haberet super imperatorem et reges et
principes et laicos universos ac omnes omnino christianos
et quantum ad personam et quantum ad res ipsorum, quantam unquam dominus temporalis habuit vel habere potuit
super quemcunque servum. Ita quod papa libere posset privare reges et principes ac omnes alios christianos regnis et
omnibus rebus, reges et principes quibuscunque aliis subdere et constituere eos servos ipsorum. Hec enim et similia
non sunt contra legem divinam nec contra legem nature,
quia si essent contra legem divinam vel legem nature, ipsis-
met regibus et aliis christianis essent illicita et per consequens nullis liceret res suas alteri dare vel se alterius subiicere potestati. Et ita constat, quod lex christiana esset maioris servitutis quoad temporalia quam lex vetus, si papa in
temporalibus haberet huiusmodi plenitudinem potestatis;
quia illi, qui erant sub lege mosaica, nulli mortali erant in
temporalibus tali modo subiecti, quia tale dominium nec
rex nec summus pontifex habebant. Unde et Naboth Israe-
lites laudabiliter denegavit dare et vendere vineam suam regi
cupienti emere ipsam.

Esset etiam lex moderna maioris servitutis quoad spiritualia sive quoad illa, que pertinent vel pertinere possunt ad
exteriorem cultum divinum quam fuerit lex mosaica. Quia
si papa haberet talem plenitudinem potestatis, plures et
graviores huiusmodi observantias corporales imponeret regibus et principibus ac omnibus christianis quam fuerint in
lege veteri ordinate. Nec cuicunque christiano liceret in hui-

bedarf anscheinend keines Beweises. Wenn das nämlich
gälte, dann wären alle Christen Hörige und keiner wäre von
freiem Stand; denn alle wären Hörige des Papstes. Auch
hätte der Papst eine solche Gewalt in weltlichen Angelegenheiten über den Kaiser, die Könige, die Fürsten, alle Laien
und überhaupt über alle Christen, über ihre Person wie
über ihr Eigentum, wie sie niemals ein weltlicher Herr hatte
oder haben könnte über irgendeinen seiner Hörigen. Der
Papst nämlich wäre frei, Könige und Fürsten und alle anderen Christen ihrer Reiche und allen Eigentums berauben,
Könige und Fürsten beliebigen anderen unterwerfen und
sie zu deren Hörigen machen. All das nämlich ist nicht gegen das göttliche Gesetz, noch gegen das Gesetz der Natur,
denn wäre es gegen das göttliche Gesetz oder das Gesetz
der Natur, wäre all das auch den Königen und anderen
Christen nicht gestattet. Folglich wäre es niemandem erlaubt, sein Eigentum anderen zu geben oder sich der Gewalt eines anderen zu unterwerfen. Somit wäre offensichtlich das christliche Gesetz von größerer Knechtschaft hinsichtlich der weltlichen Dinge als das alte Gesetz, besäße der
Papst in weltlichen Angelegenheiten solche Gewaltenfülle,
denn jene, die unter dem Gesetz Mose standen, waren keinem Sterblichen in weltlichen Dingen derart unterworfen.
Solche Herrschaft nämlich hatte weder der König noch der
höchste Priester über sie. So hat auch der Israelit [lies: Jes-
reelit] Naboth sich löblich geweigert, seinen Weinberg dem
König zu geben und zu verkaufen, der ihn kaufen wollte
[vgl. 1. Reg. 21].

Auch wäre das heutige Gesetz von größerer Knechtschaft
hinsichtlich der geistlichen Angelegenheiten, beziehungsweise hinsichtlich dessen, was zum äußeren Gottesdienst
gehört oder gehören kann, als es das mosaische Gesetz war.
Denn hätte der Papst solche Gewaltenfülle, dann legte er
den Königen, Fürsten und allen Christen mehr und schwe-
rere derartige körperlich zu leistende Verpflichtungen auf,
als sie im alten Gesetz angeordnet waren. Und keinem

usmodi non obedire, si papa haberet talem plenitudinem potestatis. Ex istis concluditur, quod predicta opinio de plenitudine potestatis summi pontificis non solum falsa, sed etiam hereticalis est habenda, cum sit manifeste contra scripturam sacram asserentem, quod lex christiana est lex libertatis. Et per consequens christiani non fiunt servi cuiuscunque mortalis per legem christianam, sed liberi sunt, quantum est de ratione evangelice legis.

Est etiam, ut dicunt, perniciosa et periculosa. Quia si papa uteretur tali potestate privando reges et alios christianos regnis et rebus suis pro sue voluntatis arbitrio et eos subiiciendo servituti vel operibus servilibus, orirentur scismata et dissensiones, bella, guerre inter christianos, etiam periculum et dispendium totius christianitatis.

c. 6

DISCIPULUS. Quia, ut puto, istud est principalius vel de principalibus fundamentis et motivis, quare quidam dicunt, quod papa non habet talem plenitudinem potestatis, ideo contra ipsum volo obiicere, ut responsionibus, quas recitabis ad obiectiones contra ipsum, quale sit, magis appareat. Videtur itaque, quod lex christiana non dicatur in scripturis sacris lex libertatis, quia per eam christiani fiant liberi, ne sint subiecti in omnibus summo pontifici, quod innuit motivum precedens. Sed dicitur lex libertatis, quia per eam christiani efficiuntur liberi a servitute peccati vel legis mosaice. Unde et plures auctoritates adducte expresse loquuntur de libertate a servitute legis mosaice, sicut illa ad Gal. 2

Christen wäre es erlaubt, in derartigen Dingen nicht zu gehorchen, wenn der Papst solche Gewaltenfülle hätte. Daraus folgt, daß die besagte Auffassung über die Fülle der Gewalt des höchsten Bischofs nicht nur als falsch, sondern als der Ketzerei verdächtig zu gelten hat, zumal sie handgreiflich gegen die Heilige Schrift verstößt, die sagt, daß das christliche Gesetz ein Gesetz der Freiheit ist. Folglich sind auch die Christen nicht durch das christliche Gesetz Hörige irgendeines Sterblichen, sondern sie sind frei, soweit es dem Sinn des evangelischen Gesetzes entspricht.

Diese Auffassung ist auch verderblich und gefährlich, wie man sagt. Denn machte der Papst von solcher Gewalt Gebrauch, indem er Könige und andere Christen ihrer Reiche und ihres Eigentums beraubte nach der Willkür seines Beliebens und sie einer Knechtschaft unterwürfe oder knechtischer Arbeit, so müßten unter Christen Spaltungen entstehen und Zwietracht, Kriege, Fehden, ja die ganze Christenheit geriete in Gefahr und Bedrängnis.

c. 6

SCHÜLER. Weil, wie ich glaube, dies der Hauptgrund oder einer der wichtigsten Gründe und Ursachen dafür ist, weswegen einige sagen, daß der Papst solche Gewaltenfülle nicht besitzt, deshalb wünsche ich gegen diese Auffassung Einwände zu machen, damit aus den Antworten auf diese Einwände, die du hier vorführen wirst, deutlicher wird, was ihr Gehalt ist. Offensichtlich wird ja das christliche Gesetz in der Heiligen Schrift nicht Gesetz der Freiheit genannt, weil die Christen dadurch dergestalt befreit würden, daß sie in allen Dingen dem höchsten Bischof unterworfen wären, was das eben angeführte Argument anzudeuten scheint. Vielmehr heißt es Gesetz der Freiheit, weil die Christen dadurch frei werden von der Knechtschaft der Sünde oder der des mosaischen Gesetzes. Mehrere der aufgeführten Zeugnisse sprechen ja auch ausdrücklich über die Freiheit von der Knechtschaft des mosaischen Gesetzes, wie jene Stelle

et 5 et illa Act. 15 et illa ad Gal. 4. Alie autem auctoritates
intelligi possunt de libertate a servitute peccati. Igitur per
ipsas probari non potest, quod christiani per legem christianam efficiuntur liberi a servitute, qua tenentur summo pontifici: Ne scilicet in omnibus temporalibus et spiritualibus
sint sibi subiecti, que non sunt contra legem dei nec contra
legem nature. Unde et quod auctoritates scripture divine
non debeant intelligi de libertate et subiectione, qua subduntur christiani summo pontifici, ratione probatur. Nam si
lex christiana esset taliter lex libertatis, nulli liceret se subdere summo pontifici vel alii cuicunque mortali. Et ita, ut
quidam dicunt Fratres Minores, si per regulam suam tenentur in omnibus obedire summo pontifici, eorum regula esset hereticalis, quia esset contra legem christianam, que est
lex libertatis liberans christianos, ne homini sint subiecti.
Amplius secundum beatum Iacobum, ut allegatum est, lex
christiana est lex perfecte libertatis. Perfecta autem libertas
omni servituti repugnat. Ergo si lex christiana est lex libertatis liberans christianos, ne homini sint subiecti, sequitur,
quod nullus debet esse servus hominis cuiuscunque. Et ita
reges et principes et alii laici et etiam ecclesia nullos servos
haberent, quod legibus civilibus et sacris canonibus obviat
manifeste. Propter ista videtur, quod motivum prescriptum
non probat, quod papa non habeat plenitudinem potestatis
tam in spiritualibus quam in temporalibus. Tu autem narra,
quomodo respondetur ad ista.

Gal. 2,3–5 und 5,12 f., auch Act. 15,10 und Gal. 4,31–5,1.
Andere Zeugnisse können sich auf die Freiheit von der
Knechtschaft unter der Sünde beziehen. Demnach läßt sich
durch sie nicht beweisen, daß die Christen durch das christliche Gesetz von der Knechtschaft frei werden, durch die sie
dem höchsten Bischof verpflichtet sind, d. h., daß sie nicht
in allen weltlichen und geistlichen Angelegenheiten, welche
nicht dem Gesetz Gottes oder dem Naturgesetz widersprechen, ihm unterworfen sind. Daß die Zeugnisse der Heiligen Schrift sich nicht auf die Freiheit von der Unterwerfung
beziehen, mit der Christen ihrem höchsten Bischof untergeben sind, das läßt sich mit Argumenten erhärten. Denn
wenn dies christliche Gesetz derart ein Gesetz der Freiheit
wäre, dann wäre es niemandem erlaubt, sich dem Papst zu
unterwerfen oder sonst irgendeinem Sterblichen. Wenn somit, wie einige Franziskanerbrüder sagen, sie durch ihre
Regel gehalten sind, in allen Stücken dem Papst Gehorsam
zu leisten,[24] dann wäre ihre Regel der Ketzerei verdächtig,
wäre sie doch gegen das christliche Gesetz, das ein Gesetz
der Freiheit ist, weil es die Christen davon befreit, einem
Menschen unterworfen zu sein. Weiterhin ist nach dem heiligen Jakobus, wie oben angeführt,[25] das christliche Gesetz
ein Gesetz vollkommener Freiheit. Vollkommene Freiheit
aber widerstreitet jeglicher Knechtschaft. Wenn also das
christliche Gesetz ein Gesetz der Freiheit ist, das alle Christen davon befreit, einem Menschen unterworfen zu sein, so
folgt, daß keiner irgendeines Menschen Höriger sein darf.
Und so hätten Könige, Fürsten und die anderen Laien und
auch die Kirche keine Hörigen, was dem bürgerlichen Recht
und den heiligen Canones handgreiflich widerspricht. Deswegen kann der genannte Beweggrund anscheinend nicht
beweisen, daß der Papst diese Gewaltenfülle in geistlichen
und weltlichen Angelegenheiten nicht innehat. So berichte
denn, wie darauf eine Antwort gegeben wird.

c. 7

Magister. Ad primum istorum dicitur, quod quamvis
auctoritates specialem faciant mentionem de libertate a servitute mosaice legis, tamen omnes intelligi debent ab omni
servitute tanta, quanta fuit servitus mosaice legis. Et hoc
saltem quoad aliqua negative: Ut scilicet nullus per evangelicam legem obligetur ad tantam servitutem, quanta fuit servitus veteris legis, licet aliqui christiani ratione delicti vel ex
voluntate seu alia quacunque occasione (non tamen per
legem christianam) tanta servitute vel maiori teneantur
astricti. Si enim christiani quacunque servitute quoad opera
exteriora tanta vel maiori, quanta fuit servitus veteris legis,
per legem evangelicam tenerentur, non posset lex evangelica
magis dici lex libertatis quam lex mosaica, quantumcunque
liberati essent a servitute mosaice legis. Qui enim liberatur
ab una servitute et premitur alia vel maiori, non est magis liber quam prius extiterat. Sicut qui liberatur ab uno vinculo
corporali et alio equali vel fortiori constringitur, non est solutus sed magis ligatus. Cum vero lex evangelica secundum
veritatem scripture divine sit lex magis libertatis quam vetus
lex, per legem evangelicam christiani neque servituti legis
mosaice neque cuicunque alii servituti exteriori maiori vel
tante, quanta fuit servitus veteris legis, subduntur.

   Quare etiam auctoritates ille, que occasione servitutis ve-

c. 7

LEHRER. Zum ersten Argument sagt man, daß die Zeugnisse, wenn sie auch die Freiheit von der Knechtschaft des mosaischen Gesetzes besonderer Erwähnung würdigen, dennoch allesamt zu verstehen sind (als Freiheit) von jeglicher Knechtschaft, insoweit sie Knechtschaft unter dem mosaischen Gesetz war – wenigstens im negativen Sinn in bestimmter Hinsicht, daß nämlich niemand durch das evangelische Gesetz zu gleich großer Knechtschaft verpflichtet werden kann, wie es die Knechtschaft unter dem alten Gesetz war, mögen auch einige Christen wegen eines Vergehens oder aus ihrer eigenen Willensentscheidung oder aus irgendeinem anderen Anlaß (keinesfalls jedoch durch das christliche Gesetz) in solch großer Knechtschaft oder einer noch größeren sein. Wären nämlich die Christen mit irgendeiner Knechtschaft ebenso groß oder größer, als es die Knechtschaft des alten Gesetzes war, gebunden, dann könnte das evangelische Gesetz nicht in größerem Maße ein Gesetz der Freiheit heißen als das mosaische Gesetz, so sehr sie auch von der Knechtschaft des mosaischen Gesetzes befreit wären. Wer nämlich von der einen Knechtschaft befreit wird und von einer anderen gleich großen oder größeren niedergedrückt wird, der ist keineswegs in höherem Maße frei als er früher war. So wie einer, der von einer Körperfessel befreit wird und zugleich mit einer anderen gleich festen oder festeren gebunden wird, nicht (von den Fesseln) gelöst ist, sondern nur noch enger gebunden. Da nun aber das evangelische Gesetz nach der Wahrheit der Heiligen Schrift in höherem Maße ein Gesetz der Freiheit ist als das alte Gesetz, werden die Christen durch das evangelische Gesetz auch weder der Knechtschaft des mosaischen Gesetzes, noch irgendeiner anderen äußeren Knechtschaft unterworfen, größer oder gleich groß, wie es das alte Gesetz gewesen ist.

Darum müssen auch alle jene Zeugnisse, die anläßlich der

teris legis de libertate christianorum loquuntur, de libertate
ab omni servitute tanta, quanta fuit servitus veteris legis debent intelligi. Quare cum servitus, qua aliquis alteri obligatur in omnibus obedire, que non sunt contra legem divinam
nec contra legem nature, sit maior quam fuerit servitus veteris legis, etiam de libertate ab illa servitute auctoritates pre-
scripte debent intelligi. Et ita, ut dicunt isti, per ipsas probatur aperte, quod memorata opinio de plenitudine potestatis
summi pontificis est hereticalis, tanquam contraria divine
scripture.

Discipulus. Antequam procedam, contra ista obiicio;
quia non videtur, quod quamvis papa haberet huiusmodi
plenitudinem potestatis, christiani essent pressi maiori servitute vel tanta, quanta fuit servitus veteris legis. Nam talem
potestatem habent aliqui prelati religiosi super fratres suos
vel possent habere. Quia possunt aliqui religiosi promittere
in omnibus obedientiam prelatis suis, et tamen illi religiosi
non premerentur tanta servitute, quanta fuit servitus veteris
legis. Quia nec tales religiosi essent servi, non enim religiosi
sunt servi suorum prelatorum, nec prelati sunt domini fratrum suorum.

Magister. Huic respondetur, quod quamvis papa possit
habere talem potestatem supra illum, qui voluerit fieri servus pape et se in omnibus subdere potestati ipsius, tamen
nec papa nec aliquis prelatus religiosus habet talem potestatem super quoscunque religiosos, qui scilicet vovent vel
voverunt obedientiam, paupertatem et castitatem. Quia religiosi tales quicunque regulam, quam vovent, servare tenentur. Propter quod nec papa nec alius habet talem pleni-

Knechtschaft des alten Gesetzes von der Freiheit der Christen sprechen, die Freiheit von aller Knechtschaft meinen, die gleich groß ist, wie es die Knechtschaft des alten Gesetzes war. Weil darum die Knechtschaft, kraft deren jemand verpflichtet ist, einem anderen in allen Dingen Gehorsam zu leisten, die nicht gegen das göttliche Gesetz und nicht gegen das Naturgesetz verstoßen, größer ist, als es die Knechtschaft des alten Gesetzes war, so müssen alle oben genannten Zeugnisse auch die Freiheit von jener Knechtschaft meinen. Somit läßt sich, wie diese Leute sagen, durch diese Zeugnisse klar belegen, daß die erwähnte Meinung über die Gewaltenfülle des Papstes der Ketzerei verdächtig ist, weil sie der Heiligen Schrift widerstreitet.

SCHÜLER. Bevor ich vorwärts gehe, erhebe ich dagegen Einwände; denn es ist keineswegs augenscheinlich, daß, wenn der Papst eine derartige Gewaltenfülle hätte, die Christen dann von größerer Knechtschaft bedrückt wären oder doch von gleich großer, wie es die Knechtschaft des alten Gesetzes war. Denn solche Gewalt haben einige Ordensobere über ihre Ordensbrüder oder könnten sie doch haben. Denn einige Ordensangehörige können ihren Oberen in allem Gehorsam versprechen, und dennoch würden sie nicht von gleich großer Knechtschaft bedrückt, wie sie die Knechtschaft des alten Gesetzes gewesen ist, denn weder wären solche Ordensangehörigen Hörige, sind doch Ordensangehörige nicht Hörige ihrer Oberen, noch auch die Oberen die Herren ihrer Brüder.

LEHRER. Darauf ist die Antwort: Wenngleich der Papst solche Gewalt über denjenigen haben könnte, der ein Höriger des Papstes werden und sich in allem seiner Gewalt unterwerfen wollte, so hat doch weder der Papst noch ein anderer Ordensoberer solche Gewalt über Ordensangehörige, auch wenn sie durch feierliches Gelübde Gehorsam, Armut und Keuschheit geloben oder gelobt haben. Denn jeder derartige Ordensangehörige ist gehalten, die Regel, auf die er das Gelübde geleistet hat, zu halten. Darum hat auch weder

tudinem potestatis super ipsos, nec ipsi sunt servi pape vel
alterius prelati, secundum quod nomen servorum in scientiis legalibus frequenter accipitur. Quia nec papa nec alius
potest eos occupare in servilibus operibus dimissis illis, que
spectant ad substantiam regule sue, nec potest eis precipere,
ut habeant proprium vel contrahant matrimonium, que tamen sunt licita de se, licet facta sint illicita religiosis per vo-
tum sponte ab eis emissum.

DISCIPULUS. De potestate pape super religiosos postea
disseremus, ideo de hac materia amplius ad presens non lo-
quaris. Sed narra, an secundum istos non solum per hoc,
quod auctoritates introducte affirmant legem christianam
esse legem libertatis, sed etiam per alia verba in auctoritatibus eisdem accepta possit probari, quod christiani per legem evangelicam tanta servitute minime constringuntur,
quanta fuit veteris legis. MAGISTER. Dicunt, quod per auctoritates predictas posset hoc probari, non tamen eque patenter per omnes. DISCIPULUS. Dic, per quas dicunt isti
hoc patentius posse probari. MAGISTER. Dicunt, quod per
acceptam de Act. c. 15 patenter hoc probatur. Nam apostoli
inspiratione spiritus sancti nunciaverunt gentibus libertatem
a iugo servitutis ad consolationem ipsarum et ne dolerent se
per servitutem onerosam inquietari. Unde Iacobus (ut allegatum est) dixit: *'Ego iudico non inquietari eos, qui ex genti-*
bus convertuntur ad deum.' Et de ipsis gentibus conversis
ad deum recepta epistola apostolorum seniorum super predicta libertate sic scribitur eodem capitulo: *'Quam cum*

der Papst, noch irgendein anderer solche Gewaltenfülle über ihn, und er ist nicht Knecht des Papstes oder eines anderen Oberen, jedenfalls dem entsprechend, wie der Begriff eines Knechts im allgemeinen in der Rechtswissenschaft verstanden wird. Denn weder der Papst, noch ein anderer kann ihn mit knechtischer Arbeit beschäftigen, wenn hier einmal von dem abgesehen wird, was zum Kern seiner Regel gehört, noch kann er ihm vorschreiben, daß er Eigentum annehme, eine Ehe eingehe, was ja an sich durchaus erlaubt ist, wenn es auch für Ordensangehörige kraft ihres freiwillig geleisteten Gelübdes nicht erlaubt ist.

SCHÜLER. Über die Kompetenz des Papstes über Ordensleute wollen wir später sprechen. Darum sprich hier nicht weiter über dieses Thema. Vielmehr berichte, ob nach ihrer Meinung nicht allein damit, daß die angeführten Zeugnisse es ausdrücklich sagen, das christliche Gesetz sei ein Gesetz der Freiheit, sondern auch noch durch andere Worte, als es die eben genannten Zeugnisse zu verstehen geben, bewiesen werden kann, daß die Christen durch das evangelische Gesetz keineswegs von ebenso großer Knechtschaft gefesselt werden, wie es die Knechtschaft des alten Gesetzes war. LEHRER. Dazu sagen sie, daß das durch die genannten Textzeugnisse bewiesen werden kann, freilich nicht gleich gut durch alle. SCHÜLER. Dann sage, durch welche Zeugnisse es ihrer Auffassung nach besonders klar beweisbar ist. LEHRER. Sie sagen, daß das in dem Vers aus Act. 15,22 f. ganz offensichtlich bewiesen wird. Denn die Apostel haben aufgrund der Inspiration des Heiligen Geistes den Heiden die Freiheit vom Joch der Knechtschaft gepredigt, als Zuspruch und damit sie sich nicht schmerzlich von einer drückenden Knechtschaft beunruhigen ließen. So sagt Jakobus (wie oben angeführt) [Act. 15,19]: »*Darum urteile ich, daß man denen, die aus Heiden zu Gott sich bekehren, nicht Unruhe mache.*« Und von den Heiden selbst, die sich zu Gott bekehrten, als sie den Brief der Apostel (und) Ältesten über die schon genannte Freiheit empfangen hatten, steht im

legissent, gavisi sunt super consolatione.' Sed si conversi ex
gentibus liberati fuissent a servitute legis dei et maiori servitute Petri et successorum eius fuissent subiecti, et de inquie-
tatione maiorum non immerito doluissent et materiam con-
solationis minime habuissent. Ab omni igitur servitute
maiori et tanta, quanta fuit servitus legis mosaice, liberati
fuerunt. Quod in verbis apostolorum insinuatur, cum dicitur: *'Visum est spiritui sancto et nobis nihil ultra imponere
vobis oneris quam hec necessaria, ut abstineatis',* etcetera. Si
enim nihil ultra oneris voluerunt eis imponere, noluerunt
eis imponere servitutem neque maiorem neque tantam,
quanta fuit servitus veteris legis.

DISCIPULUS. Videtur, quod ista verba: *'nihil ultra imponere vobis oneris',* non debeant tam generaliter intelligi.
Nam licet apostoli non imposuerint christianis onera veteris
legis, imposuerunt eis tamen multa preter illa, que nomi-
nantur in verbis premissis. Multos enim canones condide-
runt, in quibus preceperunt multa preter illa, que enumerantur in verbis predictis, sicut patet in decretis di. 16,
c. 'Propter', et 12 q. 1, c. 'Dilectissimis' et c. 'Sint manifeste'
et c. 'Ex his'. Verba igitur premissa Act. 15 solum debent intelligi de onere legis mosaice.

MAGISTER. Ad hoc respondetur, quod licet apostoli plures canones condiderint et preceperint multa preter illa, que
enumerantur Act. 15, nihil tamen preceperunt subditis minime requisitis et non consentientibus, nisi que erant de

nämlichen Kapitel [Act. 15,31] geschrieben: *»Da sie den (Brief) lasen, wurden sie des Zuspruchs froh.«* Wenn aber die aus den Heiden Bekehrten von der Knechtschaft des Gesetzes Gottes befreit wären und zugleich einer noch größeren Knechtschaft Petri und seiner Nachfolger unterworfen, dann wären sie wohl zu Recht in noch größerer Beunruhigung betrübt gewesen und hätten keineswegs Grund zur Freude über den Zuspruch gehabt. Also wurden sie befreit von aller Knechtschaft, die größer oder gleich groß war wie die Knechtschaft des mosaischen Gesetzes. Das ist auch in den Worten des Apostel gemeint, wenn es heißt [15,28]: *»Beschlossen haben der Heilige Geist und wir, euch keine Last weiter aufzulegen als nur diese nötigen Stücke, daß ihr euch enthaltet«* (usw.). Wenn sie denn keine Last ihnen weiter auflegen wollten, so wollten sie ihnen auch nicht irgendeine Knechtschaft, weder eine größere, noch eine gleich große auferlegen, wie es die Knechtschaft des alten Gesetzes war.

SCHÜLER. Es scheint, daß diese Wörter *»euch keine Last weiter aufzulegen«* nicht so allgemein verstanden werden dürfen. Wenn nämlich die Apostel den Christen die Lasten des alten Gesetzes auch nicht auferlegt haben, so haben sie ihnen dennoch vielerlei auferlegt außer dem, was sie in dem genannten Vers geschrieben haben. Sie haben ja viele Rechtssätze erlassen, in denen sie vielerlei Vorschriften machten außer denen, die in den genannten Versen aufgezählt werden, wie im Dekret ganz klar wird, D. 16 c. 4 [§ *Propter*] und C. 12 q. 1 c. 2, c. 21, c. 22. So sind die besagten Worte aus Act. 15,28 f. auch von der Last des mosaischen Gesetzes zu verstehen.

LEHRER. Darauf ist die Antwort: Wenn auch die Apostel eine Vielzahl von Rechtssätzen erlassen haben und viele Vorschriften machten außer denen, die man in Act. 15,30 f. aufgezählt findet, so haben sie dennoch nichts vorgeschrieben, ohne daß ihre Untergebenen befragt worden wären und ihre Zustimmung gegeben hätten, es sei denn Dinge, die

lege divina et iure naturali et necessitas vel utilitas publica
postulabat et quorum preceptio absque dispendio non poterat pretermitti; in quibus et qualibus nunc summus pontifex obtinet potestatem.

DISCIPULUS. Istud ultimum dictum, ut puto, non potest
ad intentionem dicentium verbis brevibus explicari. Ideo
ipso dimisso ad presens, quia de ipso post tractabimus, dic,
an per aliquam aliam auctoritatem prius adductam dicant
isti patenter posse probari, quod scriptura loquens de libertate legis evangelice debeat intelligi etiam de libertate ab alia
servitute quam a servitute legis mosaice. MAGISTER. Hoc
dicunt posse ostendi auctoritate apostoli, cum dicit 2. ad
Cor. 3: *'Ubi spiritus domini, ibi libertas.'* Ibi enim apostolus
non loquitur specialiter de libertate a servitute legis veteris,
sed magis generaliter. Igitur intelligit apostolus, quod ubi
est spiritus domini, ibi non solum est libertas a servitute veteris legis, sed etiam ibi libertas est ab omni servitute quoad
opera exteriora, que est tanta, quanta fuit servitus veteris
legis. Quod auctoritatibus sanctorum patrum ostenditur.
Nam per illam auctoritatem apostoli sancti patres probant,
quod licet clericis invitis episcopis monasteria monachorum
intrare. Ait enim Urbanus papa, ut legitur 19 q. 2, c.'Duae':
*'Qui spiritu dei aguntur, lege dei ducuntur, et quis est, qui
possit spiritui sancto digne resistere? Quisquis igitur hoc spiritu ducitur, etiam episcopo suo contradicente eat liber nostra
auctoritate. "Iusto enim lex non est posita", sed "ubi spiritus
dei est, ibi libertas", et: "Si spiritu dei deducimini, non estis*

zum Gesetz Gottes oder zum Naturgesetz gehören, oder daß eine Notwendigkeit oder öffentlicher Nutzen das erfordert hätte oder daß ihre Vorschrift ohne schlimme Gefährdung nicht verschoben werden konnte; in all dem aber hat auch heute noch der Papst (dieselbe) Kompetenz.

SCHÜLER. Was du da zuletzt gesagt hast, kann, wie ich glaube, nicht in kurzen Worten nach der Auffassung jener Leute erläutert werden, die diese Meinung vertreten. Darum verlasse für jetzt dieses Thema, auf das wir später zurückkommen wollen, und sage, ob auch durch irgendein anderes der oben genannten Zeugnisse nach ihrer Aussage offensichtlich bewiesen werden kann, daß die Schrift, wenn sie von der Freiheit des evangelischen Gesetzes spricht, auch die Freiheit von anderer Knechtschaft als von der des mosaischen Gesetzes meinen muß. LEHRER. Das kann nach ihrer Meinung mit dem Zeugnis des Apostels bewiesen werden, wenn er 2. Cor. 3,17 sagt: »*Wo aber der Geist des Herrn ist, da ist Freiheit.*« Denn dort spricht der Apostel nicht eigens über die Freiheit von der Knechtschaft des alten Gesetzes, sondern meint allgemeiner, daß dort, wo der Geist des Herrn ist, nicht nur die Freiheit von der Knechtschaft des alten Gesetzes sei, sondern daß ebendort auch die Freiheit von aller Knechtschaft in äußeren Werken ist, die gleich groß wäre wie es die Knechtschaft des alten Gesetzes war. Das wird mit Zeugnissen der Kirchenväter belegt, denn mit jenem Wort des Apostels beweisen die Väter, daß es Klerikern erlaubt ist, gegen den Willen der Bischöfe in Mönchsklöster einzutreten. Denn Papst Urban sagt, wie man C. 19 q. 2 c. 2 lesen kann: »*Wer von Gottes Geist geleitet wird, wird von Gottes Gesetz regiert; wer aber könnte dem Heiligen Geist mit Anstand widerstehen? Wer immer also von diesem Geist regiert wird, soll auch gegen den Widerspruch seines Bischofs aufgrund unserer Ermächtigung frei (ins Kloster) gehen.* ›*Dem Gerechten nämlich ist kein Gesetz gegeben*‹ [1. Tim. 1,9], *sondern* ›*wo der Geist Gottes ist, da ist Freiheit*‹ [2. Cor. 3,17]*, und:* ›*Regiert euch der Geist Gottes,*

sub lege".' Innocentius III. Extra, de regularibus, c. 'Licet',
ait: *'Licet quibusdam monachis.'* Et infra: *'Quia tamen ubi
spiritus dei est, ibi libertas, et qui spiritu dei aguntur non
sunt sub lege, et quia lex non est posita iusto, ea ratione hoc
videtur illis concessum fuisse, ne quis ex temeritate vel levi-
tate in iacturam vel iniuriam sui ordinis sub pretextu maioris
religionis ad alium ordinem transvolaret.'* Ex quibus colligitur, quod per libertatem concessam christianis probatur,
quod licet clericis ad religionem et religiosis ad artiorem
transire. Quod tamen probari non posset, si per libertatem
christianorum apostolus intelligeret tantummodo libertatem
a servitute mosaice legis.

Hoc etiam per auctoritatem Augustini superius allegatam
videtur posse expresse probari. Nam Augustinus in verbis
illis per libertatem, quam christiana religio ex misericordia
dei consecuta est, illos iudicat arguendo, qui eandem religionem diversis oneribus opprimebant, adeo ut tolerabilior
sit conditio iudeorum quam christianorum, qui tamen oneribus legis mosaice christianos minime deprimebant. Igitur
intendit Augustinus, ut christiana religio non solum sit libe-
rata ab oneribus veteris legis, sed etiam ab aliis oneribus,
que equaliter vel magis premant quam onera mosaice legis.

DISCIPULUS. Dic, quomodo respondetur ad rationes, quibus supra c. 6 visus fui probare, quod auctoritates adducte
c. 5 non debent intelligi de libertate a subiectione, qua christiani secundum primam sententiam summo pontifici sunt
subiecti. MAGISTER. Ad primam ipsarum respondetur se-

so seid ihr nicht unter dem Gesetz‹ [Gal. 5,18].« Und Innozenz III. sagt in X. 3.31.18 weiter unten im Text: *»Weil
nun aber dort Freiheit ist, wo der Geist Gottes ist, weil
die, die sich vom Geiste Gottes treiben lassen, nicht unter
dem Gesetz sind, und weil das Gesetz nicht für den Gerechten erlassen ist, ist ihnen augenscheinlich das zuge-
standen, damit niemand aus Tollkühnheit oder Leichtsinn
zum Schaden oder zum Präjudiz seines Ordens unter dem
Vorwand einer größeren Frömmigkeit zu einem anderen Orden hinüberwechsle.«* Daraus ergibt sich, daß sich
durch die Freiheit, die den Christen geschenkt ist, beweisen läßt, daß ein Kleriker in einen Ordensverband und ein
Ordensmann in einen strengeren Orden übergehen darf.
Das aber wäre nicht stichhaltig, wenn der Apostel unter
der Freiheit der Christen nur die Freiheit vom mosaischen
Gesetz verstünde.

Dasselbe kann offenbar auch ausdrücklich durch den Text
des heiligen Augustin belegt werden, der oben angeführt
wurde.[26] Denn Augustin hat in jenen Worten kraft der Freiheit, welche die christliche Religionsgemeinschaft durch
Gottes Erbarmen erhalten hat, jene für tadelnswert erachtet,
die diese Religionsgemeinschaft mit verschiedenen Lasten
bedrückten, so sehr, daß die Lage der Juden erträglicher war
als die der Christen, und dabei haben sie die Christen keineswegs mit der Last des mosaischen Gesetzes derart bedrückt. Darum meint Augustin, daß die christliche Religionsgemeinschaft nicht allein von den Lasten des alten
Gesetzes befreit ist, sondern auch von anderen Lasten, die
gleich oder schwerer wiegen als die Lasten des mosaischen
Gesetzes.

SCHÜLER. Sage mir, wie auf die Argumente geantwortet
wird, die ich oben in Kapitel 6 benutzte, um zu belegen, daß
die in Kapitel 5 angeführten Schriftzeugnisse nicht die Freiheit von jener Unterwerfung meinen können, mit der die
Christen gemäß der ersten hier behandelten Auffassung
dem Papst unterworfen sind. LEHRER. Auf das erste geben

cundum quosdam, quod auctoritates de libertate evangelice
legis non debent quoad omnes intelligi affirmative, sed
quoad multos negative, sicut tactum est primo; quemadmodum illa verba apostoli: *'Spiritus sit unus uxoris et viri'* et
illa salvatoris: *'In ore duorum vel trium stat omne verbum'*
et multe alie debent intelligi negative. Non enim illi, qui
erant servi ante conversionem ad fidem, per conversionem
fiebant liberi; sed per legem evangelicam nullus ducebatur
ad maiorem servitutem quam erat servitus veteris legis. Et
ideo licet per evangelicam legem non fiat servus pape, absque tamen transgressione eiusdem legis potest quis, si
sponte voluerit, se facere servum pape, vel si ex alia nota et
licita causa fiat servus pape, in nullo derogatur evangelice
legi. Quia lex evangelica licet non inducat huiusmodi servitutem, non tamen prohibet. Quod autem ibidem accipitur,
quod Fratres Minores tenentur in omnibus obedire pape,
dicunt isti falsum esse, licet quidam Fratres Minores, ut fertur, hoc non teneant dicentes, quod liceret eis et tenentur
etiam accipere uxores, si sola voluntate pape hoc preciperе-
tur. De quibus postea in hoc tractatu et etiam in nono tractatu huius tertie partis nostri 'Dialogi' tractabimus. Fratres
enim Minores non tenentur obedire pape precipienti aliquid
contra substantiam regule sue, et ideo regula eorum non
hereticalis, sed catholica est censenda.

einige die Antwort, daß die Zeugnisse über die Freiheit des evangelischen Gesetzes nicht in jedem Sinn als positive Aussagen verstanden werden dürfen, sondern sehr oft sind es negative, wie zuvor schon angedeutet wurde, z. B. jene Worte des Apostels: Mann und Frau sollen *»eines Geistes«* sein [Eph. 4,4], oder jenes Wort des Heilands *»Jegliche Sache bestehe auf zweier oder dreier Zeugen Mund«* [Mt. 18,16]. Auch viele andere Zeugnisse müssen als negative Aussagen verstanden werden. Jene, die vor ihrer Bekehrung zum Glauben Sklaven waren, sind nämlich nicht durch ihre Bekehrung frei geworden; durch das evangelische Gesetz wurde vielmehr niemand in größere Knechtschaft geführt, als sie die Knechtschaft des alten Gesetzes gewesen ist. Wenn darum auch keiner durch das evangelische Gesetz irgendwie zum Knecht des Papstes wird, so kann er sich doch ohne Übertretung desselben Gesetzes, wenn er es aus freien Stücken will, zum Knecht des Papstes machen, beziehungsweise geschieht, wenn er aus anderer gerechter und erlaubter Ursache zum Knecht des Papstes wird, dem evangelischen Gesetz keinerlei Abbruch. Denn wenn das evangelische Gesetz auch solche Knechtschaft nicht selber einführt, so hindert es sie doch nicht. Wenn aber dort gesagt wird, daß die Minderbrüder in allen Stükken dem Papst zu Gehorsam verpflichtet sind, so sagen diese Leute, das sei falsch, mögen auch, wie berichtet wird, einige Minderbrüder das nicht (für zutreffend) halten und sagen, daß es ihnen erlaubt wäre, ja daß sie verpflichtet wären, eine Ehefrau zu nehmen, wenn der Papst das ihnen aus seinem freiem Belieben vorschriebe.[27] Doch damit wollen wir uns später in diesem Traktat und auch im neunten Traktat dieses Dritten Teils unseres Dialogs beschäftigen. Die Minderbrüder sind nämlich nicht verpflichtet, dem Papst zu gehorchen, wenn er ihnen etwas befiehlt, was gegen die Substanz ihrer Regel ist, und deshalb hat ihre Regel nicht als der Ketzerei verdächtig, sondern als katholisch zu gelten.

Ad secundam rationem, quam fecisti, respondetur, quod lex christiana non dicitur lex libertatis, quia liberat christianos ab omni servitute, sed quia non premit christianos tanta servitute, quanta pressi fuere iudei. Et ideo licet regibus et aliis christianis servos habere, licet per legem christianam nullus christianus fiat servus cuiuscunque. Et ad beatum Iacobum dicitur, quod non intendit legem christianam esse legem perfecte libertatis, ut nullus christianus cuicunque homini sit subiectus. Christiani enim pape sunt subiecti et multis principibus et aliis christianis subduntur. Sed ideo dicit eam esse legem perfecte libertatis, quia per eam religio christiana paucis sacramentis et sacramentalibus seu ceremonialibus ex institutione divina subiicitur et per ipsam nullus christianus servus cuiuscunque mortalis efficitur. Nec etiam nisi in his, que spectant ad necessitatem vel utilitatem ipsius aut rei publice, alicuius hominis subditur potestati. Quare pro se et omnibus populis universis et prelatis ecclesie dicit apostolus 2. ad Cor. ultimo: *'Non enim possumus aliquid adversus veritatem, sed pro veritate.'* Et post hoc: *'Absens scribo, non ut presens durius agam secundum potestatem, quam dominus dedit mihi in edificationem et non in destructionem vestram.'* Ex quibus colligitur, quod apostoli nullam potestatem habuerunt a deo super fidelibus, nisi que ad utilitatem subiecti vel communitatis cuiuscunque inducit. Etiam quia paucis divinis est supposita sacramentis, merito debet dici lex perfecte libertatis, presertim respectu legis mosaice, que quampluribus sacramentis et

Zum zweiten Argument, das du aufgestellt hast, ist die Antwort: Das christliche Gesetz heißt nicht Gesetz der Freiheit, weil es die Christen von aller Knechtschaft befreit, sondern weil es die Christen nicht mit gleich großer Knechtschaft bedrückt, von der die Juden bedrückt waren. Und darum ist es Königen und anderen Christen erlaubt, Hörige zu haben, auch wenn durch das christliche Gesetz kein Christ zum Knecht irgendeines anderen wird. Und zum Wort des heiligen Jakobus heißt es: Er meint nicht, das christliche Gesetz sei ein Gesetz vollkommener Freiheit, so daß Christen keinem anderen Menschen untergeben wären, denn die Christen sind dem Papst und vielen anderen Fürsten und anderen Christen untertan. Vielmehr sagt er deshalb, es sei ein Gesetz vollkommener Freiheit, weil dadurch die christliche Religionsgemeinschaft nur wenigen Sakramenten (Sakramentalien) und Zeremonien aus göttlicher Einsetzung unterworfen wird und durch es selbst kein Christ Knecht irgendeines Sterblichen wird. Auch wird er ausschließlich in jenen Angelegenheiten, die zu seiner Notdurft oder zu seinem Nutzen oder zu dem des Gemeinwesens gehören, der Gewalt eines anderen Menschen unterworfen. Daher sagt der Apostel für sich und für alle Völker und Prälaten der Kirche (2. Cor. 13,8): *»Denn wir können nichts wider die Wahrheit, sondern für die Wahrheit,«* und wenig später [13,10]: *»Derhalben schreibe ich auch solches aus der Ferne, damit ich nicht, wenn ich anwesend bin, scharf werden muß nach der Vollmacht, welche mir der Herr gegeben hat, euch aufzubauen, nicht niederzureißen.«* Daraus ergibt sich: sofern die Apostel Gewalt von Gott über die Gläubigen haben, ist sie ausschließlich zu Nutzen der Untergebenen, bzw. jeder Gemeinschaft eingeführt worden. Weil (die christliche Religion) auch nur wenigen göttlichen Sakramenten unterworfen ist, kann sie zu Recht ein Gesetz vollkommener Freiheit heißen, besonders im Verhältnis zum mosaischen Gesetz, welches ja die ihm Unterworfenen mit sehr vielen Sakramenten und kaum erträg-

ceremoniis vix portabilibus subiectos involvit. Non tamen dicitur lex perfectissime libertatis. In perfectione enim sunt gradus, quare non omne perfectum est perfectissimum reputandum. Perfectissima autem libertas in hac vita mortali nequaquam habebitur.

lichen Zeremonialvorschriften bindet. Dennoch spricht (Jakobus) nicht von einem Gesetz der vollkommensten Freiheit. Denn in der Vollkommenheit gibt es Abstufungen. So ist nicht alles Vollkommene als das Allervollkommenste anzusehen. Eine schlechthin vollkommene Freiheit aber wird es in diesem sterblichen Leben niemals geben.

c. 16

Discipulus. Ad sententiam quintam tactam supra c. 1
transeamus, quam primo satagas explicare et inde qualiter
intelligi debeat, explana.

Magister. Illa sententia, sicut dixi, tenet, quod papa talem plenitudinem potestatis in temporalibus et spiritualibus, ut omnia per potentiam ordinatam vel absolutam possit, que non sunt contra ius divinum nec contra ius naturale,
non habet regulariter et simpliciter neque a iure divino
neque humano, sed ex ordinatione Christi sive iure divino
habet casualiter sive in casu et secundum quid huiusmodi
plenitudinem potestatis. Que sic secundum quosdam debet
intelligi: Papa a iure divino sive ex ordinatione Christi de
temporalibus disponendis se intromittere minime debet,
quamdiu temporalia prout debet et expedit per laicos dispo-
nuntur, nisi accipiendo temporalia a laicis pro sua sustentatione et sui officii executione. Et ideo non habet potestatem
a Christo regulariter disponendi et ordinandi de temporalibus, que ad reges et principes et alios laicos spectare noscuntur. Casualiter tamen sive in casu, quando scilicet temporalia per alios in periculum communitatis christianorum
vel ad subversionem fidei christiane tractarentur vel in casu
consimili converterentur ad malum et non esset aliquis laicus, qui vellet et posset huiusmodi periculis viam preclu-

Die Amtskompetenz des Papstes

c. 16

SCHÜLER. Gehen wir zur fünften oben in Kapitel 1 vorgestellten Ansicht über, die du zuerst erläutern und danach im einzelnen erklären sollst, wie sie zu verstehen ist.

LEHRER. Jene Ansicht meint, wie ich schon sagte: der Papst hat eine solche Kompetenzfülle in zeitlichen und geistlichen Angelegenheiten, nach der er gemäß seiner ordentlichen und absoluten Macht alles tun könnte, was nicht gegen das göttliche Recht oder gegen das Naturrecht verstößt, im Regelfall und schlechthin nicht inne, weder aufgrund göttlichen Rechts, noch aufgrund menschlichen Rechts, er besitzt jedoch kraft Christi Anordnung, bzw. kraft göttlichen Rechts im Einzelfall oder im Sonderfall und in bestimmter Hinsicht solche Fülle der Amtskompetenz. Das ist nach der Meinung ihrer Vertreter folgendermaßen zu verstehen. Der Papst hat sich kraft göttlichen Rechts oder aus der Anordnung Christi in die Regelung der weltlichen Angelegenheiten keinesfalls einzumischen, solange die weltlichen Dinge, wie es sich gehört und frommt, durch Laien geregelt werden, mit der Ausnahme, daß er weltliche Güter von den Laien für seinen Unterhalt und seine Amtsübung erhält. Und daher hat er von Christus nicht die Amtskompetenz erhalten, im Normalfall weltliche Angelegenheiten zu regeln und zu ordnen, was bekanntlich Königen, Fürsten und anderen Laien zusteht. Im Einzelfall gleichwohl oder im Sonderfall, dann nämlich, wenn die weltlichen Angelegenheiten durch andere so verwaltet würden, daß sie zur Gefahr für die Gemeinschaft der Christen oder zur Zerstörung des christlichen Glaubens führen würden oder wenn sie in einem ähnlichen Fall zum Üblen sich wandelten und wenn es dann keinen Laien gäbe, der solchen Gefahren den Weg sperren wollte oder könnte, dann

dere, papa a iure divino haberet potestatem faciendi de temporalibus, quicquid pro bono communi et salvatione fidei
et ad occurrendum huiusmodi periculis necessario faciendum sibi recta ratio dictaret. Et ita in tali casu haberet super
temporalia quodammodo et secundum quid plenitudinem
potestatis, non quia tunc temporalia efficerentur sua quoad
dominium et proprietatem nec quod posset ad libitum super eis disponere. Sed quia nihil potest rex vel alius laicus
facere de quacunque re temporali, quin idem tunc posset facere papa, si hoc fieri expediret et non esset alius, per quem
convenienter fieri potest. Et ita adhuc in tali casu non haberet plenitudinem potestatis in temporalibus simpliciter, sed
tantummodo secundum quid.

Similiter in spiritualibus non habet a iure divino regulariter et simpliciter huiusmodi plenitudinem potestatis. Quare
sine culpa et absque causa non potest precipere fidelibus
illa, que supererogationis sunt, imo etiam multa alia. Non
enim absque culpa et sine causa potest cogere laicum, neque
quod contrahat matrimonium neque voveat virginitatem et
castitatem; et tamen neutrum est contra ius divinum neque
ius naturale, sed utrunque licite fieri potest. Et sic de multis
aliis licitis, que ad spiritualia spectant, super que papa a iure
divino regulariter et simpliciter non obtinet plenitudinem
potestatis, super que tamen casualiter obtinet plenitudinem
potestatis secundum quid. Quia in casu sive ratione delicti
aut propter aliquam notabilem necessitatem vel utilitatem,

hätte der Papst kraft göttlichen Rechts die Amtskompetenz, in den weltlichen Angelegenheiten zu tun, was immer für das gemeine Wohl, für die Rettung des Glaubens, und um diesen Gefahren zu begegnen, ihm seine sittliche Vernunft zu tun befiehlt. Und somit hätte er in solch einem Fall über zeitliche Angelegenheiten in gewisser Weise und in bestimmter Hinsicht die Fülle der Amtskompetenz, nicht weil dann die weltlichen Güter sein Eigentum würden oder seiner Herrschaft unterstellt wären, auch könnte er keineswegs nach Willkür und Belieben über sie verfügen. Nur soweit vielmehr der König oder ein anderer Laie über irgendein weltliches Gut verfügen könnte, insoweit könnte auch der Papst das tun, was zu tun sinnvoll wäre, sofern kein anderer da ist, der das angemessen tun könnte. So hätte er also auch in solchem Fall keineswegs die Fülle der Amtskompetenz über weltliche Dinge schlechthin, sondern nur in bestimmter Hinsicht.

Ähnlich hat er auch in geistlichen Angelegenheiten kraft göttlichen Rechts im Regelfall und schlechthin keineswegs solche Fülle der Amtskompetenz. Darum kann er keinesfalls den Gläubigen, ohne ihr schuldhaftes Versagen oder ohne (vernünftigen) Grund das auferlegen, was über Gebühr und Verpflichtung hinaus zu den Werken der Vollkommenheit gehört, und auch vieles andere nicht. Denn er kann ohne Vorliegen von Schuld oder ohne einen (wichtigen) Grund einen Laien weder dazu zwingen, eine Ehe einzugehen noch Jungfräulichkeit und Keuschheit zu geloben, obgleich beides weder gegen göttliches Recht, noch gegen das Naturrecht verstößt, vielmehr beides legitim geschehen kann. Und so gilt es von vielem anderen, was durchaus legitim ist und was zu den geistlichen Dingen gehört, über die der Papst kraft göttlichen Rechts im Regelfall und schlechthin nicht die Fülle der Amtskompetenz besitzt. Doch hat er darüber im Einzelfall eine Kompetenzfülle in bestimmter Hinsicht. Denn im Sonderfall kann er, sei es aufgrund eines Vergehens, sei es wegen einer erkennbaren Notwendigkeit

quando ex precepto eius nullum imminet periculum, potest
precipere cuicunque, quicquid in spiritualibus non est contra legem dei vel nature. Et ita secundum istos papa potest
casualiter a iure divino tam in spiritualibus quam in temporalibus habere plenitudinem potestatis non simpliciter, sed
secundum quid.

   Que quamvis non sit plenissima potestas, est tamen gran-
dis, singularis et quam magna. Per ipsam enim potest in
casu imperia et regna transferre, reges et principes aliumque
laicum quemcunque temporalibus iuribus et rebus privare
aliisque conferre. In spiritualibus etiam omnia potest in
casu. Exprimere autem omnes casus et in particulari, in quibus predicta potest vel aliquid predictorum, non est facile.
Nec forte de ipsis potest dari doctrina universalis, per quam
absque errore sciatur, maxime a simplicibus, quando possit
talia papa et quando non, et qualia potest in uno casu et
qualia in alio. Plura enim talia potest in uno casu, que in alio
casu minime potest.

c. 17

DISCIPULUS. Quamvis inter predicta aliqua sint mihi obscura, que forsitan postea occasione habita iucidabis, tamen
pro nunc prescriptam opinionem quoad illa obscura non
cures amplius explanare. Sed cum dixeris breviter secundum
illam sententiam, quam potestatem Christus dederit beato

oder wegen eines (vernünftig erkennbaren wirklichen) Nutzens, wenn aus seinem Geheiß keine Gefahr folgt, jedermann in geistlichen Angelegenheiten Vorschriften machen, sofern sie nicht gegen das Gesetz Gottes oder der Natur verstoßen. Somit kann der Papst nach Auffassung der Vertreter dieser Ansicht im Einzelfall kraft göttlichen Rechts in geistlichen wie in weltlichen Angelegenheiten die Fülle der Amtskompetenzen haben, nicht schlechthin, aber in bestimmter Hinsicht.

Diese Amtskompetenz, wenn sie auch nicht die allergrößte Fülle besitzt, ist dennoch einzigartig bedeutend und groß. Denn kraft ihrer kann er im Sonderfall Kaiserreiche und Königreiche übertragen, Könige und Fürsten oder jeden anderen Laien ihrer weltlichen Rechte und ihres Eigentums entheben und es einem anderen anvertrauen. Auch in geistlichen Angelegenheiten kann er im Einzelfall alles. Allen solchen Einzelfällen aber hier Ausdruck zu geben und insbesondere (auszuführen), in welchem (Fall) er das eben Gesagte vermag oder doch einiges davon, ist nicht leicht, und vielleicht läßt sich darüber überhaupt keine allgemein gültige Theorie entwickeln, durch welche es jedermann ohne Irrtum sofort wissen könnte, besonders aber die einfachen Leute, wann der Papst solches vermag und wann nicht und was der in dem einen Fall und was er in einem anderen Fall tun kann. Denn in der Tat kann er einiges von dem, was gesagt wurde, in einem bestimmten Fall tun, was er in einem anderen Fall keineswegs tun darf.

c. 17

SCHÜLER. Wenngleich mir in dem, was du gesagt hast, noch einiges dunkel ist, was du vielleicht später bei Gelegenheit erläutern wirst, kümmere dich jetzt nicht mehr darum, jene Meinung hinsichtlich dieser Dunkelheiten aufzuklären. Da du vielmehr im Kern deine Ansicht erklärt hast, welche Amtskompetenz Christus dem heiligen Petrus

Petro regulariter et successoribus eius et quam dederit ei
casualiter in casu, nunc breviter narra secundum eandem
opinionem, quam potestatem aut iurisdictionem Christus
regulariter dederit beato Petro et in ipso successoribus eius.

MAGISTER. Dicitur, quod Christus constituit beatum Petrum caput, principem et prelatum aliorum apostolorum et
universorum fidelium dans ei regulariter in spiritualibus
quoad omnia, que propter regimen communitatis fidelium
quantum ad bonos mores et quascunque necessitates spirituales fidelium sunt de necessitate facienda vel omittenda
omnem potestatem (in his, que non periculose sed provide
et ad utilitatem communem committerentur uni homini) ac
libertatem et iurisdictionem eam coactivam absque omni
detrimento ac dispendio notabili et enormi iurium *temporalium imperatorum* regum, principum et aliorum quorumcunque laicorum vel clericorum, que eis iure naturali,
gentium aut civili ante vel post institutionem legis evangelice competebant. In temporalibus autem dedit eis regulariter solummodo ius petendi temporalia pro sua sustentatione
et sui officii executione. Et hanc potestatem sive in spiritualibus sive in temporalibus habent nunc regulariter ex iure
divino successores beati Petri, scilicet Romani pontifices.
Omnem autem potestatem, quam regulariter ultra istam habuerunt vel habent summi pontifices, ex humana ordinatione, concessione, spontanea submissione vel ex consensu
expresso vel tacito aut propter impotentiam, negligentiam

und seinen Nachfolgern für den Regelfall nicht gegeben
hat, und welche er ihnen für den Einzelfall und Sonderfall
gab, so sage nun knapp, welche Kompetenzen oder welche
Herrschaftsrechte Christus nach derselben Ansicht im Regelfall dem heiligen Petrus und in ihm seinen Nachfolgern
gegeben hat.

LEHRER. Man sagt, daß Christus den heiligen Petrus als
Haupt, als Fürst und Prälaten der anderen Apostel und aller
Gläubigen eingesetzt hat und ihm dabei für den Regelfall in
geistlichen Angelegenheiten alle Amtskompetenz gegeben
hat hinsichtlich aller Dinge, die zur Leitung der Gemeinschaft der Gläubigen in Fragen der Sittenlehre und in allem,
was geistlich notwendig ist, notwendig getan werden oder
unterlassen werden müssen. (Alle Amtskompetenz hat er)
in den Angelegenheiten, die nicht in fahrlässiger Gefährdung, sondern in Vorsicht und zum gemeinen Nutzen einem einzelnen Menschen übertragen werden können. Auch
hat er die Freiheit und die zwingende Gerichtshoheit, sofern sie losgelöst ist von jeder Schädigung oder erheblicher
und außergewöhnlicher Beeinträchtigung der weltlichen
Rechte der Kaiser, der Könige, Fürsten und aller anderen
Laien oder Kleriker, welche ihnen kraft Naturrechts, Völ-
kerrechts oder bürgerlichen Rechts vor oder nach der Einführung des evangelischen Rechts zustanden. In weltlichen
Dingen aber gab Christus dem heiligen Petrus für den Regelfall nur das Recht, weltliche Güter für seinen Unterhalt
und seine Amtsführung zu fordern. Und eben diese selbe
Amtskompetenz in geistlichen und weltlichen Angelegenheiten haben nun im Regelfall kraft göttlichen Rechts die
Nachfolger des heiligen Petrus, die römischen Päpste. Jede
Amtskompetenz aber, die die höchsten Bischöfe darüber
hinaus im Regelfall hatten oder haben, haben sie erlangt
oder erlangen sie kraft menschlicher Anordnung, Erlaubnis,
freiwilliger Unterwerfung, aus ausdrücklicher oder still-
schweigender Einwilligung oder auch wegen der Machtlo-
sigkeit, Pflichtversäumnis oder der Bosheit anderer Men-

aut maliciam hominum aliorum vel ex consuetudine vel
quomodocunque ex iure humano obtinuerunt et obtinent.

DISCIPULUS. Ista narratio continet multa mihi obscura,
que ut melius intelligam, an sint vera vel falsa, mihi studeas
explicare et, qualiter distinguitur ab aliis opinionibus, de-
clarare. MAGISTER. In hoc, quod dixit Christum constitu-
isse beatum Petrum caput, principem et prelatum aliorum
apostolorum ac universorum fidelium, intendit elidere opinionem tenentem, quod beatus Petrus non fuit caput ecclesie ex institutione Christi, sed solummodo ex electione seu
institutione apostolorum seu aliorum fidelium. Per spiritualia autem, de quibus fecit mentionem, intelligit illa, que ex
institutione evangelice legis sunt propria evangelice legi in
nulla alia lege saltem humana vel secta reperta, sicut sunt
dispensatio sacramentorum nove legis, ordinatio sacerdotum et clericorum institutio vel promotio illorum, qui debent regere et instruere populum christianum etiam in his,
que spectant ad fidem et cultum divinum et similia.

Per hoc autem, quod dicit Christum dedisse beato Petro
potestatem quoad spiritualia, que sunt de necessitate facienda vel de neccessitate omittenda, intendit excludere a
regulari potestate Petri illa spiritualia, que supererogationis
sunt, que scilicet sunt consilii et non precepti, et universaliter omnia, sine quibus convenienter regi potest populus
christianus et absque quibus, quamvis fiant vel omittantur,
nec fides nec boni mores periclitantur. Et ideo non potest
papa regulariter precipere christiano, quod servet virginita-

schen oder auch kraft Gewohnheitsrechts oder irgendwie kraft menschlichen Rechts.

SCHÜLER. Diese Darlegung enthält vieles, was dunkel ist; du mußt dich bemühen, mir das zu erklären, damit ich besser erkennen kann, ob es wahr oder falsch ist und wie es sich von den anderen Auffassungen unterscheidet. LEHRER. Darin, daß diese Auffassung sagt, Christus habe den heiligen Petrus als Haupt, als Fürst und Prälat der anderen Apostel und aller Gläubigen eingesetzt, will sie jene Meinung ausschließen, die glaubt, daß der heilige Petrus als Haupt der Kirche nicht von Christus eingesetzt wurde, sondern nur durch die Wahl oder Einsetzung durch die Apostel oder andere Gläubige. Mit den geistlichen Angelegenheiten, die sie erwähnt, meint sie jene, die aus der Einsetzung des evangelischen Gesetzes dem evangelischen Gesetz eigentümlich sind und die in keinem anderen Gesetz, zumindest in keinem menschlichen oder keiner anderen Religionsgemeinschaft, zu finden sind. Das waren etwa die Verwaltung der Sakramente des neuen Gesetzes, die Ordination von Priestern und die Einführung von Klerikern oder auch die Beförderung jener, die das christliche Volk regieren und unterrichten sollen in allem, was den Glauben, den Gottesdienst und dergleichen anbelangt.

Damit aber, daß diese Auffassung sagt, Christus habe dem heiligen Petrus die Amtskompetenz gegeben, in geistlichen Angelegenheiten alles zu tun, was notwendig getan oder notwendig unterlassen werden muß, will sie von der regulären Amtskompetenz des Petrus jene geistlichen Angelegenheiten ausschließen, die über Gebühr und Verpflichtung hinausgehen, weil sie eine Sache des (evangelischen) Rates, nicht einer zwingenden Vorschrift sind, und überhaupt alle jene Dinge, ohne die das christliche Volk hinreichend geleitet werden kann, und all jenes, was wohl geschehen kann oder unterlassen werden kann, ohne daß der Glauben oder die guten Sitten in Gefahr geraten. Demnach kann der Papst einem Christen nicht im Regelfall vorschrei-

tem vel contrahat matrimonium aut paupertatem assumat
vel divitias retineat, possideat – vel quando non tenetur ex
precepto dei, elemosynam faciat vel non faciat. Licet in casu
plura talia precipere posset. Et si extra casum utilitatis vel
multa talia preceperit, preceptum suum non tenet, sed est
nullum; nec ille, cui fit, tenetur ei obedire; etiam si propter
hoc eum excommunicaverit, talis sententia tanquam continens intolerabilem errorem esset nulla et minime formidanda nec de necessitate servanda.

Per hoc autem, quod dicit, 'dans ei omnem potestatem in
talibus, qua non periculose, sed provide et ad utilitatem
communem committerentur uni homini', intendit excludere a regulari potestate pape omnem potestatem, que si uni
homini committeretur regulariter, posset faciliter periculum
notabile toti communitati fidelium imminere, cui non posset absque miraculo vel cum maxima difficultate via pre-
cludi. Propter quod quamvis de necessitate sit aliquis suc-
cessurus summo pontifici, tamen papa non habet potestatem ordinandi, quis debeat sibi succedere. Propter hoc
etiam est quedam sententia tenens, quod quamvis electio
summi pontificis sit de necessitate facienda, tamen papa non
habet a Christo potestatem regulariter ordinandi, quomodo
et a quibus debeat eligi summus pontifex. Quia si talem potestatem haberet regulariter papa immediate a Christo, cum
papa tanquam homo peccabilis sicut ceteri erroribus, pravis

ben, daß er Jungfräulichkeit bewahre, eine Ehe eingehe oder
sich der Armut verpflichte, daß er Reichtümer bei sich be-
halte, die er besitzt, oder daß er, wenn er dazu nicht aus
göttlichem Gebot verpflichtet ist, Almosen gebe oder nichts
gebe; freilich kann der Papst im Einzelfall solches auferlegen. Wenn er aber außerhalb des Falles der Not oder
eines (evidenten) Nutzens (eines oder) mehreres von all
dem jemandem auferlegt, dann ist sein Geheiß nicht verpflichtend, sondern nichtig, und der, dem er es auferlegt,
ist nicht verpflichtet, ihm zu gehorchen, selbst wenn der
Papst ihn deswegen exkommuniziert. Solch ein Urteil wäre,
weil es einen unerträglichen Irrtum enthält, nichtig, keineswegs zu beachten und wäre nicht mit Notwendigkeit anzuwenden.

Mit der Einschränkung, »daß Christus dem Papst alle
Amtskompetenz gegeben hat in den Angelegenheiten, die
nicht in fahrlässiger Gefährdung, sondern in Vorsicht und
zum allgemeinen Nutzen einem einzelnen Menschen übertragen werden können«[28], möchte diese Auffassung von der
regulären Amtskompetenz des Papstes alle Kompetenz ausschließen, die, würde sie einem einzelnen Menschen im Regelfall anvertraut, leicht eine erhebliche Gefahr für die gesamte Gemeinschaft der Gläubigen bedeuten müßte, so daß
man ihr nicht ohne ein Wunder oder nur mit äußerster
Schwierigkeit den Weg versperren könnte. Deshalb hat der
Papst auch, selbst wenn mit Notwendigkeit irgendeiner
dem höchsten Bischof im Amte nachfolgen wird, doch nicht
die Kompetenz anzuordnen, wer ihm nachfolgen soll. Deswegen gibt es auch eine Auffassung, die meint, daß, wenn
auch die Wahl eines höchsten Bischofs mit Notwendigkeit
zu erfolgen habe, dennoch der Papst von Christus nicht
die Kompetenz hat, im Regelfall anzuordnen, wie und auf
welche Weise ein Papst gewählt werden muß. Denn hätte
der Papst im Regelfalle solche Kompetenz unmittelbar
von Christus, könnte er, da auch ein Papst als sündhafter
Mensch so wie die anderen Menschen sich in Irrtümer,

affectionibus, negligentiis ac maliciis et nequitiis valeat irretiri, posset faciliter ex negligentia vel malicia relinquere
totam christianitatem absque potestate eligendi summum
pontificem, per quod periclitaretur bonum commune. Posset enim ex causa vel propter culpam privare cardinales potestate et iure eligendi summum pontificem. Quo facto vel
negligendo vel ex malicia differendo vel tempus sufficiens
ordinandi non habendo posset mori, antequam de electori-
bus summi pontificis ordinaretur. Et ita periculum et detrimentum boni communis tota christianitas sine potestate et
iure eligendi summum pontificem remaneret. Et ideo secundum istam sententiam talis potestas non est regulariter concessa a Christo summo pontifici nec etiam aliqua alia potestas, que periculose concederetur uni persone. Propter
quod secundum eos nullo modo est dominus omnium
temporalium, quia tale dominium esset nimis periculosum
fidelibus.

Per hoc autem, quod tenet Christum dedisse pape libertatem absque omni notabili et enormi detrimento et dispendio iurium temporalium imperatorum etc., intendit asserere, quod papa quicunque quoad personam suam est liber
et nequaquam regulariter subiectus homini cuicunque,
etiam si ante electionem suam fuisset servilis conditionis vel
alio modo imperatori aut regi vel alii christiano vel non
christiano, quia libertas unius hominis quoad personam
suam non est notabiliter damnosa imperatori vel alii. Et
ideo papa quantumcunque fuisset servus, eo ipso, quod est
papa vel electus in papam, in libertatem eripitur. Casualiter

schlechte Leidenschaften, Pflichtversäumnisse, Bosheiten und Verbrechen verstricken könnte, leicht aus Pflichtversäumnis oder Bosheit die gesamte Christenheit ohne die Möglichkeit zurücklassen, einen höchsten Bischof zu wählen. Dadurch würde aber das gemeine Wohl gefährdet. Er könnte nämlich aus (wichtigem) Grund oder wegen eines Vergehens die Kardinäle der Kompetenz und des Rechts, einen höchsten Bischof zu wählen, berauben und danach, sei es aus Pflichtvergessenheit, sei es aus Bosheit, die Angelegenheit auf die lange Bank schieben oder auch für eine Regelung nicht mehr Zeit genug haben, denn er könnte sterben, bevor er eine Anordnung über die Wähler des höchsten Bischofs getroffen hätte. Auf diese Weise (liefe) das gemeine Wohl Gefahr und (nähme) Schaden, (wenn) die gesamte Christenheit ohne Kompetenz und Recht hinsichtlich der Wahl eines höchsten Bischofs bliebe. Und daher ist nach dieser Auffassung, solche Kompetenz von Christus nicht im Regelfall dem Papst übertragen; ebensowenig eine andere Kompetenz, die nur mit Gefahr einer einzelnen Person übertragen werden könnte. Darum ist ja der Papst – nach ihrer Auffassung – auch keinesfalls der Herr und Eigentümer aller zeitlichen Dinge, weil solche Herrschaft allzu gefährlich für die Gläubigen wäre.

Damit, daß sie annimmt, Christus habe dem Papst die Freiheit gegeben ohne erhebliche und außerordentliche Gefährdung und Beeinträchtigung der zeitlichen Rechte der Kaiser (usw.), will diese Auffassung sagen, daß jeder Papst persönlich frei ist und im Regelfall keinem Menschen unterworfen ist, auch wenn er vor seiner Wahl von unfreiem Stande oder irgendwie sonst dem Kaiser, einem König oder einem anderen, einem Christen oder Nichtchristen (unterworfen) gewesen war, denn die Freiheit eines Menschen hinsichtlich seines persönlichen Standes ist dem Kaiser oder einem anderen kein erheblicher Schaden. Und daher wird der Papst, so sehr er auch ein Unfreier gewesen sein mag, eben dadurch, daß er Papst ist oder zum Papst gewählt

tamen papa, puta si efficiatur hereticus vel in quocunque
crimine appareat incorrigibilis et de eo scandalizatur ecclesia, humano iudicio est subiectus et debet per hominem
iudicari et penam debitam sustinere de iure.

Per hoc autem, quod dicit Christum dedisse regulariter
beato Petro quoad huiusmodi aliqualem iurisdictionem
etiam coactivam absque detrimento et dispendio notabili et
enormi iurium temporalium etc., intendit dicere, quod papa
habet a Christo regulariter potestatem puniendi crimina
mere ecclesiastica, que scilicet committuntur directe in legem christianam quoad illa, que sunt propria legi christiane
et que non ab aliis sectis crimina immediate reputantur. Ita
tamen, quod talis punitio non sit in notabile damnum et
preiudicium aliorum, qui minime peccaverunt. Et si servus
alienus committat crimen ecclesiasticum, papa potest ipsum
punire, ita tamen, quod dominus servi absque culpa sua notabile damnum non incurrat.

Per hoc, quod dicit Christum dedisse beato Petro et successoribus eius libertatem et iurisdictionem et potestatem
huiusmodi absque detrimento et dispendio notabili et
enormi iurium temporalium imperatorum, regum et aliorum, que eis iure naturali et civili ante vel post institutionem
legis evangelice competebant, intendit astruere, quod per
hoc, quod beatus Petrus et successores eius erunt ad summum sacerdotium sublimati, imperatores et reges et alii sive
fideles, qui fuerunt ante vel post institutionem legis evangelice, suis iuribus temporalibus minime privabantur, sed ipsa
retinebant, nec regulariter pape in temporalibus subiicie-

wird, herausgerissen in die Freiheit. Im Sonderfall aber ist der Papst, etwa wenn er zum Ketzer wird oder in irgendeinem anderen Verbrechen als unverbesserlich erscheint und an ihm die Kirche Anstoß nimmt, menschlichem Gericht unterworfen und darf von Menschen gerichtet werden und von Rechts wegen seine schuldige Strafe empfangen.

Damit aber, daß es heißt, Christus habe im Regelfall dem heiligen Petrus hinsichtlich geistlicher Angelegenheiten eine zwingende Gerichtshoheit ohne erhebliche und außergewöhnliche Beeinträchtigung der zeitlichen Rechte (usw.) gegeben, will gesagt sein, daß der Papst von Christus im Regelfall die Amtskompetenz hat, rein kirchliche Vergehen zu ahnden, welche unmittelbar gegen das christliche Gesetz begangen werden hinsichtlich dessen, was dem christlichen Gesetz eigentümlich ist und was von anderen Religionsgemeinschaften nicht unmittelbar als Vergehen betrachtet wird. Doch darf solche Bestrafung nicht zu erheblichem Schaden und Präjudiz anderer gereichen, die nicht gesündigt haben. Wenn also ein fremder Unfreier einen kirchlichen Frevel begeht, so kann der Papst ihn bestrafen, freilich so, daß der Herr des Unfreien ohne eigene Schuld keinen erheblichen Schaden leidet.

Damit, daß es heißt, Christus habe dem heiligen Petrus und seinen Nachfolgern die Freiheit und Gerichtshoheit gegeben und solche Amtskompetenz ohne erheblichen und außerordentlichen Schaden und Beeinträchtigung jener zeitlichen Rechte der Kaiser, Könige und der anderen, die ihnen kraft Naturrecht oder Zivilrecht vor oder nach der Einführung des evangelischen Gesetzes zustanden, soll darauf hingewiesen werden, daß damit, daß der heilige Petrus und seine Nachfolger zum höchsten Amt des Priestertums erhoben worden sind oder erhoben werden, die Kaiser, Könige oder andere, seien sie nun Gläubige (oder Ungläubige) vor oder nach der Einführung des evangelischen Gesetzes, ihrer zeitlichen Rechte keinesfalls entkleidet worden sind, sie vielmehr behalten haben, und daß sie dem Papst in zeit-

bantur, sed veri imperatores et reges et domini rerum suarum temporalium ac servorum et subditorum sibi sicut antea remanebant, nec efficiebantur servi cuiuscunque, nec
regulariter preceptis pape tenebantur quoad temporalia
obedire. Nec sententia pape excommunicationis vel alia, si
fuerit lata contra imperatorem vel alium, quia preceptis huiusmodi non obedit aut iura sua defendit, regulariter tenet.
Sed tanquam continens intolerabilem errorem est nulla
penitus reputanda et minime formidanda, quantumcunque
non servetur.

Per hoc autem, quod dicit Christum dedisse beato Petro
in temporalibus solummodo ius petendi temporalia pro sua
sustentatione et officii sui executione, vult excludere omnem opinionem tenentem, quod papa in temporalibus habet
regulariter plenitudinem potestatis vel etiam potestatem de
temporalibus disponendi vel quamcunque iurisdictionem
temporalem super imperium vel quamcunque aliam regio-
nem, et etiam opinionem tenentem, quod papa non habet
aliquod ius exigendi quecunque temporalia.

Per hoc enim, quod dicit ultimo capitulo, quod omnem
potestatem, quam regulariter ultra istam, quam habuerunt
vel habent summi pontifices, ex humana ordinatione etc.,
intendit, quod successores beati Petri, licet non excesserint
in potestate aliqua beatum Petrum, quam haberent ex sola
ordinatione Christi et ex iure divino, tamen magnam tam
in temporalibus quam in spiritualibus obtinuerunt ex iure

lichen Angelegenheiten auch nicht unterworfen wurden, sondern wahrhaft Kaiser, Könige und Herren ihrer zeitlichen Güter, ihrer Hörigen und ihrer Untertanen, so wie zuvor, geblieben sind, auch nicht zu Sklaven irgendeines anderen wurden, und daß sie im Regelfall nicht verpflichtet waren, die Befehle des Papstes zu befolgen, sofern sie Zeitliches betrafen. Auch der Kirchenbann oder ein anderes vom Papst gegen den Kaiser oder einen anderen verhängtes Urteil, weil er solchen Befehlen nicht gehorcht und seine Rechte verteidigt, kann diesen im Regelfall nicht binden. Vielmehr hätte ein solches Urteil, weil es einen unerträglichen Irrtum enthält, als ganz und gar nichtig zu gelten, und niemand bräuchte es zu fürchten, so wenig er es auch achten wollte.

Damit aber, daß gesagt ist, Christus habe dem heiligen Petrus in zeitlichen Angelegenheiten ausschließlich das Recht gegeben, zeitliche Güter für seinen Unterhalt und für die Ausübung seines Amtes zu fordern, will diese Erklärung jede Meinung ausschließen, die davon ausgeht, daß der Papst in zeitlichen Angelegenheiten im Regelfall die Fülle der Amtskompetenz besitzt oder auch eine Kompetenz, über Weltliches zu verfügen, oder irgendeine weltliche Gerichtshoheit über das Kaiserreich oder über irgendeine andere Gegend (der Welt), und ebenso die Meinung, die davon ausgeht, daß der Papst nicht das Recht hat, für sich irgendwelche weltliche Güter zu fordern.

Damit aber, daß im letzten Kapitel gesagt wird, daß die höchsten Bischöfe jede Amtskompetenz, die sie darüber hinaus im Regelfall hatten oder haben, kraft menschlicher Anordnung (erlangt haben), ist angezielt, daß die Nachfolger des heiligen Petrus, wenngleich sie den heiligen Petrus keineswegs in irgendeiner Amtskompetenz überbieten können, die er allein aus der Anordnung Christi und kraft göttlichen Rechts besaß, dennoch kraft menschlichen Rechts eine ausgedehnte Amtskompetenz in weltlichen wie in geistlichen Angelegenheiten erlangt haben, welche der hei-

humano, que non habuit beatus Petrus, et quod potestas pape ex iure humano potest augeri et quod unus summus pontifex habet vel habere potest maiorem potestatem vel meliorem quam alius. Et hec de primo libro dicta sufficiant.

lige Petrus nicht innehatte, daß also die Amtskompetenz des Papstes kraft menschlichen Rechts wachsen kann und daß ein bestimmter höchster Bischof eine größere Kompetenz oder eine bessere (Rechtsstellung) hat oder haben kann als ein anderer. Und das mag für das erste Buch genügen.

c. 3

DISCIPULUS. Quia superius Aristotelem allegasti in 'Politicis' et etiam 'Ethicis' et es inferius forsitan allegaturus compluries – qui pluribus vocabulis utitur, quorum significationes puris iuristis et aliis, qui in philosophia morali minime studuerunt, sunt ignota –, ideo ut tractanda melius intelligantur ab illis, significationes aliquorum huiusmodi vocabulorum studeas explicare. Una cum hoc sub brevi compendio quis et qualiter secundum intentionem Aristotelis in 'Politicis' et 'Ethicis' debeat aliis principari, prout alii, qui ipsum intelligunt, exponunt. Cum enim ipse de hac materia diffuse tractaverit et in multis rationabiliter processisse putetur, non modica occasio tribuetur studiosis intelligendi, quis et qualiter inter catholicos debeat alios tam in spiritualibus quam in temporalibus gubernare.

MAGISTER. Quamvis quod petis non reputem facile, tamen satisfacere voluntati tue conabor et tibi intentionem Aristotelis in hoc secundum opinionem quorundam, cum quibus tamen non omnes concordant, in omnibus recitabo. Dicitur igitur, quod Aristoteles 1. 'Politicorum' ponit tres communitates, in quibus aliquis vel aliqui debet vel debent principari aliis. Quarum prima secundum eum est 'domus', que tres combinationes, communitates seu coniugationes complectitur, scilicet eam, que est viri ad uxorem, et illam, que est patris ad filium, et illam, que est domini ad servos. Prima autem combinatio vocatur ab Aristotele 'nuptialis';

Grundbegriffe der aristotelischen »Politik« im Überblick

c. 3

SCHÜLER. Weil du eben Aristoteles zitiert hast, seine »Politik« und seine »(Nikomachische) Ethik«, und weil du ihn vielleicht noch mehrfach weiterhin zitieren wirst – er gebraucht mehrere Begriffe, deren Bedeutung bloßen Juristen und anderen, die in der praktischen Philosophie nicht gebildet sind, vielleicht unbekannt sind –, darum erkläre bitte die Bedeutung einiger seiner Grundbegriffe, damit das, was hier zu behandeln ist, von ihnen besser verstanden werden kann. Sage dabei bitte in aller Kürze, wer nach der Auffassung des Aristoteles, wie sie in der »Politik« und »Ethik« zu finden ist, über andere herrschen soll und wie er das tun soll, entsprechend dem, was einige, die ihn verstehen, in ihren Kommentaren[29] schreiben. Da er selbst sehr ausführlich über dieses Thema handelt und in vielen Fragen höchst verständig vorgegangen ist, wie man glaubt, wird damit den Interessenten eine nicht geringe Gelegenheit gegeben einzusehen, wer unter den Katholiken die anderen sowohl in geistlichen als auch in weltlichen Fragen leiten soll und wie er das tun soll.

LEHRER. Wenn ich auch meine, daß das, was du verlangst, nicht leicht ist, will ich doch versuchen, deinem Wunsch zu genügen und dir in dieser Frage die Ansichten des Aristoteles nach der Auslegung einiger Kommentatoren berichten, mit denen freilich nicht alle anderen in allem übereinstimmen. So heißt es, daß Aristoteles in Buch 1 der »Politik« drei Gemeinschaften ansetzt, in denen einer oder einige über andere herrschen sollen. Die erste ist seiner Meinung nach »das Haus«, das seinerseits drei Verbindungen, Gemeinschaften oder Verwandtschaften umfaßt, nämlich die zwischen Mann und Frau, die zwischen Vater und Kind und die zwischen Herrn und Sklaven. Die erste dieser Verbin-

secunda potest vocari 'paterna', et eam Aristoteles vocat 'celmostinam', id est factivam filiorum; tertiam vero Aristoteles vocat 'despoticam', id est dominativam. 'Despotes' enim est idem quod dominus, et 'principatus despoticus' est principatus dominativus.

Ut tamen hec melius intelligantur, dicitur esse sciendum, quod huiusmodi vocabula dominus, dominans, dominator et consimilia non eadem significatione in diversis scripturis et scientiis accipiuntur, sed equivoce. Propter cuius equivocationis ignorantiam sepe ignoratur intellectus auctorum utentium talibus vocabulis secundum sensus contrarios. Omissis autem variis significationibus huiusmodi vocabulorum dominus, dominans, predominans, dominium dominantium et consimilium, quibus diversimode utuntur interdum philosophia naturalis et moralis et legalis scientia ac vulgaris locutio, ille, quibus sepe utuntur scripture divine, due sunt tantummodo, que videntur ad propositum exponende. Est igitur sciendum secundum istos, quod 'dominus' uno modo dicitur respectu subiectorum liberorum quidem, quibus scilicet dominatur quis non principaliter propter utilitatem propriam, sed principaliter propter utilitatem subditorum. Et talis dominus non vocatur ab Aristotele 'despotes', nec principatus, quo talis principatur, vocatur ab eo 'despoticus'. Aliter dicitur 'dominus' respectu subiectorum non liberorum, sed servorum, qui sunt possessio domini, quemadmodum alie res temporales dicuntur possessio alicuius. Et talis dominus vocatur ab Aristotele 'despotes', et principatus eius vocatur 'despoticus'. Qui despotes, sicut possidet res alias temporales propter utilitatem propriam et

dungen wird von Aristoteles die »eheliche Verbindung« genannt, die zweite kann die »elterliche Verbindung« heißen,
Aristoteles nennt sie *»celmostina«*[30], d. h. eine kinderzeu-
gende Verbindung; die dritte nennt Aristoteles die »despotische«, d. h. eine herrschaftliche. Ein *»despotes«* ist nämlich
dasselbe wie ein Herrscher und »despotische Herrschaft« ist
herrscherliche Herrschaft.

Um das aber noch besser zu verstehen, muß man wissen,
so wird gesagt, daß solche Wörter wie »Herr, herrschend,
Herrscher« (und dergleichen) in verschiedenen Texten und
in verschiedenen Wissenschaften nicht dieselbe Bedeutung
haben, sondern mehrdeutig sind. Wegen Unkenntnis dieser
Mehrdeutigkeit wird die Meinung der Autoren, die diese
Wörter in widersprüchlichem Sinn gebrauchen, oft ver-
kannt. Wenn wir hier die verschiedenen Bedeutungen von
Worten wie »Herr, herrschend, vorherrschend, Herrschaft
der Herrschenden« und dergleichen beiseite lassen, welche
bisweilen in der Naturphilosophie, in der praktischen Philosophie, in der Rechtswissenschaft und in der alltäglichen
Bedeutung ganz verschieden verstanden werden, so bleiben
unter den Worten, die in der Heiligen Schrift häufig gebraucht werden, nur zwei Bedeutungen, die in unserem Zu-
sammenhang der Erläuterung bedürfen. Man muß wissen,
so sagen diese Leute, daß man jemanden einen »Herrn«
über freie Untergebene nennen kann, wenn er über sie
nicht hauptsächlich wegen seines eigenen Nutzens, sondern hauptsächlich wegen des Nutzens der Untergebenen
herrscht. Solch ein Herr wird von Aristoteles nicht *»despotes«* genannt und die Herrschaft, mit der er herrscht, wird
von ihm nicht »despotisch« genannt. Anders heißt jemand
»Herr« über Untergebene, die nicht frei sind, sondern Sklaven, welche ein Besitz ihres Herren sind, so wie auch andere
zeitliche Dinge der Besitz eines Menschen genannt werden.
Und solch ein Herr wird von Aristoteles *»despotes«* genannt, und seine Herrschaft heißt »despotisch«; denn wie
solch ein *»despotes«* andere weltliche Güter zu seinem eige-

non propter utilitatem earum, sic principatur servis principaliter propter utilitatem propriam et non propter utilitatem servorum, licet sepe secundum Aristotelem idem sit expediens servis et domino. Quare licet inveniatur ab Aristotele in 'Politicis', quod rex sit dominus sibi subiectorum,
tamen nusquam invenitur, quod debet dici 'despotes' vel
quod principatus regalis debeat despoticus appellari, licet
quandoque principatus tyrannicus despoticus nominetur
propter similitudinem magnam inter despoticum et tyran-
nicum principatum.

Quia proprie loquendo principatus despoticus non est
tyrannicus. Sicut enim aliqui iuste sunt servi secundum Aristotelem: Tam illi scilicet, qui a ratione deficiunt, ut nesciant
regere seipsos, licet corpore sint robusti, ut aliis valeant
deservire, qui secundum Aristotelem dicuntur naturaliter
servi, quam illi, qui sunt servi secundum legem, quia in
bello iusto capiuntur vel aliter fiunt servi aliorum. Sic principatus despoticus, qui est solummodo respectu talium servorum, est iustus et licitus atque bonus. Principatus autem
tyrannicus est iniustus, illicitus atque malus, unde et secundum Aristotelem tyrannis est pessima politia.

Preter principatum despoticum, quo paterfamilias principatur servis in domo, est principatus paternus, quo filiis
tanquam liberis principatur, quibus secundum Aristotelem
regaliter et non despotice principatur. Non quod principatus paternus sit principatus regalis; quia principatus regalis
non est nisi respectu civitatis vel regni, quod maius est civi-

nen Vorteil und nicht zu deren Vorteil benutzt, herrscht er auch über seine Hörigen hauptsächlich zu seinem eigenen Nutzen und nicht zum Vorteil der Hörigen, wenn auch häufig nach Aristoteles dasselbe für die Hörigen und den Herrn vorteilhaft sein kann. Wenn darum bei Aristoteles in der »Politik« [1,1 1252a 12–15] steht, daß ein König Herr über seine Untergebenen sei, so findet man doch nirgendwo, daß er *»despotes«* heißen müsse oder daß königliche Herrschaft despotisch genannt wird, wenn auch bisweilen (von Aristoteles) eine tyrannische Herrschaft eine despotische genannt wird [»Politik«, 3,8, 1279b 16; 3,14, 1285b 2] wegen der großen Ähnlichkeit zwischen einer despotischen und tyrannischen Herrschaft.

Denn wörtlich genommen ist eine despotische Herrschaft nicht eine tyrannische. Einige sind ja nach Aristoteles Meinung zu Recht Sklaven, nämlich sowohl jene, denen Vernunft fehlt, so daß sie sich nicht selbst leiten können, wenngleich sie körperlich so kräftig sind, daß sie anderen dienen können: und diese heißen nach Aristoteles »Sklaven von Natur aus« – als auch jene, die nach dem Gesetz Sklaven sind, weil sie in einem gerechten Krieg in Gefangenschaft gerieten oder auf andere Weise zu Sklaven wurden. Insofern ist die despotische Herrschaft, sofern sie nur eine Herrschaft über solche Sklaven ist, eine gerechte und legitime und gute Herrschaft. Eine tyrannische Herrschaft aber ist ungerecht, illegitim und schlecht. Darum ist ja auch nach Aristoteles [»Nikomachische Ethik«, 8, 11, 1160b 10; »Politik«, 4,2, 1289b 2] die Tyrannis die schlimmste Verfassung.

Neben der despotischen Herrschaft, mit der ein Herr über seine Sklaven herrscht, steht die väterliche Herrschaft, mit der er über seine Kinder wie über Freie herrscht, über die man nach Aristoteles königlich und nicht despotisch Herrschaft übt. Nicht als ob die väterliche Herrschaft mit der königlichen Herrschaft identisch wäre; denn die königliche Herrschaft gilt nur einer Stadt oder einem Königreich,

tate et ut plurimum plures civitates complecitur. Sed pater
dicitur filiis regaliter principari, non quidem quando domus, in qua principatur, est pars vici vel civitatis aut regni,
sed in domo, que non est pars communitatis perfectioris,
qualiter Adam principabatur filiis suis et Noe filiis suis, antequam filii illi diversas domos haberent. Talis autem principatus paternus, licet non dicatur regalis stricte loquendo,
potest tamen dici regalis propter magnam similitudinem ad
principatum regalem stricte sumptum. Sicut enim in regno habente regem, qui propriissime et autentice dicitur
rex, unus existens principatur omnibus liberis principaliter propter utilitatem subiectorum secundum voluntatem
suam, non secundum legem, secundum Aristotelem 3. Politicorum, c. *16* (quod qualiter debeat intelligi, postea expo-
nitur), sic in domo, que non est pars communitatis perfectioris, quandocunque est talis pater; principatur filiis principaliter propter utilitatem ipsorum secundum voluntatem
suam, non secundum legem, ita ut filios delinquentes omni
pena, qua expedit, valeat castigare possitque de ipsis et ipsis
facere, quecunque redundant in utilitatem ipsorum. Quibus
quia non principatur principaliter propter utilitatem propriam, non despotice, sed quodammodo potest dici regaliter
principari. In domo autem, que est pars vici vel civitatis, pater non principatur filiis regaliter, quia non habet tantam
potestatem super filios, ut principetur eis secundum voluntatem suam, non secundum legem, etiam in multis, que pertinent ad utilitatem ipsorum. Nec pro multis delictis potest
eos pena, qua expedit, coercere, secundum quod talis vin-

das größer als eine Stadt ist und meistens mehrere Städte
umfaßt. Aber man kann sagen, daß ein Vater über seine
Kinder königlich herrscht, nicht freilich wenn das Haus, in
dem er herrscht, ein Teil des Dorfes, der Stadt oder des Königreiches ist, sondern er herrscht königlich im Haus, wenn
es nicht ein Teil einer Gemeinschaft von höherer Vollkommenheit ist, so wie Adam über seine Söhne herrschte und
Noah über seine Söhne, bevor jene Söhne eigene verschiedene Häuser hatten. Solch eine väterliche Herrschaft, wird
sie auch nicht königlich im strengen Sinne genannt, kann
dennoch wegen ihrer großen Ähnlichkeit zu solcher im
strengen Sinne königlichen Herrschaft königlich genannt
werden. Denn wie in einem Königreich, das einen König
hat, der im eigentlichen Sinne und wahrhaft zu Recht König
heißt, einer allein über alle Freien herrscht hauptsächlich
zum Vorteil der Untergebenen nach seinem eigenen Willen,
nicht nach dem Gesetz, wie Aristoteles es in seiner »Politik« 3,16 [1287a 10], sagt (wie das genau zu verstehen ist,
wird später erläutert), ⟨so gilt auch:⟩ in einem Haus, das
nicht Teil einer Gemeinschaft größerer Vollkommenheit ist,
ist manchmal in der Tat ein solcher Vater; er herrscht über
seine Kinder hauptsächlich zu ihrem Nutzen nach seinem
eigenen Willen, nicht nach dem Gesetz dergestalt, daß er die
Söhne, wenn sie sich vergehen, mit jeder angemessenen
Strafe züchtigen kann und über sie und an ihnen tun kann,
was immer ihrem Nutzen dient. Dann kann man auch sagen, daß er, weil er sie nicht hauptsächlich zu seinem eigenen Vorteil beherrscht, über sie keine despotische, sondern
im gewissen Sinne eine königliche Herrschaft übt. In einem
Haus aber, das Teil eines Dorfes oder einer Stadt ist,
herrscht ein Vater nicht königlich über seine Kinder, denn
er hat nicht so große Gewalt über seine Kinder, daß er über
sie nach seinem Willen und nicht nach dem Gesetz herrschen kann, und das gilt auch in vielem, was ihnen zum Vorteil gereicht. Auch kann er sie für viele Vergehen nicht mit
einer angemessenen Strafe belegen, weil die Strafgewalt dem

dicta est illi, qui principatur in vico vel in civitate aut in regno, servanda.

Paterfamilias autem in domo principatur uxori neque despotice neque regaliter. Non despotice, quia non est serva, nec regaliter, quia non debet principari ei secundum voluntatem suam, sed secundum legem matrimonii. Neque enim tantam potestatem habet vir super uxorem, quantam habet pater super filios, quando non est pars perfectioris communitatis. Principatur ergo vir uxori principatu politico. Hic enim principatus viri super uxorem assimilatur principatui politico in hoc scilicet, quod in principatu politico principantes secundum virtutem et sapientiam antecellunt sibi subiectos. Sic naturaliter vir excedit uxorem secundum sapientiam et virtutem, nisi aliquid accidat preter naturam, secundum Aristotelem 1. Politicorum, sicut contingit in masculis effeminatis. Per quem modum intelligenda sunt, que dicta sunt superius de principatu despotico et paterno: quando scilicet natura non deficit in despote vel patre. Si enim natura ex aliqua causa deficeret in patre vel despote, non esset iustum naturale despotem aut patrem servis vel filiis principari. Quorum tamen principatus sunt naturales, id est ex ratione naturali, non ex institutione humana provenientes, quando natura non deficit in patre vel despote.

Tres autem predicti principatus ad yconomiam, id est ad gubernationem domus spectant. Et sic accipitur 'yconomia' ab Aristotele in philosophia morali, licet 'yconomus' in iure vocetur ille, cui res ecclesiastica gubernanda mandatur, ut qui administrat res canonicorum, qui in quibusdam ecclesiis appellatur prepositus.

vorzubehalten ist, der im Dorf, in der Stadt oder im Königreich herrscht.

Ein Familienvater aber herrscht im Haus über seine Frau
weder despotisch noch königlich: despotisch deshalb nicht,
weil sie nicht seine Sklavin ist, königlich nicht, weil er nicht
über sie herrschen soll nach seinem Willen, sondern nach
dem Gesetz der Ehe. Auch hat ein Mann über seine Frau
nicht so große Gewalt, wie sie ein Vater über seine Kinder
hat, wenn (das Haus) nicht Teil einer Gemeinschaft höherer
Vollkommenheit ist. Somit herrscht ein Mann über seine
Frau in politischer Herrschaft. Denn diese Herrschaft des
Mannes über seine Frau ist analog der politischen Herrschaft darin, daß in der politischen Herrschaft die Herrschenden ihre Untergebenen an Tüchtigkeit und Weisheit
übertreffen. So übertrifft der Mann von Natur aus seine
Frau hinsichtlich seiner Weisheit und seiner Tüchtigkeit, außer wenn etwas Widernatürliches vorkommt, so sagt Aristoteles in »Politik«, 1 [12, 1259b 2–4], wie es etwa bei ver-
weibischten Männern vorkommen kann. Und auf diese
Weise muß man verstehen, was oben über die despotische
und väterliche Herrschaft gesagt ist: wenn nicht die Natur
beim Despoten oder Vater versagt. Wenn nämlich die Natur
beim Vater oder Herrscher aus irgendeinem Grund versagt,
dann wäre es nicht von Natur aus gerecht, daß der Haus-
herr oder Vater herrscht, sei es über die Sklaven, sei es über
die Kinder. Dennoch ist ihre Herrschaft natürlich, d. h., sie
rührt von natürlicher Vernunft, nicht aus menschlicher Ein-
richtung, sofern die Natur beim Vater oder Hausherrn nicht
versagt.

Diese drei Formen der Herrschaft gehören zur Ökonomie, d. h. zur Leitung des Hauses. Und so versteht Aristoteles »Ökonomie« in seiner praktischen Philosophie, obgleich in der Rechtssprache ein *»oeconomus«* ein Amtsträger
heißt, dem kirchliches Vermögen zur Verwaltung übertragen ist,[31] etwa ein Verwalter des Vermögens eines Kanoni-
kerstifts, der in manchen Stiften auch Propst genannt wird.

c. 4

MAGISTER. Secunda communitas, que est perfectior domo, vocatur 'vicus', quia ex multis domibus constat tanquam ex partibus. Nec tamen ad tantam perfectionem attigit, ut civitas sit et debeat appellari. Ista autem communitas si non sit pars perfectioris communitatis, scilicet civitatis aut alterius comprehendentis multos vicos seu vicinias aut civitates, et in ipsa multitudo domorum processit ex uno parente superstite, rationabile est, ut ab illo regatur secundum voluntatem, non secundum legem, quantum ad illos, qui processerunt ab ipso, si in eo natura non deficit, quemadmodum filii reguntur a patre.

Quantum ad uxores autem, quarum non est parens, rationabile est, ut politice principetur, quia ratio exigit, ut leges matrimonii conservet, secundum quam vir et uxor in multis ad paria iudicantur. Si autem multitudo domorum vici non processit ab uno parente superstite, rationabile est, ut aliquo regimine simili regimini, quo regitur civitas, gubernetur.

c. 5

MAGISTER. Tertia communitas est, que ex pluribus vicis componitur; vocatur 'civitas'. Quam dicit Aristoteles 1. Politicorum esse principalissimam omnium communitatum. Quod dicitur veritatem habere de communitatibus simul habitantium, non de communitate habitantium in distanti-

c. 4

LEHRER. Eine zweite Gemeinschaft von höherer Vollkommenheit, als es das Haus ist, heißt das »Dorf« [oder die »Nachbarschaft«], das aus einer Vielzahl von Häusern als seinen Teilen besteht. Und doch erreicht es nicht so hohe Vollkommenheit, daß es ein Stadtstaat sein kann und so genannt werden darf. Wenn diese (Dorf-)Gemeinschaft nicht Teil einer Gemeinschaft von höherer Vollkommenheit ist, d. h. Teil eines Stadtstaates oder eines anderen [Gemeinwesens], das eine Vielzahl von Dörfern oder auch viele Städte in sich faßt, und wenn die Vielzahl der Häuser in ihr von einem gemeinsamen Ahnherrn herstammt, der noch am Leben ist, so wird sie vernünftigerweise von ihm nach seinem Belieben, nicht gemäß einem Gesetz regiert, und Herrschaft wird von ihm geübt über diejenigen, die von ihm abstammen, wenn in diesem Ort nicht die Natur versagt, genau wie Söhne vom Vater geleitet werden.

Hinsichtlich der Ehefrauen oder derer, die ihn nicht zum Vater haben, wird er vernünftigerweise »politisch« seine Herrschaft üben, denn die Vernunft erfordert es, daß er die Gesetze des Ehestandes aufrechterhält, gemäß denen Mann und Frau in vielen Stücken gleich geachtet werden. Wenn aber die Vielzahl der Häuser in einem Dorf nicht von einem stammt, der noch am Leben ist, dann ist es vernünftig, daß die Regierung in einer Weise ausgeübt wird, die der Regierung eines Stadtstaates ähnlich ist.

c. 5

LEHRER. Die dritte Gemeinschaft, die aus einer Vielzahl von Dörfern [oder Nachbarschaften] zusammengesetzt ist, heißt »Stadt« [oder »Bürgerschaft«], welche, wie Aristoteles in »Politik«, 1 [1, 1252a 5–7] sagt, die alleroberste aller Gemeinschaften ist. Und das hat, wie man sagt, Wahrheit nur für die Gemeinschaft von Menschen, die zusammen wohnen, nicht von denen, die in Entfernung voneinander in

bus locis et in pluribus civitatibus. Qualis communitas est regnum vel ducatus, quod etiam potest communitas appellari, quia est illorum, qui simul communicant in multis et ab uno principante reguntur. Et multa, que dicuntur de civitate, proportionaliter intelligenda sunt de regno et quacunque communitate, que plures complectitur civitates.

'Civitas' autem est multitudo civium habitantium civitatem. Quorum ordo vocatur 'politia', sine ordine enim nulla est civitas; nisi enim habeat principantem vel principantes et subiectos, non est civitas appellanda. In qua diversi et diversimode sunt subiecti – saltem sepe et in perfectissima civitate. Quidam enim reperiuntur subiecti tanquam servi vel mercenarii aut *bannausi*. Dicuntur autem 'bannausi', qui naturaliter seu corporaliter operantes opere suo maculant corpus. Et isti in civitate, que temperata et rationabili utitur politia, non sunt proprie cives. Alii autem in civitate sic sunt subiecti, quod aliquo modo participant principatum, quia quamvis non principentur, tamen aliquo modo ad principatum attingunt, quia ad iudicium vocantur et consilium vel eligunt principantem aut electores principantis. Principans autem in civitate aliquando vocatur ab Aristotele 'policernia'. 'Policernia' autem secundum quosdam tres habet significationes: *'Primo autem significat impositionem ordinis politie, secundo impositorem ipsius, tertio significat ipsum ordinem impositum, qui est politia'*. Et ita 'policernia' in una significatione idem est, quod dominus et principans in civitate.

mehreren Städten [oder Bürgerschaften] leben. Eine solche Gemeinschaft heißt ein »Königreich« oder ein »Herzogtum«, und kann auch eine »Gemeinschaft« genannt werden, besteht sie doch aus jenen, die in vielen Dingen Gemeinschaft halten und von einem fürstlichen Haupt regiert werden. Und vieles von dem, was von der Stadt gesagt wird, ist entsprechend auch von einem Reich oder einer anderen mehrere Städte umfassenden Gemeinschaft zu verstehen.

Eine »Stadt« aber ist eine Menge von Bürgern, die eine Stadt bewohnen. Ihre Ordnung heißt *»politia«*, denn ohne Ordnung gibt es keine Stadt. Wenn sie nämlich kein fürstliches Haupt oder fürstliche Häupter hat und keine Untertanen, darf sie nicht »Stadt« heißen. In ihr sind verschiedene Menschen in verschiedener Weise untertan, zumindest ist das häufig so und jedenfalls in der ganz vollkommenen Stadt. Einige nämlich kann man als Untertanen finden, wie die Sklaven, die Lohnarbeiter oder die *»Banausen«*. »Banausen« aber heißen jene, die von Natur aus körperlich arbeiten und mit ihrer Arbeit ihren Leib beflecken.[32] Und solche Leute sind in einer Stadt, die eine gemäßigte und vernünftige Verfassung genießt, nicht Bürger im eigentlichen Sinn. Andere aber sind in einer Stadt dergestalt Untertanen, daß sie in irgendeiner Form an der Regierung teilnehmen, d. h., sie sind zwar nicht selber Fürsten, dennoch grenzen sie in gewisser Weise an den fürstlichen Stand, weil sie zum Gericht berufen sind und zum Rat oder weil sie den fürstlichen Leiter oder die Wähler des fürstlichen Leiters zu wählen haben. Der fürstliche Leiter in der Stadt wird von Aristoteles *»policernia«* [richtig: *politeuma*] genannt. Nach der Auffassung einiger Ausleger hat »politeuma« drei Bedeutungen: *»Erstens meint es die auferlegte Ordnung der Verfassung, zweitens den, der die Verfassung auferlegt; drittens meint sie die Ordnung selbst, welche die Verfassung ist.«*[33] Also ist nach einer dieser Bedeutungen *»politeuma«* dasselbe wie »Herr und Regierender« in einer Stadt.

c. 6

MAGISTER. Politiarum autem due sunt species prime, sicut et due sunt species prime principatuum sive prelatio-
num et principantium sive prelatorum seu rectorum. Omnis enim principatus aut ordinatur principaliter ad bonum
seu conferens commune, bonum scilicet principantis et
principantium et etiam subiectorum, aut non ordinatur ad
bonum commune. Si ordinetur ad bonum commune, sic est
principatus temperatus et rectus. Si non ordinatur ad bonum commune, est principatus viciatus et transgressio, quia
est corruptio et transgressio principatus temperati et recti
atque iusti. Politia igitur omnis aut est temperata et recta vel
est viciata et transgressa. Politie autem temperate et recte
tres sunt species principales et impermixte. Prima est,
quando principans est unus, et vocatur 'regalis monarchia'.
In qua dominatur unus solus propter commune bonum et
non principaliter propter propriam voluntatem et conferens. Et huiusmodi politia secundum Aristotelem 8. Ethicorum est optima secundum optimum modum ipsius, sunt
enim ipsius modi plures secundum ipsum 3. Politicorum,
c. *14*. Sed potissimus ipsius modus videtur, quando aliquis
regnat et principatur in regno non secundum legem, sed secundum voluntatem suam.

Quod quidam sic intelligunt: Ille dicitur principari et regnare secundum voluntatem suam et non secundum legem,
qui regnat propter commune bonum omnium et nullis legibus humanis pure positivis vel consuetudinibus alligatur,
sed est supra omnes huiusmodi leges, licet legibus naturalibus astringatur. Et ideo talis rex non habet iurare nec pro-

c. 6

LEHRER. Die Verfassungen lassen sich in zwei hauptsächliche Arten unterteilen, wie es auch zwei hauptsächliche Arten von Herrschaftsformen bzw. Vorsteherschaften und von
Herrschern, Vorstehern oder Leitern gibt. Denn jede Herrschaft ist vorwiegend auf das gemeine Wohl des bzw. der
Herrschenden und ebenfalls das der Untertanen ausgerich-
tet oder nicht auf das gemeine Wohl. Wenn sie auf das Gemeinwohl gerichtet ist, dann ist sie eine gemäßigte Herrschaft und damit eine richtige. Wenn sie aber nicht auf das
Gemeinwohl hin gerichtet ist, ist sie eine verdorbene Herrschaft und eine Verkehrung, ist sie doch Verderbnis und
übermäßige Verkehrung einer gemäßigten, richtigen und
gerechten Herrschaft. Also ist jede Verfassung entweder ge-
mäßigt und richtig oder verdorben und übermäßig verkehrt. Von gemäßigten und richtigen Verfassungen gibt es
drei Hauptarten, die unvermischt nebeneinander stehen:
Die erste haben wir vor uns, wenn es einen einzigen Herrschenden gibt; diese heißt »königliche Monarchie«. In ihr
herrscht einer allein um des Gemeinwohls willen und nicht
hauptsächlich um seines eigenen Beliebens und Vorteils willen. Solche Verfassung ist nach Aristoteles, »(Nikomachische) Ethik«, 8 [11, 1160a 35 f.], die allerbeste und nach der
Art der besten Herrschaft, sie hat aber verschiedene Weisen,
wie Aristoteles in »Politik«, 3,14 [1285a–b], sagt. Ihre stärk-
ste Art ist anscheinend, wenn jemand in einem Reich allein
als König oder Fürst nicht nach dem Gesetz, sondern nach
seinem eigenen Willen herrscht.

Das verstehen nun einige folgendermaßen: Jener, sagt
man, herrscht als Fürst oder König nach seinem Willen und
nicht nach dem Gesetz, der um des gemeinen Wohls aller
willen herrscht und der an keine menschlichen rein positiven Gesetze oder Gewohnheitsrechte gebunden ist, sondern
über allen derartigen Gesetzen steht, wenn er auch an die
Gesetze des Naturrechts gebunden bleibt. Dann hat ein sol-

mittere se servaturum quascunque leges vel consuetudines humanas introductas, licet expediens sit ipsum iurare, quod leges naturales pro utilitate communi servabit et quod in omnibus, que spectant ad principatum assumptum, commune bonum intendet, non privatum. Talis rex potest dici habere plenitudinem potestatis respectu scilicet eorum, que bonum commune respiciunt, non privatum. Talis autem principatus differt a principatu tyrannico, quia ille est propter commune bonum. Differt etiam a principatu despotico, quia principatus despoticus est principaliter propter bonum proprium principantis, quemadmodum dominium bestiarum et aliarum rerum temporalium est propter bonum possidentis. Principatus autem regalis est propter bonum commune. Et ideo non dicitur proprie principatus despoticus. Et tamen rex talis est quodammodo dominus omnium, sed aliter quam in principatu despotico. Quia in principatu despotico principans habet tantum dominium, quod potest uti suis servis et bonis aliis quibuscunque, que ad suum pertinent principatum talem, non solum propter bonum commune, sed etiam propter bonum proprium, dummodo contra legem divinam vel naturalem nihil attentet. Sed principans in principatu regali predicto non potest uti subiectis et bonis eorum, qualitercunque sibi placet, propter bonum proprium. Et ideo sibi non sunt servi, sed naturali libertate gaudent, quia ad naturalem libertatem spectat, ut nullus

cher König auch keinen Eid zu leisten oder ein Versprechen,
er wolle irgendwelche von Menschen gemachten Gesetze
einhalten, wenn es auch sehr vorteilhaft sein kann, wenn er
sich bei Antritt der Herrschaft eidlich bindet, er werde die
Gesetze des Naturrechts um des Gemeinwohls willen einhalten und in allen Dingen, die seine Herrschaft betreffen,
auf das gemeine Wohl achten und nicht auf sein privates.[34]
Von solch einem König kann man sagen, er habe die Fülle
der Amtsgewalt über die Angelegenheiten, die sich auf das
Gemeinwohl beziehen und nicht auf sein privates Wohl.
Solch eine Herrschaft ist von der *Tyrannis* unterschieden,
insofern sie wegen des Gemeinwohls ausgeübt wird. Sie ist
auch von der *despotischen* Herrschaft unterschieden, insofern eine despotische Herrschaft hauptsächlich um des eigenen Wohls des Herrschenden willen ausgeübt wird, so wie
eine Herrschaft über Tiere und andere zeitliche Vermögenswerte um des Wohls des Inhabers willen ausgeübt wird.
Eine *königliche* Herrschaft aber wird um des gemeinen
Wohls willen ausgeübt. Und darum wird sie nicht im eigentlichen Sinn eine despotische Herrschaft genannt. Und
dennoch ist ein solcher König in gewisser Weise Herr aller,
anders aber als in einer despotischen Herrschaft. Denn in einer despotischen Herrschaft hat der Herrschende eine Herrschaft, die so weit geht, daß er seine Sklaven und anderen
Vermögenswerte, die seiner Herrschaft unterworfen sind,
nicht nur um des Gemeinwohls willen, sondern auch um
seines eigenen Wohls willen gebrauchen kann, sofern er
nichts unternimmt, was gegen das göttliche Gesetz oder das
Naturgesetz verstößt. Aber ein Herrschender in einer königlichen Herrschaft, wie sie oben beschrieben ist, kann
seine Untergebenen und ihre Gesetze keineswegs gebrauchen, wie es ihm gefällt, nur um seines eigenen Wohls willen. Daher sind seine Untergebenen für ihn nicht Sklaven,
sondern erfreuen sich ihrer natürlichen Freiheit. Denn es
gehört zur natürlichen Freiheit, daß niemand freie Menschen gebrauchen darf zum Nutzen allein dessen, der sie ge-

possit uti liberis propter utilitatem utentis. Sed non est contra naturalem libertatem, ut quis rationabiliter utatur liberis ad bonum commune, cum quilibet teneatur bonum commune preferre privato.

DISCIPULUS. Secundum ista principatus despoticus esset maior et perfectior tali principatu regali, quia maiorem potestatem includeret. Principans enim despotice potest uti servis et bonis eorum propter utilitatem tam communem quam privatam, rex autem nisi propter utilitatem communem. Igitur est maior et perfectior.

MAGISTER. Respondetur, quod principatus despoticus est quodammodo maior, quia ad plura quodammodo se extendit. Sed ex hoc ipso est imperfectior, seu quia bonum multorum est melius quam unius bonum seu quia detrimentum boni multorum nullam perfectionem sed imperfectionem importat. In principatu autem despotico est detrimentum multorum ex hoc ipso, quod despotes potest uti sibi subiectis et bonis eorum ad propriam utilitatem. Et ideo talis potestas maior imperfectionem boni melioris, scilicet boni multorum, includit. Propter quod principatus despoticus non solum qui est unius patrisfamilias in una domo, sed qui esset unius regis in uno regno, et per consequens qui est unius imperatoris in toto orbe, esset simpliciter imperfectior principatu tali regali.

Preter istum principatum regalem sunt alii principatus regales diversimode deficientes ab isto, convenientes tamen in hoc, quod sunt monarchie quedam. Quidam enim principa-

braucht. Aber es verstößt nicht gegen die natürliche Freiheit, daß jemand in vernünftiger Weise freie Menschen zum gemeinen Wohl benützt, da jedermann verpflichtet ist, das Gemeinwohl dem privaten Wohl vorzuziehen.

SCHÜLER. Demgemäß wäre ja die despotische Herrschaft größer und vollkommener als die derart bestimmte königliche Herrschaft, weil sie eine größere Kompetenz einschlösse. Ein auf despotische Art Herrschender kann nämlich seine Sklaven und ihre Güter gebrauchen um des Gemeinwohls willen, aber auch wegen seines eigenen Wohls, ein König aber ausschließlich um des gemeinen Nutzens willen. Also ist despotische Herrschaft größer und vollkommener.

LEHRER. Die Antwort ist, daß die despotische Herrschaft in bestimmter Hinsicht größer ist, erstreckt sie sich doch in bestimmter Hinsicht auf mehr. Aber gerade darin ist sie von größerer Unvollkommenheit, sei es, weil das Wohl vieler besser ist als das Wohl eines einzigen, sei es, weil der Schaden am Wohl vieler nicht Vollkommenheit, sondern Unvollkommenheit heißen muß. In despotischer Herrschaft aber werden viele geschädigt, weil der despotische Herrscher seine Untergebenen und ihre Gesetze zu seinem eigenen Nutzen gebrauchen kann. Deshalb schließt diese größere Kompetenz eine Unvollkommenheit hinsichtlich eines größeren Gutes ein, nämlich des Wohles vieler Menschen. Darum wäre auch eine despotische Herrschaft nicht nur dann, wenn sie ein Hausvater in einem bestimmten Hause, sondern auch, wenn sie ein König in einem bestimmten Reich, und folglich auch, wenn sie ein Kaiser im ganzen Erdkreis übt, schlechthin unvollkommener als eine königliche Herrschaft von der beschriebenen Art.

Neben dieser königlichen Herrschaft gibt es andere Formen der Königsherrschaft, die in verschiedenen Punkten hinter dieser Form zurückbleiben, aber doch mit ihr darin übereinstimmen, daß sie zu den Formen der Monarchie gehören. So bleibt eine Form der Herrschaft eines Monarchen

tus unius *monarche* deficit ab isto quantum ad intentionem boni communis, quia scilicet non est institutus totaliter propter bonum commune, sed etiam propter bonum proprium. Et talis principatus regalis aliquid habet de principatu tyrannico vel despotico et est quodammodo mixtus ex principatu despotico, tyrannico et regali. In quantum enim quoad aliqua intendit bonum commune et in quantum unus solus principatur, habet aliquid de principatu regali; in quantum vero bonum proprium etiam intendit, habet aliquid de principatu tyrannico et despotico. Et ideo est quodammodo mixtus ex principatibus illis, unde et aliquis principatus regalis et tyrannicus vocatur ab Aristotele.

Principatus autem unius interdum deficit a sepe dicto principatu regali quantum ad potestatem, quod scilicet non habet illam plenitudinem potestatis, quam habet principatus regalis prefatus. Et talis principatus regalis dicitur secundum legem, quia licet unus principetur, non tamen principatur secundum voluntatem, sed quibusdam legibus et consuetudinibus humanitus introductis astringitur, quas tenetur servare; et ipsas se servaturum iurare vel promittere obligatur. Et quantoplures tales leges et consuetudines servare tenetur, tanto magis recedit a memorato principatu regali. Et ideo forte his diebus non est in universo orbe talis principatus scilicet primus regalis.

Secundum Aristotelem nullus est dignus tali regno, nisi sapientia et virtute et bonis omnibus tam corporis quam anime, quam etiam exterioribus bonis, scilicet amicis et divitiis, superexcellat. Aliter enim timendum est, ne ad tyran-

hinter dieser Herrschaftsform zurück, soweit es die Beachtung des Gemeinwohls betrifft, ist sie doch keineswegs ausschließlich um des Gemeinwohls willen eingerichtet, sondern auch wegen des eigenen Wohls. Und solche königliche Herrschaft hat etwas von tyrannischer oder despotischer Herrschaft und ist in gewisser Weise gemischt aus despotischer, tyrannischer und königlicher Herrschaft. Insofern sie nämlich in einigem das gemeine Wohl anstrebt und insofern einer allein herrscht, hat sie etwas von königlicher Herrschaft; insofern sie aber auch das eigene Wohl anstrebt, hat sie etwas von tyrannischer und despotischer Herrschaft an sich und ist deshalb in gewisser Weise gemischt aus diesen Herrschaftsformen und wird von Aristoteles auch eine königliche und tyrannische Herrschaft genannt [»Politik«, 3,7, 1279b 4.6].

Die Herrschaft eines einzelnen bleibt aber hinter der oft genannten königlichen Herrschaft auch hinsichtlich der Amtsgewalt zurück, wenn sie nicht jene Fülle der Amtsgewalt hat, die die geschilderte königliche Herrschaft besitzt. Und solche königliche Herrschaft heißt die »gesetzmäßige«, herrscht in ihr doch ein einzelner, nicht aber nach seinem Willen, sondern gebunden an einige Gesetze und Gewohnheitsrechte, die von Menschen eingeführt wurden, welche zu wahren er gehalten ist; auch ist er verpflichtet zu einem Eid oder Versprechen, er werde sie einhalten.[35] Und je zahlreicher solche Gesetze und Gewohnheitsrechte sind, die er zu wahren hat, desto mehr weicht seine Herrschaft von der besagten königlichen Herrschaft ab. Und daher ist vielleicht in unseren Tagen auf der ganzen Welt keine solche Herrschaft zu finden, wie sie die erstgenannte königliche Herrschaft ist.

Nach Aristoteles ist solcher Herrschaft nur jemand würdig, wenn er an Weisheit und Tüchtigkeit und allen Gütern, sowohl körperlichen Vorzügen als auch geistigen, und auch äußerlichen Gütern wie Freunden und Reichtümern herausragt [vgl.: »Politik« 5,10, 1313a 4 f.]. Sonst müßte man näm-

nidem se convertat. Unde et propria bona debet habere vel ex se vel ex assignatione illorum, quibus preest, ut bona liberorum nequaquam sibi approppriet nec etiam quoquomodo accipiat, nisi evidens utilitas vel manifesta necessitas hoc exposcat.

Isti principatui regali etiam summe opponitur 'tyrannis', que est transgressio et corruptio eius. Que est prima species et pessima politie viciate, quia tyrannis non intendit bonum subiectorum, nisi per accidens, sed principaliter intendit bonum proprium, sive bonum proprium sit bonum etiam aliorum sive sit malum ipsorum. Fiunt autem tyranni secundum Aristotelem 5. Politicorum, c. *5*, sepe ex demagogis. Sunt autem 'demagogi' ducentes populum secundum voluntatem suam de beneplacito populi; non tanquam reges aut domini vel tyranni seu ius regendi populum aut imperandi habentes, sed quasi procuratores et concionatores seu monitores instigant populum ad illa, que populo placent, id est quibus populus credit. Et ideo Aristoteles vocat eos 4. Politicorum, c. 3, 'adulatores'. Tales enim sepe, postquam sibi unierint populum, incipiunt propter potentiam tyrannizare et etiam involuntariis dominari.

Fiunt etiam tyranni nonnunquam ex regibus, quia, ut dicit Aristoteles 8. Ethicorum: *'Malus rex tyrannus sit.'* Si enim secundum legem incipiat principari involuntariis propter bonum proprium, fit tyrannus. Si incipiat principari voluntariis propter bonum proprium, fit proprie despotes.

lich fürchten, daß er sich der Tyrannis zuwendet. Daher sollte er eigenes Vermögen entweder von sich aus haben oder aus der Zuweisung derer, über die er herrscht, damit er sich keinesfalls die Güter freier Leute aneigne und sie auch nicht in irgendeiner Form nehme, wenn nicht ein evidenter Nutzen oder eine klare Notwendigkeit das erforderlich machen sollte.

Einer solchen königlichen Herrschaft diametral entgegengesetzt ist die »Tyrannis«, welche ihre übertreibende Verkehrung ist. Und sie ist die wichtigste Art und allerschlimmste der verdorbenen Verfassungen. Denn die Tyrannis achtet nicht auf das Wohl der Untergebenen, es sei denn zufällig, sondern achtet vielmehr in erster Linie auf das eigene Wohl, ob nun das eigene Wohl zugleich auch das Wohl der anderen ist oder deren Übel. Tyrannen aber erstehen nach Meinung des Aristoteles in »Politik«, 5,5 [1305a 8–10] oft aus »Demagogen«. Demagogen nun sind jene Leute, die das Volk nach ihrem eigenen Willen nach dem Beschluß des Volkes anführen, nicht wie Könige oder Herren, auch Tyrannen oder Inhaber des Rechts, über das Volk zu herrschen und ihm zu befehlen, sondern gleichsam als seine Vertreter und als Redner in der Volksversammlung, die mit mahnenden Worten das Volk zu dem anstiften, was dem Volke gefällt [und was es beschließt], d. h. denen das Volk Glauben schenkt. Darum nennt Aristoteles sie, »Politik«, 4 [1292a 15–17], »Schmeichler«. Solche Menschen nun beginnen häufig, wenn sie sich das Volk verbündet haben, wegen der Macht Tyrannei zu üben und auch über die ihre Herrschaft zu üben, die das nicht wollen.

Bisweilen werden auch aus Königen Tyrannen. Aristoteles sagt ja in der »Nikomachischen Ethik«, 8 [12,1160b 11 f.]: *»Ein übler König wird zum Tyrannen.«* Wenn er nämlich nach dem Gesetz über Menschen zu herrschen beginnt, die das nicht wollen, um seines eigenen Wohls willen, wird er zum Tyrannen. Wenn er um seines eigenen Wohls willen über Menschen herrscht, die das wollen, wird er zum

Cuius principatus nonnunquam tyrannis ab Aristotele vocatur propter similitudinem magnam ad despoticam, non
tamen tyrannis proprie est despotia, sicut ex supradictis pa-
tere potest.

Ex predictis colligi potest, quod principatui regali, presertim potissimo, non solum tyrannis proprie dicta, sed etiam
principatus despoticus aliquo modo opponitur, vel est principatus ita disparatus, ut nullus unus principatus possit esse
regalis et despoticus respectu eorundem. Quod tamen aliquis dominetur regaliter et aliquis despotice, inconveniens
non videtur.

c. 7

MAGISTER. Secunda species politie temperate et recte atque iuste vocatur 'aristocratia'. In qua scilicet aliqui pauci
viri et optimi principantur propter bonum commune multitudinis et non propter bonum proprium. Quia licet habeat
plures species, ut docet Aristoteles *4.* Politicorum, c. 1, tamen prima et optima species eius est, quando in sublimando
aliquos in principatum aristocraticum potest haberi et habetur respectus solummodo ad virtutes scilicet intellectuales et
morales, non ad divitias nec ad potentiam nec ad amicos nec
ad quecunque, que possent absque bonitate et sapientia
reperiri. Politia autem intemperata et viciata atque transgressa, que aristocratie directe opponitur, vocatur 'oligarchia'; quando aliqui scilicet divites vel potentes vel qualitercunque insignes propter bonum proprium principantur.

Despoten im eigentlichen Sinn des Worts. Dessen Herrschaft wird von Aristoteles wohl an einigen Stellen Tyrannis genannt wegen der großen Ähnlichkeit zur despotischen Herrschaft, dennoch ist die Tyrannis im eigentlichen Verständnis nicht eine Despotie, wie aus den obigen Erläuterungen klar werden kann.

Aus allem Gesagten kann man entnehmen, daß der königlichen Herrschaft, insbesondere in ihrer stärksten Form, nicht allein die Tyrannis in ihrem eigentlichen Wortsinn, sondern auch die despotische Herrschaft gewissermaßen entgegengesetzt sind, oder eine despotische Herrschaft ist so unpassend, daß nicht ein und dieselbe Herrschaft über dieselben Untergebenen zugleich königlich und despotisch sein kann. Freilich ist es durchaus nicht ausgeschlossen, daß einer königlich herrscht und ein anderer despotisch.

c. 7

LEHRER. Die zweite Art einer gemäßigten, richtigen und gerechten Verfassung heißt »Aristokratie«. In ihr herrschen mehrere, wenn auch wenige Männer, die sehr gut sind, um des gemeinen Wohls der Mehrheit willen und nicht wegen ihres eigenen Wohls. Diese Verfassung hat zwar mehrere Unterarten, wie Aristoteles in seiner »Politik«, 4,1 [1289a 8 f. 24 f.] lehrt, dennoch ist ihre vornehmste und beste Form, wenn man bei der Erhebung bestimmter Personen zur aristokratischen Herrschaft allein auf die Tüchtigkeit abstellen kann und abstellt, d. h. auf die intellektuellen Fähigkeiten und die sittliche Tüchtigkeit, nicht auf Reichtümer noch auch auf Macht, nicht auf Anhänger noch auf irgend etwas, was man auch ohne sittliche Güte und ohne Weisheit finden kann. Die ungemäßigte verdorbene und durch Übersteigerung verkehrte Verfassung aber, die unmittelbar der Aristokratie entgegengesetzt ist, heißt »Oligarchie«. Sie ist dann gegeben, wenn mehrere reiche oder mächtige oder anderswie bedeutende Leute um ihres eigenen Wohls willen herrschen. Wenn folglich selbst die besten

In tantum quod si etiam optimi viri principarentur propter bonum proprium et non principentur propter bonum multitudinis, dicendi essent oligarchice principari et principatus eorum esset oligarchicus reputandus. Et ideo quicquid sit in electione principantium vel sublimatione servando respectum ad aliam prerogativam quam ad sapientiam et virtutem, puta ad divitias vel potentiam vel genus vel amicos vel dignitatem vel superioritatem seu maioritatem vel sequelam aut quamcunque aliam excellentiam, oligarchicum est habendum. Nec tamen est hoc semper reprehensibile reputandum, quia ex causa propter bonum finem licet in huiusmodi ad aliquam aliam prerogativam vel excellentiam habere respectum. Tam aristocratie quam oligarchie sunt diverse species, de quibus non est tractandum ad presens.

c. 8

MAGISTER. Tertia species politie temperate et recte ac iuste diversis nominibus appellatur. Uno nomine vocatur communi nomine 'politia', quod in una significatione est commune ad omnem politiam rectam et non rectam. In alia significatione signat solummodo quandam speciem politie, que alio nomine 'timocratia' nominatur, de qua sunt diverse opiniones. Una est, quod timocratia sive politia communi nomine dicta est illa, in qua principantur multi propter bonum commune sive sint optimi sive non optimi, sive sint divites sive pauperes, ita quod politia per se per multitudinem distinguitur ab aristocratia. Alia est, quod politia est illa, in qua principantur aliqui egeni, virtuosi propter bonum commune. Alia est, quod politia est illa, in qua principantur ali-

Männer um ihres eigenen Wohls willen herrschten und
nicht wegen des Wohls der Mehrheit, so müßte man von ihnen sagen, daß sie oligarchisch herrschen, und ihre Herrschaft müßte als oligarchisch qualifiziert werden. Wann immer bei der Wahl von Herrschenden oder ihrer Erhebung
irgend etwas in Rücksicht genommen wird, mit Ausnahme
von Weisheit und sittlicher Tüchtigkeit, also etwa Reichtümer oder Macht, Adel, Freunde, Würde, Überlegenheit
oder hoher Rang, Anhängerschaft oder irgendeine andere
besondere Eigenschaft, muß man daher die Herrschaft als
oligarchisch betrachten. Und keineswegs ist das immer als
tadelnswert einzuschätzen, denn aus gutem Grund darf
man zu einem guten Zweck in derartigen Fällen auf besondere Eigenschaften Rücksicht nehmen. So sind sowohl die
Aristokratien als auch die Oligarchien von ihrer Art her
verschieden. Aber darüber ist jetzt nicht zu handeln.

c. 8

LEHRER. Die dritte Art einer gemäßigten, richtigen und
gerechten Verfassung wird mit verschiedenen Namen belegt. Ein Name, den sie im allgemeinen trägt, ist »Politie«,
ein Wort, das in einer bestimmten Bedeutung jeder richtigen und auch nicht richtigen Verfassung gemeinsam ist. In
einer anderen Bedeutung bezeichnet das Wort nur eine bestimmte Art einer Verfassung, welche mit anderem Namen
»Timokratie« heißt. Über diese Form gibt es verschiedene
Meinungen. Eine von ihnen besagt: Timokratie oder Politie
in ihrem allgemeinen Wortsinn heißt jene Verfassung, in der
die vielen um des gemeinen Wohles willen Herrschaft üben,
ob sie nun die besten sind oder nicht, ob sie reich sind oder
arm, dergestalt daß die Politie an sich nur durch die Mehrzahl [der Regierungsträger] von der Aristokratie unterschieden ist. Eine andere Auffassung ist: die Politie ist jene
Verfassung, in der einige Bedürftige, die tüchtig sind, um
des gemeinen Wohls willen Herrschaft üben. Eine weitere
Auffassung besagt, daß Politie jene Verfassung heißt, in

qui neque optimi neque mali, sed mediocres propter virtutem et bonum commune, ita quod per defectum virtutis et
bonitatis distinguitur ab aristocratia.

Sed quecunque politia debeat appellari timocratia vel politia tanquam nomine communi, politia viciata et transgressa vocatur 'democratia'; quando scilicet populus principatur vel ordinat et constituit principantem non propter
bonum commune. Que species diversas complectitur. Sicut
autem omnium politiarum temperatarum optima est regnum et post eam aristocratia et ultimo timocratia, sic politiarum intemperatarum sive viciatarum pessima est tyrannis
et post ipsam oligarchia; sed in democratia minima perver-
sitas reperitur, secundum Aristotelem 8. Ethicorum.

welcher einige, die weder die besten noch auch Schlechte sind, sondern mittelmäßig, Herrschaft ausüben um der Tüchtigkeit und des Gemeinwohls willen, dergestalt daß diese Verfassung durch ihren Mangel an Tüchtigkeit und Güte von der Aristokratie unterschieden wäre.

Aber welche Verfassung auch immer Timokratie oder mit dem Namen Politie im allgemeinen Sinn genannt werden muß, die verdorbene Verfassung und durch Übertreibung verkehrte heißt »Demokratie«, wenn nämlich das Volk herrscht oder den Herrschenden bestimmt oder einsetzt nicht um des Gemeinwohls willen. Und diese Form umfaßt mehrere Unterarten. So wie die allerbeste aller maßvollen Verfassungen das Königreich ist und nach ihr die Aristokratie und zuletzt die Timokratie, so ist unter den maßlosen oder verdorbenen Verfassungen die übelste die Tyrannis; und nach ihr kommt die Oligarchie. In der Demokratie aber findet man die geringste Schlechtigkeit, wie Aristoteles im achten Buch seiner »(Nikomachischen) Ethik« sagt [8,12, 1160b 19–20].

III Dialogus I ii, c. 15 [fol. 195ᵛᵃ–196ʳᵃ]

Discipulus. Ut mihi et aliis detur occasio inveniendi circa predicta clarius veritatem, ad omnia, que pro assertionibus contrariis sunt adducta, responsiones aliquas studeas recitare. Primo autem narra, quomodo respondetur ad illa, que contra secundum modum ponendi supra c. 2 recitantur et que pro eo, quod ultimo allegasti, militare videntur. Ille enim modus ponendi habere aliquam apparentiam mihi videtur. Magister. Ille modus ponendi est bipartitus. Dicitur uno modo, quod si in populo christiano non inveniatur aliquis excellentior omnibus aliis et tamen invenitur idoneus atque bonus aliquis, talis est eligendus in papam. Sed si nullus inveniatur bonus et idoneus, nullus est ad talem beneficium sublimandus. Aliter dicitur, quod sive inveniatur idoneus sive non, aliquis est ad summum pontificium eligendus, quia melius est qualemcunque in caput habere quam capite omnino carere.

Discipulus. Primo narra, quomodo secundum primum istorum modorum respondetur. Magister. Ad primam allegationem, que inducitur supra c. 2 huius secundi [libri], que in auctoritate Aristotelis fundari videtur, qui videtur asserere iniustum esse, ut aliquis principetur sibi similibus et equalibus, respondetur, quod si in aliqua communitate omnes essent boni et nullatenus pervertilibes per maliciam in actu vel potentia, iniustum esset, ut aliquis principaretur sibi similibus et equalibus in sapientia et virtute, quia tunc nulla ratio apparet, quare plus deberet unus quam alius

Von der Gleichheit

SCHÜLER. Damit mir und anderen Gelegenheit gegeben werde, in diesen Fragen die Wahrheit zu finden, bemühe dich, mir einige Antworten vorzutragen auf alles, was für die Gegenmeinung an Gründen aufgeführt wurde. So berichte denn zuerst, wie auf das geantwortet wird, was nach der an zweiter Stelle oben in Kapitel 2 angeführten Meinung gesagt wurde und was dem, was du soeben an Argumenten angeführt hast, offensichtlich widerstreitet. Ich glaube nämlich, daß diese Auffassung den Schein des Rechtes für sich hat. LEHRER. Diese Meinung kann man zwiefach vertreten: einmal sagt man: wenn im christlichen Volk niemand zu finden ist, der allen anderen überlegen ist, und doch einer gefunden wird, der geeignet und tüchtig ist, dann muß der zum Papst gewählt werden. Wenn aber niemand tüchtig und geeignet erfunden wird, darf niemand zu solch hohem Amt erhoben werden. Anders freilich wird auch gesagt, daß, gleichgültig ob ein geeigneter Kandidat zu finden ist oder nicht, irgend jemand zum Papst gewählt werden muß, denn es sei besser, irgendeinen als Haupt zu haben, als eines Hauptes überhaupt zu entbehren.

SCHÜLER. Sage zuerst, wie die Antwort nach der ersten dieser beiden Meinungen lautet. LEHRER. Zur ersten Argumentation, die oben in Kapitel 2 angeführt wurde, welche sich anscheinend auf jenes Wort aus Aristoteles stützen kann, der ja sagt, es sei ungerecht, daß jemand über ihm Ähnliche oder Gleiche Herrscher sei, wird geantwortet: Wenn in einer Gesellschaft alle gut und tüchtig wären und keinesfalls durch Schlechtigkeit wirklich oder auch nur der Möglichkeit nach zu verderben wären, dann wäre es ungerecht, wenn jemand über andere, die ihm an Weisheit und Tüchtigkeit ähnlich oder gleich wären, Herrscher sein könnte; denn dann gäbe es offensichtlich keinen Grund, warum einer mehr als ein anderer Herrscher sein sollte.

principari. Sed quando in aliqua communitate sunt multi
aut plures perversi vel qui perverti possunt, et cum maior
pars et potentior voluntarie sustinet principatum unius, ut
a tali voluntate averti non possint, tunc expedit, ut unus super omnes accipiat principatum, dummodo inveniatur talis,
qui sit dignus principari deterioribus, eo quod aliter non esset bonus vel idoneus reputandus. Si autem est aliqua pars
tam potens, quod possit seditionem periculosam toti communitati suscitare, que compesci non posset, et principatum
unius vellet nullatenus sustinere, tunc non esset aliquis
omnibus sibi similibus et aliis preferendus, sed esset talis
principantis institutio ad tempus aliud differenda. Quemadmodum enim interdum propter maliciam subditorum
episcopus licite deserit ipsos etiam penitus renunciando
regimini, Extra, de renunciatione, 'Nisi cum pridem', 7 q. 1,
'Hoc tamen servandum', sic propter maliciam aliquorum
quandoque licet institutionem principantis differre.

   Et ideo quamvis regulariter expediat toti communitati fidelium, ut aliquis unus, qui omnibus aliis presit, ad summum sacerdotium eligatur, tamen si esset tanta malicia alicuius partis christianorum, que posset exponere totam
christianitatem periculo, et nullo modo vellet uni summo
sacerdoti obedire, non esset tunc aliquis ad tale officium eligendus, sed esset eius electio differenda. Sicut enim sepe
permittuntur minora mala, ut maiora vitentur, di. 3, c. 'Omnis', sic nonnunquam omittuntur bona quedam etiam
magna, ut maxima pericula declinentur.

   Aristoteles intelligit, quod iniustum est, quod aliquis ali-

Wenn aber in einer Gesellschaft viele oder doch mehrere
schlechte Menschen existieren oder doch Menschen, die sich
verderben lassen können, und wenn der größere und
machtvollere Teil dieser Gesellschaft freiwillig die Herrschaft eines einzelnen erträgt, dann ist es nützlich, damit sie
von solchem Willen nicht abgebracht werden können, daß
einer die Herrschaft über alle erhält, sofern nur einer gefunden wird, der würdig ist, über die zu herrschen, die schlechter sind als er. Denn anders wäre er überhaupt nicht als
tüchtig und tauglich anzusehen. Wenn aber irgendein Teil so
mächtig ist, daß er einen für die gesamte Gesellschaft gefährlichen Aufruhr erregen könnte, der nicht gestillt werden
könnte, und wenn dieser Teil die Herrschaft eines einzelnen
keinesfalls ertragen wollte, dann dürfte nicht einer allen anderen, die ihm ähnlich sind, vorgezogen werden. Vielmehr
wäre die Einsetzung dieses Herrschers auf eine andere Zeit
zu verschieben. Bisweilen nämlich darf auch ein Bischof wegen der Schlechtigkeit seiner Untergebenen erlaubtermaßen
die ihm anvertrauten Menschen verlassen, indem er dem
Leitungsamte gänzlich entsagt, X 1.9.10 und C.7 q.1 p.c.48;
ebenso ist es bisweilen erlaubt, wegen der Schlechtigkeit einiger die Einsetzung eines Herrschers zu verschieben.

Mag es somit auch im Regelfall der gesamten Gemeinschaft der Gläubigen frommen, daß ein einzelner da ist, der
zum höchsten Priesteramt über alle anderen gewählt wird,
so gilt doch: wenn die Schlechtigkeit irgendeines Teils der
Christen derart groß wäre, daß sie die gesamte Christenheit
einer Gefahr aussetzen könnte, und wenn (dieser Teil) keinesfalls einem einzigen höchsten Bischof gehorchen wollte,
dann dürfte niemand zu solch hohem Amt gewählt werden,
sondern die Wahl wäre zu verschieben. Wie häufig ja geringere Übel gestattet werden, um größere zu vermeiden
(D.3 c.4), so werden manchmal auch bedeutende Dinge
unterlassen, die gut sind, um übergroßen Gefahren zu begegnen.[36]

Aristoteles meint, es sei ungerecht, daß jemand Herr-

quibus similibus in virtute et equalibus principetur, nisi ex
aliqua utilitate vel necessitate expediat ordinare, ut aliquis
etiam sibi similibus et equalibus et non solum inequalibus et
dissimilibus principetur. Ad rationem vero Aristotelis, qua
absolute et sine distinctione vel modificatione videtur probare, quod iniustum est, quod aliquis sibi similibus principetur, quia equalibus secundum virtutem debetur equalis
honor et dignitas, respondetur, quod quando convenienter
et utiliter fieri potest, ut equalibus equalis honor et dignitas
tribuatur, hoc faciendum est; in quo casu loquitur Aristoteles. Tamen quando non est possibile aut non est utile vel est
minus utile, presertim communi bono, quod equalis honor
et dignitas equalibus conferatur, tunc absque omni iniusti-
cia, imo iusta electione vel sorte aut quovis alio licito modo
aliquis quoad dignitatem et honores potest similibus et
equalibus preferri. Et si alii in hoc turbarentur et ad seditionem faciendam provocarentur, efficerentur dissimiles et in-
equales secundum virtutem alteri, cui prius equales et simi-
les extiterant, tanquam ambitiosi et invidi preferentes honorem proprium bono communi, cum magis periclitari vellent
bonum commune vel minime procurari quam aliquem eis
cum utilitate communi preferri.

Exemplum autem Aristotelis de habentibus equalem vel
inequalem virtutem digestivam et de habentibus equale vel
inequale corpus (quia equalibus secundum virtutem digesti-

schaft übe über Leute, die ihm an Tüchtigkeit ähnlich sind
oder gleich, wenn es nicht aus irgendeinem Nutzen oder einer Notwendigkeit heraus doch vorteilhaft wäre anzuordnen, daß einer auch über ihm Ähnliche oder Gleiche und
nicht nur über ihm Ungleiche und Unähnliche Herrschaft
übt. Auf die Argumentation des Aristoteles aber, mit der er
absolut, undifferenziert und ohne Abschattierung beweisen
will, daß es ungerecht ist, wenn jemand über ihm Ähnliche
Herrschaft übt, da doch denen, die an Tüchtigkeit gleich
seien, auch gleiche Würde und gleicher Rang gebühre, ist
die Antwort: Wenn es angemessen und schicklich geschehen
kann, daß Gleichen gleicher Rang und gleiche Würde zuerkannt wird, dann muß das geschehen. Und von solch einem
Fall spricht Aristoteles. Wenn es jedoch nicht möglich ist
oder nicht schicklich oder auch nur weniger schicklich, vor
allem hinsichtlich des Gemeinwohls, daß Gleichen gleicher
Rang und gleiche Würde zuerkannt wird, dann kann ohne
alle Ungerechtigkeit, ja durch gerechte Wahl oder durch
Losverfahren oder auf irgendeine andere erlaubte Weise irgend jemand hinsichtlich seiner Würde und seines Ranges
den ihm Gleichen vorgezogen werden. Und wenn andere
sich davon verwirren ließen und sich zu einem Aufruhr her-
ausgefordert sähen, dann würden sie eben damit hinsichtlich der Tüchtigkeit im Verhältnis zu dem, welchem sie zuvor gleich und ähnlich gewesen waren, zu Unähnlichen und
Ungleichen, weil sie sich als ehrgeizig und neidisch erzeig-
ten und damit als Leute, die ihren eigenen Rang dem gemeinen Wohl vorziehen, da sie ja lieber wollen, daß das Gemeinwohl in Gefahr gerät oder daß sich darum überhaupt
niemand kümmert, als daß jemand anders ihnen zum gemeinen Besten vorgezogen werde.

Beim Beispielfall des Aristoteles hinsichtlich derer, die
eine gleiche oder ungleiche Tüchtigkeit besitzen, muß ich
differenzieren: Einmal hinsichtlich derer, die eine gleiche
oder ungleiche Körperverfassung haben – denn es ist angemessen, daß diejenigen, die eine gleiche körperliche Verdau-

vam vel corpus expedit habere equale alimentum vel vestitum, quod nocet inequalibus secundum virtutem digestivam
et corpus) non concludit universaliter absque omni exceptione, quod equalibus et similibus secundum virtutem
debeat dari idem honor et dignitas. Quia in ministrando
alimentum et vestitum equalibus vel inequalibus secundum
virtutem digestivam corporis solummodo attenditur propria virtus et proprium uniuscuiusque ipsorum, quid scilicet expediat vel noceat unicuique ipsorum divisim. In dis-
tribuendo autem honores et dignitates quandoque solum
attenditur meritum et dignitas illorum, quibus debent dis-
tribui; quia tunc iniustum est, ut equalibus inequalis honor
seu dignitas tribuatur, et tunc bonum est exemplum Aristotelis. Quandoque autem non solum attenditur meritum et
dignitas honorandorum, sed etiam attenditur utilitas publica, que melius procuratur principaliter per unum quam
per plures. Et tunc quia maior respectus habendus est ad
bonum commune quam ad meritum et dignitatem honorandorum, iustum est, ut equalibus et similibus secundum virtutem non equalis honor et virtus tribuatur.

ungskraft haben, auch eine gleiche Nahrung erhalten, und die, die eine gleiche Körperbeschaffenheit besitzen, gleiche Kleidung bekommen, was freilich denen, die nach ihrer Verdauungskraft und Körperbeschaffenheit ungleich wären, schaden müßte. Aber der Schluß ist nicht allgemein ohne jede Ausnahme gültig, daß Gleichen und Ähnlichen, soweit es ihre Tüchtigkeit betrifft, gleicher Rang und gleiche Würde zugeteilt werden muß. Bei der Zuteilung von Nahrung und Kleidung an Gleiche und Ungleiche hinsichtlich der Verdauungskraft ihres Körpers achtet man nämlich ausschließlich auf die eigene Tüchtigkeit und das eigene Wohl jedes einzelnen für sich genommen, was ihm je für sich nützt oder schadet. Bei der Zuteilung von Rang und Würde nun achtet man bisweilen ebenfalls auf das Verdienst und die Würde jener, an die solches zugeteilt werden soll; dann ist es wirklich ungerecht, daß Gleichen ein ungleicher Rang oder ungleiche Würde zugeteilt wird. Und wenn man es so sieht, ist das Beispiel des Aristoteles stimmig. Bisweilen aber achtet man nicht allein auf das Verdienst und die Würdigkeit derer, die eine Ehrung erhalten sollen, sondern man achtet auf den offensichtlichen Nutzen, der besser gewahrt werden kann, wenn prinzipiell einer Herrschaft übt, als wenn das mehrere tun. Weil aber größere Rücksicht zu nehmen ist auf das gemeine Wohl als auf Verdienst und Würde derer, die die Ehrenrechte erhalten, entspricht es durchaus der Gerechtigkeit, daß denen, die hinsichtlich ihrer Tüchtigkeit gleich oder ähnlich sind, eben nicht gleicher Rang oder gleiche Würde zuerkannt wird.

DISCIPULUS. Occasione eorum, que ultimo recitasti, interrogandum duxi, an scilicet secundum istam opinionem expediat communitati fidelium, ut habeant potestatem transmutandi principatum aristocraticum in principatum similem principatui regali et econverso, ita ut habeant potestatem constituendi unum summum pontificem, qui omnibus aliis presit, et habeant etiam potestatem constituendi seu eligendi simul plures summos pontifices, qui equalem potestatem habentes simul aristocratice regant et presint fidelibus aliis universis; ut unum principatum in alium indifferenter, sicut videbitur expedire, *valeant* transmutare ad modum, quo gentes principatum aristocraticum rationabiliter transmutarent in regalem et econverso.

MAGISTER. Circa hoc sunt diverse opiniones. Et stante opinione, que ponit, quod aliquibus aliquando melior est principatus aristocraticus principatu regali et aliquando eisdem precellit principatus regalis, una est, quod expedit communitati fidelium, ut habeat talem potestatem transmutandi principatum aristocraticum in principatum unius summi sacerdotis et econverso, secundum quod necessitas et qualitas temporis unum principatum vel alium exigit et requirit.

DISCIPULUS. *Pro ista opinione aliquas allegationes adducas. MAGISTER.* Pro ipsa potest taliter allegari: Sicut expedit, ut secundum varietatem temporum statuta varientur humana, Extra, de consanguinitate, 'Non debet reprehensibile', sic expedit, ut secundum varietatem temporum princi-

Verfassungsänderung in der Kirche

SCHÜLER. Anläßlich dessen, was Du zu allerletzt vorgetragen hast, glaube ich fragen zu müssen, ob es nach dieser Meinung der Gemeinschaft der Gläubigen frommt, daß sie die Kompetenz hat, eine aristokratische Herrschaftsverfassung, die der königlichen Herrschaft ähnlich wäre, einzurichten, und umgekehrt, so daß sie ⟨einerseits⟩ die Kompetenz besäße, einen einzigen höchsten Bischof, der ihnen allen vorgesetzt sei, einzusetzen, und ⟨andererseits⟩ auch die Kompetenz, zugleich mehrere oberste Bischöfe einzusetzen oder zu wählen, die allesamt mit der gleichen Amtsgewalt ausgestattet wären und auf aristokratische Weise ihre Regierung über die Gläubigen und alle anderen ausübten, dergestalt daß sie ohne Unterschied eine Verfassung in die andere verwandeln könnte, je nachdem es ihr nützlich zu sein schiene, in einer Weise, wie Völker vernünftig eine aristokratische Herrschaftsverfassung in eine königliche umwandeln können und umgekehrt.

LEHRER. Darüber gibt es verschiedene Auffassungen. Wenn die Meinung Bestand hat, die annimmt, daß bisweilen für einige Menschen die aristokratische Verfassung besser ist als die königliche und ein andermal ihr die königliche Verfassung überlegen ist, dann gibt es etwas, was der Gemeinschaft der Sterblichen einzig frommt: daß sie nämlich solche Kompetenz zum Wechsel einer aristokratischen Verfassung in die Herrschaft eines einzigen höchsten Priesters habe und umgekehrt, je nachdem Notwendigkeit und Beschaffenheit der Zeit[37] die eine oder die andere Verfassung erfordern und verlangen.

SCHÜLER. Führe zugunsten dieser Meinung einige Argumente an! LEHRER.[38] Für diese Auffassung läßt sich folgendermaßen argumentieren: Wie es gut ist, daß die menschlichen Rechtssatzungen sich wandeln, X 4.14.8, so ist es auch gut, daß sich nach dem Wandel der Zeiten die Herrschafts-

patus varientur humani. Sed ecclesia Christi habet potestatem principaliter super humanos principatus quantum ad
omnia, que sibi expediunt. Ergo habet potestatem variandi
huiusmodi principatus.

DISCIPULUS. Dici posset, quod principatus, quo summus
sacerdos principatur cunctis fidelibus, non est humanus, sed
divinus, quia a solo deo institutus existit. Ergo non decet et
per consequens non expedit, ut etiam supra principatum papalem habeat potestatem. MAGISTER. Hec responsio impugnatur. Quia licet principatus papalis sit quoad hoc divinus, quod Christus ordinavit ipsum debere esse in ecclesia,
quantum ad multa tamen videtur esse humanus. Nam ad
homines pertinet ordinare, quis assumi debeat ad ipsum et
qui debent eligere et qui debent assumptum corrigere, si
correctione indigeat et consimilia. Ergo consimiliter quantum ad hoc erit humanus, quod per homines debeat ordinari, an unus tantummodo vel plures, quando expedierit, ad
talem assumi debeant principatum.

Amplius: Communitati fidelium quantum ad omnia, que
necessaria sunt pro his, que sunt propria christianis, optime
est provisum et non minus bene quam cuicunque communitati vel genti, ut in omnibus talibus quantum ad omnia,
que expediunt et ut expediunt, habeat potestatem. Sed si
ecclesia haberet potestatem transmutandi principatum, qui
inciperet esse minus expediens, in alium principatum magis
expedientem, melius esset provisum, quam si potestatem
huiusmodi non haberet. Ergo cum in talibus sit optime provisum sibi, potestatem habet transmutandi principatum
unius in principatum plurium, si adverterit, quod sit magis

verfassungen der Menschen wandeln. Die Kirche Christi aber hat vornehmlich die Kompetenz über die Herrschaftsverfassungen der Menschen hinsichtlich all dessen, was ihr frommt. Also hat sie die Kompetenz, derartige Verfassungen zu wandeln.

SCHÜLER. Man könnte sagen, daß die Verfassung, nach der ein höchster Priester über alle Gläubigen herrscht, nicht menschlich, sondern göttlich ist; denn sie besteht, weil sie von Gott allein eingerichtet ist. Also ziemt es sich nicht, und folglich ist es auch nicht gut, daß ⟨die Kirche⟩ auch über die päpstliche Herrschaft solche Kompetenz hat. LEHRER. Diese Antwort findet Widerspruch. Mag auch die päpstliche Herrschaft göttlich sein vor allem darin, daß Christus angeordnet hat, daß es in der Kirche einen Papst geben solle; in vielen Dingen ist die päpstliche Herrschaft aber offensichtlich menschlich: denn Menschen steht es zu anzuordnen, wer zu dieser Herrschaft zu berufen ist und wer das Wahlrecht üben soll und wer den Erwählten zurechtzuweisen hat, wenn er einer Zurechtweisung bedarf, und dergleichen. Also wird sie auch hinsichtlich dessen menschlich sein, daß durch Menschen angeordnet werden muß, ob nur ein einziger oder mehrere, wenn das frommt, zu solcher Herrschaft bestellt werden sollen.

Weiterhin: Für die Gemeinschaft der Gläubigen ist allerbestens vorgesorgt in all den Dingen, die den Christen eigentümlich sind, und zwar nicht weniger gut als für jede beliebige andere Gemeinschaft oder für jedes Volk, daß sie nämlich in allem und für alles Kompetenz hat, was nützlich ist und wie es nützlich ist. Wenn jedoch die Kirche die Kompetenz hat, die Herrschaftsverfassung, wenn sie weniger geeignet erscheint, in eine besser geeignete Herrschaftsverfassung zu verwandeln, ist besser vorgesorgt, als wenn sie eine derartige Kompetenz nicht besitzt. Da nun in solchen Fragen allerbestens für sie vorgesorgt ist, hat sie die Kompetenz, die Herrschaft eines einzigen in die Herrschaft von mehreren zu verwandeln, wenn sie denn wahrnehmen

expediens, ut regatur a pluribus principatu aristocratico quam ab uno solo.

Rursus: Non minus expedit communitati fidelium, ut habeat potestatem tollendi principatus, qui incipiunt esse onerosi vel minus utiles quam tollendi consuetudines onerosas, cum nihil possit plus nocere ecclesie quam principatus onerosus et inutilis iuxta sententiam Augustini, qui, ut legitur di. 81, 'Nemo', ait: *'Nemo quippe in ecclesia amplius nocet, quam qui perverse agens nomen vel ordinem sanctitatis et sacerdotis habet.'* Ex quo colligitur, quod nihil amplius nocet ecclesie quam princeps perversus et principatus perversus. Quare si ecclesia animadvertat, quod ecclesia perverse vel minus utiliter regitur ex hoc, *quod* unus solus omnibus principetur, expedit, ut habeat potestatem talem principatum in alium, qui pro tempore erit utilior, transmutare.

Adhuc: Non *ex*pedit ecclesie illi principatui allegari, qui potest in principatum pessimum transmutari. Sed principatus, quo principatur unus solus, potest in principatum pessimum transmutari; quemadmodum principatus regalis non obstante, quod sit optimus – tamen quantum est ex natura principatus – potest in tyrannidem, qui est principatus pessimus, transmutari, secundum quod Aristoteles in 'Ethicis' asserit et probat aperte. Ergo non expedit ecclesie, ut principatui, quo principatur unus solus, taliter astringatur, quod non possit illum in principatum alium, scilicet aristocraticum, utiliorem pro tempore transmutare.

sollte, daß es ihr besser frommt, von mehreren in einer aristokratischen Verfassung regiert zu werden, als von einem einzigen allein.

Wiederum: Nicht weniger zuträglich ist es der Gemeinschaft der Gläubigen, daß sie die Kompetenz hat, Herrschaftsverfassungen aufzuheben, die belastend oder weniger nütze zu werden beginnen, als belastende Rechtsgewohnheiten abzuschaffen, da nichts der Kirche mehr schaden kann, als eine belastende und unnütze Herrschaftsverfassung nach dem Urteil Augustins, der (wie man D. 83 c. 2 lesen kann) sagt: *»Niemand freilich richtet in der Kirche größeren Schaden an, als wer Titel und Stand der Heiligkeit und des Priesters innehat, während er verbrecherisch handelt.«* Daraus kann man entnehmen, daß der Kirche niemand schlimmeren Schaden tut als ein verkehrter (Kirchen-)Fürst und eine verkehrte Verfassung. Wenn daher die Kirche bemerkt, daß die Kirche verkehrt oder auch nur weniger vorteilhaft regiert wird, nur ⟨weil⟩ einer allein über alle herrscht, dann ist es sinnvoll, daß sie die Kompetenz hat, diese Herrschaftsverfassung in eine andere umzuwandeln, welche für diese Zeit vorteilhafter ist.

Weiterhin ist es für die Kirche nicht angemessen, sich an eine Herrschaftsverfassung fest gebunden zu sehen, die sich in die schlimmste Form verwandeln kann. Aber jene Verfassung, nach der einer allein herrscht, kann sich zur schlechteren Verfassung verwandeln, wie etwa die königliche Herrschaftsverfassung, wenngleich sie (an sich) die beste Form ist, dennoch aus der Natur der Verfassung sich zur Tyrannis verwandeln kann, welche die allerschlechteste Verfassung ist, wie es Aristoteles in der »(Nikomachischen) Ethik« [8,11, 1160b 1–12] ausführt und klar beweist. Also frommt es der Kirche nicht, sich in einer solchen Weise an eine Herrschaftsverfassung, nach der einer allein herrscht, derart gebunden zu sehen, daß sie sie nicht in eine andere, vorteilhaftere, d. h. in die aristokratische, (wenigstens) für eine Zeitlang umwandeln könnte.

Preterea ut etiam lex civilis testatur: '*In rebus novis con-stituendis evidens debet esse utilitas, ut recedatur ab eo iure, quod diu equum visum est.*' Ex quo colligitur, quod propter evidentem utilitatem est novitas facienda, ita etiam ut rece-datur ab eo iure, quod diu equum visum est. Sed non magis est recedendum a iure quam a principatu; quia in omni communitate nihil potest esse magis servandum quam ius: quod enim iuri non congruit, nullo modo est servandum. Ergo propter evidentem utilitatem est novitas facienda, ut recedatur a principatu, qui diu rationabilis et equus appa-ruit. Quare si appareat evidenter ecclesie pro aliquo tem-pore, quod maior utilitas proveniat ecclesie ex principatu aristocratico, quo plures simul regent communitatem fide-lium, quam ex principatu unius, est talis novitas facienda, ut a principatu unius, qui equus visus est et utilis, recedatur.

Item: Quod in favorem et utilitatem inductum est aliquo-rum, non debet in eorum damnum et dispendium retor-queri. Sed principatus, cui debeant subdi universi fideles, inductus est in favorem et utilitatem cunctorum fidelium. Ergo si aliqua species principatus incipit esse dispendiosa fi-delibus vel minus utilis, expedit, ut illa species principatus in aliam utiliorem pro tempore transmutetur. Quare ecclesia habet potestatem constituendi principatum aristocraticum super cunctos fideles, si perpendunt, quod principatus unius incipit esse dispendiosus fidelibus.

Amplius: Secundum Leonem papam, ut legitur di. 45,

Außerdem gilt, wie es auch ein Kaisergesetz [Dig. 1.4.2] bezeugt: »*Wenn Neues gesetzlich festgesetzt werden soll, so muß der Nutzen evident sein, daß man von jenem Recht abweicht, das lange als gerecht gegolten hat.*« Daraus kann man entnehmen: Wegen eines evidenten Nutzens muß man eine Neuerung einführen auch dergestalt, daß man von jenem Recht abweicht, das lange als gerecht gegolten hat. Aber man muß nicht stärker vom Recht abweichen als von der Herrschaftsverfassung; in allen Gemeinwesen nämlich ist nichts mehr zu beachten als das Recht, denn was mit dem Recht nicht übereinstimmt, ist keineswegs zu beachten. Also muß man wegen eines evidenten Nutzens eine Neuerung einführen, so daß man von der Verfassung abweicht, die lange als vernünftig und gerecht erschienen ist. Wenn es der Kirche daher für eine bestimmte Zeit evident erscheint, daß der Kirche größerer Nutzen erwachsen würde aus einer aristokratischen Verfassung, nach welcher mehrere ⟨Päpste⟩ zugleich die Gemeinschaft der Gläubigen regieren, als aus der Herrschaft eines einzigen, dann muß man eine derartige Neuerung einführen, so daß von der Herrschaft eines einzigen, die lange als gerecht erschien und nützlich, dann abgewichen wird.

Weiterhin: Was zugunsten und zum Nutzen einiger eingeführt wurde, darf nicht zu ihrem Schaden und zu ihrer Gefährdung gereichen. Aber die Herrschaft, der alle Gläubigen insgesamt unterworfen sein müssen, ist zugunsten und zum Nutzen aller Gläubigen eingeführt; wenn daher eine bestimmte Art der Herrschaft für die Gläubigen gefährlich zu werden beginnt oder auch weniger nützlich, so ist es sinnvoll, für eine Zeitlang diese Herrschaftsform in eine andere von größerem Nutzen zu verwandeln. Darum hat auch die Kirche die Kompetenz, eine aristokratische Herrschaftsverfassung über alle Gläubigen einzurichten, wenn man erkennt, daß die Herrschaft eines einzelnen für die Gläubigen schädlich zu sein beginnt.

Mehr noch: Nach Papst Leo I. gilt (man kann das D. 45

c. 'Licet enim': *'Quod provisum sit ad concordiam, tendere non debet ad noxam.'* Ex quo concluditur, quod quicquid provisum est ad concordiam, tollendum est, si tendit ad noxam. Sed principatus unius summi pontificis provisus est ad concordiam cunctorum fidelium, *'scilicet ut unus preesset aliis, ne fieret scisma'*, secundum glosa ibidem. Igitur si principatus unius summi pontificis tendit ad noxam, id est ad amorem damnandi seu tyrannice principandi vel etiam ad scisma periculosum inter christianos – sicut si videlicet maior et potentior temporaliter aut equalis pars christianorum nullo modo vult sustinere principatum unius summi pontificis et tamen vult sustinere principatum aristocraticum multorum simul regentium, quorum quilibet sit summus pontifex, quemadmodum aliquando fuerunt simul plures imperatores et aliquando in eadem causa sunt plures iudices equalem potestatem habentes –, tollendus est saltem ad tempus principatus unius regali principatui similis, et instituendus est, saltem quousque predicta mala seu pericula et consimilia cessent, aristocraticus principatus.

Rursus: *'Cessante causa cessare debet effectus'*, Extra, de appellationibus, 'Cum cessante'. Sed communis utilitas est causa, quare unus summus pontifex debet preesse cunctis fidelibus. Ergo si ex principatu unius non provenit communis utilitas, sed commune dispendium, talis principatus pro tunc cessare debet. Ergo communitas fidelium habet tunc potestatem instituendi alium principatum.

Amplius: In cunctis ecclesiis servari debet, quod maior pars iudicat observandum, Extra, de his que fiunt a maiori

c. 6 lesen): »*Was zur Eintracht vorgesehen ist*«, darf nicht
»*zum Schaden ausschlagen*«. Daraus kann man folgern: was
immer zur Eintracht vorgesehen ist, muß aufgehoben werden, wenn es zum Schaden ausschlägt. Aber die Herrschaft
eines einzigen höchsten Bischofs ist zur Eintracht aller
Gläubigen vorgesehen, »*damit nämlich einer den anderen
Vorsteher sei, um eine Spaltung zu verhüten*«, so sagt es die
Glosse ebenda [s. v. *concordiam*]. Wenn also die Herrschaft
eines einzigen Bischofs zum Schaden ausschlägt, d.h. zur
Begierde nach Herrschaft oder nach tyrannischer Regierung, oder auch zu einer gefährlichen Spaltung unter den
Christen führt – wenn z. B. der in zeitlicher Hinsicht größere und mächtigere Teil der Christen, oder auch nur ein
gleich starker keinesfalls die Herrschaft eines einzigen höchsten Bischofs ertragen will und doch die aristokratische
Herrschaft mehrerer, die zugleich regieren, deren jeglicher
ein höchster Bischof wäre, ertragen möchte, so wie früher
einmal mehrere Kaiser zugleich existierten und wie bisweilen in ein und demselben Rechtsstreit mehrere Richter mit
gleicher Kompetenz zur Verfügung stehen –, dann wäre zumindest für eine Zeitlang die Herrschaft eines einzigen, die
einer königlichen Verfassung ähnlich ist, aufzuheben und
eine aristokratische Verfassung wäre einzuführen, wenigstens bis die genannten Übel oder die Gefahren oder dergleichen aufgehört hätten.

Wiederum: »*Wenn der Grund entfällt, ist auch die Folge
hinfällig*«, X 2.28.60.[39] Nun ist aber der gemeine Nutzen der
Grund, weshalb einer allein als höchster Bischof allen Gläubigen vorstehen soll. Wenn also aus der Herrschaft eines
einzigen gemeiner Nutzen nicht erwächst, sondern allgemeine Gefahr, muß für diese Zeit eine solche Herrschaft
wegfallen. Demnach hat dann der Gemeinschaft der Gläubigen die Kompetenz, eine andere Herrschaftsverfassung einzurichten.

Weiterhin: In allen Kirchen ist einzuhalten, was die
Mehrheit einzuhalten für richtig hält, X 3.11.1; D. 65 c. 1, 2,

parte capituli, c. 1, et di. 65, c. 1 et 2 et 3, Extra, de electione,
'Licet'. Igitur si maior pars fidelium reputat instituendum
principatum aristocraticum super totam communitatem fidelium, habet tunc potestatem instituendi alium principatum, et talis principatus instituendus est. Ex quo infertur,
quod ecclesia seu communitas fidelium habet potestatem
instituendi huiusmodi principatum.

DISCIPULUS. Ut notat glosa super allegatum capitulum,
Extra, de his que fiunt a maiori parte capituli: *'Non semper
statur maiori parti nec pluralitati, ut hic et di. 31, "Nicena",
et supra de electione "Ecclesia vestra".'* Et infra: *'Illud regu-
lare est, ut semper stetur maiori parti; sed maior pars est illa,
que maiori pietate et ratione utitur, di. 9, "Sana quippe", et
di. 40, "Multi" in fine, 4 di. 2, "Iurisiurandi".'* Hoc etiam
glosa di. 40 super capitulum ultimum sentire videtur dicens:
*'Non gradus elegantior, sed vite melioris actio comprobatur,
23 q. 4, "Sicut", et *16* q. 1, "Sunt nulli".* Est enim hoc argumentum, quod pars illa, que iustiori rationi innititur,
maior dicitur, licet sit minor, di. 31, "Nicena", 19 in canoni-
cis, et 4 q. 3, et Extra, de testimonia, "In nostra".'* Ex his habetur aperte, quod non semper standum est maiori parti.
Quare quamvis maior pars christianorum iudicaret principatum unius transmutandum esse in aristocraticum principatum, non esset tamen hoc faciendum.

MAGISTER. Ista responsio impugnatur. Quia licet non
sit semper standum maiori parti, sed aliquando minori,
tamen semper standum maiori parti, nisi a minori parte
probetur aperte, quod non est standum maiori parti. Hoc
colligitur ex glosa super allegato capitulo supra de his que
fiunt a maiori parte capituli, que ait post preallegata verba:

3; X 1.6.6. Wenn also die Mehrheit der Gläubigen meint, daß eine aristokratische Verfassung für die gesamte Gemeinschaft der Gläubigen eingerichtet werden muß, so hat sie dazu die Kompetenz, eine andere Verfassung einzurichten, und solch eine Verfassung ist dann auch einzurichten. Daraus kann man folgern, daß die Kirche oder die Gemeinschaft der Gläubigen die Vollmacht besitzt, eine solche Herrschaftsverfassung einzurichten.

SCHÜLER. Wie die Glosse zu dem oben zitierten Kapitel X 3.11.1 [s. v. *rationabiliter*] notiert, *»muß nicht immer der größere Teil oder die größere Zahl gelten, wie hier in diesem Fall und in D. 31 c. 12 und oben X 1.6.48«*.[40] Und weiter unten: *»Es ist im Regelfall gültig, daß die Mehrheit gilt; die Mehrheit ist aber jener Teil, der sich auf größere Frömmigkeit oder auf größere Vernunft stützt, D. 9 c. 11; D. 40 c. 12 a. E.; C. 4 q. 3 c. 3, § Item iurisiurandi.«*[41] Und dasselbe meint anscheinend auch die Glosse zu D. 40 c. 12 [s. v. *in honore*], wenn sie sagt: *»Nicht der auserlesenere Grad, sondern das bessere Verhalten in der Lebenspraxis wird hier gelobt, C. 23 q. 4 c. 48, [C. 16] q. 1 c. 25. Und hier kann man das Argument bilden, daß jener Teil, der sich auf die gerechteren Gründe stützt, auch der größere Teil heißen kann, auch wenn er ⟨der Zahl nach⟩ der kleinere ist, so in D. 31 c. 12; D. 19 c. 6; C. 4 q. 3 c. 3 ⟨4⟩, § In nostra.«* Daraus kann offensichtlich entnommen werden, daß nicht immer die Mehrheit gilt. Wenngleich deshalb die Mehrheit der Christen urteilt, die Herrschaft eines einzigen sei in eine aristokratische Herrschaftsverfassung zu verwandeln, so darf das dennoch nicht geschehen.

LEHRER. Diese Begründung findet Widerspruch. Wenn freilich auch nicht immer die Mehrheit gilt, sondern bisweilen auch die Minderheit, so gilt doch immer dann die Mehrheit, wenn die Minderheit nicht klar beweisen kann, daß man der Mehrheit nicht folgen darf. Das ist der oben zitierten Glosse zu X 3.11.1 [s. v. *rationabiliter*] zu entnehmen, die unmittelbar im Anschluß fortfährt: *»Es herrscht aber*

'*Presumitur pro pluralitate, di. 61, "Nullus", nisi in contrarium probetur, ut hic patet et di. 23, "Illud", et supra de electione, "Dudum".*' Et ibidem super vocabulo 'ostensum', ait: '*Non sufficit obiicere, nisi probetur.*' Cum ergo non possit probari, quod non est standum maiori parti, si pro utilitate communi voluerit transmutari principatum unius summi pontificis in aristocraticum principatum, sequitur, quod in hoc standum est maiori parti fidelium.

DISCIPULUS. Videtur, quod rationabiliter potest ostendi, quod in hoc non est standum maiori parti christianorum, si decreverit instituere aristocraticum principatum super cunctos fideles. Quia minor pars in contradicendo maiori iustiori niteretur ratione. Nam minor pars inniteretur divine ordinationi, que omni prevalet ordinationi humane.

MAGISTER. Nonnullis apparet, esto quod Christus ordinasset unum summum pontificem debere cunctis fidelibus principari, quod pro utilitate communi potest ecclesia instituere alium principatum. Quod tali modo probatur: Necessitas et utilitas parificantur, ut Alexander III. insinuare videtur, Extra, de equalitate et etate preficienda, 'Queris'. Sed pro necessitate licet facere contra preceptum divinum etiam expressum in his, que non sunt de se mala, sed solum sunt mala, quia sunt prohibita. Ergo etiam pro utilitate communi licet facere contra preceptum dei et ordinationem Christi. Ergo esto quod Christus ordinasset unum summum pontificem esse preficiendum cunctis fidelibus, liceret fidelibus pro communi utilitate alium instituere principatum, saltem ad tempus. Maior videtur manifeste probata, que etiam pro-

eine gesetzlich festgelegte Vermutung für die größere Zahl,
D. 61 c. 3 a. E., wenn nicht das Gegenteil erwiesen wird, wie
es hier klar ist, oder in D. 23 c. 5 sowie X 1.6.22.« Und ebendort sagt die Glosse zum Wort *»ostensum«: »Es genügt*
nicht zu widersprechen, man muß es auch beweisen!« Wenn
aber nicht bewiesen werden kann, daß die Mehrheit nicht
gültig ist, wenn sie zum gemeinen Nutzen die Herrschaft
eines einzigen höchsten Bischofs in eine aristokratische Verfassung verwandeln will, so hat folglich in einem solchen
Fall die Mehrheit der Gläubigen Geltung.

SCHÜLER. Es möchte mir scheinen, daß mit guten Gründen gezeigt werden kann, daß hier nicht die Mehrheit der
Christen Gültigkeit hat, wenn sie beschließt, eine aristokratische Herrschaftsverfassung unter allen Christen einzurichten. Denn die Minderheit könnte sich bei ihrem
Widerspruch auf die gerechtere Begründung stützen. Die
Minderheit stützte sich dann nämlich auf eine göttliche
Anordnung, die jeder menschlichen Anordnung überlegen ist.

LEHRER. Einige sind der Auffassung: Selbst wenn Christus angeordnet hätte, daß ein einziger oberster Bischof
über alle Gläubigen herrschen soll, so könnte die Kirche
dennoch zum gemeinen Nutzen eine andere Verfassung ein-
richten. Das wird folgendermaßen bewiesen: Notwendigkeit und Nutzen sind gleich zu setzen, wie Alexander III.
offenbar andeutet in X 1.14.6. In der Not ist es aber erlaubt,
gegen göttliches Gebot zu handeln, auch gegen ein ausdrückliches, in Dingen, die nicht an sich schlecht sind, sondern nur deshalb schlecht, weil sie verboten sind. Also ist es
auch zugunsten des gemeinen Nutzens erlaubt, gegen das
göttliche Gebot und die Anordnung Christi zu handeln.
Selbst wenn Christus also angeordnet hätte, daß ein einziger oberster Bischof allen Gläubigen voranzustellen ist, so
wäre es den Gläubigen doch erlaubt, zum gemeinen Nutzen
zumindest für eine Zeitlang eine andere Verfassung einzurichten. Der Obersatz scheint klar erwiesen und zieht auch

batur ex hoc, quod necessitas et pietas parificantur, ut innuit
Gregorius IX. Extra, de feriis, c. 'ultimo'. Pietas autem utilitatem includit. Ergo necessitas et utilitas parificantur, et per
consequens quod si necessitas facit licitum, utilitas etiam facit licitum. Minor multis modis ostenditur. Hoc enim Beda
super Marcum, et habetur Extra, de regulis iuris, c. 'Quod
non est', patenter videtur asserere dicens: *'Quod non est li-*
citum in lege, necessitas licitum facit. Nam et sabbatum cu-
stodiri preceptum est, Machabei autem in sabbato sine culpa
pugnaverunt.' Ex quibus verbis aperte videtur haberi, quod
Machabei ex necessitate licite fecerunt contra expressum
mandatum divinum. Hoc etiam Christus ipse Matth. 12 et
Luc. 6 expresse docere videtur dicens, quod David et qui
cum eo erant contra preceptum divinum panes propositio-
nis licite comederunt, eo quod explicite precepit deus, ne
quis nisi sacerdos dictos panes comederet. Ex quibus aliisque quampluribus colligitur, quod regula, scilicet *'Necessi-*
tas legem non habet', que ponitur Extra, de consuetudine,
'Quanto', et illa: *'Necessitas legi non subiacet'*, Extra, de ob-
servantia ieiuniorum, c. 2, et illa: *'Necessitas in legibus exci-*
pitur', Extra de iureiurando, 'Querelam', et consimiles non
tantum de legibus humanis positivis, sed etiam de legibus
divinis positivis, nisi in eisdem legibus divinis contrarium
caveatur, debet intelligi, ut necessitas legi divine positive
non subiaceat. Secus est de lege naturali et de lege dei naturali, quia legi illi necessitas subiacet, nec potest aliqua necessitas excusare.

daraus noch eine Stütze, daß Notwendigkeit und Frömmigkeit gleich zu achten sind, wie Gregor IX. es in X 2.9.5 zu verstehen gibt, Frömmigkeit aber den Nutzen einschließt: demnach sind Notwendigkeit und Nutzen gleich zu achten und folglich gilt: wenn Notwendigkeit erlaubt macht ⟨was zuvor nicht erlaubt war⟩, dann macht das auch Nutzen erlaubt. Der Untersatz wird auf vielfache Weise bewiesen: Das meint ganz offenkundig auch Beda in seinem Kommentar zum Markus-Evangelium, man findet das in X 5.41.4, wenn es dort heißt: »*Was im Gesetz nicht erlaubt ist, das läßt die Notwendigkeit erlaubt sein. Denn es ist auch geboten, den Sabbat zu halten; die Makkabäer aber haben ohne Sünde am Sabbat Kampf geführt.*« Aus diesen Worten kann man deutlich entnehmen, daß die Makkabäer erlaubtermaßen aus Notwendigkeit gegen ein ausdrückliches Gebot Gottes verstoßen haben. Auch Christus selbst hat augenscheinlich ebendies in Mt. 12,3 f., und Lc. 6,3 f., ausdrücklich gelehrt, als er sagte, daß David und die, die mit ihm waren, die Schaubrote erlaubtermaßen essen durften, obwohl Gott ausdrücklich geboten hatte, daß allein ein Priester die besagten Brote essen sollte. Daraus und aus vielen anderen Belegstellen geht hervor, daß die Regel »*Not kennt kein Gebot*«, die in X 1.4.4 geschrieben steht,[42] auch jene andere: »*Notwendigkeit braucht nicht zurückzustehen*«, X 3.46.2, sowie jene: »*Bei ⟨allen⟩ gesetzlichen Bestimmungen ist Not(wendigkeit) als Ausnahme zu betrachten*«, X 2.24.1, und dergleichen, allesamt nicht allein bei den menschlichen positiven Gesetzen, sondern auch bei den göttlichen positiven Gesetzen Geltung hat, es sei denn, daß in diesen göttlichen Gesetzen selbst das Gegenteil bestimmt ist. Somit muß man es so verstehen, daß die Notwendigkeit hinter einem göttlichen positiven Gesetz nicht zurückstehen muß. Anders freilich ist es beim natürlichen Gesetz und beim natürlichen Gesetz Gottes. Denn jenem Gesetz gegenüber hat die Notwendigkeit zurückzustehen; hier kann keine Notwendigkeit Entschuldigungsgrund sein.

Adhuc, quod non obstaret talis ordinatio Christi ordinationi, ostenditur. Nam non minorem potestatem super
principatum sacerdotum mutandum habent christiani in
lege nova quam habuerunt illi, qui erant sub lege veteri con-
stituti. Sed non obstante precepto dei de uno summo pontifice constituendo, Exodi 29, prout etiam habetur in decretis,
di. 21, § 1, postea David constituit plures summos pontifices, ut colligitur ex 1. Paral. c. 44. Unde et evangelista Luc.
c. 2 testari videtur, quod tempore Christi erant simul plures
principes sacerdotum. Ergo et christiani habent potestatem
constituendi plures summos pontifices non obstante, quod
Christus ordinaverit aliquem unum esse in summum pontificem sublimandum.

Weiterhin wird bewiesen, daß eine solche Anordnung der Anordnung Christi keineswegs widerspricht. Die Christen nämlich haben im neuen Gesetz keine geringere Vollmacht über die Verwandlung der priesterlichen Verfassung, als sie jene besaßen, die unter dem alten Gesetz standen. Aber ungeachtet des Gebotes Gottes, das auf die Einsetzung eines einzigen obersten Bischofs zielt, Exod. 29,4 ff., und man liest es auch in D. 21 a. c. 1, hat dennoch später David mehrere oberste (Hohe)Priester eingesetzt, wie man in 1. Paral. 44 [richtig: 1. Paral. 16,4–6] lesen kann. Auch der Evangelist bezeugt (Lc. 2 [richtig: Lc. 3,2]) augenscheinlich, daß es zur Zeit Christi mehrere Hohepriester gab. Also haben auch die Christen die Vollmacht, mehrere oberste Bischöfe einzusetzen unangesehen der Tatsache, daß Christus angeordnet hat, daß nur ein einziger zum obersten Bischof zu erheben sei.

III Dialogus II i, Prologus

DISCIPULUS. Scripture divine Romanos pro tempore, quo mundi imperium acquirere laborarunt, multis et magnis laudum preconiis noscuntur extollere, prout in libro Machabeorum legimus manifeste. Proinde post tractatum 'De potestate pape et cleri', tractatus 'De iuribus Romani imperii', quem nonnulli litterati ex sacris litteris nituntur elicere, subnectatur, presertim cum occasione Romani imperii quidam, quorum gesta sicut et multorum aliorum in tractatibus secuturis – ad quos isti duo primi tertie partis nostri dialogi sunt preparatorii et preambuli – intendimus discutere, de fide altercari ceperint orthodoxa.

Presens autem tractatus quinque libros contineat, quorum primus inquirat, an toti generi humano expediat unum imperatorem universo orbi preesse; quibus excellentiis seu gratiis, moribus et virtutibus imperator mundi debeat prefulgere; a quo Romanum processerit imperium et an de iure destrui seu cassari, minui, dividi valeat vel transferri. Secundus, que iura habeat imperator Romanorum super temporalia, investigat. Tertius perscrutetur, an imperator Romanorum super spiritualia habeat aliquam potestatem vel sit capax super spiritualia potestatis. Quartus indaget, an quicunque fuerit imperator Romanorum iura Romani imperii contra quemcunque impugnatorem, invasorem vel quomodolibet impeditorem, etiam contra papam, cardinales

Programm des zweiten Traktats der Tertia Pars[43]

SCHÜLER. Die Heilige Schrift preist, wie man weiß, die Römer für jene Zeit, in der sie sich darum bemühten, die Herrschaft über die Welt zu erlangen, mit vielfältigem und überschwenglichem Lob, wie wir es im 1. Buch der Makkabäer ganz deutlich lesen können. So soll sich denn, nach dem Traktat »Die Amtskompetenz des Papstes und der Amtskirche« eine Abhandlung »Die Rechte des römischen Kaiserreichs« anschließen, wie sie einige Gelehrte aus der Heiligen Schrift zu entwickeln bestrebt sind, zumal ja einige Leute anläßlich des Römischen Reiches angefangen haben, sich um den rechten Glauben zu streiten, deren Geschichte wir hier wie die vieler anderer Gestalten zu erörtern gedenken in den nachfolgenden Traktaten, für welche diese ersten beiden Traktate des dritten Teils unseres Zwiegesprächs [nur] eine Vorbereitung und Einleitung bilden.

Der gegenwärtige [zweite] Traktat soll fünf Bücher enthalten, deren erstes untersuchen soll, ob es dem gesamten Menschengeschlecht frommt, daß ein einziger Kaiser dem gesamten Erdkreis vorsteht; mit welch hervorragenden Eigenschaften oder Gaben, mit welchem Verhalten oder welch [besonderer] Tüchtigkeit ein Kaiser über die Welt glänzen sollte; woraus das Römische Reich hervorging, und ob es von Rechts wegen zerstört, abgeschafft, vermindert, geteilt, oder ⟨auf andere Nationen⟩ übertragen werden kann. Das zweite Buch untersucht, welche Rechte der Kaiser der Römer über zeitliche Güter besitzt. Das dritte Buch soll danach forschen, ob der römische Kaiser irgendeine Kompetenz über Geistliches besitzt und ob er einer Kompetenz über Geistliches überhaupt fähig ist. Das vierte Buch soll untersuchen, ob jeder, der Kaiser der Römer ist, die Rechte des römischen Kaiserreiches gegen jedermann, der sie bekämpft, angreift oder irgendwie behindert, auch gegen den Papst, die Kardinäle und die Amtskirche, wenn sie die

et clerum, si iura Romani imperii impugnaverint, invaserint
vel impediverint, non obstante quacunque ordinatione, sententia, constitutione vel processu pape et cardinalium vel
quorumcunque aliorum armorum potentia, si non potest
aliter, de necessitate salutis teneatur defendere et, si turbata
fuerint, restaurare. Quintus tractet de rebellibus, proditori-
bus, destructoribus, divisoribus et usurpatoribus Romani
imperii vel alicuius partis ipsius.

MAGISTER. Eorum perfecta cognitio, que tractanda com-
memoras, ex libris sacre theologie, utriusque iuris, canonici
videlicet et civilis, philosophie moralis et ex historiis Romanorum atque imperatorum et summorum pontificum et aliarum gentium esset patentius extrahenda et solidius mu-
nienda. De quibus solummodo bibliam et decretum cum
quinque libris decretalium spem habeo obtinendi. Quare
ne forsitan opus imperfectum, imo ridiculosum forsitan fa-
ciamus, videtur consultius forsitan desistendum. DISCIPU-
LUS. Quamvis his diebus opus perfectum facere nequeamus,
quia tamen de materia tam necessaria – utpote que totum
tangit genus humanum – opus speciale, ut estimo, est nullatenus ab alio attemptatum, utile erit non penitus silere, ut
alios copiam librorum habentes ad faciendum perfecta
opera provocemus. Puto enim, quod ex disputatione nostra
futura veritatis et iusticie ac rei publice zelatores advertent
aperte veritates quamplurimas circa premissa in detrimen-

Rechte des römischen Kaiserreichs bekämpfen, angreifen oder behindern, unangesehen irgendeiner Anordnung, eines Urteils, Gesetzes oder Gerichtsverfahrens des Papstes und der Kardinäle oder auch irgendwelcher anderen Leute mit bewaffneter Macht, wenn er es anders nicht vermag, um seiner Seligkeit willen zu verteidigen verpflichtet ist und sie, wenn sie gestört sind, wiederherzustellen hat. Das fünfte Buch soll über die Rebellen, Verräter, Zerstörer, Zerteiler und Usurpatoren des römischen Kaiserreichs oder eines seiner Bestandteile handeln.

LEHRER. Die vollkommene Erkenntnis dessen, was du mich jetzt zu untersuchen mahnst, wäre in aller Klarheit aus den Büchern der heiligen Theologie, aus denen der beiden Rechte, d. h. des kanonischen und des Zivilrechts, aus den Büchern der praktischen Philosophie und aus den Geschichtsaufzeichnungen der Römer sowie der Kaiser und der höchsten Bischöfe und den Geschichtsbüchern der anderen Völker zu entnehmen und mit ihrer Hilfe argumentativ ganz solide zu beweisen. Von all diesen Büchern habe ich [hier in München] allenfalls die Hoffnung, die Bibel, das »Decretum« Gratians zusammen mit den fünf Büchern der Dekretalen zu bekommen. Darum scheint es wohl ratsamer, um nicht ein ganz unzulängliches, ja lächerliches Werk zu verfassen, von dem Vorhaben Abstand zu nehmen. SCHÜLER. Wenn wir auch derzeit ein vollkommenes Werk nicht schaffen können, wäre es doch nützlich, hier keinesfalls in Stillschweigen zu verharren, zumal über einen so notwendigen Gegenstand – notwendig deshalb, weil er ja das gesamte Menschengeschlecht angeht – bisher meines Wissens noch von niemand anderem sonst eine eigene Schrift in Angriff genommen wurde, damit wir andere, die eine Menge Bücher zur Hand haben, zur Schaffung vollkommener Werke herausfordern. Ich glaube nämlich, daß aus unserer künftigen Erörterung diejenigen, die sich eifrig um die Wahrheit, die Gerechtigkeit und das Gemeinwesen bemühen, in aller Klarheit recht viele Wahrheiten über diese Fragen erkennen

tum communis boni *latentes* illos, qui alios regendo vel
consulendo vel informando seu erudiendo gubernant, ani-
mabunturque periti, qui eorum, que iusta sunt et utilia, fuerint amatores, de prefatis opera facere exquisita, falsa, que
recitabimus, efficaciter improbando et vera, que narrabi-
mus, rationibus et auctoritatibus irrefragabilibus fulciendo.

In hoc enim tractatu, sicut in toto isto dialogo, nihil nisi
recitando dicemus. Propter quod circa querenda sententias
veras et fantasticas recitabimus, quas fortius munire con-
aberis. Non solum enim verorum assertio et declaratio,
verum etiam pro falsis et fantasticis sententiis allegationes
apparentes (licet sophistice) ad manifestationem, divulga-
tionem et exaltationem, sepe occasionaliter conferant veritati, quia per eas studiosorum excitantur ingenia et ex ipsarum irrationabilitate veritas contraria elucescit clarius, cum
opposita iuxta se posita magis appareant et veritas exagitata
magis splendescat in lucem; arguendo, opponendo, disputan-
do et ad allegationes contrarias respondendo veritas elucide-
tur. Nequaquam ergo propter librorum penuriam est opus
tam utile dimittendum, presertim cum in prenominatis
libris, quos potes habere, plurima, que tangunt discutienda, valeas reperire et plurima, que legisti, ut opinor, a tua

werden, die sehr zum Schaden des gemeinen Wohls jetzt noch vor jenen Menschen verborgen sind, die andere lenken, wenn sie über sie herrschen, ihnen raten oder sie unterrichten. Experten, die Liebhaber des Gerechten und Zuträglichen sind, können dann zu all diesen Problemen auserlesene Schriften schreiben und was wir hier falsch wiedergeben, wirksam widerlegen; das Wahre aber, das wir anführen, können sie mit Vernunftgründen und unwiderleglichen Autoritäten stützen.

Denn auch in diesem Traktat wollen wir, wie in diesem gesamten Zwiegespräch, uns ausschließlich referierend äußern. Du wirst darum über alles das, was wir hier untersuchen wollen, wahre und fantastische Auffassungen anführen, welche du jeweils, so gut es nur geht, durch Gründe zu befestigen versuchen wirst. Denn nicht allein die Behauptung des Wahren und seine Erläuterung, sondern auch Argumentationen mit nur scheinbarer Überzeugungskraft (wenn das auch nur Scheingründe sein können), die für falsche und fantastische Auffassungen angeführt werden, mögen oftmals zur Verdeutlichung, Verbreitung und Erhöhung der Wahrheit beitragen. Denn dadurch wird der Scharfsinn der Intellektuellen angeregt und aus der Uneinsehbarkeit dieser Scheingründe kann die Wahrheit im Gegensatz um so klarer einleuchten, da ja *Gegensätzliches, einander gegenüber gestellt, besser zur Erscheinung kommt und die Wahrheit, hin und her gewendet, um so klarer an den Tag tritt* [C.35 q.9 c.7]. *Die Wahrheit wird sich durch Argumentieren, durch Opponieren, durch Disputieren und durch die Erwiderung auf Gegengründe abklären* [vgl. Dig. 50.4.18.26].[44] Darum darf man keinesfalls wegen eines Mangels an Büchern ein so nützliches Werk unterlassen, zumal man auch in den eben genannten Büchern, die man hier [in München] bekommen kann, sehr vieles finden kann, was unsere Themen berührt, und andererseits sehr vieles von dem, was du einmal gelesen hast, wie ich vermute, deinem Gedächtnis nicht gänzlich entfallen sein wird, kannst du

memoria non penitus exciderunt, vel verba vel sententiam
recitando possis, cum opportunitatis fuerit, allegare.

MAGISTER. Importunitate me vincis, ut totum tractatum
aggrediar. Qui, ut dubito, in preiudicium veritatis et iusticie
nimis esset passurus calumnias malignorum, si in ipso, quid
circa investiganda sentiam, explicarem, ideoque, ut tu vis, de
opinionibus recitandis quid reputem approbandum, in hoc
tractatu nullatenus indicabo. Per hoc enim veritas non in-
curret periculum, sed vitabit, eo quod propter approbationem meam, ut arbitror, nullus veritati firmius adhereret, sed
plures, ut timeo, ex odii invidia et rancoris malicia ipsam
verbis et factis acerbius et nequius impugnarent, quod de
aliis a quibusdam famulante invidia fieri mihi non ignoro.
Verumtamen si unquam advertero, quod quid teneam expri-
mendo veritas quiverit exaltari, hoc expressis verbis non
differam divulgare. Cum ergo tu velis omnino hunc com-
poni tractatum, ipsum accelera exordiri.

doch häufig hier den Wortlaut, dort doch bei Gelegenheit wengistens den Sinn anführen.

LEHRER. Durch dein unpassendes Drängen bezwingst du mich, daß ich die gesamte Untersuchung in Angriff nehme. Weil sie aber, wie ich annehme, zum Schaden der Wahrheit und der gerechten Sache von Übelmeinenden allzu große Verleumdung erführe, wenn ich darin das offen darlegte, was ich selbst zum Untersuchungsgegenstand als Meinung hege, deshalb möchte ich, deinem Willen gemäß, in dieser Schrift keinesfalls anzeigen, welche der angeführten Meinungen ich selber für akzeptabel halte. Dadurch wird nämlich die Wahrheit nicht Gefahr laufen, vielmehr Gefahr vermeiden, weil ich der Auffassung bin, daß wegen meiner Zustimmung keiner mit größerer Festigkeit der Wahrheit anhängen wird, wohl aber viele sie, wie ich fürchte, aus Mißgunst und Haß oder aus Bosheit und Intrige nur noch heftiger und schlimmer mit Wort und Tat bekämpfen würden, weil mir das schon bei anderer Gelegenheit von anderen, die ihre Mißgunst dazu drängte, widerfahren ist, wie ich nur allzu genau weiß. Wenn ich jedoch jemals zur Einsicht gelangen sollte, daß die Wahrheit gestärkt werden könnte dadurch, daß ich zum Ausdruck brächte, was ich selber als wahr erkenne, will ich es dann ohne Zögern sofort und ausdrücklich öffentlich verbreiten. Da du nun möchtest, daß diese Untersuchung verfaßt werde, beeile dich damit, sie zu beginnen!

c. 15

DISCIPULUS. [. . .] Transeo ad peritiam necessariam imperatori. Et primo cupio scire, an imperator mundi, si fuerit catholicus, teneatur habere peritiam scripture divine? MAGISTER. Circa hoc sunt diverse opiniones. Una, quod imperator mundi, si fuerit catholicus, peritiam legis divine et sacrarum litterarum debet habere, quia non minoris perfectionis debet esse imperator catholicus in novo testamento quam fuerit rex in veteri testamento. Sed rex in veteri testamento debuit habere peritiam litterarum sacrarum et in lege divina continue meditari. Igitur imperator catholicus perfectius debet ista habere. Item ad imperatorem catholicum spectat fidem christianam, que in sacris litteris continetur, defendere et impugnatores ipsius ultione debita castigare. Nullus autem defendere potest, quod ignorat. Igitur imperator catholicus perfectius debet ista habere, scilicet litterarum sacrarum peritiam.

Alia est opinio, quod quamvis deceat imperatorem catholicum aliqualem litterarum sacrarum habere peritiam, ut saltem sciat legem vel legendo intelligere litteraliter scripturas sacras, non tamen est simpliciter sibi neccessarium peritiam talem habere, pro eo, quod absque tali peritia potest temporalia utiliter et iuste disponere, quod solummodo ad imperatorem dinoscitur pertinere.

DISCIPULUS. Nunquid imperator tenetur noticiam legum civilium habere? MAGISTER. Una est opinio, quod sic, quia cum imperator sit summus iudex in temporalibus, non mi-

c. 15

SCHÜLER. [. . .] Ich komme gleich zur Sachkenntnis, die
für den Kaiser unumgänglich erforderlich ist. Zuerst möchte
ich wissen, ob der Weltkaiser, wenn er ein Katholik ist,
Kenntnis der Heiligen Schrift haben muß. LEHRER. Darüber gibt es verschiedene Auffassungen. Eine sagt, daß der
Weltkaiser, wenn er Katholik ist, Kenntnis des göttlichen
Gesetzes und der Heiligen Schrift haben muß, denn nicht
geringerer Vollkommenheit muß ein katholischer Kaiser im
Neuen Bunde sein, als es der König im Alten Bunde war.
Aber der König im Alten Bunde mußte die Kenntnis der
heiligen Texte haben und ständig über Gottes Gesetz nach-
sinnen (vgl. Ps. 1,2). Also muß ein katholischer Kaiser all
das in noch vollkommenerem Grade besitzen. Sodann
kommt es einem katholischen Kaiser zu, den christlichen
Glauben, der in den heiligen Texten enthalten ist, zu verteidigen und seine Feinde mit der schuldigen Strafe zu züchtigen. Niemand aber kann verteidigen, was er nicht kennt,
also muß ein katholischer Kaiser all das besitzen, d. h. die
Kenntnis der heiligen Texte haben.
Die zweite Meinung sagt: Wenn es auch geziemend
scheint, daß ein katholischer Kaiser eine gewisse Kennerschaft der heiligen Texte besitzt, so daß er zumindest das
Gesetz kennt oder beim Lesen die heiligen Schriften dem
Wortlaut nach versteht, ist es für ihn aber dennoch nicht
schlechterdings notwendig, solche Kennerschaft zu haben,
weil er ohne solche Kenntnis über die zeitlichen Dinge mit
Erfolg und in Gerechtigkeit verfügen kann, was ja bekanntlich dem Kaiser allein zukommt.
SCHÜLER. Muß der Kaiser nicht Kennerschaft des Zivilrechts haben? LEHRER. Eine Meinung bejaht das, denn da
der Kaiser in zeitlichen Dingen der höchste Richter ist, darf

norem peritiam legum, secundum quas est ferenda sententia, debet ipse habere quam iudices inferiores. Sed iudices
inferiores tenentur habere noticiam legum civilium, secundum quas iudicare tenentur. Igitur multo magis debet imperator legum civilium habere peritiam.

Alia est opinio, quod non tenetur de necessitate legum civilium habere peritiam, – licet valde conveniens sit et utile,
ut peritia tali non careat. Multi enim fuerunt imperatores et
reges iusti, imo sancti, qui legum civilium peritiam minime
habuerunt, qui tamen omnino didicissent leges, si de necessitate ad earum noticiam obligati fuissent. Nec est simile de
imperatore aut rege et aliis iudicibus inferioribus. Quia
enim imperator in imperio mundi et rex in regno suo solutus est legibus nec tenetur de necessitate iudicare secundum
leges, quemadmodum iudices inferiores secundum leges de
necessitate iudicare tenentur. Ideo non requiritur tanta noticia legum in imperatore aut rege sicut in inferioribus iudicibus. Discipulus. Ex predictis mihi probabile videtur, quod
decet promovendum in imperatorem et regem tam sanctarum scripturarum quam legum profundam habere noticiam
et quod talis, si inveniretur, ante omnes alios ceteris paribus
esset promovendus in imperatorem et tunc in regem,
quando per electionem non per successionem debet quis
regni gubernacula suscipere.

Sed nunquid si promotus in imperatorem vel regem non
esset profundus in noticia sacrarum scripturarum et legum civilium, deceret eum desistere vel insistere studio pro

er nicht eine geringere Kenntnis der Zivilgesetze haben
(nach denen das Urteil ja gefällt werden muß) als die untergebenen Richter. Aber die untergebenen Richter sind gehalten, Kenntnis der Zivilgesetze zu haben, nach denen sie zu
richten gehalten sind. Also muß um so mehr der Kaiser
Kenntnis der Zivilgesetze besitzen.

Eine andere Meinung sagt, daß er keineswegs mit Notwendigkeit gehalten ist, Kenntnis der Zivilgesetze zu haben, wenn es auch sehr passend und sehr nützlich ist, daß er
einer solchen Kenntnis nicht gänzlich ermangelt. Denn es
gab viele Kaiser und Könige, die gerecht waren, ja Heilige,
welche keineswegs Kenntnis der Zivilgesetze besaßen, die
dennoch, wenn sie mit Notwendigkeit zu ihrer Kenntnis
verpflichtet gewesen wären, ohne Zweifel die Gesetze er-
lernt hätten. Und keineswegs darf man den Kaiser oder König mit den anderen unterworfenen Richtern gleichsetzen.
Denn der Kaiser ist im Weltkaiserreich und der König in
seinem Königreich von den Gesetzen los und ledig[45] und ist
nicht gehalten, mit Notwendigkeit nach den Gesetzen zu
urteilen, wie die untergebenen Richter nach den Gesetzen
zu urteilen mit Notwendigkeit gehalten sind. Dabei wird
eine derartige große Kenntnis der Gesetze vom Kaiser oder
König nicht verlangt, wie sie bei unteren Richtern gefordert
ist. SCHÜLER. Aus dem Gesagten scheint es mir wahrscheinlich, daß es angemessen ist, für einen künftigen Kaiser
und König eine vertiefte Kenntnis sowohl der heiligen
Schriften als auch der Gesetze der Natur zu verlangen, und
daß ein (Kandidat), wenn man ihn fände, vor allen anderen,
bei Gleichheit der übrigen Umstände, zum Kaiser zu erheben wäre und zum König, zumindest dann, wenn durch
Wahl und nicht durch Erbfolge die Nachfolge in der Regierung des Königreiches geregelt wird.

Wäre es nicht vielmehr angemessen, daß jemand, der zum
Kaiser oder zum König erhoben werden soll, wenn er nicht
ein profunder Kenner der heiligen Schriften und der Zivilgesetze ist, besser Abstand nähme und sich dem Studium

huiusmodi excellenti noticia acquirenda? Vel etiam si esset excellens in tali noticia debeat circa meditationem huiusmodi assidue occupari? MAGISTER. Respondetur, quod laudabile esset imperatori aut regi vacare cum discretione huiusmodi studio, quantum posset, ita tamen, ut per tale studium non impediretur a sibi commissis. Negligere autem sibi subditos et regni, imperii aut regnum alteri committere, ut tali studio insistat, in imperatore et rege est reprehensibile et damnabile reputandum. Quia talis curam debitam subditis non impendit. Et de ipso verificatur illud apostoli: *'Qui suorum et maxime domesticorum curam non habet, fidem negavit et est infideli deterior.'* Si enim prelatus ecclesiasticus propter utilitatem subditorum vitam contemplativam debet nonnunquam pretermittere et active intendere, ut ex sacris canonibus colligitur 8 q. 1, c. 'Olim' et c. 'Inscriptis' et c. 'Qui episcopatum', multo fortius imperator aut rex debet omittere tale studium, ut regimen debitum non solum per alios, sed etiam per seipsum subditis impendat.

DISCIPULUS. Nunquid imperator debet habere excellentem noticiam secularium negociorum? MAGISTER. Respondetur, quod ille, qui ceteros antecellit in peritia secularium negociorum et qui alios in sensu naturali et iudicio rationis excellit, ceteris paribus debet ante alios in imperatorem aut regem, qui per electionem ad regni gubernacula assumitur, promoveri. Sensus enim naturalis et excellens rationis iudicium intelligit, quod in promovendo litteratura, facundia, eloquentia, experientia et memoria quilibet excellens vide-

widmete, um eine derartige hervorragende Kenntnis zu gewinnen? Und wenn er auch in solider Kenntnis brillierte, müßte er nicht sich mit dem Nachdenken darüber unablässig beschäftigen? LEHRER. Die Antwort ist, daß es für den Kaiser oder König wohl löblich wäre, mit Urteilsfähigkeit solchem Studium zu obliegen, soweit er das vermag, so freilich, daß er durch dies Studium sich nicht von seinen Pflichten abhalten ließe. Seine Untertanen zu vernachlässigen aber und die ⟨Menschen⟩ des Königreichs oder Kaiserreichs oder die Hauptaufgaben der Regierung einem anderen anzuvertrauen, um solchem Studium zu obliegen, muß bei einem Kaiser oder König als tadelnswert angesehen werden. Denn solch ein Herrscher widmete seinen Untertanen nicht die schuldige Sorge. Von ihm gälte dann das Wort des Apostels [1. Tim. 5,8]: »*Wenn aber jemand die Seinen, sonderlich seine Hausgenossen, nicht versorgt, der hat den Glauben verleugnet und ist ärger als ein Ungläubiger.*« Denn wenn schon ein kirchlicher Prälat zum Nutzen seiner Untergebenen bisweilen das beschauliche Leben unterbrechen und mit aller Tatkraft aktiv sein muß, wie es aus den heiligen Canones hervorgeht (C. 8 q. 1 c. 8, c. 9, c. 11), muß ein Kaiser oder König um so mehr solches Studium unterlassen, um seinen Untertanen die geschuldete Leitung nicht nur durch andere, sondern in eigener Person zuzuwenden.

SCHÜLER. Muß ein Kaiser nicht eine hervorragende Kenntnis in weltlichen Geschäften haben? LEHRER. Die Antwort ist, daß jener, der alle anderen an weltlicher Geschäftserfahrung übertrifft und der die anderen in natürlicher Auffassungsgabe und geistiger Urteilskraft überragt, bei Gleichheit der anderen Bedingungen vor anderen zum Kaiser oder König (sofern der durch Wahl zur Regierung gelangt) erhoben werden muß. »Natürliche Auffassungsgabe« und herausragende »geistige Urteilskraft« aber, so heißt das, verdient bei einem Kandidaten vor Gelehrsamkeit, Beredsamkeit, Rednergabe, Erfahrenheit, Gedächtniskraft, so hervorragend die auch ausgebildet sein mögen, den

tur preferri debere; cum in promovendo ad officium tempo-
rale etiam brevi tempore duraturum excellenti iudicio rationis interdum tam litteratura quam experientia debeat ante-
ferri. Postquam autem ad imperium aut ad mundi gubernacula fuerit quis assumptus, peritie secularium negociorum
et noticie iuris naturalis et precipue illius, circa quem contingit errare vel dubitare etiam eruditum et cuius noticia ad
suum spectat officium principaliter, debet insistere, et magis
quam noticie scripturarum sacrarum vel secularium scien-
tiarium vel legum quarumcunque, nisi magis per eas quam
per alium modum valeat peritiam secularium acquirere.

DISCIPULUS. Quare dicitur, quod insistendum est noticie
iuris naturalis, circa quod contigit errare aut dubitare etiam
eruditum? Videtur enim, quod nullum est tale ius naturale.
Omnis enim ignorantia iuris, circa quod contingit errare
peritos, videtur excusare contra facientem. Ideo enim ignorantia facti excusat, quia etiam peritos fallit, ut notat glosa
di. 38, c. 1. Igitur si circa ius naturale contingit errare peritos, ignorantia talis iuris excusare valeret. Rursus: Omnis
ignorantia probabilis excusat. Sed ignorantia, que potest inveniri in peritis, potest esse probabilis. Ideo aliqua ignorantia iuris naturalis excusaret. Cuius contrarium notat glosa
di. *38*, c. 1, et Gratianus 1 q.*4*, qui notandum dicit,
quod *'omnis ignorantia iuris naturalis omnibus adultis dam-
nabilis est'*. Ex quibus videtur colligi posse, quod nullum est
ius naturale, circa quod contingit errare aut dubitare peritos.

Vorzug, während bei einem Kandidaten für ein (anderes) weltliches Amt, zumal wenn es nur kurze Zeit dauern soll, bisweilen gegenüber hervorragender geistiger Urteilskraft sowohl Gelehrsamkeit, als auch Erfahrenheit den Vorzug verdienen. Wenn aber jemand zum Kaisertum, d. h. zur Regierung der Welt erhoben ist, dann muß er sich um Kennerschaft in weltlichen Geschäften, in erster Linie um Kenntnis des Naturrechts und insbesondere um die Kenntnis jenes Naturrechts bemühen, über das zu irren oder doch zu zweifeln auch einem gebildeten Mann zustößt und dessen Kenntnis zu seinem Amt gehört. Er muß das noch mehr tun, als sich um Kenntnis der heiligen Schriften oder weltlicher Wissenschaften oder irgendwelcher Gesetze zu bemühen, es sei denn, er könnte durch sie mehr als sonst Erfahrenheit in weltlichen Dingen gewinnen.

SCHÜLER. Warum heißt es, daß er sich um die Kenntnis jenes Naturrechts bemühen muß, über das zu irren oder zu zweifeln auch einem Gebildeten zustoßen kann? Ein solches Naturrecht gibt es doch wohl nicht. Denn jede Rechtsunkenntnis, welche auch die Experten bisweilen befallen kann, liefert einen Entschuldigungsgrund für den, der diesem Recht zuwider handelt. Denn darum entschuldigt ja die Unkenntnis des Tatbestandes, weil sie auch die Experten in die Irre führt, wie die Glosse schreibt (Gl. ad D. 38 a. c. 1, s. v. *cum itaque*). Wenn also über das Naturrecht auch Experten irren können, dann könnte eine solche Unkenntnis ein Entschuldigungsgrund sein. Außerdem: Jede begründete Unkenntnis entschuldigt. Aber Unkenntnis, die sich bei Experten zeigt, kann durchaus begründet sein. Daher würde eine solche Unkenntnis des Naturrechts entschuldigen; das Gegenteil aber schreibt die Glosse D. 38 c. 1 [wie oben] und Gratian, der in C. 1 q. 4 p. c. 12 anmerkt, daß *»bei allen Erwachsenen jede Unkenntnis des Naturrechts zu verurteilen ist«*. Aus alledem scheint man folgern zu können, daß es kein Naturrecht gibt, über das bisweilen auch die Experten irren oder zweifeln können.

MAGISTER. Respondetur, quod iura naturalia reperiuntur
in duplici differentia. Quedam enim sunt principia per se
nota vel ex talibus principiis immobilibus per se notis se-
quuntur et sumuntur. Et circa talia iura nemo potest errare
vel etiam dubitare. Ipsa tamen ignorare potest, quia potest
de ipsis nunquam cogitare. Et talis ignorantia neminem excusat, quia talia iura naturalia, licet quis antea nunquam cogitaverit ea, statim cognoscit, quando secundum ea aliquis
tenetur facere aliquid vel omittere, nisi absque omni deliberatione et regula rationis velit quis ad actum procedere vel
actum talem omittere, quia ignorantia talis iuris in tali casu
ex damnabili negligentia vel contemptu procedit et ideo non
excusat. Si enim ex aliqua occasione nitetur occidere aliquem innocentem, qui nunquam nocuit, statim si deliberare
velit et breviter, an debeat ipsum occidere, concludit, quod
non debet ipsum occidere. Et ideo si absque omni deliberatione ipsum occiderit, talis ignorantia ipsum non excusat.

　Alia sunt iura naturalia, que ex primis principiis iuris patenter et absque magna deliberatione seu consideratione eli-
ciuntur, quemadmodum in scibilibus quedam conclusiones
ex primis principiis patenter et absque magna consideratione concluduntur etiam a minus eruditis. Et talis ignorantia
iuris naturalis non excusat, quia potest quilibet absque
magno studio statim illa iura naturalia scire. Et de tali ignorantia iuris intelligitur dicta maior. Alia sunt iura naturalia,
que a paucis etiam peritis et cum magna attentione et studio
et per multa media colliguntur ex primis iuribus naturali-

LEHRER. Die Antwort ist, daß man die natürlichen Rechte in einer doppelten Unterscheidung sehen muß: Einige sind aus sich selbst bekannte Prinzipien oder folgen und könnten entnommen werden aus solchen unveränderlichen aus sich selbst bekannten Prinzipien. Über solche Rechte kann niemand irren oder auch nur zweifeln. Es kann freilich vorkommen, daß man sie nicht kennt, denn man kann ihrer nie gedacht haben. Solche Unkenntnis entschuldigt aber niemanden, denn solche natürlichen Rechte, auch wenn jemand ihrer nie gedacht haben sollte, wird jedermann sofort erkennen, wenn er ihnen gemäß irgend etwas zu tun oder zu unterlassen verpflichtet ist, wenn nicht jemand ohne alle Überlegung und vernünftige Richtschnur zur Tat schreiten oder eine Tat unterlassen wollte, weil die Unkenntnis solchen Rechtes in solchem Fall aus verurteilenswürdiger Fahrlässigkeit oder aus Verachtung hervorgeht und deshalb keine Entschuldigung sein kann. Wenn nämlich jemand bei irgendeiner Gelegenheit einen Unschuldigen töten will, der ihm niemals Schaden getan hat, dann schließt er unmittelbar, wenn er auch nur in aller Kürze eine Erwägung anstellen will, ob er ihn töten soll, daß er ihn nicht töten darf. Und wenn er ihn ohne alle Überlegung tötet, kann solche Unkenntnis ihn nicht entschuldigen.

Weiterhin gibt es einmal natürliche Rechte, die aus den ersten Prinzipien klar und ohne große Überlegung oder Betrachtung abgeleitet werden können, wie bei den Wissenschaften einige Folgerungen aus den ersten Prinzipien klar und ohne große Betrachtung sich von weniger Gelehrten ziehen lassen. Die Unkenntnis eines solchen Naturrechts entschuldigt nicht, denn jeder kann ohne großes Studium sofort diese natürlichen Rechte kennen. Und solche Unkenntnis des Rechts meint der (oben zitierte) Obersatz. Aber es gibt auch andere natürliche Rechte, die von wenigen, auch wenn sie Experten sind, nur mit großer Aufmerksamkeit, großer Bemühung und durch viele Zwischenschritte aus den ersten natürlichen Rechten abgeleitet wer-

bus, circa que etiam periti interdum habent opiniones contrarias, quibusdam putantibus ea esse iusta et quibusdam ea esse iniusta. Et ignorantia talis iuris naturalis excusat precipue in omittendo aliquid facere, quod tamen faciendum esset, si non ignoraret, nisi sit ignorantia crassa et affectata.

Talium igitur iurium naturalium noticie acquirende debet imperator insistere diligenter. Quia alia iura, scilicet primo modo et secundo modo dicta, leviter, quando erit necesse, sibi ostendentur nec huiusmodi iurium et secularium negociorum peritiam et perfectam noticiam acquiri expedit, etiam ut plures consiliarios secum habeat sapientes – exemplo Romanorum, qui, ut est allegatum prius, constituerunt 32, qui quottidie consulebant – et consilium agentes de multitudine, quia teste Salomone Prov. 15: *'Dissipantur cogitationes, ubi non est consilium, ubi vero plures consiliarii sunt, confirmantur'*; et Prov. 2 ait, quod est *'salus, ubi multa'* sunt *'consilia'*.

DISCIPULUS. Doctrina sapientis obviare videtur, imperatorem habere multos consiliarios. Quia Eccles. 6 sic legitur: *'Multi pacifici sint tibi, et consiliarius tibi sit unus de mille.'* MAGISTER. Respondetur, quod consilium de diversis et ex diversis causis requiritur. Aliquando enim requiritur consilium de secreto, quod periculosum est revelare, nisi fidelibus et amicis ac discretis. Interdum requiritur consilium de publicis vel de illis, que absque periculo revelari possunt infidelibus, inimicis et fatuis. Iterum quandoque requiritur consilium aliorum, ut tot consiliariorum habeatur consen-

den, über die auch die Experten gegensätzliche Meinungen haben, wobei die einen glauben, es sei gerecht, und andere, es sei ungerecht. Und die Unkenntnis eines solchen Naturrechts ist ein Entschuldigungsgrund, besonders wenn es um die Unterlassung einer Handlung geht, die gleichwohl zu tun wäre, wenn nicht Unkenntnis vorliegt, es sei denn, es sei eine grobe und bewußt herbeigeführte Unkenntnis.

Die Kenntnis solcher natürlicher Rechte zu erwerben, muß sich also ein Kaiser bemühen. Weil die anderen Rechte, die hier als erste und zweite Gruppe benannt wurden, sich ihm leicht, wenn es nötig ist, zeigen werden und weil er Kennerschaft und vollkommene Kenntnis solcher Rechte und weltlicher Geschäfte nicht erwerben ⟨muß⟩, ist es angemessen, daß er nach dem Beispiel der Römer, die, wie oben angeführt, 32 Männer eingesetzt hatten, die täglich berieten, zahlreiche gelehrte Räte bei sich hat und daß er viele Männer aus der Menge um sich hat, die ihm Rat geben können. Denn nach dem Zeugnis Salomons Prov. 15,22 gilt: *»Die Pläne werden zunichte, wo man nicht miteinander berät, wo aber viele Ratgeber sind, gelingen sie«*; er sagt Prov. 2 [richtig: Prov. 11,14] auch: *»Heil ist, wo Ratschläge zahlreich sind.«*

SCHÜLER. Eine Lehre des Weisen scheint aber dieser These zu widersprechen, daß ein Kaiser viele Räte haben soll. Denn wir lesen im Prediger (Ecclus. 6,6) *»Lebe in Frieden mit vielen, aber zum Ratgeber nimm unter tausend nur einen.«* LEHRER. Die Antwort ist, daß Rat von verschiedenen Leuten aus verschiedenen Gründen erfragt wird. Denn manchmal wird Rat erfragt über Geheimes, und dabei ist die Gefahr groß, wenn man es eröffnet, es sei denn, man tut es an gläubige und getreue, befreundete und urteilsfähige Leute. Ein andermal wird Rat erfragt über Öffentliches oder über Probleme, die ohne Gefahr auch für ungläubige und ungetreue, für verfeindete und törichte Leute eröffnet werden können. Wiederum wird manchmal der Rat weiterer Personen erfragt, damit eine Übereinstimmung unter so

sus, quo habito illud, quod deliberatum est, efficiatur magis autenticum, etiam cum maiori ordinatione et amoris reverentia vel timore ab aliis suscipitur. Quandoque autem requiritur consilium, ut querens consilium, quod deliberatum est, per consiliarios exequatur. Nonnunquam requiritur aliquorum consilium, ut querens consilium noticiam iuris vel facti, quod ignorat, per eorum responsionem acquirat; qua habita, quid agere debeat, animadvertat. Multotiens vero requiritur consilium aliquorum, ut querens consilium probet et experiatur eorum consilia et eorum discretionem vel prudentiam aut fidelitatem vel affectionem seu voluntatem vel contra se vel erga alios.

Quando igitur requiritur consilium de secretis, quod periculosum est revelare, pauci debent esse consiliarii, quia solummodo probati, fideles, amici et discreti. Quando autem requiritur consilium, ut deliberatum per consiliarios executioni demandetur, requirendi sunt pauci, quia solummodo fideles, sapientes et amici tantum. Et in his duobus casibus intelligenda est auctoritas ecclesiastici superius allegata. Quando autem requiritur consilium de publicis vel de his, que possunt sine periculo revelari, requiritur consilium solummodo, ut habeatur consiliariorum consensus, quo habito illud, quod deliberatum fuerit, efficiatur magis autenticum vel ut querens consilium per responsionem consiliariorum noticiam iuris vel facti, quod ignorat, acquirat vel ut ipsorum habeat experientiam, ut probet discretionem seu prudentiam vel fidelitatem aut affectionem vel voluntatem, multi debent esse consiliarii numero in tali casu. Quandoque etiam non est absurdum consilium impiorum vel mali-

vielen zusätzlichen Räten die Problemlösung, die erwogen wurde, mit noch größerer Autorität versehe, oder auch, damit dann ⟨die Maßnahme⟩ mit größerer Anordnungsgewalt ⟨erfolgen kann⟩ und mit größerem Respekt in Liebe oder Furcht von anderen zur Kenntnis genommen wird. Ein andermal aber wird Rat erfragt, damit der, der da um Rat fragt, das, was durch seine Räte schon erwogen wurde, nun auch wirklich tut. Bisweilen wird um Rat gefragt, damit der, der um Rat fragt, Kenntnis der Rechtslage oder der Sachlage, die er nicht hat, durch die gegebenen Antworten erhalte und so erkenne, was er tun muß. Sehr häufig auch wird der Rat von bestimmten Leuten erbeten, damit der, der um Rat fragt, ihre Ratschläge und ihre Urteilskraft und Klugheit oder ihre Treue oder Einstellung und ihre Absichten ihm gegenüber oder gegenüber anderen auf die Probe stellen und erfahren könne.

Wenn nun ein Ratschlag über Geheimes erfragt wird, dessen Eröffnung gefährlich wäre, darf es nur sehr wenige Räte geben, d. h. nur die erprobten, getreuen, befreundeten und urteilsfähigen. Wenn ein Ratschlag verlangt wird, damit das durch die Räte Erwogene endlich durchgeführt wird, dann dürfen auch nur wenige gefragt werden, nämlich nur getreue, gelehrte und befreundete Ratgeber. Für diese beiden Fälle gilt der Autorität des Predigers, die oben angeführt ist. Wenn aber ein Rat in öffentlichen Angelegenheiten oder in Fragen erfragt wird, die ohne Gefahr eröffnet werden können, nur damit eine Übereinstimmung der Ratgebenden erreicht wird, wonach das, was erwogen wurde, größere Autorität gewinnt, oder damit der, der um Rat fragt, durch die Antwort seiner Ratgeber Kenntnis der Rechts- oder Sachlage, die ihm fehlte, gewinnt oder damit er etwas über seine Ratgeber in Erfahrung bringt und ihre Urteilsfähigkeit erprobt, ihre Klugheit, ihre Treue, ihre Einstellung oder ihre Meinung gegen ihn, dann muß es zahlreiche Ratgeber geben. Manchmal ist es dann auch nicht widersinnig, den Rat von Gottlosen oder Übelwollenden zu er-

volorum requirere, quia quandoque sapiens ex eorum responsione etiam ipsis nocere volentibus et decipere inten-
dentibus, quid sibi erit agendum, prospiciet. Quemadmodum non solum ex bonis operibus sapientum, sed etiam ex
malis operibus fatuorum sapiens accipit disciplinam, teste
Salomone Prov. 24, qui ait: *'Per agrum hominis pigri transivi*
et per vineam viri stulti, et ecce totum repleverant urtice,
operuerunt superficiem eius spine, et materia lapidum de-
structa erat. Quod cum vidissem, posui in corde meo et
exemplo didici disciplinam.'

c. 16

Discipulus. Licet de peritia vel prudentia necessaria imperatori possemus, ut arbitror, magnum volumen efficere,
tamen ad presens predicta sufficiant. Ideo ad iusticiam, que
necessaria est imperatori, ut estimo, me converto. Cupio
autem scire, an imperator debeat semper in omni casu rigorem iusticie exercere. Magister. Respondetur, quod imperator debet quandoque iusticiam totaliter premittere vel
differre ad tempus. Interdum vero decet eum, imo de necessitate tenetur rigorem iusticie temperare mansuetudine,
quandoque autem de necessitate salutis tenetur rigorem
iusticie exercere.

Discipulus. Ista possunt, ut puto, innumeris rationibus et auctoritatibus demonstrari, sed abbreviationis causa
omittamus. De uno tantummodo cupio ad presens sententias diversas audire, an videlicet apud imperatorem in exercendo iusticiam omnes pene pro quocunque crimine sint
arbitrarie, ut liceat ei pecuniariam penam vel aliam pro quocunque crimine infligere? Magister. Circa hoc diverse
reperiuntur sententie. Una est, quod apud imperatorem
omnes pene sunt arbitrarie, ut liceat ei pro quocunque casu

fragen, denn bisweilen kann ein Weiser aus der Antwort auch derer, die ihm schaden oder ihn betrügen wollen, besser sehen, was er tun muß, so wie nicht nur aus guten Werken der Weisen, sondern auch an den schlechten Taten der Toren ein Weiser seine Lehre zieht, nach dem Zeugnis Salomons, der in Prov. 24,30–32 sagt: »*Ich ging am Acker des Faulen entlang und am Weinberg des Toren, und siehe, lauter Nesseln waren darauf, und es stand voller Disteln, und die Mauer war eingefallen. Als ich das sah, nahm ich's zu Herzen, und aus dem Beispiel zog ich meine Lehre.*«

c. 16

Schüler. Wenngleich wir über die für einen Kaiser unumgänglich erforderliche Kennerschaft und Klugheit, wie ich glaube, einen dicken Band zustande bringen könnten, soll das Gesagte für jetzt genug sein. Daher wende ich mich der Gerechtigkeit zu, die ein Kaiser unumgänglich haben muß, wie ich glaube. Ich möchte wissen, ob ein Kaiser immer und in jedem Fall die Strenge des Rechts anwenden muß. Lehrer. Die Antwort ist, daß der Kaiser bisweilen die Gerechtigkeit gänzlich beiseite lassen oder eine Zeitlang aussetzen muß. Bisweilen auch ist es ihm angemessen, ja er ist mit Notwendigkeit gehalten, die Strenge des Rechts durch Milde zu mäßigen, bisweilen muß er auch die Strenge des Rechts heilsnotwendig anwenden.

Schüler. Das kann, so vermute ich, mit unzähligen Argumenten und Autoritäten bewiesen werden, aber um die Sache abzukürzen, wollen wir das beiseite lassen. Nur zu einer Frage begehre ich für jetzt verschiedene Meinungen zu hören, ob einem Kaiser, wenn er Gerechtigkeit übt, alle Strafen für alle beliebigen Verbrechen nach Willkür zur Verfügung stehen, so daß er eine bestimmte Strafe oder eine beliebige andere für irgendein Verbrechen verhängen darf. Lehrer. Darüber findet man unterschiedliche Ansichten. Eine sagt, daß bei dem Kaiser alle Strafen in seiner Willkür stehen, so daß er in jedem konkreten Fall und bei jedem be-

et pro quocunque crimine quodcunque genus penarum infligere. Que videtur hac ratione fulciri: Ubi pena non est
taxata in iure, que pena sit infligenda, arbitrio iudicis infe-
rioris committitur, nec irrationabiliter; quia ex quo non est
ius expressum, secundum quod debeat punire, relinquitur,
quod secundum suum arbitrium puniri debeat. Sed imperator est super omnia iura positiva. Igitur secundum nullum
ius positivum tenetur punire crimen alicuius, et per consequens tenetur punire crimen alicuius pro suo arbitrio et poterit quodcunque genus penarum infligere.

Alia est sententia, quod non semper imperator exercendo
iusticiam potest quodcunque genus penarum pro suo arbitrio pro omni crimine infligere. Pena enim pecuniaria non
debet semper esse contentus, sed aliam debet infligere. Similiter etiam non semper debet sufficere sibi infligere penam scilicet verberum vel deportationis vel proscriptionis
vel exilii, sed tenetur penam mortis vel mutilationis vel incarcerationis vel detentionis perpetue imponere. Et sepe
huiusmodi penam nec ratione amicitie nec consanguinitatis
nec ratione voluntatis aut aliqua alia occasione licet sibi remittere. Cuius ratio assignatur, quia sicut ubi certa pena
non est statuta in iure, iudex inferior debet procedere equitate servata, Extra, de translationibus, c. ultimo, ita imperator, quia est supra positiva iura et non est super equitatem
naturalem, scilicet in exercendo iusticiam, non vult ex causa
infligere penam statutam in iure, tenetur de necessitate infli-

liebigen Verbrechen eine Strafe jeglicher Art verhängen
kann. Diese Auffassung läßt sich mit folgendem Argument
stützen: Wo eine Strafe nicht im Recht festgelegt ist, bleibt
es der Wahl auch des untergebenen Richters überlassen,
welche Strafe zu verhängen sei, und das ist durchaus nicht
unvernünftig; denn wo kein ausdrückliches Recht vorliegt,
wie er strafen soll, bleibt es ihm überlassen, nach seiner Einschätzung und Wahl zu strafen. Der Kaiser aber steht über
allem positivem Recht.[46] Also ist er nach keinerlei positivem
Recht verpflichtet, das Verbrechen irgendeines Täters abzu-
strafen, und folglich ist er verpflichtet, jedes Verbrechen
nach seiner Einschätzung zu strafen und kann jegliche Art
von Strafen verhängen.

Eine andere Ansicht geht dahin, daß ein Kaiser nicht immer in der Ausübung der Gerechtigkeit jegliche Art von
Strafen nach seiner Wahl für jedes Verbrechen verhängen
darf. Denn mit einer Geldstrafe darf er sich nicht immer zufrieden geben, sondern hat eine andere zu verhängen. Ähnlich darf er sich keineswegs immer mit der Strafe etwa der
Auspeitschung oder der Deportation oder der Ächtung
oder der Verbannung begnügen, sondern ist verpflichtet, die
Todesstrafe oder die Strafe der Verstümmelung oder Einkerkerung oder dauernder Gefangenschaft aufzuerlegen.
Und häufig darf er solch eine Strafe auch nicht in Ansehung
seiner Freundschaft, Verwandtschaft, seiner bloßen Willkür
oder irgendeines anderen Gesichtspunkts ermäßigen. Der
Grund dafür ist, daß so wie dort, wo eine bestimmte Strafe
im Gesetz nicht festgelegt ist, ein untergebener Richter
vorzugehen hat, *»unter Beachtung der Billigkeit«*, wie es
X 1.36.11 heißt, so ist auch der Kaiser damit, daß er über
dem positiven Recht steht, nicht über die Billigkeit des Naturrechts gestellt, so daß er, wenn er aus bestimmtem Grund
bei der Ausübung der Gerechtigkeit nicht die im Recht fest-
gesetzte Strafe verhängen will, doch mit Notwendigkeit
verpflichtet ist, eine Strafe unter Wahrung der Billigkeit zu
verhängen, so wie es nach seinem Urteil das gemeine Wohl

gere penam equitate servata, secundum quod bonum commune et salutem subditorum viderit postulare et maxime bonorum. Sepe autem absque dispendio communis boni et periculo obedientium bonorum pena et pecuniaria vel deportationis aut proscriptionis vel exilii malefactorem minime castigaret, teste Ambrosio, qui in libro 'De officiis' – et ponitur in decretis 23 q. 4, c. 'Et est iniusta' – ait: *'Si quis latronem filiis deprecantibus motus etiam lachrymis coniunctis eius inflexus absolvendum putat, ac adhuc latrocinandi aspiret effectus, nonne innocentes tradet exitio, qui liberat multorum exitia cogitantem?'* Hinc etiam Hieronymus – ut legitur di. 45 – loquens de istis, qui parcunt malis, ait: *'Dum parcunt uni, universe ecclesie moliuntur interitum. Que ista bonitas est? Que ista misericordia est, uni parcere et omnes in discrimen adducere?'* Ex quibus colligitur, quod si imperator inferendo regi vel principi malefactori consanguineo vel alicui sibi coniuncto aut alieno – appareret affectus turbandi imperium aut bonum commune vel innocentes – solummodo penam pecunialem vel aliam quamcunque, per quam a persecutione male voluntatis minime perfecte reprimeretur, peccat mortaliter et damnabiliter transgreditur equitatem, quam sequi tenetur. Igitur in huiusmodi casu, huiusmodi malefactor sive fuerit rex sive princeps consanguineus vel alienus, penam mortis corporalis aut incarcerationis perpetue aut aliquam aliam penam, per quam a malis operibus et potentia mala faciendi penitus reprimatur, debet infligere.

Discipulus. Videtur, quod imperator valeat licite tam gravem penam etiam ei, qui incidisset in crimen lese maie-

und das Heil seiner Untertanen, vor allem aber seiner guten Untertanen fordert. Oft aber würde ohne Beeinträchtigung des gemeinen Wohls und ohne Gefährdung der gehorsamen Guten eine Geldstrafe, die Strafe einer Deportation, Ächtung oder Verbannung den Verbrecher keineswegs (angemessen) züchtigen, nach dem Zeugnis des Ambrosius, der in »De officiis« sagt (und das findet sich in Gratians Dekret, C. 23 q. 4 c. 33): *»Wenn jemand einen Räuber, bewogen durch die Bitten seiner Kinder und durch die Tränen seines Weibes geneigt gemacht, freilassen zu müssen glaubt, den immer noch die Lust zum Raube umtreibt, übergibt der nicht Unschuldige ihrem Tod, wenn er den losläßt, der auf den Tod vieler sinnt?«* Und daher sagt auch Hieronymus, wie man es D. 45 c. 17 lesen kann, wenn er von denen spricht, die die Übeltäter schonen: *»Während sie einen einzigen verschonen, wollen sie die gesamte Kirche in den Untergang reißen. Was ist das für eine Güte, was ist das für ein Erbarmen, einen einzigen zu schonen und alle ins Verderben zu führen?«* Daraus ergibt sich, daß der Kaiser, wenn er einem Könige, Fürsten oder einem Verbrecher, der ihm verwandt ist, oder jemandem, der ihm sonst verbunden ist oder auch fremd und der augenscheinlich danach strebte, das Kaiserreich oder das gemeine Wohl oder Unschuldige zu verwirren, nur eine Geldstrafe oder irgendeine andere Strafe auferlegte, durch die er von der Verfolgung seiner üblen Absichten keineswegs völlig abgehalten würde, eine Todsünde begeht und schuldhaft die Billigkeit überschreitet, der zu folgen er verpflichtet ist. In solch einem Falle also muß er einem derartigen Verbrecher, ob der nun ein König wäre oder ein Fürst, ein Verwandter oder ein Fremder, die leibliche Todesstrafe oder dauernde Einkerkerung oder irgendeine andere Strafe auferlegen, durch welche er von Übeltaten und der Möglichkeit, Übles zu tun, völlig abgehalten wird.

SCHÜLER. Offenbar kann doch ein Kaiser völlig legitim eine solche schwere Strafe auch jenem erlassen, der sich des

statis vel aliud quodcunque flagitium commissum, remittere, quia iudex in puniendo debet in humaniorem partem
declinare, Extra, de transactionibus, c. ultimo, et sententia,
que misericordiam vetat, fugienda est, di. 50, 'Pondere'. Potest igitur imperator licite cuicunque flagitioso misericordiam facere ei penam mortis vel quamcunque aliam re-
mittendo. MAGISTER. Hic respondetur, quod si imperator
quemcunque criminosum cognoverit perfecte emendatum,
ita ut deserverit omnem voluntatem malefaciendi, nec aliquis prosequitur contra eum iniuriam suam, potest ei imperator omnem penam remittere. Si autem non fuerit emenda-
tus perfecte, sed probabiliter timetur, quod habita facultate
intendit iterare vias suas malas et se consuetis itineribus vel
aliis implicare, non licet imperatori ei omnem penam corpo-
ralem remittere nec ei liceat talem misericordiam facere.
Quia talem minimam faciendo non *'declinaret in humaniorem partem'*, nec esset misericors, sed crudelissimus et in-
humanissimus atque impius reputandus, teste Augustino,
qui ad Lucanum, ut habetur 23 q. 5, c. 'Qui viciis', ait: *'Qui
viciis nutriendis parcet et favet, ne contristet peccantium voluntatem, tam non est misericors, quam qui non vult accipere cultrum puero, ne audiat plorantem.'* Cui etiam con-
cordat Hieronymus, qui super Esaiam – et legitur eisdem
C. et q. 1, c. 'Non est' – ait: *'Non est crudelis, qui crudeles
iugulat.'* Talis igitur misericordia est iniusta misericordia, ut
ait Ambrosius, imo est impiissima misericordia et deterior
adulterio et rapinis, furto et aliis criminibus quamplurimis,
que apud omnes enormia reputantur.

DISCIPULUS. Ista sententia videtur aliqualiter habere apparentiam. Recita, quomodo ad motivum alterius sententie

Verbrechens der Majestätsbeleidigung schuldig gemacht hat oder einer anderen schweren Untat, weil der *Richter bei der Bestrafung sich der menschlichen Seite zuneigen* soll (X 1.36.11) und auch weil ein Urteil, das Erbarmen nicht kennt, zu meiden ist (D. 50 c. 14 a. E.). Also kann der Kaiser legitim jedem Übeltäter Erbarmen zeigen, indem er ihm die Todesstrafe oder eine andere Strafe erläßt. LEHRER. Hier ist die Antwort: Wenn der Kaiser erkennt, daß der Verbrecher völlig gebessert ist, so daß er jeden Willen zum Übeltun aufgegeben hat und niemand gegen ihn ein erlittenes Unrecht verfolgt, kann ihm der Kaiser alle Strafe erlassen. Wenn er aber nicht vollkommen gebessert ist und mit Plausibilität gefürchtet werden muß, daß er bei sich bietender Gelegenheit seine üblen Pfade fortsetzen will und auf seinen gewohnten Wegen oder auf anderen wieder (in Übeltaten) verwickelt wird, darf ihm der Kaiser nicht jede leibliche Strafe erlassen, noch wäre es ihm erlaubt, solches Erbarmen zu zeigen. Denn solches Erbarmen zu zeigen, hieße nicht, *»sich der menschlicheren Seite zuneigen«*, ja wäre nicht barmherzig, sondern der Kaiser wäre als allergrausamster, unmenschlichster und gottlosester Mensch einzuschätzen, nach dem Zeugnis Augustins, der zu Lucanus sagt (wie C. 23 q. 5 c. 38 heißt): *»Wer wachsendem Verbrechen Schonung gewährt und ihm Vorschub leistet, damit er nicht die Neigung der Übeltäter betrübe, der ist ebensowenig barmherzig wie derjenige, der einem Knaben ein Messer nicht fortnimmt, weil er sein Weinen nicht hören will.«* Und dem stimmt Hieronymus zu, der über Jesaia sagt (und man kann es ebendort C. 23 q. 5 c. 28 lesen): *»Nicht der ist grausam, der grausame Menschen erwürgt.«* So ist derartiges Erbarmen ein ungerechtes Erbarmen, wie Ambrosius sagt, ja ist das gottloseste Erbarmen und schlimmer als Ehebruch und Raub, Diebstahl und sehr viele andere Verbrechen, die allgemein als ganz besonders schlimm gelten.

SCHÜLER. Diese Meinung hat offenbar irgendwie den Anschein des Rechts. Darum berichte, wie auf die Beweg-

respondetur, quod etiam non omni apparentia caret. Magister. Respondetur, quod iudices inferiores, ubi non est ius expressum, non possunt nec debent pro libito suo punire secundum arbitrium, sed in tali casu debent taliter arbitrari, ut equitas servetur, ut scilicet iudex puniat tali pena, que magis expedit rei publice et conservationi iusticie et qua delinquens efficacius corrigatur, quia secundum Augustinum, ut dicitur in decretis 23 q. 5, 'Prodest': *Et plectendo et ignoscendo hoc solum licite agitur, ut vita hominum bene corrigatur.*

c. 17

Discipulus. Si de aliis virtutibus et moribus, quibus decet imperatorem ornari, tractemus diffuse, opus nimis prolixum faceremus. Ideo arbitror, quod ista duo, scilicet peritia et discretio, sunt maxime necessaria imperatori ad regendum utiliter sibi subiectos, imo quasi videntur sufficere. Tamen ista ab aliis, quando erunt oportuna, separari non possunt. Brevissime transeamus, ut ad latentiora et que minus discussa sunt ab aliis citius veniamus, presertim cum in opere 'De optimo genere dicendi legalia', qui habuerint eos, poterunt quamplurima de virtutibus necessariis rectoribus invenire. Primo itaque de veracitate, quandocunque decet imperatorem tenere, breviter videamus. Dic igitur, an per aliquam sententiam imperator debeat veracitate fulgere, ut sicut non licet ei aliquod falsum asserere vel aliquid dolose vel fraudulenter promittere, quod non intendit solvere, sic non liceat ei promissum aliqualiter revocare vel non

gründe der anderen Auffassung geantwortet wird, welche ja auch keineswegs jeden Anschein der Berechtigung entbehrt! LEHRER. Die Antwort ist, daß die untergebenen Richter dort, wo kein ausdrückliches Recht vorhanden ist, nach der Willkür ihrer Einschätzung weder strafen können noch dürfen, sondern in diesem Falle müssen sie es so einschätzen, daß die Billigkeit bewahrt wird, daß also der Richter eine Strafe verhängt, die dem Gemeinwesen und der Bewahrung der Gerechtigkeit am ehesten zuträglich ist und durch die der Übeltäter am wirksamsten korrigiert wird, denn Augustin sagt, wie es im Dekret (C. 23 q. 5 c. 4) heißt: »*Ob Strafe oder Verzeihung, alles geschieht nur zur Besserung des menschlichen Lebens.*«

c. 17

SCHÜLER. Wenn wir noch über die anderen Stärken und Verhaltensweisen, die einem Kaiser gut anstehen, handelten, würden wir ein recht weitläufiges Werk produzieren, das allzu langatmig geriete. Ich glaube, daß folgende zwei Eigenschaften für einen Kaiser besonders erforderlich sind, um seine Untergebenen mit Nutzen regieren zu können, nämlich Kennerschaft und Unterscheidungsvermögen. Ja sie könnten fast, wie es scheint, schon genügen. Doch sind sie, wenn es darauf ankommt, von anderen nicht zu trennen. Darum wollen wir ganz schnell in allergrößter Kürze zu dem kommen, was mehr im Verborgenen liegt und von anderen Autoren weniger erörtert wurde, zumal die, die das Werk »Über die beste Methode das Recht zu lernen«[47] besitzen, in ihm sehr viel über die Fähigkeiten, die für die Herrschenden unumgänglich erforderlich sind, finden können. Zuerst wollen wir kurz nach der Wahrhaftigkeit sehen, wann ein Kaiser sie üben sollte. Sage also, ob nach irgendeiner Ansicht ein Kaiser in Wahrhaftigkeit glänzen muß: wie es ihm nicht erlaubt ist, irgend etwas Falsches zu behaupten oder etwas arglistig oder betrügerisch zu versprechen, was er gar nicht zu halten beabsichtigt, so ist es ihm auch nicht

complere seu differe. MAGISTER. Putant quidam, quamvis
imperator nec male promissa solvere nec illa, que promisit
licite et postea perpenderit esse nociva, teneatur solvere, sed
teneatur rescindere; sicut et erubescere minime debet, si aliquid illorum melius, que prius dixit, invenerit, competentem correctionem eis impendere, nec debet expectare, ut ab
aliis corrigatur. Tamen alia promissa non debet aliqualiter
revocare nec absque causa manifesta differre. Cavere etiam
debet, ne cito vel leniter aliquid asserat vel promittat, nisi
certus sit, quod sit asserendum vel promittendum.

   DISCIPULUS. De potentia, divitiis et liberalitate simul videamus, an sint imperatori oportune. Videntur enim divitie
repugnare liberalitati, quia ad liberalem spectat effundere
divitias, per quod divitie evacuantur. MAGISTER. Nonnulli
estimant, quod sine istis non potest bene administrari impe-
riale officium, quia iurisdictio sine coertione nulla est censenda, Extra, de officio delegati, c. 'Pastoralis' et c. 'Ex litteris'. Multo magis imperialis auctoritas absque coertione
nulla est. Coertio autem sine potentia exerceri non potest.
Igitur potentia in imperatore requiritur. Potentia autem maxime roborari videtur per divitias, eo quod potentia absque
amicis aut saltem obedientibus non videtur posse persistere.
Amici autem et obedientes divitiis acquiruntur, teste Salomone, qui Prov. 19 ait: *'Divitie addunt amicos plurimos, a*

erlaubt, irgendein Versprechen zu widerrufen oder nicht zu erfüllen oder umzudeuten. LEHRER. Einige glauben, daß ein Kaiser, obwohl er keineswegs verpflichtet sei, das schlimm Versprochene, oder auch das, was er mit Fug und Recht versprechen konnte, was er später dann aber als schädlich erkennt, auch wirklich einzulösen, doch dazu gehalten ist, so etwas stark einzudämmen. Im selben Maße darf er auch, wenn ihm zu irgendeinem von seinen Versprechen etwas viel Besseres einfällt, als er zuvor gesagt hat, keineswegs dabei erröten, seinen Worten dann eine sachangemessene Korrektur zu geben. Damit darf er nicht warten, bis er von anderen berichtigt wird. Dennoch gibt es einige andere Versprechungen, die er in keiner Weise widerrufen oder ohne ganz deutlichen wichtigen Grund in ihrer Erfüllung verschieben darf. Außerdem muß er sich hüten, etwas rasch oder leichtfertig zu behaupten oder zu versprechen, wenn er nicht ganz sicher ist, er müsse das sagen oder versprechen.

SCHÜLER. Macht, Reichtum und Großzügigkeit wollen wir gemeinsam prüfen, ob sie dem Kaiser zu Hilfe kommen. Reichtum widerspricht doch offensichtlich der Großzügigkeit, bedeutet doch großzügig zu sein, seinen Reichtum zu verteilen, und damit schwindet der Reichtum dahin. LEHRER. Einige meinen, daß das kaiserliche Amt ohne Reichtum nicht gut ausgeübt werden kann, da eine Gerichtshoheit ohne Strafhoheit als nichtig zu betrachten ist, X 1.29.28.29. Um so mehr aber ist die kaiserliche Autorität ohne Züchtigungsmittel nichtig. Züchtigung aber kann ohne Macht nicht geübt werden, also ist Macht bei dem Kaiser gefordert. Macht aber wird anscheinend durch Reichtum am besten gestützt, weil Macht ohne Freunde oder wenigstens Anhänger nicht Bestand haben kann. Freunde und Anhänger aber gewinnt man durch Reichtum, nach dem Zeugnis Salomons, Prov. 19,4: »*Reichtum macht viel Freunde, aber der Arme wird auch von seinem Freunde verlassen, den er hat*«, und Prov. 19,6 f. heißt es: »*Viele schmeicheln dem Vor-*

paupere autem et ii, quos habuit, separantur'; et c. 7 ait: '*Multi colunt personam potentis, et amici sunt dona tribuentis. Fratres hominis pauperis oderunt eum, insuper et amici procul recesserunt ab eo*'; et Eccles. 6 sic legitur: '*Utilior est sapientia cum divitiis, sicut enim protegit sapientia, sic protegit pecunia*'; et c. 10 dicit, quod '*pecunie obediunt omnia*'. Divitie igitur sunt imperiali excellentie optime propter amicos et obedientes acquirendos. Sed amici et obedientes nequaquam divitiis acquiruntur et tenentur, nisi liberaliter effundantur, nec addunt amicos. Et nisi per prodigalitatem consumantur, amici cito perduntur. Igitur liberalitas pro amicis et obedientibus acquirendis et tenendis maiestati imperiali oportuna videtur.

DISCIPULUS. Estne fortitudo sic necessaria imperatori? MAGISTER. Fortitudo, que est virtus anime, debet in imperatore precellere; sed fortitudo corporalis, que est corporis robur, non est ita necessaria in imperatore. Quamvis enim valde deceat imperatorem fortitudine corporali et arte preliandi precellere, non est tamen simpliciter necessaria nec aliis excellentiis preferenda nec sapientie, iusticie et aliis virtutibus preponenda, teste sapiente, qui Sap. *6* ait: '*Melior est sapientia quam vires et vir prudens magis quam fortis*'; et Eccles. 9 ait Salomon: '*Dicebam ego sapientiam esse meliorem fortitudine*'; et post eodem c.: '*Melior est sapientia quam arma bellica*'; et Prov. 19 ait: '*Melior est patiens sapiens viro forti et qui dominatur animo suo expugnatore urbium*'.

nehmen, *und wer Geschenke gibt, hat alle zu Freunden.*
Den Armen hassen alle seine Brüder, wieviel mehr halten
sich seine Freunde von ihm fern«, und Eccles. 7,12 [11] kann
man lesen: »*Nützlicher ist Weisheit, von Reichtum begleitet,*
denn wie Weisheit schirmt, so schirmt auch Reichtum.« Und
Eccles. 10,19 sagt er: »*Dem Gelde gehorcht alles.*« Also ist
Reichtum für die kaiserliche Erhabenheit von höchstem
Wert, um damit Freunde und Anhänger zu gewinnen.
Freunde und Anhänger aber lassen sich durch Reichtum
nur gewinnen und halten, wenn er freigebig weitergegeben
wird; nur dann gewinnt Reichtum wirklich neue Freunde.
Und wenn er nicht in verschwenderischer Großzügigkeit
aufgebraucht wird, verliert man Freunde schnell. Daher erscheint Freigebigkeit, um Freunde und Anhänger zu gewinnen und zu halten, für die kaiserliche Majestät von Nutzen.

SCHÜLER. Ist nicht Tapferkeit für den Kaiser ebenso
unumgänglich erforderlich? LEHRER. Tapferkeit als Seelen-
kraft muß der Kaiser in hervorragendem Maße haben; allein
körperliche Kriegstauglichkeit aber, d. h. Körperkraft, ist
für den Kaiser nicht in gleichem Maße erforderlich. Wenngleich es sehr passend ist, wenn ein Kaiser körperliche
Kriegstauglichkeit und militärische Geschicklichkeit in hervorragendem Maße besitzt, so ist das doch nicht schlechthin
notwendig, auch ist es anderen Anforderungen keineswegs
vorzuziehen und weder Verständnis noch Gerechtigkeit,
noch anderen Tugenden voranzustellen, nach dem Zeugnis
des Weisen, der Sap. 6,1 sagt: »*Weisheit ist ⟨. . .⟩ besser als*
Stärke, und ein kluger Mann gilt mehr als ein starker.« Und
Eccles. 9,16 sagt Salomon: »*Da sprach ich: Weisheit ist besser*
als Stärke.« Und später im gleichen Kapitel [9,18] heißt es:
»*Weisheit ist besser als Kriegswaffen.*« Schließlich sagt er
Prov. 19 [richtig: Prov. 16,32]: »*Ein geduldiger Weiser ist*
besser als ein Starker, und wer sich selbst beherrscht, besser
als einer, der Städte gewinnt.«

DISCIPULUS. Postquam disputative quesivimus, an expediret mundo uni imperatori subesse, et quibus virtutibus imperator mundi precellere debet, ad Romanum imperium descendamus. Inquirentes primo, a quo Romanum processit imperium, utrum videlicet fuerit ab hominibus vel a deo.

MAGISTER. Una est opinio, quod imperium fuit a deo constitutum et non ab hominibus. Alia est, quod fuit primo institutum a deo et tamen per homines, scilicet per Romanos. Tertia opinio est, quod verum imperium Romanum fuit a papa. Dicunt enim, quod Constantinus magnus, postquam fuit conversus ad fidem catholicam, *'illam inordinatam potestatem, qua forte antea allegative utebatur, humiliter ecclesie resignavit, scilicet summo pontifici, et recepit iterum a Christi vicario, successore scilicet Petri ordinatam divinitus potestatem imperii; qua deinceps ad vindictam malefactorum, laudem vero bonorum legitime uteretur, et qui prius utebatur potestate permissa, deinde fungeretur auctoritate concessa.'* Dicunt igitur isti, quod antequam Constantinus *'reciperet Romanum imperium a successore beati Petri, non verum imperium habuit, sed usurpatum ab hominibus et permissum a deo, non concessum nec ordinatum'.*

DISCIPULUS. Quia constat mihi, quod ista ultima opinio fuit cuiusdam, qui erat de maioribus totius mundi prelatis, ideo ipsam volo tecum magis exquisite disputando discutere allegando pro ipsa et contra ipsam ac etiam allegationibus respondendo, ut studiosi occasionem accipiant intelligendi

Papst und Römisches Reich

SCHÜLER. Nachdem wir nun über das Problem disputiert haben, ob es der Welt frommt, einem Kaiser unterworfen zu sein, und in welchen Fähigkeiten ein Kaiser brillieren muß, wollen wir zum römischen Kaiserreich kommen. Zuerst fragen wir, von wem das Römische Reich ausgeht, von den Menschen oder von Gott.

LEHRER. Eine Meinung ist, daß das Reich von Gott errichtet wurde und nicht von Menschen. Eine zweite Meinung geht dahin, daß es zuerst von Gott eingerichtet wurde und doch auch durch Menschen, und zwar die Römer. Eine dritte Auffassung ist, daß das wahre Reich vom Papst kam. Diese Leute sagen nämlich: *»Nachdem sich Konstantin der Große zum katholischen Glauben bekehrt hatte, trat er jene ungeordnete Gewalt, die er zuvor, wie man anführt, in Gebrauch gehabt hatte, in Demut der Kirche ab, und zwar dem höchsten Bischof, und erhielt sie wiederum von Christi Stellvertreter und Nachfolger des heiligen Petrus als von Gott geordnete Gewalt des Kaiserreichs zurück, um sie künftig ›zur Strafe der Bösen‹* [vgl. Rm. 13,4] *und zum Lohne der Guten legitim zu gebrauchen, so daß der, der zuvor nur eine (von Gott) geduldete Gewalt gebraucht hatte, nun eine (von Gott) übertragene Gewalt übte.«* Demgemäß sagen sie, Konstantin habe, *»bevor er das Römische Reich vom Nachfolger des heiligen Petrus empfing, nicht das wahre Reich, sondern ein von Menschen usurpiertes, von Gott nur geduldetes, weder von ihm übertragenes noch geordnetes Reich besessen.«*[48]

SCHÜLER. Weil ich weiß, daß diese letzte Auffassung die Meinung eines der größten Prälaten in der Welt[49] war, will ich sie mit dir etwas eingehender disputieren und erörtern, indem Gründe für sie und gegen sie angeführt werden und auch Widerlegungen solcher Argumente, damit die Interessenten Gelegenheit erhalten, die katholische Wahrheit

catholicam veritatem, que plurimos, qui litteratissimi vocantur, forte latet. Primo igitur pro ipsa studeas allegare.

MAGISTER. Ista opinio, que videtur sententialiter in glosis super 'Decretum' et decretales sepius recitari et etiam approbari, quamplurimis rationibus fundatis in dictis maiorum videtur posse probari. Unde et glosa di. 96, c. 'Ad verum': *'Ab eo est imperium Romanum, qui potest imperatorem deponere.'* Sicut insinuat glosa predicta, papa *'deponit imperatorem'*, 15 q. 6, c. 'Alius' et c. 'Iuratos'. Igitur verum imperium Romanum est a papa.

DISCIPULUS. Ista allegatio videtur aperte deficere, et glosa allegata videtur male allegare capitula, que adducit. Et ideo qualiter ad hec respondetur, manifesta. MAGISTER. Dicitur, quod capitulum primum non loquitur de imperatore Romano, sed de rege Francorum. Verba enim illius capituli sunt hec: *'Alius Romanus pontifex, Zacharias scilicet, regem Francorum non tam pro suis iniquitatibus quam pro eo, quod tante potestati erat inutilis, a regno deposuit, et Pipinum Caroli imperatoris patrem in eius locum substituit omnesque Francigenas a iuramento fidelitatis absolvit.'* In quibus verbis de imperatore nulla fit mentio. Igitur per illud capitulum non potest probari, quod imperium Romanum sit a papa, licet videatur probari, quod regnum Francorum sit a papa.

DISCIPULUS. Si concederetur, quod regnum Francorum sit a papa, videtur posse concludi, quod Romanum imperium sit a papa, quia non est maior ratio de regno Francie quam de Romano imperio.

zu erkennen, die selbst sehr vielen derer, die als die gelehrtesten Fachleute gelten, anscheinend verborgen ist. Zuerst also versuche, die Gründe für diese Auffassung auszuführen.

LEHRER. Diese Auffassung, die sinngemäß häufig in den Glossen zu Dekret und Dekretalen angeführt und auch gebilligt wird, kann offenkundig mit sehr vielen Argumenten, die sich auf die Aussagen der größten Autoritäten stützen, bewiesen werden. So meint etwa die Glosse zu D. 96 c. 6 [s. v. *usurpavit*]: »*Das Römische Reich stammt von jemandem, der den Kaiser absetzen kann.*« Wie aber die genannte Glosse andeutet, »*setzt*« der Papst »*den Kaiser ab, C. 15 q. 6 c. 3 und c. 5.*« Also ist das wahre Römische Reich vom Papst.

SCHÜLER. Dieses Zeugnis geht offenbar fehl, denn die herangezogene Glosse führt die Canones irrig an, die sie zitiert. Deshalb erkläre, wie darauf geantwortet wird. LEHRER. Man sagt, daß der erste Canon nicht über den römischen Kaiser spricht, sondern über den Frankenkönig. Der Wortlaut dieses Canons lautet: »*Ein anderer römischer Bischof, nämlich Zacharias, hat den König der Franken nicht so sehr wegen seiner Untaten, als deshalb, weil er solch großer Gewalt nicht gewachsen war, als Regenten abgesetzt und Pippin, den Vater des Kaisers Karl, an seiner Stelle eingesetzt und hat alle Franken vom Treueid gelöst.*« In diesen Worten ist vom Kaiser mit keinem Wort die Rede. Also ist mit diesem Canon nicht zu beweisen, daß das Römische Reich vom Papst herrührt, wenn er auch offensichtlich beweist, daß das fränkisch-französische Königreich vom Papst kommt.

SCHÜLER. Wenn man zugibt, daß das fränkisch-französische Königreich vom Papst herrührt, kann man offenbar auch schließen, daß das Römische Reich vom Papst herrührt, denn es gibt keine sicherere vernünftige Begründung für das fränkisch-französische Königreich als für das römische Kaiserreich.

MAGISTER. Ad istam obiectionem diversi diversimode conantur respondere. Dicunt enim quidam, quod non est simile de Romano imperio et de regno Francie, quia magis, ut dicunt, potest subesse regnum Francie pape quam Romanum imperium. Nam, ut dicunt, regnum Francie fuit antiquitus tam de iure quam de facto subiectum Romano imperio et adhuc est de iure, teste glosa, Extra, qui filii sunt legitimi, 'Per venerabilem', ubi dicit papa: *'Cum rex Francie superiorem in temporalibus minime recognoscat de facto, tamen de iure subest Romano imperio.'* Et glosa di.*1*, 'Ius Quiritum', ait: *'Imperator est princeps totius mundi, ff. ad legem Rhodiam l. "Qui levande".'* Dicitur: *'Qui igitur non vult esse sub Romano imperio, nec hereditatem habere potest,'* ibidem. Et glosa, Extra, de primis privilegiis, c. 'Super specula', asserit manifeste, quod *leges Romanorum imperatorum debent de iure ab omnibus observari, licet de facto non ab omnibus observentur.'* Ex quibus aliisque quampluribus colligitur, quod regnum Francie de iure est subiectum Romano imperio, quare imperator Romanus, cui est subiectum, potest committere pape sicut et aliis potestatem deponendi regem Francie pro diversis iniquitatibus, in quibus non posset committere pape potestatem deponendi imperatorem. Quare saltem ex commissione imperatoris et Romanorum potest regnum Francie esse magis subiectum pape quam Romanum imperium. Quod confirmatur per hoc, quod imperator Romanorum non est magis subiectus pape quam princeps, qui de iure subest imperatori. Si igitur rex Francie de iure subest imperatori, imperator non est magis subiectus pape quam rex Francie.

LEHRER. Diesem Einwand versuchen verschiedene auf verschiedene Weise zu antworten. Einige sagen, daß man das römische Kaiserreich und das Königreich Frankreich nicht gleichsetzen darf; denn Frankreich kann, wie sie sagen, dem Papst mehr unterworfen sein als das Römische Reich, denn, so sagen sie, Frankreich war seit alters von Rechts wegen und auch tatsächlich dem Römischen Reich unterworfen und ist es heute noch von Rechts wegen, wie die Glosse zu X 4.17.13 bezeugt; dort nämlich, wo der Papst (Innozenz III.) sagt: »*Da ja der König Frankreichs einen Oberherrn in zeitlichen Dingen nicht anerkennt*«, steht [s. v. *minime recognoscat*]: »*de facto – de iure aber ist er dem Römischen Reich unterworfen*«.[50] Und die Glosse sagt zu D. 1 c. 12 [s. v. *quod nulli*]: »*Der Kaiser ist der Fürst über die gesamte Welt* ⟨. . .⟩ *Dig. 14.2.8. Wer also nicht unter dem Römischen Reich sein will, kann auch keine rechtmäßige Erbschaft machen*« – so steht es wörtlich da! Und die Glosse zu X 5.33.28 [s. v. *non utuntur*] sagt klipp und klar, daß »*die Gesetze der römischen Kaiser von Rechts wegen von allen zu beachten sind, wenn sie auch de facto nicht von allen beachtet werden*«. Aus all dem und vielem anderen geht klar hervor, daß Frankreich von Rechts wegen dem Römischen Reich unterworfen ist. Darum kann der römische Kaiser, dem Frankreich unterworfen ist, dem Papst, wie auch anderen, die Kompetenz übertragen, den König Frankreichs wegen verschiedener Frevel abzusetzen, während er im gleichen Falle dem Papst nicht die Kompetenz übertragen könnte, den Kaiser abzusetzen. Darum kann zunächst kraft des Auftrags des Kaisers und der Römer Frankreich dem Papst stärker unterworfen sein als das Römische Reich. Und das wird dadurch bestätigt, daß der Kaiser der Römer dem Papst nicht mehr unterworfen ist als ein Fürst, der von Rechts wegen dem Kaiser unterstellt ist. Wenn also der König Frankreichs von Rechts wegen dem Kaiser unterworfen ist, ist der Kaiser dem Papst nicht stärker unterworfen als der König Frankreichs.

Aliter dicunt quidam, quod papa auctoritate papali nec imperatorem nec regem Francie potest deponere, nisi pro heresi. Tamen papa auctoritate Romanorum posset pro quibusdam aliis causis deponere imperatorem, et auctoritate Francorum potest quibusdam aliis causis deponere regem Francorum, et hec glosa super c. allegato sentire videtur, que super verbo 'deposuit', ait: *'Dicitur deposuisse, quia deponentibus consensit, recipiendo scilicet ab eis potestatem deponendi; ideo quasi una cum eis deposuit.'*

Aliter dicitur, quod Zacharias papa deponendo regem Francorum *'misit falcem suam in messem alienam'* potestatem usurpando sibi ex officio nullatenus competentem, quod et alii summi pontifices in preiudicium laicorum facere dinoscuntur, teste glosa, que Extra, de foro competententi, c. 'Si quis clericus', ait: *'Papa sive sint negligentes* (scilicet laici) *in exhibendo iusticiam clericis sive non, quottidie concedit litteras clericis contra laicos super quacunque questione, et ita usurpat iurisdictionem aliorum, contra quod dicit c. proximo super verbo "Novit"'*, ubi sic loquitur: *'Non putet aliquis, quod iurisdictionem istius illustris regis Francorum turbare minime intendamus, cum ipse iurisdictionem nostram nec velit nec debeat impedire.'*

DISCIPULUS. Dixisti motiva aliquorum, quare male glosa allegat c. 'Alius'. Nunc dic, quare eadem glosa male allegat c. 'Iuratos'. MAGISTER. Hoc videtur quibusdam, quia illud capitulum nullam facit mentionem de imperatore, sed de quodam milite, qui vocabatur Hugo, cui iuraverant quidam

Auf andere Weise sagen manche: Der Papst kann aufgrund seiner päpstlichen Vollmachten weder den Kaiser noch den König Frankreichs absetzen, es sei denn wegen Ketzerei. Doch könnte der Papst in Vollmacht der Römer den Kaiser wegen einiger weiterer Gründe absetzen, und in Vollmacht der Franzosen könnte er ⟨wegen⟩ einiger weiterer Gründe den König der Franzosen absetzen. Das scheint die Glosse zu dem angeführten Canon zu meinen, die zum Wort »*deposuit*« sagt: »*Es heißt, daß er abgesetzt hat, weil er denen seine Zustimmung gab, die die Absetzung vollzogen, indem er von ihnen, so ist es gemeint, die Kompetenz zur Absetzung erhielt. Demnach hat er gewissermaßen in einem Zuge zusammen mit ihnen die Absetzung vollzogen.*«

Auf andere Weise heißt es, Papst Zacharias habe, als er den König der Franzosen absetzte, »*seine Sichel an eine fremde Ernte gesetzt*«[51] und sich eine Kompetenz angemaßt, die ihm von Amts wegen nicht zustand, so wie das bekanntlich auch andere höchste Bischöfe zum Präjudiz von Laien tun, nach dem Zeugnis der Glosse, die zu X 2.2.5 [s. v. *de consuetudine*] sagt: »*Der Papst gewährt, ob nun die Laien* (beim Halten des Gerichts über Kleriker) *nachlässig sind oder nicht, alltäglich seine Gnadenbriefe an Kleriker gegen Laien in ganz beliebigen Rechtshändeln, und so maßt er sich die Gerichtshoheit anderer an entgegen dem, was er selbst am Anfang von X 2.1.13 sagt*«, wo er folgendes ausführt: »*Niemand soll glauben, daß wir die Gerichtshoheit des Königs der Franzosen im geringsten stören wollen, weil er ja selber unsere Gerichtshoheit nicht behindern kann oder darf.*«

SCHÜLER. Nun hast du die Argumente einiger ⟨Leute⟩ genannt, weshalb die Glosse sich zu Unrecht auf den Canon »*Alius*« (C. 15 q. 6 c. 3) bezieht. Sage jetzt, weshalb dieselbe Glosse zu Unrecht den Canon »*Iuratos*« (C. 15 q. 6 c. 5) anführt. LEHRER. Einige meinen das, weil jener Canon den Kaiser nicht erwähnt; vielmehr spricht er von einem Ritter namens Hugo, dem einige andere Ritter einen Eid geleistet

alii milites. Nec papa ibi deposuit dictum Hugonem de dignitate vel potestate sua, sed tantum mandavit, ut preciperetur militibus, ut non servirent Hugoni predicto; hoc autem non fuit deponere predictum Hugonem. Quia cum dominus aliquis excommunicatus est, vasalli sui ei obedire vel communicare non debent, et tamen propter excommunicationem suam dominus non deponitur a dominio suo, nec etiam tollitur obligatio, qua vasallus ei tenetur, teste glosa, que 11 q. 3, c. 'Iulianus', ait: *'Verum est, quod excommunicatio non tollit obligationem, qua vasallus est obligatus domino suo, sed tantum effectum obligationis. Unde domino absoluto ei obedire tenentur.'* Sed propter predicta et nonnulla alia plura nonnullis apparet, quod per illud capitulum probari non potest, quod papa deponere possit imperatorem.

Quoniam, ut videtur aliquibus, quod ad papam non spectat de iure deponere imperatorem, quia non maiorem potestatem habet super imperatorem et Romanum imperium quam super alios reges et alia quecunque regna. Quia si maiorem potestatem haberet super imperatorem quam super alios reges, aut haberet talem potestatem a iure divino aut a iure humano. Non a iure divino, quia in tota scriptura divina non legitur, quod aliqua potestas sit tradita pape super imperatorem Romanum, que non sit sibi concessa super alios reges. Nec habet potestatem a iure humano, quia non videtur, quod aliquis sibi dederit vel dare potuerit huiusmodi potestatem. Quia si aliquis dedit vel dare potuit huiusmodi potestatem, aut fuit imperator aut inferior imperatore. Non imperator, quia non potuit dare talem potestatem super imperatorem et non super alios reges. Tum quia non

hatten; der Papst hat dort den besagten Hugo von seiner
Würde und seinem Amt auch nicht abgesetzt, sondern hat
nur befohlen, man solle den Rittern gebieten, daß sie dem
besagten Hugo nicht dienen sollten; das aber heißt nicht,
daß er diesen Hugo abgesetzt hat. Wenn nämlich ein Herr-
schaftsinhaber exkommuniziert ist, dürfen ihm seine Vasallen keinen Gehorsam leisten oder Umgang mit ihm haben,
und dennoch wird dieser Herrschaftsträger wegen seiner
Exkommunikation nicht von seiner Herrschaft abgesetzt,
noch wird auch die Verpflichtung aufgehoben, durch die
ihm sein Vasall verbunden ist, wie die Glosse bezeugt, die
zu C. 11 q. 3 c. 94 [s. v. *obediebant*] sagt: »*Es ist wahr, daß
die Exkommunikation die Verpflichtung des Vasallen auf
seinen Herrn nicht aufhebt, sondern nur die Wirkung der
Verpflichtung. Daher sind sie, wenn der Herr die Absolution
erhalten hat, ihm ⟨sofort⟩ erneut zu Gehorsam verpflichtet.*«
Wegen dieser genannten Gründe und vieler anderer glauben
einige Leute, daß sich durch diesen Canon nicht beweisen
läßt, daß der Papst den Kaiser absetzen kann.

Sodann steht es, wie sie meinen, dem Papst von Rechts
wegen nicht zu, den Kaiser abzusetzen, da er über den Kaiser und das Römische Reich keine höhere Gewalt hat als
über die anderen Könige und Königreiche. Hätte er nämlich
über den Kaiser eine höhere Gewalt als über die anderen
Könige, so hätte er solche Gewalt entweder aus göttlichem
oder aus menschlichem Recht. Er hat sie nicht aus göttlichem Recht, denn in der ganzen Heiligen Schrift ist nichts
zu lesen, daß dem Papst irgendwelche Gewalt über den römischen Kaiser übertragen wurde, die ihm nicht über andere Könige gegeben wäre. Auch hat er solche Gewalt nicht
aus menschlichem Recht, denn offensichtlich hat ihm niemand solche Gewalt gegeben oder geben können. Denn
wenn jemand ihm eine solche gab oder geben konnte, dann
war das ein Kaiser oder ein Mann unter dem Kaiser. Der
Kaiser war es nicht, konnte er doch solche Gewalt über den
Kaiser – und nicht über die anderen Könige – nicht übertra-

potest imperator magis subiicere imperatorem pape quam
alios reges. Tum quia non habet imperium per imperatorem.
Tum quia si imperator, qui dedit talem potestatem pape super imperatorem, non fuit subiectus pape et imperator sequens fuit subiectus pape, imperator sequens non fuit successor. Quia quando successor est magis subiectus quam
predecessor, non est vera successio in ius alterius. Ita imperator sequens non esset verus imperator. Et per consequens
imperator, qui taliter subiugasset Romanum imperium
pape, fuisset destructor imperii, quantum in se est vel fuisset, et per consequens nihil egisset, quia nullus imperator
valet destruere imperium. Et quicquid egerit ad destructionem imperii, non teneret de iure, sed etiam per successorem
suum de iure et de facto in irritum esset revocandum. Nec
aliquis inferior imperatore dedit vel dare potuit talem potestatem pape super imperatorem, ex quo imperator dare non
potuit eam. Propter hoc nonnullis apparet, quod ratio illa
est invalida ad probandum, quod verum imperium Romanum est a papa.

gen, weil der Kaiser einen Kaiser nicht mehr als andere Könige dem Papst unterwerfen konnte, und zwar erstens deshalb, weil er das Kaiserreich nicht durch einen Kaiser hat, und zweitens deshalb, weil der Kaiser, wenn er dem Papst solche Gewalt über den Kaiser gab, dem Papst (zuvor) nicht untergeben war, der nachfolgende Kaiser aber wäre dem Papst untergeben. Damit aber wäre der nachfolgende Kaiser nicht der wahre Nachfolger; denn wenn der Nachfolger stärker unterworfen ist als der Vorgänger, ist das keine wahre Nachfolge im Recht eines anderen. Somit wäre der nachfolgende Kaiser nicht ein wahrer Kaiser, und folglich wäre der Kaiser, der das Römische Reich dergestalt dem Papst unterstellte, ein Zerstörer des Reichs, soweit es auf ihn ankommt, und hätte folglich auch nichts (rechtmäßig) zustande gebracht, denn kein Kaiser vermag das Reich zu zerstören. Was immer er zur Zerstörung des Reiches unternähme, wäre von Rechts wegen nichtig und auch durch seinen Nachfolger von Rechts wegen und auch faktisch zu widerrufen. Auch konnte niemand, der unter dem Kaiser steht, dem Papst solche Gewalt über den Kaiser geben, da ja der Kaiser selbst sie nicht geben konnte. Und deswegen glauben einige, daß diese Argumentation ungültig ist und nicht beweisen kann, daß das wahre Römische Reich vom Papste ist.

c. 20

DISCIPULUS. Aliam allegationem pro opinione predicta adducas. MAGISTER. Aliam rationem innuit glosa di.10, c. 'Quoniam idem', ex qua ratio talis potest sumi: Ab illo est Romanum imperium, qui transfert et transferre potest de una gente ad aliam. Sed papa transtulit imperium de Grecis ad *Germanos*, Extra, de electione, 'Venerabilem'. Igitur imperium Romanum est a papa. DISCIPULUS. Ista ratio videtur insolubilis, et tamen cupio scire, an aliqui nitantur eam refellere. MAGISTER. Putant aliqui, quod ex ratione intellecta, ut aliqui eam intelligunt, sequitur absurditas manifesta, quod videlicet papa potest transferre quecunque regna christianorum et aliorum de domo in domum et de gente in gentem, et ita potest transferre regnum Francie in Anglicos et Theutonicos aut Hyspanos vel alios, secundum quod transtulit Romanum imperium de Grecis in *Germanos*. Quod autem ista absurditas sequatur, probant per quoddam fundamentum, per quod multi nituntur probare quamplurima circa materiam istam. Est autem hoc fundamentum, quod etiam tactum est prius, scilicet quod nullam potestatem spiritualem dedit Christus beato Petro super Romanum imperium, quin illam dedit super regnum Francie et alia regna quecunque.

Quod duobus modis ostendere moliuntur. Primo probatur sic: In tota scriptura sacra, ubi fit mentio de potestate pape collata sibi a Christo, nulla fit mentio specialis de

c. 20

SCHÜLER. Ein anderes Zeugnis für die genannte Meinung
solltest du noch bringen. LEHRER. Ein weiteres Argument
deutet die Glosse zu D. 10 c. 8 [s. v. *discrevit*] an, aus der sich
folgende Begründung ableiten läßt: Das römische Kaiserreich rührt von jenem her, der es von einem Haus oder Volk
auf ein anderes überträgt und übertragen kann. Der Papst
nun hat das Kaiserreich von den Griechen auf die Germanen[52] übertragen (X 1.6.34), also rührt das römische Kaiserreich vom Papst her. SCHÜLER. Diese Argumentation wirkt
unwiderleglich, aber dennoch möchte ich gerne wissen, ob
man sich darum bemüht, sie zurückzuweisen. LEHRER.
Nach der Auffassung einiger folgt aus einem bestimmten
Verständnis dieser Begründung, wie viele sie verstehen wollen, eine ganz offenkundige Absurdität, nämlich daß der
Papst alle Königreiche, die der Christen und die der anderen (Sterblichen), von einem Haus auf ein anderes und von
einem Volk auf ein anderes übertragen kann. Und derart
kann er das Königreich Frankreich auf die Engländer übertragen oder auf die Deutschen, Spanier oder irgendwelche
anderen (Völker), wie er ja das römische Kaiserreich von
den Griechen auf die Germanen übertragen hat. Und daß
diese absurde Konsequenz entstünde, beweisen sie auf einer
Grundlage, die viele zu mancherlei Beweisführungen in dieser Frage benutzen: und diese Grundlage ist oben schon berührt worden; sie besagt, daß Christus dem heiligen Petrus
nur jene geistliche Gewalt über das römische Kaiserreich
gegeben hat, die er ihm auch über das Königreich Frankreich und alle anderen Königreiche gab.

Das wollen sie mit zwei Argumenten beweisen: Erstens
kann als Beweis gelten: Überall in der Heiligen Schrift, wo
die Gewalt erwähnt wird, die Christus dem Papst übertra-

Romano imperio, nec ab illa potestate aliquod regnum eximitur. Cum enim dixit Christus beato Petro: *'Quodcunque ligaveris'* etc., cum iterum dixit: *'Pasce oves meas'*, non plus a tali potestate eximitur regnum Francie vel aliquod aliud quam Romanum imperium. Et idem in omnibus auctoritatibus, quibus probatur potestas specialis pape. Cum enim dicitur Gen. 1: *'Fecit deus duo luminaria magna'* etc. – per que intelligit regnum et sacerdotium – et cum dicitur Ier. 1.: *'Ecce constitui te hodie super gentes et super regna'*, et cum dicitur Luc. 22: **'Ecce duo gladii hic'*, et in consimilibus, nulla fit mentio specialis de regno Francie vel alio ut intelligendum specialiter exemptum a quacunque potestate data beato Petro a Christo magis quam Romanum imperium, quam non acceperit super Franciam et alia regna*. Quare si ex potestate data beato Petro a Christo, papa potest transferre Romanum imperium de gente in gentem, poterit eadem potestate transferre regnum Francie de gente in gentem.

Secundo probant idem sic: Non fuit maior potestas beato Petro data super Romanum imperium quam super partes Romani imperii vel super regna, que erant subiecta Romano imperio. Sed quando Christus dedit beato Petro potestatem papalem, regnum Francie sicut et alia regna fuit pars Romani imperii vel subiectum Romano imperio. Igitur non maiorem potestatem recepit beatus Petrus a Christo super Romanum imperium quam super regnum Francie. Disci-

gen hat, wird das Römische Reich keineswegs besonders erwähnt. Auch wird kein Königreich von jener Gewalt ausdrücklich ausgenommen. Wenn etwa Christus zu Petrus
sagt: »*Was du auf Erden lösen wirst*« usw. [Mt. 16,9] und
wiederum: »*Weide meine Schafe*« [Ioh. 21,17], ist das Königreich Frankreich oder irgendein anderes Reich aus dieser
Gewalt nicht in höherem Grade ausgenommen als das Römische Reich. Und dasselbe (gilt) in allen jenen Schriftzeug-
nissen, mit denen die besondere Gewalt des Papstes bewiesen wird. Wenn es nämlich Gen. 1,16 heißt: »*Und Gott
machte zwei große Lichter*« usw. – und damit ist die Königsherrschaft und das priesterliche Amt gemeint – und
wenn es Ier. 1,10 heißt: »*Siehe, ich habe dich heute gesetzt
über Völker und Königreiche*«, und wenn es Lc. 22,38 heißt:
»*Herr, siehe, hier sind zwei Schwerter*«, und in den (anderen) ähnlichen Schriftstellen, nirgends wird das Königreich
Frankreich oder ein anderes Reich besonders erwähnt, als
sei es in besonderem Maße ausgenommen, mehr als das Römische Reich, von jeglicher Kompetenz, welche der heilige
Petrus von Christus empfangen hat, die er über Frankreich
und die anderen Reiche nicht erhalten hätte.[53] Wenn daher
der Papst kraft der dem Petrus von Christus gegebenen Gewalt das Römische Reich von einem Volk auf ein anderes
Volk übertragen kann, könnte er kraft der nämlichen Gewalt auch das Königreich Frankreich von einem Volk auf
ein anderes übertragen.

Zweitens führen sie folgenden Beweis: Dem heiligen Petrus wurde über das Römische Reich keine größere Gewalt
gegeben als über einzelne Teile des Römischen Reichs oder
über Königreiche, die damals dem Römischen Reich unterworfen waren. Als aber Christus dem heiligen Petrus die
päpstliche Gewalt gab, war das Königreich Frankreich wie
andere Königreiche Teil des Römischen Reichs und dem römischen Kaiserreich unterworfen. Der heilige Petrus hat
also von Christus über das Römische Reich keine größere
Gewalt erhalten als über das Königreich Frankreich. SCHÜ-

PULUS. Forte dicerent aliqui, quod dominium regni Francie erat subiectum Romano imperio et omnem potestatem, quam habuit papa super Romanum imperium, habuit etiam super regnum Francie. Sed modo non habet eam, quia regnum Francie non est subiectum Romano imperio. MAGISTER. Ista responsio multis videtur absurda. Tum quia per rebellionem regni Francie vel exemptionem papa non debuit aliqua potestate privari; tum quia potestas, quam habet papa ex ordinatione Christi, non potest mutari nec auferri ab eo per aliquem inferiorem Christo; tum quia tunc papa, qui fuit post rebellionem vel exceptionem regni Francie, non fuisset equalis potestatis cum papa, qui precessit, et ita non fuit verus successor eius.

DISCIPULUS. Recitasti, quomodo impugnatur. Nunc narra, quomodo respondetur ad ipsam. MAGISTER. Respondetur, quod per qualem potestatem et auctoritatem papa Zacharias deposuit regem Francie et Pipinum instituit, ut allegatum est supra, per talem et consimilem transtulit Romanum imperium de Grecis in Germanos. Regemque Francie non deposuit auctoritate vel potestate sibi data a Christo, sed hec fecit auctoritate Francorum, qui sibi illa vice auctoritatem et potestatem dederunt talem. Vel secundum glosam super illud c. 'Alius': *'dicitur deposuisse, quia deponentibus consensit.'* Sic papa non auctoritate vel potestate sibi data a Christo, sed auctoritate Romanorum tan-

LER. Vielleicht würden einige einwenden, daß die Herrschaft über das Königreich Frankreich (damals) dem römischen Kaiserreich unterworfen war und daß der Papst alle
Gewalt, die er über das Römische Reich hatte, auch über
das Königreich Frankreich besaß. Aber jetzt hat er sie nicht
(mehr), weil das Königreich Frankreich dem Römischen
Reich nicht (mehr) unterworfen ist. LEHRER. Dieser Einwand erscheint vielen absurd. Denn einmal dürfte der Papst
durch einen Aufruhr des Königreichs Frankreich oder
durch dessen Exemption keinesfalls irgendeiner Gewalt beraubt werden. Außerdem kann auch die Gewalt, die der
Papst kraft der Anordnung Christi hat, nicht geändert oder
von ihm fortgenommen werden durch jemanden, der unter
Christus steht. Schließlich hätte auch ein Papst, der nach
dem Aufruhr oder der Exemption des Königreichs Frankreich sein Amt führt, nicht die gleiche Gewalt wie ein Papst,
der sein Vorgänger war, und somit wäre er nicht sein wahr-
haftiger Nachfolger.

SCHÜLER. Du hast berichtet, wie Einwände erhoben werden. Erzähle nun, wie auf diese Einwände geantwortet
wird! LEHRER. Die Antwort ist: Kraft der Kompetenz und
Vollmacht, aufgrund derer Papst Zacharias den König des
Frankenreiches absetzte und Pippin eingesetzt hat, wie
oben angeführt, kraft derselben oder doch der gleichen
Kompetenz und Vollmacht übertrug er auch das römische
Kaisertum von den Griechen auf die Germanen. Den König
des Frankenreiches hat er nicht kraft einer Vollmacht oder
Kompetenz abgesetzt, die ihm von Christus gegeben war,
sondern das tat er aufgrund der Ermächtigung durch die
Franken, die ihm für dieses eine Mal solche Vollmacht und
Kompetenz gegeben haben. Oder, wie es in der Glosse zu
C. 15 q. 6 c. 3 [s. v. *deposuit*] heißt, *»man sagt, er habe ihn
abgesetzt, weil er denen seine Zustimmung gab, die die Ab-
setzung vornahmen.«* Somit hat der Papst nicht kraft der
Vollmacht oder Gewalt, die ihm von Christus gegeben
wurde, sondern kraft der Vollmacht durch die Römer, die

quam persone excellentiori inter Romanos talem potestatem dederunt: Illa vice transtulit Romanum imperium de Grecis in Germanos. Vel potest dici transtulisse, quia transferentibus consensit.

DISCIPULUS. Ista responsio videtur fundari in illa opinione, que ponitur, quod papa habet veram potestatem a Christo immediate, scilicet potestatem in spiritualibus et ius percipiendi carnalia necessaria sibi pro sustentatione et exercendo officia sua. Habet aliquam a conciliis generalibus auctoritatem, a congregatione fidelium, saltem per tacitum assensum ipsorum, a diversis gentibus vel imperatoribus vel principibus vel huiusmodi. De qua opinione poteris invenire quamplurima in tractatu 'De potestate papa et cleri'. Ideo ad presens quamplures impugnationes illius responsionis omittam, et unam adducam, que talis est: Quando aliquid fieri dicitur a 'sede apostolica', non intelligitur fieri per aliquam potestatem concessam persone pape solum, sed intelligitur fieri auctoritate officii concessi a Christo sibi et commissi. Decretalis autem illa 'Venerabilem' dicit *sedem apostolicam* transtulisse imperium de Grecis in Germanos, verba enim decretalis sunt hec: *'Istis principibus et ius et potestatem eligendi regem in imperatorem postea promovendi cognoscimus, ut debemus, ad quos de iure et antiqua consuetudine noscitur pertinere, presertim cum ad eos ius et potestas huiusmodi a sede apostolica provenerit, que Romanum imperium in personam magni Caroli a Grecis transtulit in*

an ihn als einem besonders hervorragenden Mann unter den Römern solche Gewalt gegeben hatten, für dieses eine Mal das römische Kaiserreich von den Griechen auf die Germanen übertragen. Oder man kann auch sagen, daß er denen seine Zustimmung gab, die die Absetzung vornahmen.

SCHÜLER. Diese Antwort stützt sich, wie es scheint, auf jene Meinung, die annimmt, daß der Papst unmittelbar von Christus wahrhaftig Amtsgewalt hat, nämlich die Amtsgewalt in geistlichen Dingen und das Recht, weltliche Dinge einzufordern, die für seinen Unterhalt und zur Amtsübung unumgänglich erforderlich sind. Einige (weitere) Vollmacht hat er von allgemeinen Konzilien, (und damit) von der Gesamtheit der Gläubigen zumindest durch stillschweigende Zustimmung, und von verschiedenen Völkern, auch von Kaisern und Fürsten oder dergleichen. Über diese Auffassung kannst du Ausführlicheres im Traktat »Über die Kompetenz des Papstes und der Amtskirche« [III Dialogus I] finden; darum will ich für jetzt die meisten Einwände gegen jene Antwort nicht behandeln und nur einen einzigen anführen, nämlich folgenden: Wenn irgend etwas nach der Redensart »durch den Apostolischen Stuhl« geschieht, so meint man doch damit nicht, es geschehe kraft einer Kompetenz, die allein der Person des Papstes eingeräumt wäre, sondern daß es kraft der Vollmacht des Amtes geschieht, das ihm von Christus eingeräumt und aufgetragen ist. Jene Dekretale »*Venerabilem*« (X 1.6.34) aber sagt, »*der Apostolische Stuhl*« habe das Kaiserreich von den Griechen auf die Germanen übertragen, und zwar führt diese Dekretale wörtlich aus: »*Daher erkennen wir, wie es sich gehört, jenen Fürsten, denen dies nach Recht und alter Gewohnheit zusteht, das Recht und die Vollmacht zu, den König zu wählen, der später zum Kaiser zu erheben ist, zumal ja auf sie solches Recht und solche Kompetenz vom Apostolischen Stuhl übertragen wurden, der das römische Kaisertum von den Griechen auf die Germanen in der Person des großen*

Germanos.' Igitur papa auctoritate officii commissi sibi a Christo transtulit Romanum imperium.

MAGISTER. Respondetur ad impugnationem istam, quod sepe apostolica sedes accipitur pro papa et sepe illud, quod fit a papa in quantum papa, dicitur fieri a sede apostolica. Et ideo quia papa habens potestatem a Romanis transtulit imperium, sedes apostolica dicitur transtulisse imperium.

c. 21

DISCIPULUS. Adhuc allegationes alias pro opinione predicta discutiamus. MAGISTER. Pro eadem opinione allegatur Augustinus sic: Ab illo habet imperator Romanum imperium, a quo – postquam electus est – examinatur, confirmatur et inungitur, consecratur et coronatur, et cui iurat. Sed imperator Romanus, postquam est electus, examinatur a papa, confirmatur, inungitur, consecratur et coronatur et ei iurat, Extra, de electione, c. 'Venerabilem', et di. 63, 'Tibi domino'. Ergo imperator imperium habet a papa. DISCIPULUS. Ista ratio videtur includere multas particulas. Dic ergo secundum aliquam sententiam, an per hoc, quod electus in imperatorem examinatur a papa, possit ostendi, quod imperator imperium recepit a papa. MAGISTER. Dicunt quidam, quod non. Nam et legati examinari debent ab illis, ad quos mittuntur, di. 97, 'Nobilissimus', ubi dicitur glosa: *'Legati sine periculo non recipiuntur, unde in eis maior est facienda examinatio'*, et tamen legationis officium non est ab ipsis. Ergo per examinationem probari non potest, quod examinatus non habet officium suum ab examinante. Tum quia

Karl übertragen hat.« Demnach hat der Papst in der Vollmacht seines ihm von Christus übertragenen Amtes das römische Kaisertum übertragen.

LEHRER. Auf diesen Einwand wird geantwortet, daß unter dem Apostolischen Stuhl häufig der Papst verstanden wird, und oft sagt man, was der Papst als Papst tue, geschehe durch den Apostolischen Stuhl. Weil nun der Papst, nachdem er die Kompetenz dazu von den Römern erhalten hatte, das Kaisertum übertragen hat, heißt es deshalb ⟨in der Dekretale⟩, der Apostolische Stuhl habe das Kaisertum übertragen.

c. 21

SCHÜLER. Verfolgen wir noch etwas weiter andere Zeugnisse zugunsten der besagten Auffassung. LEHRER. Für dieselbe Auffassung wird auch ein Zitat von Augustinus [de Ancona[54]] angeführt, folgendermaßen: Der Kaiser hat das römische Kaisertum von dem, von dem er – wenn er einmal gewählt ist – geprüft, bekräftigt, gesalbt, geweiht und gekrönt wird, und dem er einen Eid zu leisten hat. Aber der römische Kaiser wird, nachdem er gewählt ist, vom Papst geprüft, bekräftigt, gesalbt, geweiht und gekrönt, und der Kaiser schwört ihm einen Eid (X 1.6.34; und D. 63 c. 33)[55], demnach hat der Kaiser sein Kaisertum vom Papst. SCHÜLER. Dieses Argument schließt offenkundig mehrere Teilschritte ein. Sage also, ob gemäß einer bestimmten Auffassung dadurch, daß ein zum Kaiser Gewählter vom Papst geprüft wird, auch bewiesen werden kann, daß der Kaiser sein Kaisertum vom Papst erhalten hat. LEHRER. Einige sagen: Nein. Denn auch Gesandte müssen von denen geprüft werden, zu denen sie gesandt sind, D. 97 c. 3, wo es in der Glosse [s. v. *signatis*] heißt: »*Gesandte werden nicht ohne Gefahr empfangen, daher muß über sie eine ganz strenge Prüfung erfolgen.*« Dennoch ist das Amt der Gesandtschaft nicht von diesen. Also läßt sich durch die Prüfung nicht beweisen, daß der Geprüfte sein Amt von dem hat, der ihn

licet examinare litteras papales, Extra, de crimine falsi, 'Ad falsariorum', et tamen examinatores huiusmodi non habent super litteras examinatas aliquam potestatem. Ergo per hoc, quod electus in imperatorem examinatur a papa, inferri non potest, quod imperator habet imperium a papa. Examinatur ergo electus in imperatorem a papa, non ut papa conferat sibi imperium, sed ne papa et alii habeant pro imperatore unum, qui non est electus legitime, et per consequens, qui non est verus imperator. Quemadmodum volentes uti litteris papalibus examinant eas, ne litteras falsas pro veris recipiant.

DISCIPULUS. Video, quare dicitur, quod per examinationem probari non potest, quod imperium sit a papa. Nunc refer, quid dicitur de confirmatione. MAGISTER. Dicitur, quod in nulla scriptura autentica antiqua invenitur, quod imperator fuerit confirmatus a papa. Unde et in decretali *'Venerabilem'*, que magis sonare videtur, quod imperium sit a papa, de confirmatione non fit mentio. Unde dicitur, quod imperator antiquitus non confirmabatur a papa. Si autem aliquis postea confirmatus fuerit a papa, ex simplicitate vel humilitate imperatoris processit, non tamen potuit legem imperatori imponere.

DISCIPULUS. Nunquid per inunctionem, consecrationem, coronationem ostendi potest, quod imperium sit a papa? MAGISTER. Dicitur quod non, quia alii reges inunguntur, consecrantur et coronantur ab archiepiscopis et episcopis regnorum suorum et tamen non habent ab ipsis sua regna.

DISCIPULUS. Nunquid per iuramentum potest ostendi, quod imperium sit a papa? MAGISTER. Dicitur, quod non. Quia non potest probari, quod aliquis imperator prestiterit aliquod ⟨aliud⟩* iuramentum pape quam illud, quod fecit

prüft. Außerdem ist es ja doch erlaubt, päpstliche Schreiben zu prüfen, X 5.20.7; gleichwohl haben derartige Prüfer nicht irgendeine Kompetenz über diese Schreiben, die sie prüfen. Demnach läßt sich daraus, daß der zum Kaiser Gewählte vom Papst geprüft wird, nicht folgern, daß der Kaiser sein Kaisertum vom Papst hat. Also wird der zum Kaiser Gewählte vom Papst geprüft, nicht damit der Papst ihm das Kaisertum übertrage, sondern damit nicht der Papst und die anderen Menschen jemanden für einen Kaiser halten, der nicht rechtmäßig gewählt ist und der folglich nicht wahrer Kaiser ist, so wie ja auch diejenigen, die von päpstlichen Schreiben Gebrauch machen wollen, sie prüfen, damit sie nicht gefälschte Schreiben als echte akzeptieren.

SCHÜLER. Ich sehe, warum es heißt, daß durch die Prüfung sich nicht beweisen läßt, daß das Kaisertum vom Papste sei. Berichte jetzt, was über die Bekräftigung[56] gesagt wird. LEHRER. Es wird gesagt, daß man in keinem authentischen alten Text finden kann, daß der Kaiser vom Papst bekräftigt wurde. Darum wird ja in der Dekretale »*Venerabilem*« [X 1.6.34], deren Wortlaut noch am ehesten danach klingt, daß das Kaisertum vom Papste sei, eine Bekräftigung keineswegs erwähnt. Deshalb heißt es, daß der Kaiser in alten Zeiten nicht vom Papst bekräftigt wurde. Wenn aber jemand später vom Papst bekräftigt wurde, so ging das aus der Einfalt oder der Demut des Kaisers hervor, konnte jedoch dem Kaiser kein Gesetz auferlegen.

SCHÜLER. Läßt sich nicht durch Salbung, Weihe und Krönung zeigen, daß das Kaisertum vom Papst ist? LEHRER. Es heißt dazu: Nein. Denn auch andere Könige werden gesalbt, geweiht und gekrönt von Erzbischöfen und Bischöfen ihrer Königreiche und haben gleichwohl von diesen nicht ihre Reiche.

SCHÜLER. Läßt sich nicht durch den (Krönungs-)Eid zeigen, daß das Kaisertum vom Papst ist? LEHRER. Dazu sagen sie: Nein. Denn es läßt sich nicht beweisen, daß irgendein Kaiser dem Papst einen anderen Eid geleistet hat als

Otto imperator Iohanni. Sed iuramentum Ottonis non fuit
iuramentum fidelitatis et subiectionis, quod prestat vasallus
domino suo pro feudo, quod recepit ab ipso. Ad quod probandum tam iuramentum Ottonis predicti quam iuramentum, quod prestat vasallus domino suo, adducuntur. Iuramentum autem Ottonis habetur di. 63, c. 'Tibi domino', tale
fuit: *'Tibi domino Iohanni pape ego rex Otto promitto et iu-*
ramentum facio per patrem, filium et spiritum sanctum, per
hoc lignum vivifice crucis et per has reliquias sanctorum,
quod si permittente deo Romam venero, sanctam Romanam
ecclesiam et te rectorem ipsius exaltabo secundum meum
posse; et vitam aut membra neque ipsum honorem, quem
habes mea voluntate aut meo consilio aut meo consensu aut
exhortatione perdes. Et in Romana civitate nullum placitum
aut ordinationem faciam de omnibus, que ad te aut Roma-
nos pertinent, sine consilio tuo. Et quicquid de terra sancti
Petri ad nostram potestatem pervenerit, tibi reddam. Et cui-
cunque regnum Italicum commisero, iurare faciam illum, ut
tui adiutor sit ad defendendum terram sancti Petri secun-
dum meum vel suum posse.' Forma autem, qua iurat vasallus domino suo, est hec, ut dicit Hostiensis: *'Iuro ego super*
sancta dei evangelia, quod amodo *inantea* ero fidelis tibi,
sicut debet esse vasallus domino suo. Nec illud, quod mihi
sub nomine fidelitatis commiseris, pandam alii me sciente ad
eius detrimentum.' Aliam formam ponit idem Hostiensis,
que talis est: *'Ego Titius iuro ad sancta dei evangelia, quod*
ab hac hora in antea usque ultimum diem vite mee ero fide-
lis tibi, Gaio domino meo contra omnem hominem.'

jenen, den Kaiser Otto I. dem (Papst) Johannes XII. leistete.
Dieser Eid Ottos war aber kein Treueid oder Unterwer-
fungseid, wie ihn ein Vasall seinem Herrn für das Lehen leistet, das er von ihm erhält. Zum Beweis dafür sind nur der
Eid des besagten Kaisers Otto im Wortlaut und ein Eid, wie
ihn ein Vasall seinem Herrn leistet, anzuführen. Den Eid
Ottos findet man D. 63 c. 33, er lautet: »*Dir, dem Herrn Johannes, verspreche ich, Otto, und leiste diesen Eid bei Vater,
Sohn und Heiligem Geist, bei diesem Holz des lebendigma-
chenden Kreuzes und bei diesen Reliquien der Heiligen, daß
ich, wenn ich mit Gottes Hilfe nach Rom komme, die Heilige Römische Kirche und dich, ihren Leiter, nach meinem
Vermögen erhöhen will, und daß du das Leben, die Glieder
und die Ehrenrechte, die du innehast, nicht mit meinem
Willen oder Rat oder Zustimmung oder auf meine Aufforderung hin verlieren sollst. Auch werde ich in der Stadt Rom
kein Gericht halten oder eine Anordnung erlassen, die dich
oder die Römer betrifft, ohne deinen Rat. Und was immer
vom Land des heiligen Petrus in unsere Gewalt gelangt ist,
will ich dir zurückgeben. Und wem immer ich das Königreich Italien zuwenden werde, den werde ich schwören lassen, daß er dich unterstütze bei der Verteidigung des Landes
des heiligen Petrus nach seinem und meinem Vermögen.*«
Das Formular, nach dem ein Vasall seinem Herren schwört,
lautet, wie man beim Hostiensis[57] lesen kann, folgendermaßen: »*Ich, Titius, schwöre bei den heiligen Evangelien Gottes, daß ich von dieser Stunde an in Zukunft bis zu dem
letzten meiner Tage dir treu sein will, wie es ein Vasall seinem Herrn sein soll. Auch werde ich das, was du mir unter
dem Hinweis auf den Treueid aufträgst, nicht einem anderen wissentlich zu deinem Schaden offenbaren.*« Ein anderes Formular zitiert derselbe Hostiensis, es lautet: »*Ich,
Titius, schwöre bei den heiligen Evangelien Gottes, daß
ich von dieser Stunde an künftig bis zum letzten Tag meines Lebens dir, Gaius, meinem Herrn treu sein will gegen
jedermann.*«[58]

De istis formis iurandi nonnullis apparet, quod iuramentum Ottonis imperatoris non fuit iuramentum fidelitatis; tum quia in illo iuramento nulla fit mentio de fidelitate; tum quia esto quod per aliqua verba eiusdem iuramenti aliqua fidelitas debeat intelligi, per nulla verba tamen posita in illo iuramento intelligitur fidelitas illa, quam debet vasallus domino. Non enim omnis fidelitas est fidelitas, quam debet vasallus domino. Nam nonnunquam quis debet servare fidelitatem hosti suo, quia fides hosti est servanda 23 q. 1, 'Noli'; et tamen fidelitas illa, quam debet vasallus domino, non est hosti servanda.

DISCIPULUS. Videtur, quod iuramentum Ottonis fuit iuramentum fidelitatis ex hoc, quod iuravit sibi, quod nunquam vitam aut membra aut honorem perderet sua voluntate, consilio vel exhortatione. Hoc autem spectat ad iuramentum fidelitatis 22 q. ultima, c. 'De forma', ubi sic legitur: *'Qui domino suo fidelitatem iurat, ista sex semper in memoria habere debet: incolume, tutum, honestum, utile, possibile, facile. Incolume videlicet, ne sit in damnum domino suo de corpore suo.'* Ex quibus verbis colligi potest, quod qui iurat alicui, ne sit ei in damnum de corpore suo, iurat sibi fidelitatem. Hoc autem continetur in predicto iuramento Ottonis. Ergo iuravit pape fidelitatem.

MAGISTER. Dicitur, quod non omnis, qui iurat alicui, ne sit ei in damnum de corpore suo, iurat sibi fidelitatem, quam debet vasallus domino suo. Nam sicut legitur 1. Reg. 30, David iuravit puero Egypto, qui ducturus eum erat ad Amalechitas, qui percussit Sichelet, quod non occideret eum et non traderet eum in manum domini sui. Et tamen David non iuravit illi puero fidelitatem, quam vasallus

Einige glauben nun angesichts dieser Eidesformulare, daß der Eid Kaiser Ottos kein Treueid war, einmal weil in jenem Eid die Treue in keiner Weise erwähnt wird, sodann aus folgendem Grund: Selbst wenn vielleicht durch einige Worte dieses Eides eine gewisse Treue gemeint sein sollte, selbst dann ist durch kein einziges Wort in diesem Eid jene Treue gemeint, die ein Vasall seinem Herrn hält; denn nicht jede Treue ist eine Treue, die ein Vasall seinem Herrn schuldet. Manchmal nämlich muß jemand sogar seinem Feind Treue halten, denn nach C. 23 q. 1 c. 3 ist dem Feinde ein gegebenes Wort treu zu halten. Dennoch ist keineswegs dem Feinde jene Treue zu halten, die ein Vasall seinem Herrn schuldet.

SCHÜLER. Aber anscheinend war der Eid Ottos doch ein Treueid, und zwar deswegen, weil er ihm geschworen hat, daß jener niemals sein Leben oder seine Glieder oder seine Stellung verlieren würde mit seinem Willen, Rat oder Geheiß. Das aber gehört zu einem Treueid, wie man C. 22 q. 5 c. 18 lesen kann: »*Wer seinem Herrn Treue schwört, halte sich folgende sechs Punkte stets in seinem Gedächtnis: ›Unversehrt, sicher, ehrbar, nutzbringend, möglich, machbar.‹ Unversehrt, d. h., daß er seinem Herrn nicht an seinem Leibe Schaden zufügt.*«[59] Aus diesen Worten läßt sich entnehmen: wer jemandem schwört, ihm keinen Schaden zuzufügen, der schwört ihm einen Treueid. Das aber war im genannten Eid Ottos enthalten. Also schwor er dem Papst einen Treueid.

LEHRER. Dazu sagt man, daß nicht jeder, der einem anderen eidlich zusichert, ihm an seinem Leib keinen Schaden zu tun, diesem auch einen Treueid leistet, wie ihn ein Vasall seinem Herrn schwört. So liest man etwa in 1. Reg. 30 [d. h.: 1. Sam. 30,11–16], wie David dem ägyptischen Knaben, der ihn zu den Amalekitern führen sollte, die Ziklag verheert hatten, einen Eid leistete, daß er ihn nicht töten und nicht in die Hand seines Herren übergeben würde. Und dennoch hat David jenem Knaben keinen Treueid geleistet, wie ihn

debet domino suo. Et per consequens ex hoc, quod Otto
iuravit pape, quod sua voluntate aut consilio non perderet
vitam aut membra, non exhibuit sibi iuramentum fidelitatis.
Imo quamvis iurasset sibi, quod nihil mali ei unquam faceret, non posset concludi, quod iurasset ei fidelitatem, quam
debet vasallus domino suo, licet iuraverit ei, quod nihil noceret sibi. Abimelech similiter iuravit Ysaac, sic legitur enim
Gen. 26: *'Ad quem locum cum venissent de Gerariis Abime-*
lech et Achosat ad amicos illius et Phicol dux exercitus, locu-
tus est eis Ysaac: "Quid venistis ad me hominem, quem odi-
stis et expulistis a vobis?" Qui responderunt: "Vidimus do-
minum esse tecum et idcirco nunc diximus: sit iuramentum
inter nos et iuremus foedus, et non facias nobis quicquid ma-
li."' Et post: *'Surgentes mane iuraverunt sibi mutuo.'* Ex
quibus verbis colligitur, quod Ysaac iuravit illi, cuius non
erat vasallus, et econverso, quod *non* noceret ei. Et per
consequens licet Otto iurasset pape, quod non sibi in damnum nec de corpore suo nec secreto vel munitionibus neque
de iusticia sua neque possessionibus neque de quocunque
pertinente ad ipsum, non posset ex hoc concludi, quod iurasset sibi fidelitatem, quam debet vasallus domino suo,
quod non continetur in iuramento, quousque ad ultimum
diem vite sue foret sibi fidelis contra omnem hominem, sicut vasallus domino suo. *DISCIPULUS*. Sed videtur, quod
Otto imperator poterat iurare fidelitatem et subiectionem
pape absque hoc, quod iuraret sibi fidelitatem, quam debet
vasallus domino suo. Nam sicut habetur Extra, de iureiurando, 'Ego episcopus': *'Episcopi iurant illam fidelitatem*

ein Vasall seinem Herren schuldet. Folglich hat auch Otto
damit, daß er dem Papst geschworen hat, mit seinem Willen
oder Rat sein Leben oder seine körperliche Unversehrtheit
nicht zu gefährden, ihm keinen Treueid geleistet. Ja, hätte er
ihm selbst geschworen, daß er ihm niemals irgend etwas
Übles zufügen wolle, so ließe sich daraus doch keineswegs
folgern, daß er ihm einen Treueid geschworen hat, wie ihn
ein Vasall seinem Herren schuldet, auch wenn er ihm damit
eidlich zugesichert hätte, daß er ihn nicht schädigen wollte.
Auch Abimelech hat ähnliches dem Isaak geschworen, wie
man Gen. 26,26–29 lesen kann. *»Und Abimelech ging zu
ihm von Gerar mit Ahusath, seinem Freund, und Pichol, seinem Feldhauptmann. Aber Isaak sprach zu ihnen: ›Warum
kommt ihr zu mir? Hasset ihr mich doch und habt mich von
euch getrieben.‹ Sie sprachen: ›Wir sehen mit sehenden Augen, daß der Herr mit dir ist. Darum sprechen wir jetzt: es
soll ein Eid zwischen uns sein, und wir wollen einen Bund
beschwören, daß du uns keinen Schaden tust.‹«* Und etwas
später heißt es (Gen. 26,31): *»Und früh am Morgen standen
sie auf, und einer schwor dem anderen.«* Daraus ergibt sich,
daß Isaak jemandem, dessen Vasall er nicht war, einen Eid
leistete, ihm nicht schaden zu wollen, und umgekehrt. Folglich gilt: Hätte Otto auch dem Papst geschworen, daß er
ihm nicht zum Schaden sein wolle an seinem Leibe, weder
insgeheim noch öffentlich, sei es an seinen Befestigungsan-
lagen, an seinen Herrschaftsrechten oder an seinen Besit-
zungen, oder an irgend etwas, was ihm gehörte, so ließe sich
daraus doch nicht folgern, daß er ihm einen Treueid geleistet hat, wie ihn ein Vasall seinem Herrn schuldet, zumal
auch im Wortlaut nicht enthalten ist, daß er ihm bis ans
Ende seiner Tage treu sein wolle gegen jedermann wie ein
Vasall seinem Herrn. SCHÜLER.[60] Doch konnte, wie es den
Anschein hat, Kaiser Otto I. dem Papst Treue und Unterwerfung schwören, auch wenn er ihm keinen Treueid leistete, wie ihn ein Vasall seinem Herrn schuldet. Gl. ad
X 2.24.4 [Glossa, *Casus*] heißt es: *»Bischöfe aber schwö-*

domino pape.' Et tamen non iurant sibi illam fidelitatem, quam debet vasallus domino, quia episcopi non sunt vasalli pape, sicut nec papa est dominus ipsorum, iuxta illud beati Petri: *'Neque dominantes in clero.'*

MAGISTER. Respondetur, quod sermo est de iuramento, quod dicitur debere fieri ab imperatore ratione imperii Romani, quod dicitur esse a papa, quia dicitur, quod nullus est verus imperator Romanus, nisi percipiat Romanum imperium a papa. Ex quo concluditur, quod imperator debet infeudari a papa, et per consequens imperator est vasallus pape. Ex quo sequitur, quod si debet iuramentum prestare pape pro Romano imperio, debet sibi iurare fidelitatem, quam debet vasallus domino suo. DISCIPULUS. Videtur, quod Otto iuravit pape Iohanni fidelitatem illam, quam debet vasallus domino, quia vocat eum dominum suum, cum dicit: *'Tibi domino Iohanni pape.'* MAGISTER. Respondetur, quod sicut ibi Otto vocat papam dominum, ita papa vocat imperatorem dominum suum 11 q. 1, 'Sacerdotibus'. Igitur sicut ex tali modo loquendi non potest concludi, quod papa est vasallus imperatoris, ita ex modo tali loquendi Ottonis non potest concludi, quod imperator est vasallus pape. Igitur quod Otto vocat papam dominum suum, non est quia papa est eius dominus temporalis, sed propter prerogativam officii et dignitatis. Quemadmodum sepe domini temporales vocant etiam mendicantes religiosos 'dominos' propter prerogativam sanctitatis et religionis, non quia reputant se vasallos eorum. Qui et modus loquendi sepe legitur in scripturis divinis.

DISCIPULUS. Nunquid tenebatur Otto etiam non requisitus iurare domino pape? MAGISTER. Respondetur, quod Otto spontanea voluntate iuravit pape Iohanni. Ad tale

ren jenen *(Treu-)Eid dem Herrn Papst.«* Und gleichwohl
schwören sie ihm nicht jene Treue, welche ein Vasall seinem
Herrn schuldet, sind doch Bischöfe nicht Vasallen des Papstes, noch ist der Papst ihr Herr, nach jenem Wort des heiligen Petrus [1. Petr. 5,3]: *»Nicht als die, die über den Klerus
herrschen* [. . .].«

LEHRER. Die Antwort ist: Hier ist die Rede von dem Eid,
der vom Kaiser aufgrund des römischen Kaisertums geleistet wird, das, wie man sagt, vom Papste herrührt, heißt es
doch, daß niemand wahrhaft römischer Kaiser ist, er emp-
fange denn das römische Kaisertum vom Papst. Daraus ist
zu folgern, daß der Kaiser vom Papst (sein Amt) zu Lehen
nehmen muß, und folglich ist der Kaiser ein Vasall des Papstes. Daraus folgt, daß er, wenn er dem Papst für das römische Kaisertum einen Eid leisten muß, er ihm einen Treueid
schwören muß, welchen ein Vasall seinem Herrn schuldet.
SCHÜLER. Anscheinend hat Otto I. dem Papst Johannes XII.
einen Treueid geschworen, den ein Vasall seinem Herrn
schuldet, nennt er ihn doch seinen Herrn, weil er ja sagt:
»Dir, dem Herrn Papst Johannes ⟨. . .⟩.« LEHRER. Die Antwort ist: so, wie dort Otto den Papst seinen Herrn nennt,
so nennt auch der Papst den Kaiser seinen Herrn, nämlich
in C. 11 q. 1 c. 41. Demnach darf aus solchem Sprachge-
brauch nicht gefolgert werden, daß der Kaiser ein Vasall des
Papstes ist. Also liegt der Grund dafür, daß Otto den Papst
seinen Herren nennt, nicht darin, daß der Papst sein weltlicher Herr wäre, sondern das geschieht wegen des Vorrechts
von dessen Amt und Würde. Wie ja oft weltliche Herren
sogar Bettelmönche »Herren« nennen, wegen ihres Vorrechts von Heiligkeit und frommem Leben, nicht weil sie
sich als deren Vasallen betrachteten. Und dieser Sprachge-
brauch findet sich auch oft in der Heiligen Schrift.

SCHÜLER. War Otto nicht dazu verpflichtet, auch ohne
besondere Aufforderung dem Herrn Papst einen Eid zu leisten? LEHRER. Darauf ist die Antwort, daß Otto aus eigener freier Willensentscheidung dem Papst Johannes seinen

autem iuramentum cogi non potuit, quod tali ratione probatur. Nam non plus ex ordinatione Christi tenetur imperator pape pro Romano imperio quam rex Francie et quicunque alii pro regnis suis. Sed rex Francie et multi alii
reges non tenentur iurare pape, nisi voluerint. Ergo nec imperator. Et ex hoc concluditur, quod imperator non habet
imperium a papa, nec est vasallus eius, quia vasallus tenetur
iurare domino suo, potissime si fuerit requisitus.

c. 22

Discipulus. Tange breviter aliquas alias rationes pro sepe
dicta opinione. Magister. Alia ratio est: Papa supplet defectum imperii vacante imperio, Extra, de foro competenti,
c. 'Licet'. Ergo imperium dependet a papa. Discipulus.
Dic breviter, quomodo respondetur ad illam rationem.
Magister. Dicitur, quod sicut papa ex auctoritate sibi data
a Christo non intromittit se de temporalibus vacantibus
aliis regnis multis nec etiam est tutor aliorum regnorum vel
heredum eorum infra etatem legitimam, sic papa auctoritate
papali sibi data a Christo non intromittit se de imperio vacante illo. Sed quod intromittat se, si rite faciat, intromittit
se auctoritate Romanorum vel electorum, ad quos spectat
specialiter supplere defectum imperii imperio vacante, qui
potestatem suam transferre possent in papam.

Discipulus. Aliam rationem adducas. Magister. Alia
ratio est: Papa habet utrunque gladium, materialem scilicet
et spiritualem. Ergo imperium est ab ipso. Discipulus.

Eid leistete, zu solchem Eid aber nicht gezwungen werden
konnte. Das kann mit folgendem Argument bewiesen werden. Aus Christi Anordnung ist ein Kaiser dem Papst nicht
stärker für das Römische Reich verpflichtet, als es der König Frankreichs und alle anderen Könige für ihre Königreiche sind. Der König Frankreichs und viele andere Könige
sind aber nicht verpflichtet, dem Papst einen Eid zu leisten,
es sei denn, sie wollten es selbst. Folglich gilt das auch für
den Kaiser. Und daraus läßt sich folgern, daß der Kaiser
sein Kaisertum nicht vom Papst hat und auch nicht dessen
Vasall ist, denn ein Vasall muß seinem Herrn einen Eid leisten, zumal wenn er dazu aufgefordert wird.

c. 22

SCHÜLER. Gehe kurz auf einige andere Gründe zugunsten dieser oft genannten Auffassung ein! LEHRER. Eine
andere Begründung dafür ist: Der Papst tritt bei einem Versagen des Kaisertums, während das Kaisertum vakant ist,
für es ein, X 2.2.1; also hängt das Kaisertum vom Papst ab.
SCHÜLER. Sage knapp, wie auf diese Argumentation geantwortet wird. LEHRER. Es heißt, wie der Papst aus der Vollmacht, die ihm von Christus gegeben ist, sich nicht in weltliche Geschäfte einmischt, wenn viele andere Königreiche
vakant sind und wenn er nicht zum Vormund anderer Königreiche oder ihrer unmündigen Erbprinzen gesetzt ist, so
mischt sich der Papst aufgrund der ihm von Christus übertragenen Vollmacht auch nicht in das Kaisertum ein bei dessen Vakanz; daß er sich aber einmischt, das geschieht, wenn
er es mit Recht tut, aufgrund der Ermächtigung durch die
Römer oder durch die Kurfürsten, denen es bei einem Versagen des Kaisertums in besonderem Maße zusteht, in dessen Rechte einzutreten, weil diese ja ihre Befugnis auf den
Papst übertragen könnten.

SCHÜLER. Führe eine andere Begründung an! LEHRER.
Ein anderer Grund ist: Der Papst hat beide Schwerter, das
materielle und das geistliche. Also ist das Kaisertum von

Dic, quomodo respondetur ad istam. MAGISTER. Dicitur, quod papa non habet utrunque gladium, teste Nicolao, qui, ut legitur 30 q. 2, c. 'Inter hoc', loquens de ecclesia ait: *'Gladium non habet nisi spiritualem: non occidit, sed vivificat.'* DISCIPULUS. Glosa respondet ibidem, quod ecclesia non habet gladium nisi spiritualem *'quoad executionem'*. Habet tamen gladium materialem quasi reconditum in vagina, cuius executionem imperatori committit. *'In gremio enim fidelis ecclesie ambo gladii sunt reconditi. Unde quisquis ibidem non fuerit, neutrum habet. Quod probatur per hoc, quod dominus non dicit Petro: "Abiice gladium", sed: "Converte gladium in vaginam", ut scilicet Petrus non per seipsum, sed per imperatorem potestatem gladii communicet. Potestas enim gladii materialis apud ecclesiam est implicita, sed per imperatorem, qui eam recepit, explicatur. In cuius signum summus pontifex, quando coronat cesarem, exhibet sibi gladium in vagina contentum, quem acceptum princeps evaginat et vibrando innuit se illius executionem accepisse.'*

MAGISTER. Ista ratio a nonnullis, qui eam hereticalem reputant, multipliciter improbatur. DISCIPULUS. Quia illa opinio, quam modo tractamus, hereticalis estimatur, ideo breviter narra, quomodo illa ratio improbatur. MAGISTER. Improbatur primo sic: Rex Francie et alii reges quamplures non recipiunt gladii potestatem a papa. Etiam quando regnare incipiunt, ipsum de nullo requirunt nec pro coronatione nec pro alia potestate concedenda ipsis. Ergo nec imperator recipit gladii potestatem a papa.

ihm. SCHÜLER. Sage, wie man darauf antwortet! LEHRER.
Man sagt, daß der Papst keineswegs beide Schwerter hat,
nach dem Zeugnis von Papst Nikolaus, der (wie man C. 33
q. 2 c. 6 lesen kann) sagt, wo er über die Kirche spricht: *»Sie
hat nur das geistliche Schwert; dieses tötet nicht, sondern
macht lebendig.«* SCHÜLER. Die Glosse erwidert ebenda
[s. v. *gladium*], daß die Kirche freilich nur das geistliche
Schwert habe *»hinsichtlich des Gebrauchs«.* Sie hat aber
auch das materielle Schwert, gleichsam in der Scheide geborgen, dessen Gebrauch sie dem Kaiser anvertraut. *»Im Schoß
der gläubigen Kirche sind beide Schwerter geborgen. Daher
hat, wer nicht dortselbst ist, keines von ihnen. Und das läßt
sich durch jenes Schriftwort beweisen, daß der Herr dem
Petrus nicht sagt: ›Wirf das Schwert fort!‹, sondern: ›Stecke
das Schwert in die Scheide!‹, damit Petrus nicht durch eigene Hand, sondern durch den Kaiser ⟨anderen⟩ die Kompetenz des Schwertes mitteile. Auch ist die Kompetenz des materiellen Schwertes bei der Kirche nur implizit, sie wird aber
durch den Kaiser, der sie empfängt, dann explizit gemacht.
Zum Zeichen dessen übergibt der höchste Bischof, wenn er
den Kaiser krönt, ihm ein Schwert, das in der Scheide steckt,
und der Kaiser nimmt es und zieht es sofort und macht damit einen Streich und deutet damit an, daß er die Befugnis
erhalten hat, es zu gebrauchen.«*[61]

LEHRER. Diese Argumentation wird von einigen, die sie
für ketzerisch halten, mit vielen Gründen widerlegt. SCHÜ-
LER. Weil jene Meinung, die wir gerade verhandeln, als ketzerisch gilt, so erzähle in Kürze, wie man diese Begründung
widerlegt! LEHRER. Zuerst widerlegt man sie folgendermaßen: Der König von Frankreich und sehr viele andere Könige empfangen die Befugnis, das Schwert zu gebrauchen,
nicht vom Papst. Wenn sie ihre Regierung antreten, bitten
sie ihn um gar nichts, nicht um die Krönung und nicht
darum, ihnen irgendeine andere Befugnis zu übertragen.
Also erhält auch der Kaiser seine Befugnis, das Schwert zu
brauchen, nicht vom Papst.

Secundo, quia extra ecclesiam est gladii potestas. Aliter enim nullus paganus fuisset vere princeps.

Tertio, quia quando Christus dixit Petro: '*Converte gladium tuum in vaginam*', post resurrectionem factus fuit pastor, licet prius fuit apostolus, di. 50, 'Considerandum' et c. 'Fidelior'. Igitur per illa verba non potest ostendi, quod potestas gladii fuit data pape a Christo.

Quarto, quia alii reges accipiunt coronam ab episcopis vel archiepiscopis regnorum suorum, per quam designatur auctoritas et etiam potestas temporalis. Et tamen illi non habent ab episcopis vel archiepiscopis regnorum suorum dominium. Omnem enim gladii potestatem et administrationem temporalem habent ante coronationem, quam habent post. Et multo magis recipiunt in coronatione quam clerici confirmati in consecratione. Et tamen ante consecrationem consequuntur omnia, que sunt iurisdictionis, Extra, de translatione episcoporum, c.1.

Quinto, quia electus in imperatorem, ante coronatur in regem, quam in imperatorem a papa coronetur. Omnis autem rex habet potestatem gladii materialis. Ergo antequam imperator recipiat a papa gladium in vagina contentum, habet etiam quoad executionem gladium materialem.

c. 23

DISCIPULUS. Ista ratio apparenter refellitur. Ad quam postea forte redibimus. Ideo tange aliam rationem ad eandem conclusionem. MAGISTER. Alia ratio talis est: Ab ipso est

Zweitens: Auch außerhalb der Kirche gibt es die Befugnis zum Schwertgebrauch. Sonst könnte kein Heide in Wahrheit Herrscher sein.

Drittens: Mag auch Christus Petrus gesagt haben: »*Stecke dein Schwert in die Scheide!*«, wurde Petrus doch erst nach der Auferstehung mit dem Hirtenamt betraut, wenn er auch schon zuvor Apostel war, D. 50 c. 53 und c. 54; folglich kann durch diese Worte nicht bewiesen werden, daß die Befugnis, das Schwert zu gebrauchen, dem Papst durch Christus übertragen wurde.

Viertens: Andere Könige erhalten ihre Krone von Bischöfen oder Erzbischöfen ihres Reiches, und dadurch wird ihre Macht und weltliche Gewalt verdeutlicht. Und dennoch haben sie ihre Herrschaft nicht von diesen Bischöfen und Erzbischöfen ihres Reiches, haben sie doch alle Schwertgewalt und weltlichen Herrschaftsrechte auch schon vor ihrer Krönung inne, welche sie nach ihrer Krönung besitzen. Doch erhalten sie bei der Krönung viel mehr, als diejenigen Kleriker bekommen, die nach bestätigter Wahl (zum Bischof) geweiht werden. Und dennoch haben sie schon vor der Krönung alles erhalten, was zur Regierung gehört, X 1.7.1.

Fünftens: Derjenige, der zum Kaiser gewählt ist, wird zuerst zum König gekrönt, bevor er vom Papst zum Kaiser gekrönt wird. Jeder König aber hat die Gewalt des materiellen Schwertes. Also hat ein Kaiser, bevor er vom Papst das in der Scheide steckende Schwert überreicht bekommt, bereits das materielle Schwert auch hinsichtlich seines Gebrauchs.

c. 23

SCHÜLER. Diese Begründung kann man mit Wahrscheinlichkeit zurückweisen, aber wir werden später noch auf sie zurückkommen. Deshalb behandle nun eine andere Begründung, die zu derselben Schlußfolgerung führt. LEHRER. Eine andere Begründung ist folgende: Von dem rührt

potestas Romani imperii, qui a Christo recepit potestatem ligandi omnia et solvendi. Sed talem potestatem dedit Christus beato Petro, qui, ut legitur Matth. 16, dicit ei: *'Tu es Petrus, et super hanc'* etc. usque *'erit solutum et in celis'*. Igitur beatus Petrus omnia potuit, et per consequens potuit dare imperium imperatori. DISCIPULUS. Quamvis de fundamento illius rationis plura poterimus invenire in tractatu 'De potestate papa et cleri', tamen hic breviter dic, an omnes consentiunt, quod absque omni exceptione papa omnia possit. Videtur enim, quod sic, cum Innocentius III. videtur hoc consentire et dicere, sicut legitur Extra, de maioritate et obedientia, c.*"Solite"*, ait: *'Nunc vis non illud tanquam notissimum omittamus, quod deus dicit ad Petrum, et etiam Petrus dicit ad successores eius: "Quodcunque ligaveris super terram erit" etc., nihil excipiens, cum dicit: "Quodcunque ligaveris" etc.'* MAGISTER. Dicere, quod papa sine omni exceptione omnia possit, multi reputant heresim, etiam loquendo de illis, que fieri possunt ab homine. Tum quia nihil potest, quod est contra ius divinum vel ius naturale; tum quia multa non potest, que nec sunt contra ius divinum nec contra ius naturale, quorum multa ab aliis fieri possunt. DISCIPULUS. Quod papa non possit illa, que sunt contra ius divinum vel ius naturale, non dubito. Ideo non ponas exemplum de illis. Sed breviter tange aliqua exempla, que alii adducunt ad probandum, quod papa non potest omnia, que nec sunt contra ius divinum nec naturale.

MAGISTER. Primum exemplum est, quod papa non potest sibi substituere sucessorem, qui post ipsum sit papa 8 q. 1, c. 'His omnibus'. Secundum est, quia quod infideles susci-

die Gewalt des römischen Kaisertums, der von Christus die
Gewalt erhalten hat, alles zu binden und zu lösen. Christus
aber gab diese Gewalt dem heiligen Petrus, als er ihm, wie
es Mt. 16,18 heißt, sagte: »*Du bist Petrus und auf diesem
Felsen*« usw., bis zu der Textstelle: »*wird auch im Himmel
gelöst sein*«. Demzufolge konnte Petrus alles, und folglich
konnte er das Kaisertum dem Kaiser übertragen. SCHÜLER.
Wenngleich wir über die Grundlagen dieser Argumentation
vieles in dem Traktat über die Gewalt des Papstes und des
Klerus finden können [III Dialogus I], so sage hier dennoch
in Kürze, ob alle darin übereinstimmen, daß der Papst ohne
alle Ausnahme alles vermag. Es hat jedenfalls diesen Anschein, denn Innozenz III. stimmt anscheinend damit überein, wenn er X 1.33.6[62] sagt: »*Laß uns auch jenen allerbe-
kanntesten Beleg nicht übergehen, daß nämlich Gott zu Petrus sagt – und in Petrus sagt er es zu seinen Nachfolgern:
›Alles, was du binden wirst auf Erden [das soll auch im
Himmel gebunden sein‹], wobei er nichts davon ausnahm,
als er sagte: ›Alles[!], was du binden wirst‹* usw.« LEHRER.
Zu sagen, daß der Papst ohne jede Ausnahme alles vermag,
das halten viele für eine Ketzerei, auch wenn nur davon die
Rede ist, was von Menschen getan werden kann. Einmal
weil er nichts gegen das göttliche Recht oder das Naturrecht
vermag, zum anderen weil er auch vieles von dem nicht
kann, was weder gegen das göttliche noch gegen das natürliche Recht ist, wobei vieles davon von anderen durchaus getan werden kann. SCHÜLER. Daß der Papst das nicht kann,
was gegen das göttliche Recht oder das Naturrecht ist, be-
zweifle ich nicht, darum führe dafür keinen Beispielfall an.
Aber gib mir in Kürze einige Beispiele, die bestimmte
Leute zum Beweis dafür anführen, daß der Papst nicht alles
kann, was weder gegen das göttliche, noch gegen das Naturrecht gerichtet ist.

LEHRER. Das erste Beispiel ist, daß der Papst sich nicht
selbst einen Nachfolger einsetzen kann, der nach ihm Papst
sei, C. 8 q. 1 p. c. 7. Das zweite, daß die Ungläubigen den

piunt fidem, non est contra ius divinum vel naturale, sed consonum; et tamen papa non potest cogere infideles suscipere fidem, di. *45*, 'De iudeis' et *23* q. 5, 'Ad fidem' et c. 'Quia nos'. Tertium est, quod non potest compellere aliquem absque culpa intrare religionem, 20 q. 3, c. 'Presens'. Quartum est, quod non potest alicui precipere absque culpa et causa patenti, quod quis servet virginitatem, teste Ambrosio, qui – ut legitur 32 q. c. 'Integritas' – ait: *'Sola autem est virginitas, que suaderi potest, imperari non potest. Res magis est voti quam precepti.'* Ex verbis istis sumitur quintum exemplum, quod scilicet nihil supererogativum potest precipere alicui sine culpa et absque causa nec continentiam nec ieiunium, nisi ratione delicti vel causa patenti posset alicui precipere, di. 74, c. 'Gesta', ubi dicit beatus Gregorius: *'Sicut iustum est, ut nemo credere compellatur invitus, ita censendum puto, ne quisquam insons ab ordinis sui ministerio deiiciatur iniuste.'* Ex quibus verbis sic arguitur: Papa de plenitudine potestatis non potest deiicere iniuste aliquem. Igitur nec de plenitudine potestatis potest aliquem invitum compellere credere, nisi ratione delicti vel ex causa. Sextum est, quod papa non potest dispensare cum monacho, ut habeat proprium vel contrahat matrimonium, Extra, de statu monachorum, c. 'Cum ad monasterium', ubi sic dicitur: *'Abdicatio proprietatis et custodia castitatis adeo est adiuncta regule monachali, ut contra eum nec summus pontifex possit licentiam indulgere.'* Septimum est, quod papa absque causa non potest in quocunque voto dispensare, teste glosa Extra, de voto et voti redemptione, c. 'Non est voti', que ait super verbo 'adimplere': *'Non est securus quoad deum, cum*

Glauben annehmen, geschieht nicht gegen das göttliche Recht oder das Naturrecht, sondern stimmt damit überein; und dennoch kann der Papst die Ungläubigen nicht zwingen, den Glauben anzunehmen, D. 45 c. 5; C. 23 q. 5 c. 33 und ⟨C. 23 q. 4⟩ c. 43.[63] Das dritte Beispiel ist, daß er niemanden ohne schuldhaftes Versagen dazu zwingen kann, einem religiösen Orden beizutreten, C. 20 q. 3 c. 4. Das vierte ist, daß er niemanden ohne seine Schuld oder offenkundiges Unrecht befehlen kann, Jungfräulichkeit zu bewahren, nach dem Zeugnis des Ambrosius, der C. 32 q. 1 c. 13 sagt: »*Allein die Jungfräulichkeit ist es, die nur angeraten, nicht befohlen werden kann. Sie gehört mehr dem Gelübde als dem Befehl.*« Aus diesen Worten kann man ein fünftes Beispiel heraushören, nämlich daß der Papst niemandem Übergebührliches befehlen kann ohne dessen Schuld und ohne Grund, weder Enthaltsamkeit, noch Fasten, es sei denn aufgrund eines Delikts oder aus manifestem Grund, D. 74 c. 2, wo der heilige Gregor sagt: »*Wie es gerecht ist, daß niemand gegen seinen Willen zum Glauben[64] gezwungen wird, so muß man, wie ich glaube, auch hier ähnlich urteilen, damit nicht ein Unschuldiger vom Dienst seiner Ordination ungerecht degradiert werde.*« Aus diesen Worten läßt sich folgendermaßen argumentieren: Der Papst kann auch aus der Fülle seiner Gewalt niemanden ungerecht degradieren, also kann er auch niemanden aus der Fülle seiner Gewalt gegen seinen Willen dazu zwingen zu glauben, es sei denn aufgrund einer Schuld oder aus einem (vernünftigen) Grund. Ein sechstes Beispiel ist, daß der Papst keinem Mönch Dispens erteilen kann, Eigentum zu haben oder eine Ehe zu schließen, X 3.35.6, wo es heißt: »*Der Verzicht auf Eigentum und die Beachtung der Keuschheit ist so sehr der Mönchsregel verbunden, daß gegen beides auch der höchste Bischof keine (gegenteilige) Erlaubnis gewähren darf.*« Das siebte Beispiel ist, daß der Papst nicht ohne Grund gegen jedes Gelübde Dispens geben darf nach dem Zeugnis der Glosse zu X 3.34.5 zum Wort »*adimplere*«, die sagt: »*Wem

quo papa dispensat, nisi subsit causa dispensandi; sicut non dicitur absolutus, qui causam excommunicationis supprimit. Habebit tamen exceptionem quoad ecclesiam ille, cum quo sine causa dispensatum est; quoad deum sibi allegatio non valebit.'

Octavum est, quod papa non potest alienare predia et possessiones ecclesie, nisi ex causa et debito modo 12 q. 2, c. 'Non liceat', ubi Symachus papa ait: *'Non liceat pape predium ecclesie alienare quoquomodo'*, scilicet ad placitum suum. Sed in casu et debito modo posset alienare, nec papa hic imponit legem successori suo, sed ostendit, quid de iure non potest, ut dicit glosa di. 40, c. 'Si papa non potest'. Nonum est, quod quondam non potuit cogere subdiaconos ad continentiam, secundum beatum Gregorium, ut legitur 27 q. 2, c. 'Multorum', et di. 31, 'Ante triennium', qui reprobat constitutionem antecessoris sui, qui, ut dicit glosa super c. 'Ante triennium', ordinavit, ut subdiaconi, qui non promiserant continentiam, *'vel contenti essent uxoribus suis tantum vel beneficiis'* privarentur. *'Postea'* ibidem predecessor Gregorii *'fecit constitutionem, in qua precise prohibuit, ut subdiaconi nullo modo commisceri deberent uxoribus suis.'* De qua constitutione scribit beatus Gregorius dicens: *'Ante triennium olim omnium ecclesiarum subdiaconi Sicilie prohibiti fuerant (scilicet a Pelagio papa), ut more Romane ecclesie suis uxoribus nullatenus miscerentur. Quod mihi durum videtur atque incompetens, ut qui usum incontinentie*

der Papst Dispens erteilt hat, ist hinsichtlich Gottes nicht si-
cher, wenn kein Grund für den Dispens vorhanden ist; wie
man ja auch jemand nicht (vom Banne) gelöst heißen darf,
der (bei der Bitte um Absolution) die Ursache seiner Ex-
kommunikation verschwiegen hat. Doch hat sehr wohl eine
Entschuldigung gegenüber der Kirche, wer ohne Grund
Dispens erhielt; jedoch wird dieser Hinweis Gott gegenüber
nicht gelten ⟨wo er gerichtet werden wird⟩.«

Das achte Beispiel ist, daß der Papst nicht Grundbesitz
und (andere) Besitztümer der Kirche entfremden darf, es sei
denn aus einem (vernünftigen) Grund und in der schick-
lichen Weise, C.12 q.2 c.20, wo Papst Symmachus sagt:
»Nicht sei es dem Papst erlaubt, Grundbesitztümer der Kir-
che auf irgendeine beliebige Art zu entfremden«. d. h. nach
seinem Gutdünken; jedoch im (Not)fall und auf schickliche
Weise könnte er sie veräußern, auch legt er seinem Nachfolger damit kein Gesetz auf, sondern zeigt ihm nur an, was
er von Rechts wegen nicht tun kann, wie die Glosse zu
D. 40 c. 6 (s. v. *a nemine*) sagt.[65] Das neunte Beispiel ist, daß
der Papst dereinst Subdiakone nicht zu Enthaltsamkeit
zwingen konnte, nach dem heiligen Gregor, nach C. 27 q. 2
c. 20 und D. 31 c.1, wo er eine Konstitution seines Vorgän-
gers mißbilligt, der nach der Glosse zu [D. 31] c.1 (im
Casus) angeordnet hatte, daß die Subdiakone, welche keine
Enthaltsamkeit versprochen hatten (sich zu entscheiden
hätten), *»entweder nur mit ihren Frauen zufrieden zu sein,*
oder ihrer Pfründe« beraubt zu werden.[66] Und ebenda: Der
Vorgänger Gregors *»erließ später eine Konstitution, in*
welcher er ausdrücklich verbot, daß die Subdiakone mit
ihren Frauen Verkehr übten«, worüber der heilige Gregor
schreibt: *»Vor drei Jahren wurde es den Subdiakonen aller*
Kirchen Siziliens verboten (nämlich von Papst Pelagius),
daß sie, wie es die römische Sitte will, mit ihren Frauen kei-
nerlei Verkehr haben sollten. Das erscheint mir hart und
unzulässig, daß wer sich dem Gebrauch der Unkeuschheit
nicht hingegeben hat, wer aber auch nicht Enthaltsamkeit

*non invenit neque castitatem promisit, compellatur a sua
uxore separari, ac per hoc, quod absit, in deterius cadat.'* Ubi
glosa in assignando casum huius capituli loquens de illa
constitutione Pelagii dicit sic: *'Sed illa constitutio fuit iniqua, quod aliquis, qui non promiserit continentiam, cogere-
tur continere. Retractatur hic a Gregorio et constituitur hic,
quod si qui diaconi non sunt, non cogantur continere, nisi
velint. Si qui autem in futurum ⟨sunt⟩ ordinandi, non admit-
tantur, nisi promittant continentiam.'* Et glosa super verbo
'Durum', dicit: *'Sic statutum Pelagii fuit contra evangelium,
ex quo excipitur sola fornicatio; et ideo reprobatum fuit.'*

DISCIPULUS. Si constat, quod illud, quod precepit Pelagius papa, fuit contra evangelium, illud exemplum non probat, quod papa non potest omnia, que non sunt contra ius
divinum vel naturale. MAGISTER. Respondetur, quod istud
statutum Pelagii fuit tam contra evangelium quam contra libertatem sive ius illorum subdiaconorum et uxorum suarum. Quia cogere voluit subdiaconos continere non obstante evangelio et libertate sive iure tam subdiaconorum
quam uxorum eorundem. In potestate enim subdiaconorum
de consensu uxorum suarum fuit continere, nec hoc erat
contra evangelium. Sed illam potestatem subdiaconorum et
uxorum suarum non potuit ab eis auferre papa Pelagius, ut
testatur Gregorius. Ergo non potuit omnia, que *⟨non⟩*
sunt contra ius divinum et contra ius naturale. Et ex ista
sententia concludit Gregorius, quod papa nihil potest contra libertatem et ius unius christiani etiam in spiritualibus,
nisi ratione delicti vel causa manifesta, quoniam nullum

gelobt hat, gezwungen wird, sich von seiner Frau zu tren-
nen, und dadurch, was ferne sei, vielleicht in Schlimmeres
verfällt.« Wo die Glosse den Casus dieses Canons bestimmt, da merkt sie über diese Konstitution des Papstes
Pelagius an: *»Aber diese Konstitution, daß jemand, der nicht*
Enthaltsamkeit gelobt hatte, gezwungen wurde, enthaltsam
zu sein, war ungerecht. Das wird hier von Gregor widerru-
fen. Hier wird festgesetzt, daß die, die keine Diakone sind,
nicht gegen ihren Willen zur Enthaltsamkeit gezwungen
werden. Wenn aber in Zukunft Subdiakone geweiht werden
sollen, so solle nicht zugelassen werden, wer nicht Enthalt-
samkeit gelobe.« Und die Glosse zu *»durum«* sagt: *»Das*
Statut des Pelagius verstieß gegen das Evangelium, das ja
nur Unzucht untersagt [. . .]. Deshalb wurde es auch wider-
rufen«.

SCHÜLER. Wenn es auch feststeht, daß das, was Pelagius
vorschrieb, gegen das Evangelium war, so beweist dieses
Beispiel doch nicht, daß ein Papst nicht alles kann, was
nicht gegen das göttliche und natürliche Recht verstößt.
LEHRER. Die Antwort ist: Jenes Statut des Pelagius war sowohl gegen das Evangelium als auch gegen die Freiheit,
d. h. gegen das Recht jener Subdiakone und ihrer Frauen.
Denn es wollte die Subdiakone zwingen, Enthaltsamkeit zu
üben, ohne auf den Widerspruch des Evangeliums und des
Freiheitsrechts der Subdiakone und das ihrer Frauen zu
achten. Es stand nämlich sehr wohl in der Kompetenz der
Subdiakone, mit Zustimmung ihrer Frauen Enthaltsamkeit
zu üben, und das hätte nicht gegen das Evangelium verstoßen. Aber diese Kompetenz der Subdiakone und ihrer
Frauen konnte Papst Pelagius ihnen nicht fortnehmen, wie
Gregor bezeugt. Also konnte er nicht alles, was ⟨nicht⟩ gegen das göttliche Recht und gegen das natürliche Recht ist.
Aus diesem Urteil folgert Gregor, daß ein Papst nichts gegen die Freiheit und das Recht eines einzelnen Christen vermag, auch nicht in geistlichen Fragen, es sei denn aufgrund
von Schuld oder mit offensichtlichem Grund. Denn nie-

potest privare iure suo et libertate sua sine culpa et absque causa. Et ideo nisi ratione delicti vel ex causa non potest alicui precipere continentiam nec ieiunium nec elemosynam, ad quod non tenetur sine consensu suo, nec aliquid simile. DISCIPULUS. De hoc et sicut de aliis in tractatu 'De potestate pape et cleri' plura poterimus invenire. Ideo breviter tange plura exempla.

MAGISTER. Decimum est, quod non potest cogere aliquem subdiaconum nolentem suscipere prelationem, ut notatur in glosa 23 q. 4, c. 'Displicet'.

Undecimum est, quod non potest statuere, ne de heresi accusetur, testante glosa, que di. 40, c. 'Si papa', querit: *'Nunquid papa possit statuere, ne de heresi accusetur?'* Et respondens ait: *'Non, quia per hoc periclitaretur tota ecclesia.'* Et consimili ratione non posset statuere, ne possit qualitercunque accusari de illo crimine, pro quo potest deponi. Sed pro alio crimine quocunque potest in casu papa deponi, teste glosa ibidem, que ait: *'Certe credo, quod si notorium est crimen eius quodcunque et in scandalum ecclesie et incorrigibilis sit, quod inde possit accusari'* et per consequens iudicari, quia accusatio coram iudice fieri debet. Igitur non potest statuere, ne possit pro quocunque crimine accusari et iudicari.

Duodecimum est, quod non potest compellere aliquem ad confitendum peccatum, quod alteri confessus est, qui ab-

manden kann er seines Rechts oder seiner Freiheit berauben
ohne Schuld oder ohne Grund. Und darum kann er, ohne
daß Schuld vorliegt oder ein Grund, niemandem Enthaltsamkeit vorschreiben oder Fasten oder Almosen, wozu dieser nicht auch ohne die (päpstliche) Beipflichtung verpflichtet wäre, oder irgend etwas Derartiges. SCHÜLER. Darüber,
wie über andere Fragen, werden wir in der Abhandlung
»Über die Kompetenz des Papstes und der Amtskirche«
[d. i. III Dialogus I] vielerlei finden. Deshalb berühre hier
noch kurz weitere Beispiele!

LEHRER. Das zehnte Beispiel ist, daß er nicht irgendeinen
Subdiakon gegen dessen Willen dazu zwingen kann, eine
Prälatenstelle zu übernehmen, wie in Glosse zu C. 23 q. 4
c. 38 angemerkt ist.[67]

Das elfte Beispiel ist, daß er nicht durch Statut bestimmen
kann, daß er nicht der Ketzerei angeklagt werden darf, was
die Glosse bezeugt, die zu D. 40 c. 6 [s. v. *a fide devius*]
fragt: »*Könnte denn der Papst durch Statut bestimmen, daß
er einer Ketzerei nicht angeklagt werden darf?*«, und darauf
antwortet: »*Nein, denn dadurch geriete die gesamte Kirche
in Gefahr.*« Und aus dem gleichen Grund könnte er nicht
durch Statut festsetzen, daß er irgendeines anderen Verbrechens, um dessentwillen er abgesetzt werden kann, nicht
angeklagt werden darf. Wegen eines anderen Verbrechens
aber kann in Sonderfällen ein Papst abgesetzt werden, nach
dem Zeugnis der Glosse (ebendort) wo es heißt: »*Gewiß
glaube ich, wenn irgendein Verbrechen von ihm offenkundig und der Kirche ein Anstoß ist, und wenn er sich nicht
besserungsfähig zeigt, daß er dann dessen angeklagt werden
kann*«; folglich kann auch über ihn Gericht gehalten werden, weil ja eine Anklage vor einem Richter erfolgen muß.
Also kann er nicht durch Statut bestimmen, daß er nicht irgendeines Verbrechens angeklagt werden und um dessentwillen auch nicht gerichtet werden kann.

Das zwölfte Beispiel ist, daß er jemanden nicht dazu
zwingen kann, (ihm erneut) eine Sünde zu beichten, die er

solvere potuit. Quia confessio sacramentalis cuidam divino
imperio subiacens est, non humano. Tertiumdecimum est,
quod papa non potest compellere aliquem, ut contrahat matrimonium. Cuius rationem reddunt aliqui dicentes, quod
secundum ea, que ad naturam corporis pertinent, homo homini obedire non tenetur, sed soli deo. Omnes homines
natura sunt pares, puta in his, que pertinent ad corporis su-
stentationem et prolis generationem, sicut de matrimonio
contrahendo vel virginitate servanda vel aliquo huiusmodi.
Quartumdecimum est, quod papa in temporalibus legiti-
mare non potest, ut notatur Extra, qui filii sunt legitimi,
'Per venerabilem'. Quintumdecimum, quod includit quamplura, est, quod papa extra metas iurisdictioni sue temporali
subiectas non potest illa, que dominus temporalis super servos in quantum servi sunt.

DISCIPULUS. Istud exemplum habet vigorem ex hoc, quod
non omnes homines sunt puri servi summi pontificis. Quia
si papa omnia posset, que non sunt contra ius naturale nec
contra ius divinum, ipse posset omnia in imperatores et reges, principes ac generaliter in omnes mortales, que potest
dominus quicunque in quemcunque servum suum, et ita
nullus nisi papa esset liber, sed omnes essent servi sui. Licet
autem de isto, sicut de multis aliis, que ad potestatem pape
et cleri spectant, possumus multa invenire in tractatu primo
huius tertie partis nostri 'Dialogi', breviter tamen hic allegare conare, quod non omnes homines sunt puri servi pape.

MAGISTER. Hoc multipliciter videtur posse probari.
Primo sic: Reges et principes ac alii laici habent proprietatem rerum temporalium. Servus autem non habet proprium.

einem anderen bereits gebeichtet hat, der ihn lösen durfte,
weil die Beichte im Sakrament nur einem göttlichen Geheiß
unterliegt, nicht einem menschlichen. Das dreizehnte Beispiel ist, daß der Papst niemanden zwingen kann, eine Ehe
einzugehen, und dafür führen einige als Grund an, daß ein
Mensch nicht gehalten ist, einem anderen Menschen zu gehorchen in dem, was zur Natur des Leibes gehört, sondern
allein Gott. Alle Menschen sind von Natur aus gleich, jedenfalls in dem, was zum Unterhalt ihres Leibes und zur
Zeugung von Nachkommen gehört, und also auch in dem
Abschluß einer Ehe oder der Einhaltung des Zölibats oder
allem Derartigen. Das vierzehnte Beispiel ist, daß der Papst
in weltlicher Hinsicht keine Bastarde legitimieren kann, wie
die Glosse anmerkt zu X 4.17.13 [s. v. *beati Petri*]. Das fünf-
zehnte Beispiel, das mehrere andere einschließt, ist, daß ein
Papst außerhalb der Grenzen, die seiner weltlichen Rechts-
herrschaft unterworfen sind, all das nicht vermag, was ein
weltlicher Herr gegenüber seinen Knechten tun kann, soweit sie seine Hörigen sind.

SCHÜLER. Dies Beispiel hat seine Beweiskraft aus dem
(Satz), daß nicht alle Menschen bloße Knechte des höchsten
Bischofs sind. Denn wenn der Papst alles könnte, was nicht
gegen das natürliche Recht verstößt, noch gegen das göttliche Recht, könnte er selbst alles gegen Kaiser, Könige, Fürsten und überhaupt gegen alle Sterblichen, was jeder Herr
gegen jeglichen seiner Hörigen vermag, und somit wäre niemand außer dem Papste frei, sondern alle wären seine
Knechte. Wenn wir nun auch darüber, wie über vieles andere, was zur Kompetenz des Papstes und der Amtskirche
gehört, vieles in der ersten Abhandlung dieses (dritten) Teils
unseres Zwiegesprächs finden können, so versuche hier
doch, knapp Beweise dafür anzuführen, daß nicht alle Menschen bloße Knechte des Papstes sind.

LEHRER. Das kann wohl vielfach bewiesen werden. Zuerst so: Könige, Fürsten und andere Laien haben Eigentum
an zeitlichen Gütern. Ein Sklave aber hat kein Eigentum.

Igitur non omnes homines sunt puri servi pape. Secundo:
Differentia est inter servos ecclesie et aliorum. Igitur non
omnes homines sunt servi summi pontificis. Tertio: Non
omnem eandem potestatem habet papa in cunctis sue iurisdictioni subiectis et in aliis sue iurisdictioni temporali non
subiectis. Igitur non omnes sunt servi summi pontificis.
Quarto sic: Aliqui sunt domini principales, qui non habent
dominos, Extra, de hereticis, 'Excommunicamus'. Igitur
non omnes homines sunt servi pape. Quinto: Si omnes homines essent puri servi pape, papa posset ad libitum alienare
quamlibet rem temporalem. Igitur posset ad libitum alienare predia ecclesie, quod est contra illud 12 q. 2, 'Non liceat pape'. Sexto sic: Papa non debet dominari super clerum, iuxta illud canonice Petri: *'non dominantes in clero'.*
Igitur clerici non sunt servi summi pontificis.

Also sind nicht alle Menschen bloße Knechte des Papstes. Zweitens: Es besteht ein Unterschied zwischen den Hörigen der Kirche und den Hörigen anderer (Herren). Also sind nicht alle Menschen Knechte des höchsten Bischofs. Drittens: Ein Papst hat nicht dieselbe Amtsgewalt über alle, die seiner Gerichtshoheit unterworfen sind, wie über die, die seiner zeitlichen Gerichtshoheit nicht unterworfen sind. Also sind nicht alle Knechte des höchsten Bischofs. Viertens folgendermaßen: Einige sind oberste Herren, die (über sich) keine Herren haben, X 5.7.13. Also sind nicht alle Menschen Knechte des Papstes. Fünftens: Wenn alle Menschen bloße Knechte und Sklaven des Papstes wären, könnte der Papst jede beliebige weltliche Sache nach Belieben entfremden. Also könnte er auch nach Belieben Grundbesitz der Kirche entfremden, das aber läuft der Bestimmung in C. 12 q. 2 c. 20 zuwider. Sechstens folgendermaßen: Ein Papst darf nicht Herr über den Klerus sein nach jenem Vers aus dem Petrusbrief (1. Petr. 5,3): »*nicht als die über den Klerus herrschen.*« Also sind Kleriker nicht Knechte des Papstes.

c. 26

Discipulus. Quamvis illa opinio, que ponit, quod imperium est a papa, esset amplius discutienda et specialiter quoad hoc, quod ponit, quod imperium est a papa. Quia tamen de hoc et de aliis, que illa opinio includit, erit aliquando occasio loquendi, quando tractabimus alias opiniones, ideo breviter videamus de opinione illa, que ponit, quod imperium Romanum est institutum *a deo*, pro qua allegare conare. [...] Discipulus. Dic breviter, quomodo illa opinio improbatur. Magister. Improbatur per hoc, quod quia non legitur, ubi deus per ipsum vel per alium constituerit imperatorem. Ideo ista opinio eadem facilitate contemnitur, sicut probatur.

Discipulus. Quomodo respondetur ad motiva illius opinionis. Magister. Unico verbo respondetur, quia cum dicitur, quod potestas imperialis et universaliter omnis potestas licita et legitima est a deo, non tamen a solo deo, sed quedam est a deo per homines. Et talis est potestas imperialis, que est a deo, sed per homines.

c. 27

Discipulus. Nunc opinionem scilicet tertiam tactam supra c. 18 tractemus. Magister. Illa opinio tenet, quod Romanum imperium fuit primo institutum a deo, et tamen per homines scilicet per Romanos. Et hoc testari videtur glosa di. 17, que ait: 'Habet Romana ecclesia auctoritatem a deo,

c. 26

SCHÜLER. Wenngleich jene Meinung, die annimmt, daß das Reich vom Papst ist, noch weitläufiger zu diskutieren wäre, insbesondere daraufhin, daß hier gesagt wird, daß das Reich vom Papst ist. Weil aber darüber und über das andere, was in dieser Auffassung impliziert ist, noch später zu sprechen Gelegenheit sein wird, wenn wir andere Auffassungen behandeln, so wollen wir in aller Kürze jene Auffassung ansehen, die annimmt, daß das Römische Reich von Gott[68] ist. Dafür versuche, Argumente anzuführen. [Es folgen Argumente des Lehrers.] SCHÜLER. Sage kurz, wie diese Auffassung widerlegt wird. LEHRER. Man widerlegt sie mit folgendem Argument: Nirgends steht zu lesen, daß Gott durch sich selbst oder einen anderen einen Kaiser eingesetzt hätte. Darum kann man diese Auffassung mit gleicher Leichtigkeit verachten wie beweisen.

SCHÜLER. Und wie antwortet man auf die Gründe für diese Auffassung? LEHRER. Mit einem einzigen Wort läßt sich antworten: Wenn nämlich gesagt wird, die kaiserliche Macht, und überhaupt jegliche legitime Macht sei von Gott, so ist sie doch nicht von Gott allein, vielmehr ist eine bestimmte Macht von Gott durch Menschen. Derart ist auch die kaiserliche Macht: sie ist von Gott, aber durch Menschen.

c. 27

SCHÜLER. Nun wollen wir die dritte, oben in Kapitel 18 benannte Meinung behandeln. LEHRER. Diese Auffassung geht dahin, daß das Römische Reich zuerst von Gott eingerichtet wurde, und doch auch durch Menschen, d. h. durch die Römer. Das bezeugt offensichtlich die Glosse zu D. 17 [p. c. 6, s. v. *iussione domini*]: *»Die römische Kirche hat ihr*

sed imperator a populo', utcunque legimus. Hinc etiam
glosa di. 2, 'Lex est constitutio populi', ait: *'Olim populus
constituit leges, sed hodie transtulit hanc potestatem in imperatorem.'* Ab illo autem est imperium, qui imperatori
contulit potestatem condendi leges. Ergo a populo est imperium.

Item ab illis fuit imperium Romanum, qui ceteras nationes Romano imperio subdiderunt et qui dominium gentium
subiugatarum, cui volebant, commiserunt et modum dominandi ac regendi obedientes Romanis, prout et quando eis
visum fuit, incitaverunt. Sed hoc fecerunt Romani de gentibus subiugatis ab eis. Habetur enim 1. Mach. 8 [. . .].

De mutatione autem modi dominandi et regendi obedientes habetur in scripturis fide dignis. Aliquando enim
habuerunt reges, aliquando consules, aliquando unum, qui
mutabatur singulis annis. Ultimo autem imperatorem elege-
runt, qui absque mutatione omnibus imperaret. Ergo a Romanis fuit Romanum imperium institutum.

Discipulus. Non videtur, quod a populo Romano fuerit
imperium verum, sed solummodo usurpatum. Nam Romani alios oppresserunt. Magister. Ad hoc dupliciter
respondetur. Primo, quod Romani cernebant, quod necessarium fuit pro utilitate communi totius mundi unum imperatorem universis mortalibus dominari. Ideo qui contra-
dixerunt unitati imperii tanquam impedientes boni communis, potestas ordinandi de imperio ad Romanos et ad alios
in hoc eis consentientes extitit devoluta. Et ex tunc poterant
Romani licite contradicentes et rebelles suo imperio subiu-
gare. Aliter dicitur, licet Romani primo et per multa tem-

Recht von Gott, der Kaiser aber vom Volk«[69], jedenfalls
steht es so da. Hierher gehört auch die Glosse zu D. 2 c. 1
[s. v. *populi*]: *»Früher hat das Volk Gesetze erlassen, heute
aber hat es diese Kompetenz auf den Kaiser übertragen.«*
Das Kaisertum und Reich aber kommen von dem, der dem
Kaiser die Gesetzgebungsmacht übertragen hat. Also ist das
Kaisertum und Reich vom Volk.

Ferner kam das römische Kaisertum von jenen, die die
anderen Nationen dem Römischen Reich unterwarfen, und
von jenen, welche die Herrschaft über die unterworfenen
Völker dem anvertrauten, welchem sie wollten, sowie die
Art der Herrschaft und Regierung über die den Römern
Botmäßigen bestimmten, wie und wann sie es wollten. Das
aber taten die Römer mit den von ihnen unterworfenen
Völkern. Denn es steht 1. Mach. 8,1–16 [es folgen ausge-
wählte Abschnitte].

Über die Veränderungen der Herrschaftsform und Regie-
rungsweise über die Botmäßigen findet sich in glaubwürdi-
gen Schriften folgendes: Bisweilen hatten sie Könige, bisweilen Konsuln, bisweilen auch nur einen, der jedes Jahr
wechselte. Zuletzt aber wählten sie einen Kaiser, der ohne
Wechsel alle befehligte. Also wurde das Römische Reich
von den Römern begründet.

SCHÜLER. Es ist unrichtig, daß vom Volk das wahre Kaisertum und Reich herrührt, vielmehr war es nur das ange-
maßte. Denn die Römer haben die anderen unterdrückt.

LEHRER. Darauf gibt es eine doppelte Antwort: Erstens, die
Römer erkannten, daß es für gemeinen Nutzen der ganzen
Welt notwendig war, daß ein Kaiser über alle Sterblichen
herrschte. Darum ging die Kompetenz, über das Imperium
zu verfügen, von denen, die der Einheit des Reiches als
Hindernis des gemeinen Wohls widersprachen, auf die Römer über und auf die anderen, die darin mit ihnen überein-
stimmten. Von dieser Zeit an konnten die Römer legitim
diejenigen, die ihrem Imperium widersprachen und sich dagegen auflehnten, unterwerfen. Zweitens heißt es, wenn-

pora post iniuste compulerunt alios sibi subesse, tamen
postquam alii ceperunt consentire dominio Romanorum,
Romani super ipsos verum imperium acceperunt. Ideo
postquam totus orbis sponte consensit in dominium et imperium Romanorum, idem imperium fuit verum imperium,
iustum et bonum.

DISCIPULUS. Nunquid ad hoc, quod imperium Romanum
super totum mundum esset verum imperium, oportuit,
quod totus mundus consentiret imperio Romanorum? MA-
GISTER. Respondetur, quod teste glosa Extra, de constitutionibus, 'Cum omnes', quando aliqui plures unum sunt collegium, quantum ad illa, que sunt ex necessitate facienda, sufficit, quod a maiori parte fiant. Omnes autem mortales sunt
unum corpus et unum collegium. Ita necesse fuit tempore,
quo Romani ceperunt dominari cunctis mortalibus. Ergo
tunc temporis maior pars mundi etiam aliis contradicentibus potuit imperatorem preficere toti mundo nec require-
batur consensus omnium. Etiam quando reges et principes
preficiebantur, non fuit necesse, quod omnes consentirent.
Sicut etiam si aliqua patria esset invasa ab hostibus, posset
maior pars etiam contradicentibus quibusdam facere sibi
unum caput pro patrie defensione.

DISCIPULUS. Videtur secundum ista, quod Romani iuste
et absque peccato subiugaverunt universum orbem, quod
tamen non videtur, cum beatus Augustinus reprehendat in
eis libidinem dominandi. MAGISTER. Respondetur, quod si
Romani ordinando de imperio ex solo amore boni communis et rei publice moti fuissent et non ex libidine dominandi
aut vanam gloriam non intendissent nec aliquam intentionem corruptam habuissent, in hoc absque peccato fuissent.

gleich die Römer zuerst und lange Zeit danach widerrecht-
lich andere gezwungen haben, ihnen unterworfen zu sein,
so haben sie doch, nachdem die anderen der Herrschaft der
Römer ihre Zustimmung zu geben begannen, über diese ein
wahres Kaisertum erhalten. Darum war auch, nachdem der
gesamte Erdkreis freiwillig der Herrschaft und dem Kaisertum der Römer zustimmte, dieses Kaisertum ein wahres
und gerechtes und gutes Kaisertum.

SCHÜLER. Mußte nicht dafür, daß das römische Kaisertum über die ganze Welt ein wahres Kaisertum sein könnte,
der ganze Erdkreis dem Kaisertum der Römer seine Zustimmung geben? LEHRER. Die Antwort ist: Nach dem
Zeugnis der Glosse zu X 1.2.6 [s. v. *constitutum*] gilt: Wenn
mehrere Menschen in ihrer Mehrzahl ein Kollegium sind,
genügt bei dem, was notwendig zu tun ist, daß es von der
Mehrheit getan wird. Nun sind aber alle Sterblichen eine
Körperschaft und ein Kollegium. Das galt mit Notwendigkeit auch in der Zeit, als die Römer mit ihrer Herrschaft
über alle Sterblichen anfingen. Also konnte auch damals die
Mehrheit der Welt selbst bei Widerspruch von anderen einen Kaiser über die ganze Welt einsetzen; ein Konsens aller
war nicht gefordert. Auch als Könige und Fürsten eingesetzt wurden, war es nicht nötig, daß alle ihre Zustimmung
gaben. Oder wenn ein Land von Feinden bedroht würde,
könnte die Mehrheit auch gegen den Widerspruch einiger
sich ein Haupt geben für die Verteidigung des Vaterlandes.

SCHÜLER. Demnach haben also die Römer, so scheint es,
sich mit Recht und ohne Sünde den ganzen Weltkreis unterworfen, aber das ist offenbar nicht richtig, da der heilige
Augustin an ihnen ihre Herrschbegierde tadelt.[70] LEHRER.
Darauf ist die Antwort: Wenn die Römer in der Administra-
stration des Kaisertums allein von der Liebe zum gemeinen
Wohl und zum Gemeinwesen bewogen gewesen wären und
nicht von Herrschbegierde, sich auch nicht eitler Ruhmsucht hingegeben und kein anderes verderbtes Streben gekannt hätten, dann wären sie darin ohne Sünde gewesen.

Et forte aliqui eorum in acquirendo imperium vel consentiendo acquisitioni imperii minime peccaverunt. Si autem intendebant bonum proprium, ut dominarentur aliis vel augerent divitias, peccaverunt. Hec beatus Augustinus, ut habetur in decretis 23 q. 1, c. 'Militare', ait: *'Militare non est delictum, sed propter predam militare est peccatum. Nec rem publicam gerere criminosum est, sed ideo agere rem publicam, ut divitias augeas, videtur esse damnabile.'* Ergo a simili laborare ad subiugandum uni principi, non est peccatum. Sed hoc facere propter vanam gloriam vel ad incutiendum timorem aliis vel ex libidine dominandi, videtur damnabile reputandum.

DISCIPULUS. Nunquid si Romani in acquirendo Romanum imperium habuerunt intentionem corruptam, ita ut peccarent damnabiliter, fuit imperium taliter acquisitum usurpatum, illicitum et non verum censendum? Ergo videtur, quod non erat verum imperium, si fuit taliter acquisitum ex intentione corrupta, quia nulla res temporalis acquisita illicite et iniuste transit in verum dominium acquirentis. Quod Augustinus videtur asserere, ut habetur 23 q. 7, c. 1, ubi ait, quod *'iure divino cuncta iustorum sunt, et nullo iure impii habent illa, que sunt aliorum'*, scilicet iustorum.

MAGISTER. Respondetur, quod non obstante corrupta intentione Romanorum imperium acquisitum de consensu populorum fuit verum imperium, quia corrupta intentio non impedit acquisitionem veri dominii. Qui enim emit rem aliquam mala intentione, non propter hoc non acquirit verum dominium rei empte. Et qui mala intentione recipit rem a donatore, qui eam donare potest, recipit etiam verum

Vielleicht haben ja einige von ihnen beim Erwerb des Kaisertums, bzw. in der Zustimmung zu diesem Erwerb keine Sünde begangen. Wenn sie aber ihr eigenes Wohl anstrebten, um nämlich andere zu beherrschen und ihren Reichtum zu mehren, dann sündigten sie; so sagt der heilige Augustin, wie es im Dekret (C. 23 q. 1 c. 5) heißt: *»Krieg zu führen ist kein Vergehen, aber um der Beute willen Krieg zu führen ist Sünde. Sich um das Gemeinwesen nicht zu kümmern ist verbrecherisch, doch sich deshalb um das Gemeinwesen zu kümmern, um den eigenen Reichtum zu mehren, ist offensichtlich zu verurteilen.«* Gleichermaßen ist es auch keine Sünde, (andere) einem einzigen Fürsten unterwerfen zu wollen. Aber das zu tun aus eitler Ruhmsucht oder um anderen Schrecken einzuflößen oder aus Herrschgier, muß man offenbar als verdammenswert einschätzen.

SCHÜLER. Wenn die Römer beim Erwerb des römischen Kaisertums eine verderbte Absicht hatten, so daß sie verdammenswert sündigten, war dann nicht ihr Kaisertum, das sie derart gewonnen haben, nicht als usurpiert, illegitim und nicht als ein wahres Kaisertum einzuschätzen? Demnach war es offenbar kein wahres Kaisertum, wenn es derart aus schlechtem Streben gewonnen wurde. Denn kein zeitliches Ding, das illegitim und ungerecht erworben ist, geht in das wahre Eigentum des Erwerbers über, was Augustin zu behaupten scheint, wie es C. 23 q. 7 c. 1 steht, wo es heißt, daß *»kraft göttlichen Rechts alles den Gerechten gehört, die Gottlosen aber aufgrund keinerlei Rechts etwas besitzen, was anderen gehört«*, nämlich den Gerechten.[71]

LEHRER. Die Antwort ist, daß ohne Rücksicht auf die verderbte Absicht das römische Kaisertum, das mit Zustimmung der Völker erworben wurde, ein wahres Kaisertum war, denn eine verderbte Absicht hindert nicht den Erwerb wahren Eigentums. Wer nämlich eine Sache in schlechter Absicht kauft, gewinnt nicht etwa deshalb kein wahres Eigentum an der gekauften Sache. Und wer in schlechter Absicht eine Sache als Geschenk von einem

dominium rei donate. Et illa mala intentio nec in transfe-
rente rem aliquam temporalem nec in recipiente translatio-
nem impedit acceptionem veri dominii. De auctoritate autem Augustini dicunt aliqui, quod quidam male intelligant
eam. Non enim intendit Augustinus, quod in iure divino
cuncta sunt iustorum quoad verum dominium, quia tunc
nullus peccatorum haberet verum dominium alicuius rei
temporalis. Et ideo quandocunque aliquis rex vel aliquis
dominus princeps vel alius dominus peccaret mortaliter,
verum dominium omnium rerum suarum transiret in iustos
et non remaneret penes aliquem peccatorem. Vult igitur
Augustinus, quod iure divino cuncta sunt iustorum quoad
dignitatem meriti. Hoc est, soli iusti sunt digni vero dominio temporali, et nullus peccator est dignus quacunque re
temporali. Unde indigne possidet, quicquid possidet.

Discipulus. Adhuc videtur, quod Romanum imperium,
antequam illud resignaret Constantinus, non fuit verum imperium, *'quia foris omnia edificant ad gehennam'*, dicente
apostolo ad Rom. 14: *'Omne, quod non est ex fide, peccatum est.'* Igitur extra ecclesiam nulla est a deo ordinata potestas. Item Constantinus non resignasset imperium, nisi
advertisset, quod non habuit verum imperium. Igitur antea
Romanum imperium non fuit verum imperium.

Magister. Respondetur, quod non est universaliter absque omni exceptione verum, quod omnia, que foris sunt,
edificant ad gehennam. Non enim infideles peccant mortaliter in omni actu. Obstetrices enim, de quibus legitur
Exod. 1, *non peccaverunt mortaliter servando Moise, licet
peccaverint mortaliter vel venialiter mentiendo.* Multi au-

Geber entgegennimmt, der sie verschenken durfte, erhält auch das wahre Eigentum an der geschenkten Sache. Jene schlechte Absicht also hindert weder bei dem, der eine zeitliche Sache überträgt, noch bei dem Empfänger der Übertragung den Übergang wahren Eigentums. Über die weiteren Aussagen Augustins aber sagen einige Leute, daß einige ihn falsch verstehen. Denn Augustin meint nicht, daß nach göttlichem Recht alles den Gerechten gehört in wahrhaftem Eigentum, denn sonst hätte kein Sünder wahres Eigentum an irgendeiner zeitlichen Sache: Wenn immer ein König oder irgendein Herrscher, ein Fürst oder ein anderer Herr eine Todsünde beginge, ginge das wahre Eigentum an allen seinen Gütern auf die Gerechten über und würde bei keinem Sünder bleiben. Augustin will also (sagen), daß nach göttlichem Recht alles den Gerechten gehört nach der Würde ihres Verdienstes, d.h., allein die Gerechten sind eines wahren Eigentums an zeitlichen Gütern würdig, und kein Sünder ist irgendeiner zeitlichen Sache würdig. Daher besitzt er unwürdig, was immer er besitzt.

SCHÜLER. Immer noch scheint mir, daß das römische Kaisertum, bevor es Konstantin aufgab, kein wahres Kaisertum war, denn »*außerhalb* [der Kirche] *bauen alle für die Hölle*«,[72] wo doch der Apostel (Rom. 14,23[73]) sagt: »*Alles was nicht aus Glauben ist, ist Sünde.*« Also ist außerhalb der Kirche keine von Gott (an)geordnete Gewalt. Und Konstantin hätte auf das Kaisertum nicht verzichtet, wenn er nicht erkannt hätte, daß er das wahre Kaisertum nicht besaß. Also war vorher das römische Kaisertum kein wahres Kaisertum.

LEHRER. Die Antwort ist: Es ist nicht allgemein ohne alle Ausnahmen wahr, daß alle, die draußen sind, für die Hölle bauen. Denn die Ungläubigen begehen keineswegs durch jede Handlung eine Todsünde: die Hebammen, von denen man in Exod. 1,17 ff. lesen kann, begingen keine Todsünde, als sie Mose retteten, wenn sie auch tödlich oder läßlich sündigten, als sie logen.[74] Und viele andere Ungläubigen

tem alii infideles in multis actibus suis non peccant mortaliter. Quod autem dicit apostolus: '*Quod non est ex fide*' etc., dicitur apostolum intelligere, quod illud, quod fit extra conscientiam, est peccatum, sive fiat a fidelibus sive ab infidelibus. Cum autem dicitur, quod Constantinus rex resignavit imperium, dicunt in scripturis antiquis hoc minime inveniri. Sed quedam scripture insinuant, quod Constantinus dederit apostolice sedi imperialem honorem. Nam, ut legitur in decretis di. 96, 'Constantinus', in gestis beati Silvestri sic loquitur: [. . .].

Ex his verbis colligitur, quod Constantinus non assignavit pape imperium tanquam non habens potestatem legitimam recipiendi imperium et quod antea non habuisset verum imperium, sed ex devotione et imperiali munificentia concessit ei ea, de quibus in predictis verbis et ab aliis ibidem, ut scilicet de omnibus temporalibus, de quibus mentio fit, papa Silvester nihil habuit, nisi ex dono Constantini, non ex resignatione alicuius prius iniuste detenti. Nec unquam Constantinus fatebatur, quod ante baptismum non habuerit verum imperium.

c. 29

DISCIPULUS. Adhuc circa originem Romani imperii plura restarent tractanda, de quibus forte postea occasio loquendi occurret. Ideo ad presens illis omissis investigemus, an Romanum imperium licite cassari, minui vel dividi valeat vel

begehen in ihren Handlungen keine Todsünde. Wenn der Apostel sagt: *»Alles, was nicht aus Glauben ist, ist Sünde«*, so kann man sagen, der Apostel verstehe darunter: Alles, was außerhalb des guten Gewissens[75] geschieht, ist Sünde, ob es von Gläubigen oder Ungläubigen geschieht. Wenn es aber heißt, Konstantin habe auf das Kaisertum verzichtet, so sagen sie, daß man das in den alten Schriften keineswegs finden könne. Einige Quellen deuten vielmehr an, daß Konstantin dem Apostolischen Stuhl kaiserliche Ehren erwies, denn wie es im Dekret D. 96 c. 14 zu lesen steht, heißt es in der Geschichte des heiligen Sylvester folgendermaßen: [Es folgen ausführliche Zitate aus der sogenannten »Konstantinischen Schenkung«, D. 96 c. 14.]

Aus diesen Worten kann man entnehmen, daß Konstantin dem Papst das Kaisertum zugewiesen hat, nicht weil er etwa keine legitime Kompetenz gehabt hätte, das Kaisertum beizubehalten, oder weil er etwa zuvor kein wahres Kaisertum gehabt hätte, sondern aus Frömmigkeit und kaiserlicher Freigebigkeit gab er ihm all die Vollmacht, von der in dem zitierten Wortlaut und an anderen Stellen die Rede ist, so daß von allen zeitlichen Gütern, von denen die Rede ist, der Papst Sylvester ausschließlich aufgrund der Schenkung Konstantins etwas besessen hat und nicht aufgrund von dessen Verzicht auf irgend etwas, was er zuvor unrechtmäßig besessen hätte. Niemals hat Konstantin eingestanden, daß er vor seiner Taufe nicht ein wahres Kaisertum gehabt habe.

[Es folgen weitere einzelne Argumente in c. 28.]

c. 29

Schüler. Noch blieben über den Ursprung des römischen Kaisertums und Reiches viele Fragen zu behandeln, über die wir vielleicht noch später zu sprechen Gelegenheit finden werden. Jetzt wollen wir das aber überspringen und erforschen, ob das Römische Reich legitim vernichtet,

transferri. Inquiramus itaque primo, an Romanum imperium potest transferri.

MAGISTER. Quod Romanum imperium potest transferri, tribus exemplis probatur. Primum exemplum est, quod translatum fuit de Romanis in Grecos, di. 96, 'Constantinus'. Secundum exemplum est, quod translatum fuit de Grecis in *Germanos* in personam Caroli magni, Extra, de electione, 'Venerabilem'. Tertium exemplum est, quod fuit translatum de Francigenis in Theutonicos, unde glosa di. 63, 'Ego Ludovicus', ait super verbo 'Francorum': *'Nota imperium Francorum prius fuisse, sed postea Theutonici virtutibus imperium promeruerunt.'*

DISCIPULUS. Dubitandum non videtur mihi, quin Romanum imperium transferri potest de gente in gentem. Sed qualiter aliquis valeat transferre, videtur magnum dubium multis. Dic ergo secundum opinionem aliquorum, qualiter possit transferri imperium.

MAGISTER. Imperium Romanorum transferri multipliciter potest intelligi. Uno modo, ut sic transferatur imperium a Romanis, ut non sit plus Romanum imperium, ac si Romani nullum ius habeant speciale in imperio plus quam cetere nationes. Alio modo potest transferri imperium, ut tamen remaneat Romanum imperium et ut aliquam potestatem vel ius speciale habeant Romani in imperio plus quam cetere nationes. Et hec translatio adhuc multipliciter potest intelligi. Uno modo, quod detur imperium alicui, cuius progenies iure successionis possideat Romanum imperium. Alio modo, ut statuatur, quod de certa natione vel gente imperator eligatur, puta si ordinaretur, quod nullus eligeretur in imperatorem, nisi Theutonicus. Alio modo, ut alicui per-

vermindert, geteilt oder übertragen werden kann. Zuerst
fragen wir, ob das Römische Reich übertragen werden[76]
kann.

LEHRER. Daß das Römische Reich übertragen werden
kann, läßt sich an drei Exempeln beweisen. Erstens wurde
es von den Römern auf die Griechen übertragen, D. 96 c. 14.
Zweitens wurde es von den Griechen auf die Germanen
übertragen in der Person Karls des Großen, X 1.6.34. Drittens wurde es von den Franken[77] auf die Deutschen übertragen, darum sagt die Glosse zu D. 63 c. 33 zu dem Wort
»Francorum«: »*Beachte, daß das Reich zuerst den Franken
gehörte, später aber haben sich die Deutschen kraft ihrer
Tüchtigkeit das Reich verdient.*«

SCHÜLER. Man kann nicht bezweifeln, so scheint mir, daß
das römische Kaisertum und Reich von Volk zu Volk übertragen werden kann. Jedoch wie jemand es übertragen kann,
das schafft offenbar vielen große Zweifel. Sage also, wie
nach der Meinung einiger das Reich übertragen werden
kann.

LEHRER. »Das Römische Reich übertragen« kann vieler-
lei bedeuten. Einmal, daß das Reich derart von den Römern
〈weg〉 übertragen wird, daß es nicht mehr ein Römisches
Reich ist, an welchem die Römer ein besonderes Recht,
mehr als die übrigen Völker, behielten. Anders kann das
Reich auch derart übertragen werden, daß es dennoch ein
Römisches Reich bleibt und daß die Römer eine besondere
Kompetenz und am Reich in höherem Maße als die anderen
Völker ein besonderes Recht behalten. Und auch diese
zweite Weise der Übertragung läßt sich vielfach verstehen.
Einmal, daß die Kaiserwürde einem bestimmten Mann gegeben wurde, dessen Nachkommen nach Erbrecht das römische Kaisertum besitzen sollen. Anders so, daß festgesetzt wird, daß aus einer bestimmten Nation oder einem
Volk ein Kaiser gewählt werden soll, also etwa wenn angeordnet würde, daß zum Kaiser nur ein Deutscher gewählt
werden solle. Wieder anders so, daß einer bestimmten oder

sone vel personis detur potestas et ius eligendi imperatorem de quacunque natione.

DISCIPULUS. Quis habet potestatem transferendi imperium uno modo vel alio modo? MAGISTER. Respondetur, quod potestas transferendi imperium uno modo vel alio modo principalissime est apud universitatem mortalium, sicut et apud ipsam principalissime constituendi imperium. Quare si universitas mortalium vellet, posset Romanum imperium de quacunque gente transferre in aliam.

DISCIPULUS. Nunquid posset universitas mortalium (exceptis Romanis) transferre imperium Romanum a Romanis? MAGISTER. Respondetur, quod sine culpa Romanorum et absque causa patenti totum residuum mundi *non* posset transferre ab eis contradicentibus imperium, quia non debent privari sine culpa et absque causa iure suo. Tamen pro culpa Romanorum et ex causa rationabili posset residuum mundi ab eis transferre imperium. Quia, ut legitur, di. 93: *'Orbis maior est urbe.'* Quod non solum est verum de orbe includente urbem, eo quod totum maius est sua parte, sed continet veritatem de orbe distincto contra urbem. Et ita ex causa vel pro culpa Romanorum potestas transferendi est penes residuum orbis.

Potestas autem transferendi imperium a Romanis, est penes Romanos secundum unam sententiam, quia enim potest unusquisque cedere iuri suo et alii concedere. Possunt enim Romani cedere iuri suo, quod habent super imperium, et idem ius in alium vel in alios transferre, quemadmodum populi Romani potestatem condendi leges et regendi imperium transtulerunt in imperatorem.

mehreren Personen die Kompetenz gegeben wird, einen Kaiser aus irgendeinem Volk zu wählen.

SCHÜLER. Wer hat die Kompetenz, das Kaisertum und Kaiserreich so oder so zu übertragen? LEHRER. Die Antwort ist: Die Kompetenz, das Reich so oder so zu übertragen, liegt in erster Linie bei der Gesamtheit der Sterblichen, wie auch bei ihr in erster Linie die Kompetenz liegt, das Kaisertum einzusetzen. Wenn darum die Gesamtheit der Sterblichen wollte, könnte sie das Kaisertum von einem Volk auf ein anderes übertragen.

SCHÜLER. Könnte nicht die Gesamtheit der Sterblichen (mit Ausschluß der Römer) das Römische Reich von den Römern (auf ein anderes Volk) übertragen? LEHRER. Die Antwort ist: Ohne Schuld der Römer und ohne offenbaren Grund könnte auch der ganze Rest der Welt gegen ihren Widerspruch das Reich nicht[78] von ihnen (auf ein anderes Volk) übertragen: Denn sie dürfen nicht ohne Schuld und ohne Grund ihres Rechts beraubt werden. Doch wegen einer Schuld der Römer und aus vernünftigem Grund könnte der Rest der Welt das Reich von ihnen nehmen. Denn wie man in D. 93 c. 21 liest: »*Der Erdkreis ist größer als Rom.*« Und das trifft nicht nur für den Erdkreis einschließlich Roms zu (weil ja das Ganze größer ist als seine Teile), sondern enthält Wahrheit auch von dem Erdkreis, wenn man ihn von der Stadt Rom unterscheidet. Somit befindet sich bei vorliegender Ursache oder Schuld der Römer die Kompetenz der Übertragung beim Rest des Erdkreises.

Die Kompetenz, das Kaisertum von den Römern zu übertragen, liegt nach einer Auffassung (aber auch) bei den Römern, denn jedermann kann sein Recht preisgeben und es einem anderen abtreten. So können auch die Römer auf ihr Recht verzichten, das sie am Kaisertum und Reich haben, und dieses ihr Recht an jemanden anderen oder an andere abtreten, so wie sie die Kompetenz des römischen Volkes zur Gesetzgebung und zur Regierung des Reiches auf den Kaiser übertragen haben.

Verumtamen de modo transferendi imperium per Romanos sunt diverse sententie. Una est, quod Romani non potuerunt nec possunt a se transferre imperium primo modo, ita videlicet, quod nullum ius retineant speciale super imperium plus quam cetere nationes. Sicut enim imperator non habet legem imponere imperatori, quia non habet imperium par in parem, et ita non potest privare successorem eo iure, quod habet, ita populus Romanus non potest imponere legem populo sequenti nec potest ipsum privare omni iure, quod habet super imperium. Et ita populus Romanus non potuit cedere omni iuri, quod habet super imperium.

Alia est sententia, quod populus Romanus potuit cedere omni iuri, quod habuit super imperium, qui etiam omne ius potuit transferre in alios. Licet enim privato pacto iuri publico minime derogetur, Extra, de foro competenti, 'Si diligenti', tamen pacto et consensu totius communitatis, quod tangat alios, tanquam per ius publicum eidem iuri publico derogatur, dummodo illud ius publicum non sit ius divinum nec ius naturale, sed ius positivum vel humanum. Quamvis enim clericus aliquis non possit renunciare privilegio clericali, quod est concessum toti collegio clericorum, tamen collegium clericorum potest privilegio renunciare. Cum igitur ius, quod habent Romani super imperium, sit ius humanum positivum, licet fuerit ius publicum concessum etiam communitati Romanorum, de consensu totius communitatis Romanorum poterit derogari eidem iuri. Et ita de consensu eorum potest idem ius totaliter transferri in alium vel alios.

Über die Art der Übertragung des römischen Kaisertums gibt es verschiedene Auffassungen. Einmal heißt es, die Römer hätten das Kaisertum nicht von sich (auf andere) auf die erste (der geschilderten Arten) übertragen können, und sie können es nicht dergestalt, daß sie kein besonderes Recht an Kaisertum und Reich, mehr als die anderen Völker, bei sich behielten. Wie nämlich ein Kaiser nicht einem Kaiser ein Gesetz aufzwingen darf, weil kein Gleicher über einen ihm Gleichen Befehlsgewalt hat,[79] und wie er auch seinen Nachfolger nicht seines Rechts berauben kann, das er hat, so kann auch das römische Volk nicht seinem Nachfolger ein Gesetz auferlegen und kann es auch nicht allen Rechtes, das es über das Kaisertum hat, berauben. Und ebenso konnte das römische Volk nicht all sein Recht, das es über das Kaisertum hat, abtreten.

Eine andere Auffassung ist, daß das römische Volk all sein Recht, das es an Kaisertum und Reich hat, abtreten konnte, weil es all sein Recht auf andere übertragen konnte. Denn wenn auch durch privaten Vertrag öffentlichem Recht kein Abbruch geschehen kann, X 2.2.12, so kann dennoch durch Vertrag und Konsens der gesamten Gemeinschaft, was andere berührt, und also durch öffentliches Recht diesem öffentlichen Recht Abbruch geschehen, sofern nur dieses öffentliche Recht kein göttliches Recht ist, noch auch Naturrecht, sondern positives, menschliches Recht. Wenngleich nämlich ein Kleriker auf sein Klerikervorrecht nicht verzichten kann, da es dem gesamten Kollegium der Kleriker eingeräumt ist, kann doch das Kollegium auf sein Vorrecht verzichten. Weil nun das Recht, das die Römer am Kaisertum haben, menschliches positives Recht ist, so kann doch, wenngleich es als öffentliches Recht der Gemeinschaft der Römer eingeräumt worden ist, bei Zustimmung der gesamten Gemeinschaft der Römer eben diesem ihrem Recht Abbruch geschehen. Und somit kann eben dieses Recht ganz und gar auf jemand anderen oder andere übertragen werden.

c. 30

DISCIPULUS. Secundum istam sententiam Romani potuerunt totum ius suum, quod habebant, transferre in papam super imperium et poterat esse imperium a papa.

MAGISTER. Secundum unam sententiam Romani non solum potuerunt, sed etiam de facto transtulerunt ius in papam. Et ex tunc imperium fuit a papa, et tunc papa habuit utrunque gladium, non tamen quoad executionem, sed quoad hoc, quod poterat committere, cui volebat, materialis gladii potestatem. Et per hoc solvitur secundum sententiam illam multorum canonum et glosarum super decreta et decretales apparens contrarietas.

DISCIPULUS. Si Romani transtulerunt totum ius in papam vel transferre poterant in papam, igitur transtulerunt vel transferre potuerunt in eum executionem gladii materialis vel gladium materialem quoad executionem. MAGISTER. Respondetur, quod Romani poterant transferre ius totum ad papam et potestatem, quam habebat totalis multitudo Romanorum. Non tamen transferre poterant totum ius, quod habebat aliqua persona vel alia particularis et specialis multitudo Romanorum. Nam non poterant sibi dare omne ius, quod habebat imperator Romanus, nec omne ius, quod habebant senatores vel prefectus urbis. Et ita iura partialia Romanorum, personarum vel congregationum seu collegiorum aut communitatum particularium non poterant transferre in papam. Executionem autem gladii non habebat totalis communitas Romanorum, sed habebat eam imperator vel aliqua persona alia sub eo vel aliqua communitas particularis. Et ideo executionem gladii materialis non poterat communitas Romanorum transferre in papam.

c. 30

SCHÜLER. Nach dieser Auffassung konnten die Römer ihr Recht, das sie an Kaisertum und Reich hatten, gänzlich auf den Papst übertragen und (so) kann das Reich vom Papst sein.

LEHRER. Nach einer Auffassung konnten die Römer das nicht nur, sondern sie taten es auch und übertrugen ihr Recht auf den Papst; seither ist das Kaisertum und Reich vom Papst und seither hat der Papst beide Schwerter, wenn auch nicht beide zum Gebrauch, sondern dazu, daß er die Kompetenz über das materielle Schwert übertrug, an wen er es wollte. Und damit läßt sich die scheinbare Widersprüchlichkeit vieler Canones und Glossen zum Dekret und zu den Dekretalen auflösen.

SCHÜLER. Wenn die Römer ihr Recht gänzlich auf den Papst übertrugen oder übertragen konnten, so haben sie – oder sie konnten das tun – ihm auch den Gebrauch des materiellen Schwertes übertragen bzw. das materielle Schwert zum Gebrauch übergeben. LEHRER. Die Antwort ist: Die Römer konnten das Recht gänzlich auf den Papst übertragen und alle Kompetenz, die die gesamte Menge der Römer besaß. Gleichwohl konnten sie nicht das Recht gänzlich übertragen, das eine einzelne Person oder eine abgeteilte und besondere Menge der Römer besaß. So konnten sie ihm nicht alles Recht, das der römische Kaiser hatte, übertragen, auch nicht alles Recht, das die Senatoren besaßen oder der Stadtpräfekt. Und so konnten sie Teilrechte römischer Einzelpersonen oder Personenverbände bzw. Kollegien oder Teilkörperschaften nicht auf den Papst übertragen. Den Gebrauch des Schwertes aber hatte nicht die gesamte Gemeinschaft der Römer, sondern der Kaiser oder eine bestimmte Einzelperson unter ihm oder eine Teilgemeinschaft. Und daher konnte die (gesamte) Gemeinschaft der Römer den Gebrauch des materiellen Schwertes nicht auf den Papst übertragen.

DISCIPULUS. Secundum istam opinionem papa non habet in temporalibus vel in spiritualibus plenitudinem potestatis, ut omnia possit. MAGISTER. Ista opinio reputat hereticum dicere, quod papa omnia possit. Quia quod omnia possit, non habet a deo nec ab homine nec ab hominibus. Quia a deo immediate non habet gladium materialem *nec quoad executionem nec quoad hoc, quod possit aliis committere executionem gladii materialis. Ab homine vero vel ab hominibus habet vel habere potest gladium materialem quoad hoc, quod posset committere executionem gladii materialis alteri, non tamen habet gladium materialem quoad executionem.*

DISCIPULUS. Quod ius igitur transtulerunt Romani vel transferre poterant in papam super Romanum imperium? MAGISTER. Respondetur, quod poterant sibi transferre et conferre potestatem ordinandi de promovendo in imperatorem, ut scilicet ipse eligat imperatorem vel aliis committeret potestatem eligendi.

DISCIPULUS. Constat per dicta maiorum, quod papa in multis se intromittit de imperatore et imperio. Et secundum opinionem istam papa super imperatorem vel imperium non habet aliquam potestatem specialem a deo plus quam super alios reges et regna quecunque, sed solummodo a Romanis. Quid igitur de facto transtulerunt Romani in papam super imperium?

MAGISTER. Respondetur, quod nemo potest hic dicere, nisi libere et diligenter vidisset privilegia pape vel registra fide digna vel scripturas autenticas de huiusmodi translatione vel collatione iuris super imperium facta pape. Eo

SCHÜLER. Nach dieser Meinung hat der Papst in zeitlichen und geistlichen Dingen nicht die Fülle der Gewalt, so daß er alles vermag. LEHRER. Diese Meinung hält es sogar für ketzerisch zu sagen, daß der Papst alles vermag; denn daß er alles vermag, hat er nicht von Gott, noch von einem Menschen, noch auch von (mehreren) Menschen. Denn von Gott unmittelbar hat er nicht das materielle Schwert, weder zum Gebrauch oder dazu, daß er anderen den Gebrauch des materiellen Schwertes anvertraue. Von einem Menschen aber oder von Menschen hat er oder kann er das materielle Schwert haben hinsichtlich dessen, daß er den Gebrauch des materiellen Schwertes einem anderen anvertrauen kann, doch hat er damit keineswegs das materielle Schwert hinsichtlich seines Gebrauchs.[80]

SCHÜLER. Welches Recht am römischen Kaisertum und Reich also haben die Römer dem Papst übertragen oder welches konnten sie ihm übertragen? LEHRER. Die Antwort ist: Sie konnten ihm die Kompetenz übertragen und übermitteln, Anordnungen zu treffen über Kandidaten für das Kaisertum, d. h., daß er selbst den Kaiser wählen durfte oder anderen die Kompetenz zur Wahl übermitteln konnte.

SCHÜLER. Durch die Aussagen bedeutender Autoritäten steht fest, daß der Papst sich in vielerlei Hinsicht beim Kaiser sowie in Kaisertum und Reich einmischt. Aber nach dieser Meinung hat der Papst über den Kaiser sowie über Kaisertum und Reich von Gott keine besondere Kompetenz in höherem Maße als über beliebige andere Könige und Königreiche, sondern ausschließlich von den Römern. Was haben denn die Römer nun wirklich als Recht über Kaisertum und Reich übertragen?

LEHRER. Die Antwort ist: Niemand kann dies sagen, wenn er nicht ausführlich und sorgfältig die Privilegien des Papstes oder glaubhafte Aktenaufzeichnungen oder Schriftstücke öffentlicher Glaubwürdigkeit über solche Übertragung oder Rechtsverleihung über Kaisertum und Reich durch den Papst gelesen hat. Und das gilt deshalb, weil die

quod Romani poterant conferre pape pinguius ius vel minus pingue super imperium; poterant etiam tale ius dare sedi apostolice vel solummodo persone pape; poterant etiam dare pape pro una vice vel pro pluribus.

DISCIPULUS. Nunquid in hac vita est adhibenda fides soli persone pape dicentis in ipsum totum ius Romanorum super imperium esse translatum, licet per scripturas autenticas vel alias probationes hoc nequaquam ostenderet? MAGISTER. Quod assertioni unius quantacunque fulgeat dignitate nunquam est credendum in preiudicium aliorum, patet 6 q.2, per totum. Ideo assertioni solius pape in preiudicium Romanorum est in hac parte fides minime adhibenda, nisi probationes adhibeat competentes.

DISCIPULUS. Nunquid papa potest sibi vendicare ius et potestatem disponendi de imperio propter hoc, quod consuevit se intromittere de imperio disponendo? Consuetudo autem legitima dat iurisdictionem et per consequens ius et legitimam potestatem. MAGISTER. Respondetur, quod in his, que papa prescripsit legitime contra Romanos, papa habet ius et potestatem et in aliis non.

c. 31

DISCIPULUS. Investigavimus breviter, an Romanum imperium possit transferri. Nunc inquiramus, an dividi, minui, destrui seu cassari potest. Primo igitur videamus, an Romanum imperium destrui valeat vel cassari. MAGISTER. Respondetur, quod imperium Romanum pro eo, quod est im-

Römer dem Papst ein umfänglicheres Recht oder ein weniger umfängliches Recht über Kaisertum und Reich übertragen konnten. Sie konnten ein derartiges Recht auch an den Apostolischen Stuhl oder nur an die Person des Papstes geben. Sie konnten es dem Papst für ein einziges Mal oder für mehrere Male geben.

SCHÜLER. Ist nicht der Person des Papstes in diesem Leben für sich allein so viel Glauben zu schenken, wenn er erklärt, auf ihn sei das Recht der Römer an Kaisertum und Reich gänzlich übergegangen, auch wenn er das durch Schriftstücke öffentlicher Glaubwürdigkeit oder andere Beweisstücke nicht belegen könnte? LEHRER. Daß man der Behauptung eines einzelnen, welch hoher Würde er sich auch immer erfreut, zum Präjudiz anderer niemals Glauben schenken darf, ist offensichtlich: das zeigt C. 6 q. 2 in Gänze. Darum darf man der Behauptung des Papstes allein zum Präjudiz gegen die Römer in diesem Fall keineswegs Glauben schenken, wenn er nicht die entsprechenden Beweise erbringen kann.

SCHÜLER. Kann nicht der Papst Recht und Kompetenz über Kaisertum und Reich deshalb beanspruchen, weil er sich gewohnheitsmäßig in die Verfügung über Kaisertum und Reich einmischt? Eine rechtmäßige Gewohnheit aber gibt Herrschaftsrecht und folglich Recht und rechtmäßige Kompetenz. LEHRER. Die Antwort ist: Was der Papst gegen die Römer durch rechtmäßige Verjährung ersitzen konnte, das kann er als Recht und Kompetenz haben, anderes nicht.

c. 31

SCHÜLER. Wir haben in aller Kürze untersucht, ob das römische Kaisertum und Reich auf andere übertragen werden kann, jetzt wollen wir fragen, ob es geteilt, vermindert, zerstört oder vernichtet werden kann. Sehen wir zuerst, ob das römische Kaisertum und Reich zerstört und vernichtet werden kann. LEHRER. Die Antwort ist: Daß das Römische

perium totius mundi, destrui vel cassari valeat, potest tripli-
citer intelligi. Uno modo sic, quod simpliciter destruatur, ut
imperium, quod nunc est Romanorum, nec apud Romanos
nec apud alios de iure remaneat. Alio modo sic, quod imperium nec remaneat apud Romanos nec unquam ex quacunque causa sit reversurum ad ipsos. Tertio modo sic, quod
imperium non remaneat apud Romanos, potest ex causa reverti ad ipsos. Isto modo et secundo magis proprium videtur dici, quod imperium Romanum esset translatum quam
destructum vel cassatum. Primo modo diceretur proprie
Romanum imperium esse destructum seu cassatum.

Discipulus. Nunquid primo modo posset ipsum imperium Romanum destrui vel minui? Magister. Respondetur, sicut tactum est supra c. 8, quod de iure licite Romanum
imperium minui vel destrui *non* potest. *Quia* sicut antequam esset Romanum imperium, statui non potuit etiam
per universitatem mortalium, quod nunquam aliquis ad totius mundi imperium assumeretur, ita quod, postquam omnes mortales uni imperio sunt subiecti, etiam omnibus
consentientibus statui vel ordinari minime potest, quod imperium penitus destruatur, quia hoc esset in detrimentum
boni communis.

Discipulus. Nunquid potest Romanum imperium destrui secundo modo? Magister. Una est sententia, quod
illo modo destrui potest, ut scilicet ad Romanos nunquam
convertatur. Sed taliter ab eis auferri non potest absque
culpa manifesta Romanorum. Talis enim posset esse culpa
eorum, quod possent totaliter privari imperio. Quia sicut

Reich, obwohl es das Reich der gesamten Welt ist, zerstört und aufgehoben werden kann; das kann in dreifacher Hinsicht verstanden werden. Einmal so: Es wird einfach derart zerstört, daß Kaisertum und Kaiserreich, wie es jetzt ist, weder bei den Römern noch bei anderen von Rechts wegen bestehen bleibt. Zweitens so, daß Kaisertum und Reich nicht bei den Römern bleibt und niemals, aus welchem Grund auch immer, zu ihnen zurückkehren wird. Drittens so, daß das Kaisertum und Reich zwar nicht bei den Römern bleibt, zu ihnen aber, sofern ein Grund vorliegt, zurückkehren kann. Nach dieser und der zweiten genannten Art kann man offensichtlich in eigentlichem Sinn sagen, daß das römische Kaisertum und Reich eher übertragen worden sei als zerstört und aufgehoben. Aber in der ersten Art würde man im eigentlichen Sinn sagen, es sei zerstört und aufgehoben.

SCHÜLER. Könnte also nicht auf diese erste Art das römische Kaisertum und Reich zerstört und aufgehoben werden? LEHRER. Darauf ist die Antwort: Wie oben im 8. Kapitel berührt wurde, darf von Rechts wegen das römische Kaisertum und Reich nicht[81] vermindert oder zerstört werden. Denn wie auch die Gesamtheit der Sterblichen, bevor das Römische Reich bestand, nicht bestimmen konnte, daß niemals jemand zum Kaiser über die ganze Welt erkoren werden dürfe, so kann jetzt, nachdem alle Sterblichen einem Kaisertum und Reich unterworfen sind, auch mit Zustimmung aller keineswegs festgesetzt oder angeordnet werden, daß Kaisertum und Reich gänzlich zerstört werden, denn das wäre zum Schaden des gemeinen Wohls.

SCHÜLER. Aber kann nicht das Römische Reich auf die zweite Art zerstört werden? LEHRER. Eine Auffassung geht dahin, daß es derart zerstört werden kann, daß es niemals mehr zu den Römern zurückkehren wird. Aber so kann es von ihnen nicht genommen werden ohne offenbare Schuld der Römer. Ihre Schuld könnte derart sein, daß sie gänzlich des Kaisertums und Reichs beraubt werden könn-

persona quecunque in se et in posteris suis pro culpa sua
potest privari omnibus bonis suis temporalibus ac honori-
bus, iuribus et privilegiis quibuscunque, ita etiam quecunque universitas seu communitas particularis propter culpam
suam potest privari in perpetuum quocunque honore et iure
speciali.

Alia sententia est, quod communitas Romanorum propter quamcunque culpam non potest in perpetuum privari
quocunque iure et honore speciali vel imperio Romano,
quia talis privatio perpetua posset redundare in detrimentum totius universitatis mortalium. Ergo non est licita reputanda.

Discipulus. Ista ratio non concludit. Quod sicut quemcunque privare omni iure suo possit redundare in detrimentum boni communis, non sequitur, quod omnis privatio
esset censenda illicita. Magister. Respondetur, quod
quemcunque privari omni iure suo, sicut antequam sententia executioni mandetur, nullus posset eum revocare propter
quemcunque adventum, neque est licitum neque iustum.
Unde quamvis aliquis absolute propter quodcunque crimen
damnaretur ad mortem, semper alique conditiones generales subintelliguntur, quemadmodum in omni iuramento,
promisso, voto et pacto alique conditiones generales debent
subintelligi. Posset igitur communitas Romanorum absolute propter culpam privari omni iure speciali et privilegio,
quod habet super Romanum imperium, et tamen alique
conditiones generales debent intelligi. Et ideo quia communitas Romanorum penitus deleri non debet, igitur talis sententia nunquam contra Romanos sic debet ad executionem
mandari, *quin* potest ex aliqua causa revocari. Possunt

ten. Denn wie jeder einzelne für sich und seine Nachkommen wegen seiner Schuld aller seiner zeitlichen Güter beraubt werden kann und aller seiner Ämter, Rechte und Vorrechte, die er hat, so kann auch jede einzelne Gesamtheit oder Gemeinschaft wegen ihrer Schuld für immer jeden Amtes oder besonderen Rechts beraubt werden.

Eine andere Auffassung ist: Die Gemeinschaft der Römer kann nicht wegen irgendeiner Schuld für immer jeden Rechts und besonderen Amtes oder des römischen Kaisertums und Reichs beraubt werden, weil solche dauerhafte Beraubung zum Nachteil der ganzen Gesamtheit der Sterblichen gereichen könnte: also darf man sie nicht für erlaubt halten.

SCHÜLER. Diese Argumentation ist nicht schlüssig: auch wenn man nämlich irgend jemanden all seines Rechts beraubte, könnte das zum Schaden des gemeinen Wohls gereichen; nicht aber folgt daraus, daß jegliche Beraubung als illegitim gelten muß. LEHRER. Die Antwort ist: wenn jemand all seines Rechts beraubt wird dergestalt, daß, bevor das Urteil vollzogen wird, keiner es widerrufen könnte wegen irgendwelcher (zusätzlicher) Geschehnisse, dann ist das weder legitim noch gerecht. Wenn daher jemand – absolut gesprochen – wegen irgendeines Verbrechens zum Tode verurteilt würde, so sind doch dabei stets einige zusätzliche allgemeine Bedingungen impliziert, wie in jedem Eid, Versprechen, Gelöbnis und Vertrag einige allgemeine Zusatzbedingungen impliziert sein müssen. So könnte auch die Gesamtheit der Römer wegen einer Schuld an und für sich jeglichen besonderen Rechts und Vorrechts beraubt werden, das sie am römischen Kaisertum und Reich hat. Und dennoch muß man einige allgemeine Bedingungen impliziert sehen. Weil daher die Gesamtheit der Römer nicht gänzlich vernichtet werden darf, darf auch kein derartiges Urteil gegen die Römer so zum Vollzug angeordnet werden, daß es nicht aus gegebener Ursache widerrufen werden könnte. Die Römer können wegen einer Schuld oder aus gegebener

autem Romani propter culpam vel ex causa sic privari imperio, ut nunquam absque nova collatione illius vel illorum,
qui potest vel possunt eis conferre imperium, iuste valeant
imperium adipisci, nisi omnes alii propter culpam iuste imperium amitterent.

DISCIPULUS. Nunquid tertio modo potest imperium cassari vel diminui, ut scilicet Romanum imperium non
remaneat apud Romanos, potest tamen ex causa reverti ad
ipsos? MAGISTER. Respondetur, quod sic. Quia potest
transferri de Romanis ad alias gentes.

DISCIPULUS. Potestne Romanum imperium dividi vel diminui? MAGISTER. Una est opinio, quod absque consensu
expresso vel tacito totius universitatis mortalium Romanum
imperium non potest dividi vel minui. Quia si privata persona vel communitas particularis seu partialis non debet
privari iure suo, multo fortius communitas universalis mortalium non debet privari iure suo. Imperium autem Romanum principalissime spectat ad communitatem universalem
mortalium, quemadmodum dominium rerum temporalium
ad eandem communitatem principalissime spectat, unde pro
tota communitate mortalium dicit deus ad primos parentes:
'Replete terram, subiicite eam, dominamini piscibus maris.'
Igitur communitas mortalium non debet privari iure suo
super imperium absque consensu. Si autem imperium mi-
nueretur vel divideretur, communitas mortalium aliquo
iure, quod habet super imperium, privaretur. Quia postquam aliqua temporalia sunt divisa inter partes alicuius
communitatis, non sunt totius communitatis. Igitur Roma-

Ursache des Kaisertums und Reichs derart beraubt werden, daß sie es niemals mit Recht wiedergewinnen können ohne neue Einsetzung durch den oder diejenigen, die ihnen das Kaisertum oder Reich auftragen können, es sei denn, daß alle anderen wegen einer Schuld Kaisertum und Reich verlören.

SCHÜLER. Kann nicht auch auf die dritte Art Kaisertum und Reich aufgehoben und vermindert werden dergestalt, daß das Römische Reich nicht bei den Römern bliebe, dennoch aber aus gegebener Ursache zu ihnen zurückkehren könnte? LEHRER. Darauf ist die Antwort: Ja. Denn es kann ja von den Römern auf andere Völker übergehen.

SCHÜLER. Kann das Römische Reich nicht geteilt und gemindert werden? LEHRER. Eine Meinung geht dahin, daß ohne ausdrückliche oder stillschweigende Zustimmung der Gesamtheit aller Sterblichen das römische Kaisertum und Reich nicht geteilt oder gemindert werden kann. Denn wenn schon eine Privatperson oder eine abgeteilte besondere Gruppe ihres Rechts nicht beraubt werden darf, so darf erst recht und um vieles eher die Gesamtheit aller Sterblichen ihres Rechts nicht beraubt werden. Das römische Kaisertum und Reich gehört aber in allererster Linie zur Gesamtheit aller Sterblichen, so wie die Sachherrschaft über zeitliche Güter in allererster Linie der nämlichen Gesamtheit zugehört, sagt Gott doch zu den Ureltern für diese Gesamtheit aller: *»Füllet die Erde und machet sie euch untertan und herrscht über die Fische im Meer!«* [Gen. 1,28.] Also darf die Gesamtheit der Sterblichen ihres Rechts an dem Kaisertum und Reich nicht beraubt werden ohne ihre eigene Zustimmung. Wenn aber Kaisertum und Reich vermindert oder geteilt würde, beraubte man die Gesamtheit der Sterblichen eines Rechts, das sie an Kaisertum und Reich hat. Denn nachdem zeitliche Güter auf die Teilgruppen einer Gesamtheit aufgeteilt sind, gehören sie nicht mehr der gesamten Gemeinschaft. Also kann das römische Kaisertum und Reich nicht vermindert oder geteilt werden, zu-

num imperium non potest minui vel dividi, saltem absque consensu tacito vel expresso communitatis mortalium.

DISCIPULUS. De potestate destructionis, divisionis, minutionis aut translationis Romani imperii essent tractanda quamplurima, sed quamplura eorum postea locum habebunt. Ideo ad presens ipsa investigare dimitto. Unum tamen interrogo, utrum scilicet aliqua pars communitatis mortalium absque suo consensu expresso vel tacito valeat privari iure suo.

MAGISTER. Respondetur, quod propter culpam quelibet persona vel quelibet communitas partialis potest privari iure, quod habet in communi super imperium, ita ut totum ius illius ad alios devolvatur. Sicut nonnulli putant, quod totum ius imperii devolutum sit ad christianos propter culpam hereticorum et iudeorum et aliorum infidelium, ut ita valeant libere christiani disponere de toto imperio, sicut unquam potuit tota communitas mortalium.

DISCIPULUS. Adhuc circa istam materiam quero, an aliquis christianus vel alius absque causa sponte et libere valeat renunciare omni iuri, quod in communi habet super imperium. MAGISTER. Circa hoc diverse sunt opiniones. Una est, quod licet omni tali iuri renunciare. Unde et Fratres Minores, ut dicitur, omni tali iuri licite renunciaverunt, quia omni iuri humano et positivo licet renunciare. Alia opinio est, quod tali iuri renunciare non licet. Tale autem ius in communi est ius publicum, et ideo ei renunciare non licet.

Explicit liber primus.

mindest nicht ohne die stillschweigende oder ausdrückliche Zustimmung der Gesamtheit der Sterblichen.

SCHÜLER. Hinsichtlich der Kompetenz zur Zerstörung, Teilung, Minderung und Übertragung des römischen Kaisertums und Reiches müßte noch sehr vieles behandelt werden. Aber ein Großteil davon wird später seinen Platz haben. Darum stehe ich für jetzt davon ab, das zu verfolgen. Eins jedoch frage ich noch, ob irgendein Teil der Gesamtheit der Sterblichen ohne eigene ausdrückliche oder stillschweigende Zustimmung seines Rechts beraubt werden kann.

LEHRER. Die Antwort ist: Wegen einer Schuld kann jede Person oder jede Teilgruppe ihres Rechtes am Kaisertum und Reich, das sie gemeinschaftlich im Besitz hat, beraubt werden, so daß dieses Recht gänzlich auf andere übergeht. Wie etwa auch einige meinen, daß das ganze Recht am Kaisertum und Reich auf die Christen übergegangen ist wegen der Schuld der Ketzer, Juden und anderen Ungläubigen, so daß die Christen in Freiheit über Kaisertum und Reich gänzlich verfügen können, so wie nur je die Gesamtheit aller Sterblichen das konnte.

SCHÜLER. Weiter frage ich zu diesem Thema, ob irgendein Christ oder ein anderer auf all sein Recht, das er an Kaisertum und Reich gemeinsam mit anderen hat, ohne jeden bestimmten Grund aus freiem Entschluß und in freier Wahl verzichten kann? LEHRER. Darüber gibt es verschieden gerichtete Meinungen. Die eine ist, daß es jedermann erlaubt ist, auf jegliches derartige Recht Verzicht zu leisten. Daher haben auch die Minderbrüder, wie man sagt, erlaubtermaßen auf jegliches derartige Recht verzichtet. Eine andere Meinung ist, daß es nicht erlaubt ist, auf solches Recht zu verzichten. Solches Recht im Gemeinbesitz ist öffentliches Recht, und darum ist ein Verzicht nicht statthaft.

Hier endet das erste Buch (des zweiten Traktats des dritten Teils).

c. 20

DISCIPULUS. Quesivimus, quam potestatem habet imperator super malos. Nunc investigemus, qualem potestatem
obtineat super bonos sibi subiectos, utrum sibi omnes
teneantur in omnibus obedire. MAGISTER. Respondetur,
quod in illicitis et iniustis nullus debet sibi obedire.

DISCIPULUS. Nunquid in omnibus licitis omnes sibi debent obedire, ita ut peccent, qui sibi recusaverint in licito
quocunque obedire? MAGISTER. Respondetur, quod non ex
hoc ipso, quod aliquis in aliquo licito sibi non obedierit, est
iudicandus peccare. Si enim alicui precipiat ieiunare vel non
bibere vinum vel aliquid tale, quod ad officium imperatoris
non pertinet, sibi obedire minime tenetur, sed in his, que
spectant ad regimen populi temporalis. Et hoc in temporalibus quilibet obedire sibi tenetur.

DISCIPULUS. Nunquid in huiusmodi quilibet tenetur magis obedire imperatori quam cuilibet alteri, puta regi suo aut
duci aut marchioni aut alteri domino suo immediato? Videtur enim, quod quemadmodum episcopus est superior ab-
bate, et tamen hoc non obstante in multis monachi magis
tenentur obedire abbati quam episcopo, ita non obstante,
quod imperator sit superior regibus, ducibus et aliis dominis temporalibus, tamen subditi aliorum dominorum magis
tenentur obedire dominis suis immediatis quam imperatori? MAGISTER. Respondetur, quod sicut secundum multos
papa est immediatus prelatus omnium christianorum in spi-

Der dem Kaiser geschuldete Gehorsam

c. 20

SCHÜLER. Wir haben die Frage behandelt, welche Gewalt der Kaiser über die Schlechten hat. Nun wollen wir untersuchen, welche Gewalt er über die Guten hat, die ihm unterworfen sind, ob sie ihm in allem zu gehorchen verpflichtet sind. LEHRER. Die Antwort: In Unerlaubtem und Unrecht darf ihm niemand gehorchen.

SCHÜLER. Müssen ihm nicht alle in allem, was erlaubt ist, gehorchen, so daß jene, die sich weigern, ihm in erlaubten Dingen zu gehorchen, sich einer Sünde schuldig machen? LEHRER. Die Antwort ist: Nur dies, daß jemand ihm in einer erlaubten Forderung nicht Gehorsam leistet, darf man ihm nicht als Sünde anrechnen. Wenn er nämlich jemandem vorschriebe, zu fasten, keinen Wein zu trinken oder etwas Derartiges, was nicht zum Amt des Kaisers gehört, dann ist er ihm keineswegs zum Gehorsam verpflichtet, vielmehr nur in den Dingen, die zur zeitlichen Leitung des Volkes gehören. In solchen zeitlichen Angelegenheiten ist ihm jedermann zu Gehorsam verpflichtet.

SCHÜLER. Ist etwa in derartigen Dingen jeder dem Kaiser zu größerem Gehorsam verpflichtet als irgend jemand anderem, also etwa seinem König oder dem Herzog oder dem Markgrafen oder einem anderen unmittelbaren Herren? Doch scheint es so, daß, wie ein Bischof höher steht als ein Abt, dennoch dessen ungeachtet die Mönche in vielen Dingen eher verpflichtet sind, dem Abt Folge zu leisten als dem Bischof. So sind doch wohl auch, ungeachtet dessen, daß der Kaiser über den Königen, Herzögen und anderen weltlichen Herren steht, die Untergebenen der anderen Herren eher ihren unmittelbaren Herren zu Gehorsam verpflichtet als dem Kaiser? LEHRER. Die Antwort ist: So wie der Papst nach der Auffassung vieler Gelehrter der unmittelbare Vor-

ritualibus, ita ut omnes in omnibus huiusmodi magis debeant sibi obedire quam cuicunque alteri prelato inferiori; ita
imperator est dominus in temporalibus omnium immediatus, ita ut in his, que spectant ad regnum mortalium, magis
sit obediendum imperatori quam cuicunque domino inferiori, quod beatus Augustinus super epistolam ad Romanos
sentire videtur, qui super illud verbum *'Qui resistunt, sibi
ipsis damnationem acquirunt'*, ait: *'Si quid ipse proconsul iu-
beat et aliud imperator, nunquid dubitat illo contempto illi
esse serviendum?'* Idem in libris 'Confessionum', *3* – et
ponitur di. 8, c. 'Quicunque' – ait: *'In potestatibus societatis
humane maior potestas minori ad obediendum preponitur.'*
Est igitur semper magis obediendum imperatori quam cuicunque alteri domino inferiori. Discipulus. Ex istis videntur duo sequi inconvenientia. Primum est, quod omnes sunt
servi imperatoris, et quod unus non est magis servus quam
alter, nec unus respectu imperatoris est magis liber quam
alius, quia qui eque alicui obedire tenentur, sunt equaliter
servi illius vel equaliter liberi. Igitur si omnes subditi imperatoris tenentur sibi tanquam domino immediato in omnibus, que spectant ad regimen populi, obedire, omnes equaliter sunt servi illius vel eque liberi. Secundum inconveniens,
quod sequeretur, est, quod quicunque veniret ad bellum pro
domino suo contra imperatorem, committeret crimen lese
maiestatis, quia quicunque est immediate subditus imperatori, committit crimen lese maiestatis, si cogitat de morte
imperatoris. Quod facit ille, qui venit ad bellum mortale
contra imperatorem. Quid autem dicitur de istis, enarra.

Magister. Ad primum dicitur, quod non sequitur ex pre-

gesetzte aller Christen in geistlichen Angelegenheiten ist, so daß alle in allen derartigen Dingen ihm mehr gehorchen müssen als irgendeinem ihm unterstellten Prälaten,[82] so ist auch der Kaiser in zeitlichen Dingen der unmittelbare Herr über alle, so daß er von ihnen in den Dingen, die die Herrschaft in zeitlicher Hinsicht betreffen, mehr Gehorsam fordern darf als jeder andere zeitliche Herr unter ihm. Das scheint der heilige Augustinus zum Römerbrief anzunehmen, der zu jenem Vers *»Die aber widerstreben, werden über sich ein Urteil empfangen«* (Rom. 13,2) anführt: *»Wenn selbst der Proconsul das eine befähle und der Kaiser etwas anderes, wer könnte daran zweifeln, daß man jenen übergehen und diesem gehorchen muß?«* Dasselbe sagt er auch in den *»Confessiones«* 3,8 (und das steht auch D. 8 c. 2): *»Bei den Gewaltinhabern der menschlichen Gesellschaft ist die höhere Gewalt der niedrigeren zum Gehorsam vorgesetzt.«* Also ist dem Kaiser immer mehr Gehorsam zu leisten als jedem anderen Herren unter ihm. SCHÜLER. Daraus folgen offenbar zwei Schwierigkeiten: Einmal, alle sind Sklaven des Kaisers, und niemand ist in höherem Maße Sklave als jemand anderes, und keiner ist vor dem Kaiser freier als ein anderer. Denn wenn alle jemandem in gleichem Maße zu Gehorsam verpflichtet sind, sind alle gleichermaßen von ihm oder gleichermaßen frei. Wenn also alle Untertanen des Kaisers verpflichtet sind, ihm als ihrem unmittelbaren Herren in allem, was zur Leitung eines Volkes gehört, zu gehorchen, sind entweder alle gleichermaßen seine Sklaven oder gleichermaßen frei. Die zweite Schwierigkeit, die folgen würde, ist: Jeder, der für seinen Herrn in den Krieg gegen den Kaiser zöge, beginge ein Majestätsverbrechen, denn jeder der unmittelbar dem Kaiser untergeben ist, begeht ein Majestätsverbrechen, wenn er auf den Tod des Kaisers sinnt. Das aber tut der, der in einem tödlichen Kampf gegen den Kaiser zieht. Berichte, was darüber zu sagen ist.

LEHRER. Zum ersten heißt es: Aus dem zuvor Gesagten

dictis. Quia, sicut dictum est prius, subditi imperatoris non in omnibus tenentur sibi obedire, sed in his tantum, que spectant ad regimen populi, hoc est in his, que sunt necessaria ad regendum iuste et utiliter populum sibi subiectum. Et ideo si preciperet aliquid, quod est contra utilitatem populi sibi subiecti, non tenerentur sibi obedire, sed in his, que sunt necessaria ad regendum iuste et utiliter populum sibi subiectum. Et inde est, quod servi imperatoris et liberi non tenentur sibi equaliter obedire. Sed in multis tenentur sibi obedire servi, in quibus non tenentur liberi. Nam servi ad solum preceptum imperatoris omnia bona, que tenent, tenentur sibi dimittere absque hoc, quod aliquam utilitatem communem pretendant. Sed ad hoc liberi non tenentur, nec imperator potest eis hoc precipere absque utilitate boni communis, imo etiam neque absque manifesta utilitate et necessitate.

In multis etiam aliis tenentur servi imperatoris sibi obedire, in quibus liberi minime sunt adstricti. Dignitati enim humani generis derogaret, si omnes essent servi imperatoris, et ideo derogaretur eidem, si imperator in omnibus posset tractare liberos sicut servos. Quare cum imperator teneatur procurare ea, que spectant ad dignitatem et utilitatem totius humani generis, et nullo modo debet velle liberos tractare sicut servos; quare etiam liberi non tenentur sibi obedire in omnibus, in quibus servi.

Ad secundum dicitur, quod quicunque venit cum quocunque domino suo ad bellum iniustum contra imperatorem, incidit in crimen lese maiestatis et pena criminis etiam lese maiestatis est puniendus et plectendus. Quod imperato-

folgt dies nicht. Denn wie schon gesagt, sind die Untertanen des Kaisers ihm nicht in allen Dingen zu Gehorsam verpflichtet, sondern nur in dem, was zur Leitung des Volkes gehört, d. h. in dem, was notwendig dazu ist, um das Volk gerecht und zum Nutzen der Untertanen zu leiten. Wenn er daher befähle, was gegen den Nutzen des ihm untergebenen Volkes wäre, wären sie ihm nicht zum Gehorsam verpflichtet, sondern nur darin, was für eine gerechte und zuträgliche Leitung des ihm untergebenen Volkes nötig ist. Und das ist auch der Grund, warum die Sklaven des Kaisers und Freie ihm nicht in gleichem Maße zum Gehorsam verpflichtet sind. Vielmehr sind die Sklaven gehalten, ihm in vielen Dingen zu gehorchen, in denen Freie ihm nicht verpflichtet sind. Denn Sklaven müssen ihm auf sein bloßes Geheiß hin alle Güter, die sie innehaben, abgeben, ohne daß sie irgendeinen gemeinen Nutzen vorschützen könnten. Dazu aber sind Freie nicht verpflichtet, und der Kaiser kann ihnen das auch nicht vorschreiben ohne Nutzen für das gemeine Wohl, ja ohne ganz evidenten Nutzen oder ohne Notwendigkeit.

Auch in mancherlei anderer Weise sind die Sklaven des Kaisers ihm zu Gehorsam verpflichtet, wozu Freie ihm keineswegs verbunden sind. Es würde nämlich der Würde des Menschengeschlechts Abbruch tun, wenn alle Sklaven des Kaisers wären. Und seiner Würde würde es auch Abbruch tun, wenn der Kaiser in allen Dingen Freie wie Sklaven behandeln könnte. Weil aber der Kaiser verpflichtet ist, das zu besorgen, was der Würde und dem Nutzen des ganzen Menschengeschlechts frommt, und deshalb keineswegs Freie wie Sklaven behandeln wollen darf, darum sind ihm Freie auch nicht in allem zu demselben Gehorsam verpflichtet wie Sklaven.

Zum zweiten Argument heißt es: jeder, der zusammen mit seinem Herrn, wer immer das ist, zu einem ungerechten Krieg gegen den Kaiser auszieht, begeht ein Majestätsverbrechen, ist der entsprechenden Strafe verfallen und zu be-

res Honorius et Arcadius in 14. libro eodem ad legem Iuliam et pena criminis lese maiestatis testari videntur, et habetur 6 q. 1, 'Si quis', ubi ait: *'Si quis cum militibus vel privatis barbaris etiam scelestam inierit factionem aut factionis ipsius susceperit sacramentum et dederit, de nece etiam illustrium virorum, qui consiliis et consistorio nostro intersunt, senatorum etiam – nam et ipsi pars corporis nostri sunt – vel cuiuslibet postremo, qui nobis militat, cogitaverit, eadem enim severitate voluntatem sceleris, qua effectum, puniri iura voluerunt; ipse quidem, utpote maiestatis reus, gladio ferietur bonis eius omnibus fisco nostro addictis; filii vero eius, quibus vitam imperatoria speciali benignitate concedimus (paterno enim deberent perire supplicio, in quibus paterni – hoc est hereditarii – criminis exempla metuuntur), a materna et a successione omnium proximorum habeantur alieni.'*

Discipulus. Hoc beato Augustino obviare videtur, qui asserit, quod si quis vadat ad bellum etiam iniustum, dummodo non constet sibi esse iniustum, non peccat; ait enim, ut legitur 23 q. 1, c. 'Quid culpatur': *'Vir iustus, si forte etiam sub rege hodie sacrilego militet, recte potest illo iubente bellare; si vice pacis ordinem servans, quod sibi iubetur vel non esse contra preceptum dei certum est vel, utrum sit, certum non est, ita ut fortasse reum faciat regem iniquitas imperandi, innocentem autem militem ostendit ordo serviendi.'* Ex quibus verbis colligi potest, quod si rex vel alius duxerit milites suos ad bellum etiam iniustum contra impe-

strafen. Das bezeugen offenbar auch die Kaiser Honorius und Arkadius in Codex 9.8.5, und das steht auch in C. 6 q. 1 c. 22: »*Wenn jemand mit Soldaten, Privatleuten oder auch Barbaren eine verbrecherische Bande bildet oder einen Eid auf solch eine Vereinigung entgegennimmt oder leistet, wenn er auf den Tod von erlauchten Männern, die an unserem Rat und Konsistorium teilhaben, oder auch von Senatoren – sie sind nämlich Teil unseres Leibes – oder auf den Tod von einem derer sinnt, die auf unserer Seite in den Krieg ziehen, so haben die Rechte es gewollt, daß bei ihm mit gleicher Strenge die Absicht des Verbrechens wie im Erfolg bestraft werde; er soll, als die Majestätsverbrechens schuldig, mit dem Schwert gerichtet werden; alle seine Güter sollen unserem Fiskus verfallen; seine Söhne, denen wir aus besonderer kaiserlicher Gnade ihr Leben schenken (sie hätten nämlich mit der Hinrichtung des Vaters zugrunde gehen müssen, weil bei ihnen Taten nach dem Beispiel des väterlichen, d. h. des ererbten Verbrechens zu fürchten sind) sollen jedoch von dem Erbrecht an ihrer Mutter Erbe und von allem Folgerecht in das Erbe ihrer Verwandten ausgeschlossen sein.*«

SCHÜLER. Das scheint einer Äußerung des heiligen Augustins zu widersprechen, wenn jemand in einen ungerechten Krieg ziehe, so sündige er nicht, solange er nicht wisse, daß der Krieg ungerecht ist, wie es in C. 23 q. 1 c. 4 zu lesen ist: »*Was beschuldigt man einen Gerechten? Wenn er vielleicht sogar unter einem gottlosen König in den Krieg zieht, so kann er in den Krieg ziehen, sofern dieser es ihn heißt. Wenn er im Frieden die Ordnung einhält und tut, was ihm befohlen, und tut, was entweder mit Sicherheit nicht gegen Gottes Gebot verstößt oder, wenn das unsicher ist, so tut, daß die Ungerechtigkeit des Befehls den König schuldig macht, den Soldaten aber die Ordnung des Dienstes als schuldlos erweist.*« Aus diesen Worten kann man entnehmen: wenn ein König oder ein anderer (Fürst) seine Ritter gegen den Kaiser führt, dann können sie, selbst wenn es ein ungerechter

ratorem, si non est certum militibus, quod bellum domini
sui est iniustum, licite contra imperatorem bellare possunt.

MAGISTER. Respondetur ad hoc, quod si bellatores cum
domino suo pugnant contra alium, qui non est dominus eorundem, excusantur a peccato, licet bellum sit iniustum,
dummodo hoc ignorarent et non laborarent ignorantia su-
pina et crassa. Sed si vadunt ad bellum cum domino suo inferiori contra dominum suum superiorem et precipue contra imperatorem (qui est dominus eorum immediatus), non
excusantur a crimine lese maiestatis, si bellum est iniustum,
licet hoc ignorent, quia magis debent presumere pro imperatore, quod habeat iustum bellum, quam pro domino
eorum inferiori. Ideo cum non sunt certi, quod dominus
eorum inferior habeat bellum iustum contra imperatorem,
non excusantur a crimine lese maiestatis.

c. 21

DISCIPULUS. Disputavimus, quamvis breviter, de potestate imperatoris super personas. Nunc videamus de potestate ipsius super res temporales, an videlicet ipse sit dominus omnium temporalium rerum, que ad ecclesiam minime
spectant.

MAGISTER. Circa hoc sunt diverse opiniones sive sententie. Una est, quod imperator omnium rerum huius mundi
non est dominus.
[...]

Krieg ist, legitim gegen den Kaiser in den Krieg ziehen, sofern es für die Ritter nicht mit Sicherheit feststeht, daß der Krieg ihres Herrn ungerecht ist.

LEHRER. Darauf ist die Antwort: Wenn Krieger mit ihrem Herrn zusammen gegen einen anderen, der nicht ihr Herr ist, den Kampf führen, sind sie von Sünde entschuldigt, auch wenn der Krieg ungerecht ist, solange sie das nicht wissen und dabei nicht an einer leichtfertigen und groben Unwissenheit leiden. Wenn sie aber in einen Krieg ausrücken mit ihrem tiefer gestellten Herrn gegen ihren höher gestellten Herrn und insbesondere gegen den Kaiser (der ihr unmittelbarer Herr ist), so sind sie nicht entschuldigt vom Majestätsverbrechen, wenn der Krieg ungerecht ist, auch wenn sie davon keine Kenntnis haben. Denn sie müssen eher zugunsten des Kaisers annehmen, daß er einen gerechten Krieg führt, als zugunsten ihres niedriger gestellten Herren. Wenn sie also nicht sicher sind, daß ihr niedriger gestellter Herr einen gerechten Krieg gegen den Kaiser führt, so sind sie nicht vom Majestätsverbrechen entschuldigt.

c. 21

SCHÜLER. Wir haben, wenn auch kurz, über die Macht des Kaisers über Personen disputiert, nun wollen wir seine Gewalt über zeitliche Güter betrachten, ob er der Eigentümer[83] aller zeitlichen Güter ist, die nicht der Kirche gehören.

LEHRER. Darüber gibt es verschiedene Meinungen und Auffassungen: Die eine ist, daß der Kaiser nicht der Eigentümer aller Sachen dieser Welt ist.

[...]

c. 22

DISCIPULUS. Pro opinione contraria libenter audiam aliquas rationes. MAGISTER. Opinio contraria, que ponit, quod imperator est dominus omnium rerum temporalium, videtur posse fulciri pluribus rationibus. [...]

c. 23

DISCIPULUS. Si est aliqua opinio, que mediet inter opiniones predictas, non differas recitare. MAGISTER. Est una opinio, quod imperator non est sic dominus omnium rerum temporalium, que etiam minime spectant ad ecclesiam, ut ad libitum suum liceat sibi vel valeat de omnibus huiusmodi rebus, quod voluerit, ordinare. Est tamen dominus quodammodo omnium pro eo, quod omnibus huiusmodi rebus quocunque contradicente potest uti et eas applicare ad utilitatem communem, quandocunque viderit communem utilitatem esse preferendam utilitati private. Ad cuius evidentiam est sciendum, quod rerum quedam sunt mobiles et quedam immobiles. Et utrarunque quedam spectant solummodo ad imperatorem, quarum nullus alius habet dominium vel dispensationem, nisi ex speciali commissione imperatoris, que possunt vocari 'imperiales res' et 'res fisci'. *Quedam dicunt, spectant ad alios, qui earum aliquo modo sunt domini rerum mobilium, que specialiter spectant ad imperatorem; imperator sic est dominus, quod potest de eis quicquid voluerit ordinare absque hoc, quod ad restitutionem aliquam teneatur. Aurum enim et argentum et lapides pretiosos, vestes, arma, animalia et omnes alias res mobiles potest vendere, donare, legare et alienare, prout voluerit, absque hoc, quod ad restitutionem teneatur. Licet enim

c. 22.

SCHÜLER. Gerne würde ich einige Argumente für die entgegengesetzte Meinung hören. LEHRER. Die Gegenmeinung, die annimmt, daß der Kaiser der Eigentümer aller zeitlichen Sachen ist, kann sich, wie es scheint, auf mehrere Argumentationen stützen. [...]

c. 23

SCHÜLER. Wenn es eine Meinung gibt, die zwischen diesen beiden Meinungen vermittelt, so nenne sie unverzüglich. LEHRER. Eine Meinung ist, daß der Kaiser nicht derart Eigentümer aller zeitlichen Güter ist – auch wenn sie keineswegs der Kirche gehören –, daß es ihm erlaubt wäre und er mit allen solchen Gütern rechtsgültig tun könnte, was er anordnen will. Doch ist er in gewisser Weise Herr und Eigentümer all dessen, weil er all diese Güter gegen den Widerspruch jedermanns gebrauchen und verwenden darf zum gemeinen Nutzen, wann immer er sieht, daß der gemeine Nutzen dem privaten Nutzen vorzuziehen ist. Um das einzusehen, muß man wissen, daß es bewegliche Güter gibt und Liegenschaften. Von beiderlei Art von Besitz gehört einiges ausschließlich dem Kaiser, und niemand sonst hat darüber Eigentum und Verfügungsgewalt, es sei denn im besonderen Auftrag des Kaisers; diese Güter könnte man »kaiserliche Dinge« oder »Sachen des Fiskus« nennen. Einige (andere) Dinge, so sagt man, gehören anderen Menschen, die in gewisser Weise Eigentümer dieser beweglichen Güter sind, die (freilich) in einer besonderen Beziehung zum Kaiser stehen; der Kaiser ist nämlich dergestalt Herr über sie, daß er über sie nach seinem Belieben verfügen kann, ohne zu irgendeiner Wiedergutmachung verpflichtet zu sein: Gold und Silber, wertvolle Steine, Gewänder, Waffen, Tiere und andere bewegliche Vermögenswerte kann er verkaufen, verschenken, vererben, veräußern, wie er will, ohne zu einer Wiedergutmachung verpflichtet zu sein. Denn

peccaret illicite rex mala causa res huiusmodi alienando,
non tamen teneretur eas imperio vel aliis restituere. Quarundam etiam rerum ⟨im⟩mobilium isto modo est dominus,
unde et* taliter dare vel alienare potest aliqua castra vel
aliquos agros, vineas et civitates; unde in talibus habet
dominium et ius pinguissimum. Quarundam autem rerum
immobilium non habet ius et dominium ita pingue, quia
non potest eas vendere, donare vel legare vel alienare, sicut
imperium et regna, quorum alienationes redundarent in
notabile detrimentum imperii. Et ideo alienare non potest.
Et si alienaret de facto, talis alienatio non teneret de iure,
sed omnia essent ad ius imperii revocanda, et ipse, si posset,
reddere teneretur. Est tamen quodammodo dominus talium, in quantum potest eas vendicare et defendere et eis uti
pro utilitate communi. Nec aliquis alius ius in eis habere
dinoscitur. Rerum etiam spectantium ad alios habet dominium, in quantum ex causa et pro communi utilitate populi
et propter delictum possidentium potest ab eis auferre et
sibi appropriare vel aliis donare. Quia tamen hoc non potest
pro suo arbitrio voluntatis, sed pro culpa possidentium vel
ex causa seu pro utilitate communi, ideo non habet in eis
dominium ita pingue sicut in rebus primis, quas potuit,
sicut placuerit, sibi alienare ad libitum, ita ut qualitercunque
alienaverit saltem conferendo obedientibus, alienatio tunc
teneat nec sit per aliquem revocanda.

mag der König auch sündigen, wenn er unerlaubterweise
aus üblem Grund solche Sachen veräußert, er wäre doch
nicht verpflichtet, sie dem Reich oder jemandem anderen zu
ersetzen. Auch über einige ⟨un⟩bewegliche Güter ist er sol-
cherart Herr: daher kann er Burgen oder Liegenschaften,
Weinberge und Städte auf solche Weise weggeben oder veräußern; daher hat er an solchen Gütern eine weitausge-
dehnte Sachherrschaft und ein ganz hochwirksames (»fettes«) Recht.[84] Über einige Liegenschaften aber hat er nicht
solch vollständige Sachherrschaft und derartiges Recht,
denn er kann sie nicht verkaufen, verschenken, frei vererben
oder veräußern, so etwa das Reich und die Königreiche,
denn ihre Veräußerung würde Kaisertum und Reich zu offensichtlichem Schaden gereichen. Und daher kann er sie
nicht veräußern. Wenn er sie *de facto*[85] veräußerte, wäre von
Rechts wegen die Veräußerung nichtig, vielmehr wäre alles
zum Recht des Reiches zurückzubringen, und er selbst
wäre, wenn er dazu imstande wäre, zum Ersatz verpflichtet.
In bestimmter Weise ist er jedoch gleichwohl Herr auch
über solche Güter, insofern er sie beanspruchen und schützen kann und sie für den gemeinen Nutzen brauchen kann.
Daneben hat aber bekanntlich irgend jemand anders an ihnen ein Recht. Auch über Sachen, die anderen gehören, hat
der Kaiser ein Herrschaftsrecht, insofern er es begründet
und für den gemeinen Nutzen des Volkes ausübt. Auch wegen einer Schuld des Besitzers kann er es ihm nehmen und
sich zueignen oder jemand anderem geben. Weil er solches
aber nicht nach Belieben tun kann, sondern nur wegen einer
Schuld der Besitzer oder begründet, das heißt wegen des gemeinen Nutzens, darum hat er an ihnen kein vollständiges
Recht wie an den erstgenannten Gütern, welche er nach Ge-
fallen und Belieben veräußern konnte, so daß die Veräußerung, sofern sie nur an einen erfolgte, der im Gehorsam des
Reiches blieb, auch gültig war und von niemandem widerrufen werden durfte.

c. 24

DISCIPULUS. Secundum istam opinionem discurramus per allegationes pro opinionibus primis omnino contrariis supra 21. c. et 22. c. recitatis, et videamus, quid ista opinio sentit de ipsis. Dic itaque primo, quid dicendum est de illis rebus, que nullius hominis sunt?

MAGISTER. Ad hoc dicitur, quod illarum, que nullius hominis sunt, dominium principale post dominium divinum est penes totum genus humanum, quia dominium temporalium rerum dedit deus primis parentibus pro se et posteris suis, sicut ex Gen. c. 1 colligitur. Imperator tamen nihilominus est dominus quodammodo omnium rerum huiusmodi, in quantum pro utilitate communi potest eas sibi taliter appropriare, ut occupanti non concedantur, nisi de beneplacito imperatoris, et ut imperatori assignantur, si hoc utilitati communi prospexerit expedire.

DISCIPULUS. Nunquid potest imperator iubere ad libitum suum, ut nullus inferior eo tales res sibi appropriaret? MAGISTER. Respondetur, quod non. Ideo enim imperatori certa stipendia sive redditus seu res temporales sunt determinate et pro suis usibus assignate, ut res aliorum non recipiat et res, que nullius hominis sunt, occupanti dimittat, nisi pro culpa vel ex causa vel pro utilitate communi viderit, quod eas debet appropriare sibi.

DISCIPULUS. Dic, quomodo respondetur ad rationem secundam, que in hoc consistit, quod dominus temporalis potest eas vendere, si vult; quod non potest imperator. MAGISTER. Respondetur, quod dominus temporalium rerum, qui habet in eis dominium et ius pinguissimum, potest eas

c. 24

SCHÜLER. Dieser Meinung entsprechend wollen wir die Belege für jene Auffassungen durchmustern, die ihr konträr widersprechen und die oben in c. 21, 22 angeführt wurden. Sehen wir, was diese Meinung dazu zu sagen hat. So berichte denn zuerst, was über herrenloses Gut zu sagen ist.

LEHRER. Dazu sagt man, daß das hauptsächliche Eigentum an herrenlosem Gut unmittelbar nach dem göttlichen Verfügungsrecht bei dem gesamten Menschengeschlecht liegt; denn Gott gab den Ureltern ein Verfügungsrecht über zeitliche Güter für sich und für ihre Nachkommen, wie man aus Gen. 1 entnehmen kann. Nichtsdestoweniger ist der Kaiser in bestimmter Hinsicht Herr über alle derartigen Güter, insofern er sie sich zum gemeinen Nutzen dergestalt aneignen kann, daß sie dem, der sie in Besitz nimmt, nur mit Billigung des Kaisers überlassen werden und daß sie dem Kaiser überlassen werden, wenn er das als dem gemeinen Nutzen zuträglich erkennt.

SCHÜLER. Kann denn der Kaiser nach Belieben befehlen, daß sich keiner seiner Untergebenen solche Sachen aneignen darf? LEHRER. Die Antwort darauf ist: Nein. Denn darum sind dem Kaiser bestimmte Einkünfte oder Erträgnisse oder zeitliche Güter zuerkannt und für seinen eigenen Bedarf bestimmt, daß er sich nicht die Güter anderer nehme und herrenloses Gut dem, der es in Besitz nimmt, überlasse, außer wenn er wegen einer Schuld, aus einer Ursache oder für den gemeinen Nutzen erkennt, daß er sie sich selbst aneignen muß.

SCHÜLER. Sage, was die Antwort auf die zweite Argumentation ist, die ja darin besteht, daß ein weltlicher Eigentümer diese Sachen verkaufen kann, wenn er will, ein Kaiser aber keineswegs. LEHRER. Die Antwort ist, daß ein Herr über weltliche Sachen, wenn er an ihnen Eigentum hat und hochwirksames (»fettes«) (Verfügungs-)Recht, sie, wenn er will, verkaufen kann. Und von solch einer Sachherrschaft

vendere, si vult, et de tali dominio loquitur decretum 1 q. 1.
Sed tale dominium non habet imperator respectu omnium
temporalium rerum, sed solum respectu quorundam.

DISCIPULUS. Quid dicitur de tertia ratione, que fundatur
in hoc, quod imperatores multas res donaverunt. MAGI-
STER. Dicitur, quod sepe multi donant res plures et tamen
retinent sibi dominium principale earundem rerum. Et ideo
imperator potest alienare a se multas res, non tamen sic,
quin in casibus multis ipsas valeat revocare et pro utilitate
communi eas sibi appropriare, et ideo semper remaneat aliquo modo dominus earundem.

DISCIPULUS. Dic, quomodo respondetur ad quartam, que
accipit, quod imperator de preda capta in bello iusto habet
portionem specialem. MAGISTER. Dicitur, quod licet ius
pinguius habeat portione speciali sibi assignata, est tamen
dominus quodammodo omnium aliarum portionum, in
quantum pro utilitate communi potest eas sibi appropriare.

DISCIPULUS. Dic, qualiter respondetur ad quintam rationem de rebus fisci. MAGISTER. Respondetur, quod quamvis
imperator in rebus fisci habeat pinguius ius quam in aliis,
propter tamen rationes dictas in omnibus etiam aliis habet
aliquo modo dominium.

DISCIPULUS. Quid dicitur de sexta, que accipit, quod si
imperator est dominus omnium aut omnes res sunt communes etc. MAGISTER. Dicitur, quod quia imperator non est
eodem modo dominus omnium rerum temporalium, sed
uno modo est dominus suarum et alio modo aliarum, ideo
nec omnes res sunt communes nec proprie. Sed quedam
sunt proprie imperatoris, ita quod nullius alterius sunt et

spricht das Dekret in C. 1 q. 1. Solch eine Sachherrschaft aber hat der Kaiser nicht über alle zeitlichen Güter, sondern nur über einige.

SCHÜLER. Was sagt man von der dritten Argumentation, die sich darauf gründet, daß Kaiser viele Dinge verschenkt haben? LEHRER. Man sagt, daß viele Leute viele Dinge häufig verschenken und sich doch dabei das Obereigentum an diesen Dingen vorbehalten. Deshalb kann der Kaiser sich ja vieler Dinge entäußern, nicht freilich derart, daß er sie nicht in vielen Fällen wieder zurückrufen könnte und sich zum gemeinen Nutzen in ihren Besitz setzen könnte, und deshalb bleibt er immer in bestimmter Hinsicht ihr Herr.

SCHÜLER. Sage, was die Antwort auf die vierte Argumentation ist, die davon ausgeht, daß der Kaiser von der Kriegsbeute im gerechten Krieg einen Sonderanteil erhält.[86] LEHRER. Man sagt, der Kaiser sei, wenn er auch ein besseres Recht an seinem Sonderteil besitzt, der ihm zugewiesen wird, dennoch in gewisser Weise der Herr über alle anderen Anteile, insofern er sie sich zum gemeinen Nutzen aneignen kann.

SCHÜLER. Sage, wie man auf die fünfte Argumentation antwortet, die vom Staatsbesitz ausgeht. LEHRER. Die Antwort ist: Der Kaiser hat, wenngleich er auch am Staatsbesitz ein besseres Recht als an anderen Gütern besitzt, dennoch aus den genannten Gründen auch an den anderen Gütern in gewisser Weise ein Herrschaftsrecht.

SCHÜLER. Was sagt man zur sechsten Argumentation, die davon ausgeht, daß der Kaiser entweder Herr über alle Güter ist oder alle Güter zumindest im gemeinschaftlichen Eigentum mit anderen besitzt, usw.? LEHRER. Man sagt: Weil der Kaiser nicht in derselben Weise Herr über alle zeitlichen Güter ist, sondern auf eine bestimmte Weise Herr seiner eigenen Güter ist und auf eine andere Weise Herr über andere Güter, darum sind weder alle Güter ihm und anderen gemeinsam noch ihm allein zu eigen. Vielmehr gibt es einige, die Eigentum des Kaisers sind, so daß niemand

nullus alius habet proprietatem in ipsis. Quedam vero appropriantur aliis, quarum tamen quodammodo est imperator dominus, in quantum potest ab illis tollere pro utilitate communi.

Discipulus. Narra, qualiter dicitur ad rationem septimam, que in hoc consistit, quod imperator non est dominus omnium nec iure divino nec humano etc. Magister. Respondetur, quod imperator est dominus omnium modis predictis iure humano. Quia sicut imperium est ab hominibus et a deo mediantibus hominibus, ita dominium, quod habet imperator, est ab hominibus et per consequens iure humano habet dominium omnium huiusmodi rerum. Et cum dicitur, quod *'iura humana sunt iura imperatorum'*, di. 8, 'Quo iure', respondetur, quod tempore Augustini, qui dicit illa verba, que habentur di. 8, 'Quo iure', iura humana fuerunt iura imperatorum, quia tunc *'populus transtulit potestatem condendi leges in imperatorem'*. Sed aliquando iura humana non fuerunt iura imperatoris, quia prius fuerunt humana iura quam iura imperatorum. Sed est quodammodo dominus omnium iure populi; qui populus transtulit in imperatorem tale dominium omnium rerum, quod dedit dominus primis parentibus et posteris suis. Et pro utilitate communi possit eisdem et de eis disponere et ordinare, prout utilitati communi viderit expedire.

c. 25

Discipulus. Nunc breviter narra, qualiter respondetur secundum opinionem tertiam ad rationes adductas supra c. 22 pro opinione secunda.

Magister. Ad primam dicit, quod imperator non est sic dominus totius mundi, ut ad libitum suum posset facere de omnibus hominibus mundi, quod sibi placeat, sed quia in

anders Eigentum an ihnen hat. Einige aber sind anderen zugeeignet. Über diese nun ist der Kaiser in gewisser Weise Herr, insofern er sie ihnen wegnehmen kann zum gemeinen Nutzen.

SCHÜLER. Berichte, was man zu der siebten Argumentation sagt, die darin besteht, daß der Kaiser nicht der Herr über alle Dinge ist, weder kraft göttlichen, noch kraft menschlichen Rechts, usw. LEHRER. Die Antwort ist, daß der Kaiser in der besagten Weise Herr über alle Dinge ist kraft menschlichen Rechts. Denn wie das Kaisertum von Menschen ist, so ist auch die Sachherrschaft, die der Kaiser innehat, von Menschen. Folglich hat er seine Sachherrschaft über alle Güter kraft menschlichen Rechts. Und wenn man einwendet, daß *»menschliche Rechte doch Kaiserrecht«* sind, D. 8 c. 1, so ist die Antwort, daß zur Zeit Augustins, der in D. 8 c. 1 diese Formulierung gebraucht hat, menschliche Rechte Kaiserrecht waren, denn damals *»hatte das Volk seine Kompetenz zur Gesetzgebung auf den Kaiser übertragen.«*[87] Aber zu anderer Zeit waren menschliche Rechte nicht Kaiserrecht, denn es gab ja früher menschliche Rechte als kaiserliche Rechte. Auf gewisse Weise aber ist er der Herr über alle Güter kraft eines Rechts des Volkes; denn das Volk hat auf den Kaiser solche Sachherrschaft über alle Dinge übertragen, wie es der Herr den Ureltern und ihren Nachkommen gegeben hat; zu gemeinem Nutzen könnte er sie 〈gebrauchen〉 und über sie verfügen und Anordnungen treffen, je nachdem, was er für den gemeinsamen Nutzen für zuträglich hält.

c. 25

SCHÜLER. Berichte nun kurz, wie man nach dieser dritten Auffassung auf die Argumentationen antwortet, die oben in Kapitel 22 für die zweite Meinung angeführt wurden.

LEHRER. Auf die erste sagt man, daß der Kaiser nicht derart Herr über die ganze Welt ist, daß er nach seinem Belieben mit allen Menschen der Welt machen könnte, was ihm

his, que spectant ad bonum commune, omnes sibi obedire
tenentur. Et ideo non est dominus omnium temporalium
rerum, nisi modis predictis supra c. 23.

Et ad secundam respondetur per idem, quod qui est dominus personarum, est quodammodo dominus rerum spectantium ad sibi subiectos vel ad personas easdem. Et ideo
imperator est dominus omnium rerum spectantium ad sibi
subiectos, quia potest eis uti pro utilitate communi, non tamen ad libitum suum absque rationabili causa.

Ad tertiam dicitur, quod omnia sunt in potestate imperatoris; quia omnia potest accipere sibi pro utilitate communi,
non tamen ad libitum suum. Et ideo est dominus isto
modo, quo dictum est prius, non aliter.

Ad quartam respondetur, quod rex est quodammodo dominus omnium, que sunt in regno suo, non tamen sic, quod
ad libitum possit de eis, quod voluerit ordinare, sed quia
potest omnia tollere pro bono communi. Et isto modo pre-
dixit deus, quod omnia, que erant filiorum Israel, debebant
spectare ad ius regis.

DISCIPULUS. Videtur, quod non solum spectat ad illud ius
regis accipere, que erant subditorum suorum, pro utilitate
communi, sed pro utilitate propria, scilicet regis. Cum in
auctoritate allegata ibidem dicatur expresse: *'Filios vestros
tollet et ponet in curribus suis et constituet aratores agrorum
et messores segetum'*, et post: *'Agros quoque vestros et vineas et oliveta optima tollet et dabit servis suis.'* Ex quibus
aliisque omnibus, que ponuntur in auctoritate allegata, col-

gefällt, sondern alle sind ihm ausschließlich darin zum Gehorsam verpflichtet, was zum gemeinen Wohl gehört. Und darum ist er nur in jener Weise, wie es oben in Kapitel 23 geschildert wurde, Herr über alle zeitlichen Güter.

Auf die zweite Argumentation wird mit demselben Gedanken geantwortet: denn wer Herr über die Leute ist, ist in gewisser Weise auch Herr über die Sachen, die seinen Untergebenen gehören oder eben diesen Leuten. Daher ist der Kaiser Herr aller Dinge, die seinen Untergebenen gehören. Denn er kann sie gebrauchen für den gemeinen Nutzen, nicht freilich nach eigenem Belieben ohne vernünftigen Grund.

Zur dritten Argumentation wird gesagt, daß alle Dinge in der Kompetenz des Kaisers stehen; denn er kann alle Dinge an sich nehmen zum gemeinen Nutzen, nicht freilich nach eigenem Belieben. So ist er nur in der eben beschriebenen Weise Herr über sie, nicht anders.

Auf die vierte Argumentation ist die Antwort: Der König ist in gewisser Weise Herr aller Dinge, die in seinem Königreich sind, nicht derart freilich, daß er nach Belieben über sie Anordnungen treffen könnte, wie er will, sondern weil er alle zum gemeinen Wohl wegnehmen kann. Und so hat Gott es gemeint, als er prophezeite, daß alle Dinge, die ⟨zuvor⟩ den Kindern Israels gehörten, künftig im Recht des Königs stünden [vgl. 1. Sam. 8,9–18].

SCHÜLER. Zu jenem Recht des Königs gehört anscheinend nicht allein, für den gemeinen Nutzen zu nehmen, was den Untergebenen gehört, sondern auch für seinen eigenen Nutzen, d. h. für den Nutzen des Königs. Denn in der angezogenen Schriftstelle soll ⟨Samuel⟩ den Kindern Israel ausdrücklich sagen: »*Eure Söhne wird er nehmen für seinen Wagen* [. . .], *und daß sie ihm seinen Acker bearbeiten und seine Ernte einsammeln*« [1. Sam. 8,12] und wenig später: »*Eure besten Äcker und Weinberge und Ölgärten wird er nehmen und seinen Dienern geben*« [1. Sam. 8,14]. Daraus und aus fast allen Sätzen dieser Belegstelle kann man ent-

ligitur, quod ad ius regis spectabat omnia posse tollere seu accipere pro utilitate privata regis.

MAGISTER. Respondetur, quod utilitas regis est communis utilitas. Unde sicut qui peccat in regem, peccat quodammodo in omnes subiectos sibi, sic qui aliquid facit regi, hoc videur quodammodo facere in omnes sibi subiectos. Et ideo quando rex propria negocia non posset expedire per proprias res et proprios servos, posset tollere pro negociis propriis expediendis et res et servos aliorum et filios subiectos sibi, ut in hoc subveniret utilitati communi. Et isto modo deus dicit, quod omnia illa pertinebant ad ius regis. Quando autem non erat in tali necessitate, non poterat hoc facere. Et ideo, ut legimus 1. Reg. 21, Naboth Israelita noluit dare nec communicare nec vendere vineam suam regi Achab, quia videbat, quod rex ex nulla necessitate querebat eam nec propter bonum commune, sed solummodo ex avaritia et cupiditate. Sic enim omnis multitudo Israel, ut habetur 3. Reg. 21, dicit ad Roboam filium Salomonis: '*Pater tuus durissimum iugum nobis imposuit*', insinuando, quia contra iusticiam et legitimam potestatem regis oppresserat eos. Quamvis igitur rex posset tollere res et servos per filios subditorum et applicare utilitati sue, quando propria non sufficiunt et utilitas communis impediretur, nisi negocia regis propterea expedirentur, hoc tamen non potest, quando hoc in utilitatem communem minime redundare videtur.

DISCIPULUS. Hoc videtur valde urgere, quod deus di-

nehmen, daß es zum Königsrecht gehört, alles nehmen zu können oder zu beanspruchen für den privaten Nutzen des Königs.

LEHRER. Die Antwort ist, daß der Nutzen des Königs der gemeine Nutzen ist. Denn wie der, der sich gegen den König vergeht, in gewisser Weise sich gegen alle vergeht, die diesem untergeben sind, so tut anscheinend der, der dem Könige etwas antut, das in gewisser Weise all jenen an, die diesem untergeben sind. Wenn darum der König seine Privatgeschäfte nicht mit seinem eigenen Vermögen und seinen eigenen Hörigen besorgen könnte, dann könnte er für die Besorgung seiner Privatgeschäfte Vermögen und Hörige anderer und ihre Kinder, die ihm unterstellt sind, nehmen, damit er dadurch dem gemeinen Nutzen aufhelfe. Auf diese Weise sagt Gott [1. Sam. 8,9], daß all das zum Königsrecht gehört. Wenn der König aber nicht in solcher Notlage war, dann konnte er auch all das nicht tun. Deshalb hat auch, wie wir [1. Reg. 21,21] lesen können, der Israelit Naboth dem König Ahab seinen Weinberg nicht geben, ihn auch nicht vertauschen oder verkaufen wollen, weil er sah, daß der König ihn keineswegs aus einer Notlage haben wollte, auch nicht zum gemeinen Wohl, sondern nur aus Habsucht und Begierde. So sagt auch die ganze Gemeinde Israel zu Rehabeam, dem Sohn Salomons (das steht 3. Reg. 21 [d. h. 1. Reg. 12,4]): »*Dein Vater hat uns das allerhärteste Joch auferlegt*«, und damit meinten sie, daß er sie gegen Gerechtigkeit und gegen legitimes Recht des Königs bedrückt habe. Wiewohl also der König Vermögen, Hörige und Kinder seiner Untergebenen nehmen kann und sie zum eigenen Nutzen verwenden darf, wenn seine eigenen Mittel einmal nicht ausreichen und der gemeine Nutzen behindert würde, wenn nicht die Geschäfte des Königs erledigt würden, so kann er das doch dann nicht, wenn das keineswegs zum gemeinen Nutzen ausschlagen würde.

SCHÜLER. Das scheint den Wortlaut der Aussagen Gottes doch allzu sehr zu pressen, der [1. Sam. 8,17] sagt: »*Und ihr*

cit: *'Vosque ei eritis servi.'* Servi enim nihil proprium habent.

MAGISTER. Respondetur, quod non ideo dicit eis: *'Vosque ei eritis servi'*, quia futuri erant servilis conditionis et non liberi, cum legitur 3. Reg. 9, quod *'de filiis Israel non constituit Salomon servire quenquam, sed erant viri bellatorum et ministri'* omnium *'et principes et duces eius et prefecti curruum et equorum'*, sed erant futuri servi large capiendo vocabulum 'servorum' pro subditis, qui in certis casibus tanquam liberi sunt subiecti, cum domino servire censentur.

DISCIPULUS. Dic, quomodo respondetur ad quintam rationem.

MAGISTER. Respondetur sicut ad rationem precedentem, quod omnia, que sunt in regno, sunt regis quoad potestatem utendi eis pro bono communi, non quoad potestatem disponendi de eis ad libitum suum absque utilitate communi. Et sic preda capta in bello iusto est regis et est aliquo modo militum, scilicet quoad potestatem dividendi eam et distribuendi militibus, qui ceperunt eam iuste, tamen absque personarum acceptione, hoc dicit glosa il. *1*, 'Ius militare'. Dicit, *'quod principis sunt omnia quoad tuitionem, sed ipse tenetur omnia dividere secundum merita personarum, 12 q. 2, c. "Concesso".'* Hinc etiam dicit glosa 23 q. 5, c. 'Dicat', super verbo 'omnia': *'Si sub aliquo militetur, tota preda est domini; sed ipse tenetur equaliter dividere secundum qualitatem personarum, ut supra di. *1*, "Ius militare".* Sic decime dantur episcopo, ut dividat eas, 12 q. *2*, "Concesso".

müßt seine Knechte sein«, haben doch Knechte keinerlei Eigentum.

LEHRER. Die Antwort ist: nicht deshalb sagt er ihnen: *»ihr müßt seine Knechte sein«*, weil sie etwa künftig knechtischen Standes und keine Freien sein sollten, denn man kann in 3. [d. h. 1.] Reg. 9,22 lesen: *»Aber aus Israel machte Salomon niemand zu Fronleuten, sondern ließ sie Kriegsleute und seine Reiter und Oberste«* und Ritter *»und Hauptleute über seine Wagen und Gespanne sein.«* Aber sie waren doch künftige Knechte, wenn man das Wort *»Knechte«* weit faßt für Untergebene, die in einigen Fällen als Freie Untergebene sind, weil man sie ihrem Herrn Dienste leisten sieht.

SCHÜLER. Sage, wie man auf die fünfte Argumentation antwortet.

LEHRER. Man antwortet wie auf die vorausgehende Argumentation: Alles, was im Königreich ist, gehört dem König hinsichtlich seiner Kompetenz, es für das gemeine Wohl zu gebrauchen, nicht aber hinsichtlich seiner Kompetenz, darüber nach seinem Belieben zu verfügen unangesehen des gemeinen Nutzens. Auf diese Art gehört Kriegsbeute in einem gerechten Krieg dem König, und auf bestimmte Weise gehört sie auch den Soldaten, nämlich hinsichtlich der Kompetenz, die Beute aufzuteilen und an die Soldaten zu verteilen, die sie zu Recht erbeutet haben; das aber muß ohne Ansehen der Person geschehen. Und das sagt die Glosse zu D. 1 c. 10 [s. v. *ac principis portio*]: *»Alles gehört dem Fürsten hinsichtlich des Schutzes, er selbst aber ist gehalten, alles zu verteilen, gemäß den Verdiensten der Empfänger, wie C. 12 q. 2 (c. 25 und) c. 26 steht.«*[88] Deswegen sagt ja auch die Glosse zu C. 23 q. 5 c. 25 über das Wort *»omnia«*: *»Wenn man unter jemand anderem Kriegsdienst leistet, gehört die Beute ganz dem Herrn; der aber ist verpflichtet, sie gleichmäßig zu verteilen nach der Qualität der Personen, wie oben, D. 1 c. 10. In dieser Weise werden auch Zehnten an den Bischof gegeben, damit er sie teile: C. 12 q. 2 c. 26. Wenn*

Quod igitur dicitur, quod iure genitum nostra fiunt, que
capimus in bello, *ff* *De adquirendo rerum dominio, Na-*
turalem, § *ultimo, verum est, quod capientis est, sed tamen*
tenetur illud dare domino, ut dividat secundum merita
hominum.'

c. 26

Discipulus. Quesivimus de aliquibus in speciali, quam
super ipsa imperator habeat potestatem. Nunc quero in generali, an in temporalibus imperator habeat plenitudinem
potestatis, quemadmodum secundum multos papa in spiritualibus potestatis plenitudinem habere dinoscitur. Magister. Circa hoc sunt assertiones diverse. Una est, quod imperator in temporalibus sic habet plenitudinem potestatis,
quod omnia potest, que non sunt contra ius divinum vel
contra ius naturale, ita quod in omnibus huiusmodi tenentur sibi obedire omnes sui subiecti.

Discipulus. Pro ista opinione allegare nitere. Magister.
Pro ista opinione potest multipliciter allegari. Qui enim
nulla lege humana astringitur, sed solummodo lege divina et
lege naturali obligatur, omnia potest, que non sunt contra
aliquam legum predictarum. Sed imperator nulla lege humana astringitur, sed legibus divinis et naturalibus. Quia, sicut habetur ff. de legibus, et glosa recitat Extra, de constitutionibus, 'Canonum': *'Imperator legibus solutus est.'* Igitur
in temporalibus sic habet plenitudinem potestatis, ut omnia
possit, que non sunt contra leges divinas et naturales.

Amplius: Ille habet in temporalibus plenitudinem potestatis, cuius voluntas in huiusmodi lege legis habet vigorem.
Sed *'quod principi'*, precipue imperatori, *'placuit, legis habet*

es also hier heißt: ›Nach dem Völkerrecht wird das unser (Eigentum), was wir im Kriege erbeuten‹, Dig. 41.1.5.7, so ist es wahr, daß es dem zusteht, der es erbeutet hat; dennoch aber ist er verpflichtet, es seinem Herren zu geben, damit der es nach den Verdiensten seiner Leute verteile.«[89]

c. 26

SCHÜLER. Wir haben hier im einzelnen besondere Untersuchungen angestellt, welche Kompetenz der Kaiser über zeitliche Güter hat. Nun will ich allgemein fragen, ob der Kaiser in zeitlichen Dingen die Fülle der Kompetenz besitzt, so wie der Papst nach Meinung einiger in geistlichen Angelegenheiten deutlich die Fülle der Kompetenz besitzt. LEHRER. Darüber gibt es verschiedene Ansichten. Die eine geht dahin, daß der Kaiser in zeitlichen Dingen derart die Fülle der Kompetenz besitzt, daß er alles vermag, was nicht gegen das göttliche Recht oder das natürliche Recht verstößt, so daß ihm in allen derartigen Angelegenheiten alle seine Untergebenen zu Gehorsam verpflichtet sind.

SCHÜLER. Versuche, für diese Auffassung Belege anzuführen. LEHRER. Dafür läßt sich vielfach argumentieren: Wer nämlich von keinem menschlichen Gesetz beschränkt ist, sondern allein durch göttliches und natürliches Recht verpflichtet wird, der kann alles, was nicht gegen eines der besagten Rechte verstößt. Der Kaiesr aber ist durch kein menschliches Recht gebunden, sondern nur durch göttliche und natürliche Gesetze. Denn (wie man in den Digesten [1.3.31] liest, was die Glosse zu X 1.2.1 [s.v. *ab omnibus*] zitiert): »Der Kaiser ist von den Gesetzen ledig.«[90] Also hat er in zeitlichen Dingen eine derartige Kompetenzfülle, daß er alles vermag, was nicht gegen göttliche und natürliche Gesetze ist.

Weiterhin: Jener hat in zeitlichen Dingen Kompetenzfülle, dessen Willen in derartigen Dingen Gesetzeskraft hat. Aber »was der Fürst beschließt« (vor allem aber der Kaiser),

vigorem.' Igitur imperator in huiusmodi habet plenitudinem potestatis.

Rursus: Ille habet plenitudinem potestatis in temporalibus, cuius etiam 'error ius facit' in temporalibus. Igitur in
temporalibus habet plenitudinem potestatis.

Item: Si aliquis subiectus imperatori possit iuste resistere
imperatoris precepto in temporalibus, quod non est contra
ius divinum nec contra ius naturale, oportet, quod aliquo
iure possit sibi resistere, quia hoc recte possumus, quod iure
possumus. Aut igitur potest sibi resistere iure divino aut naturali aut humano. Non iure divino aut naturali, quia, sicut
dictum est, preceptum eius non est contra aliquod illorum
iurium. Nec iure humano, quia – sicut dictum est di. 8,
c. 'Quo iure' et allegatum est supra – iura humana iuri imperatoris non sunt contraria, quia *'ipsa iura humana per imperatores et per reges seculi deus distribuit generi humano.'*
Igitur iure imperatoris nullus potest eius precepto resistere,
quia imperator in omnibus huiusmodi omnia potest.

Preterea: Illud, ad quod societas humana se obligat, eadem societas servare tenetur. Sed societas humana obligat se
ad obediendum generaliter regibus et per consequens multo
magis imperatori. Ait enim Augustinus libro secundo 'Confessionum', ut habetur di. 8, 'Que contra': *'Generale quippe
pactum est societatis humane, obtemperare regibus suis.'* Igitur in temporalibus generaliter obediendum est imperatori,
ut omnia possit, que non sunt contra ius divinum et naturale.

»*das hat Gesetzeskraft*« [Dig. 1.4.1. pr.].[91] Demnach hat der Kaiser in derartigen Dingen die Fülle der Kompetenz.

Weiterhin: Jener hat die Fülle der Kompetenz in zeitlichen Dingen, bei dem selbst »*ein Irrtum*« in zeitlichen Angelegenheiten »*Recht schafft*«.[92] Demnach hat er in zeitlichen Dingen die Fülle der Kompetenz.

Außerdem: Wenn ein dem Kaiser Untergebener in zeitlichen Angelegenheiten einem Gebot des Kaisers, das nicht gegen das göttliche oder gegen das natürliche Recht verstößt, mit Recht Widerstand leisten kann, dann darf er diesen Widerstand leisten kraft eines bestimmten Rechts. Denn wir können das in rechter Weise, was wir aus Rechtsgründen können. Nun kann er ihm aber entweder kraft göttlichen oder natürlichen oder menschlichen Rechts Widerstand leisten; nicht kraft göttlichen oder natürlichen, denn, wie gesagt wurde, das kaiserliche Gebot verstößt ja gegen keines dieser Rechte; auch nicht kraft menschlichen Rechts, denn wie es in D. 8 c. 7 heißt (was oben zitiert wurde), stehen die menschlichen Rechte dem Recht des Kaisers nicht entgegen, denn »*eben die menschlichen Rechte verteilt Gott an das Menschengeschlecht durch die Kaiser und Könige dieser Welt.*« Demnach kann niemand kraft Kaiserrechts gegen des Kaisers Gebot Widerstand leisten, weil der Kaiser in allem derartigen alles tun kann.

Außerdem: Das, wozu sich die menschliche Gesellschaft selber verpflichtet, das zu halten, ist diese Gesellschaft auch verpflichtet. Aber sie verpflichtet sich dazu, ihren Königen im allgemeinen Gehorsam zu leisten und folglich desto mehr dem Kaiser. Denn Augustinus sagt im zweiten [richtig: dritten] Buch seiner »Confessiones« [c. 8], und das steht D. 8 c. 2: »*Es ist eine allgemeine Abmachung der menschlichen Gesellschaft, ihren Königen Gehorsam zu leisten.*« Demnach muß im allgemeinen dem Kaiser Gehorsam erwiesen werden, so daß er alles vermag, was nicht gegen das göttliche oder natürliche Recht verstößt.

c. 27

Discipulus. Recita assertionem oppositam. Magister. Assertio contraria est, quod imperator non habet in temporalibus plenitudinem potestatis, ut omnia possit, que non sunt contra ius divinum nec naturale, sed limitata est potestas, ut quoad liberos sibi subiectos et res eorum solummodo illa potest, que prosunt ad communem utilitatem.

Discipulus. Pro ista assertione aliquas allegationes adducas.

Magister. Pro ista taliter allegatur: Ille non habet plenitudinem potestatis, ut omnia possit, cuius leges non pro privato commodo sed pro communi utilitate fieri debent. Si enim haberet plenitudinem potestatis, posset condere leges non solum pro communi utilitate, sed etiam pro privata et utilitate propria vel aliena et etiam quacunque de causa, dummodo non esset contra ius divinum nec contra ius naturale. Sed leges imperiales et cetere fieri debent non pro privato commodo, sed pro communi utilitate, teste Isidoro, qui – ut legitur di. 4, c. 'Erit autem' – ait: *'Erit autem hec lex honesta et iusta possibilis secundum naturam et secundum consuetudinem patrie, loco temporeque necessaria, utilis, manifesta quoque, ne aliquem per obscuritatem in captione contineat; nullo privato commodo, sed pro communi utilitate conscripta.'* Igitur imperator non habet talis potestatis plenitudinem, ut omnia possit – nisi que sunt pro communi utilitate.

Amplius: Si imperator in huiusmodi habet talem plenitudinem potestatis, omnes alii reges et principes et alii laici

c. 27

SCHÜLER. Nun referiere die gegenteilige Auffassung!
LEHRER. Die entgegengesetzte Auffassung geht dahin: Der
Kaiser besitzt in zeitlichen Dingen nicht die Fülle der Kompetenz, daß er alles vermöchte, was nicht gegen das göttliche noch gegen das natürliche Recht verstößt, vielmehr ist
seine Kompetenz dergestalt beschränkt, daß er hinsichtlich
der ihm unterworfenen Freien und ihres Eigentums nur das
vermag, was dem gemeinen Nutzen zuträglich ist.
SCHÜLER. Führe einige Argumentationen an zugunsten
dieser Auffassung!
LEHRER. Es wird dafür folgendermaßen argumentiert:
Jener hat nicht die Fülle der Kompetenz, daß er alles vermöchte, dessen Gesetze nicht zu seinem eigenen Vorteil,
sondern nur zum gemeinen Nutzen erlassen werden müssen. Hätte er nämlich die Fülle der Kompetenz, könnte er
nicht allein zum gemeinen Nutzen Gesetze erlassen, sondern auch zu seinem privaten Nutzen oder zum Nutzen
von anderen, auch in beliebigen Fragen, solange das nicht
gegen das göttliche Recht verstieße oder gegen das natürliche Recht. Kaiserliche und andere Gesetze aber dürfen nicht
zugunsten eines privaten Vorteils, sondern nur zu gemeinem Nutzen erlassen werden, nach dem Zeugnis Isidors,
der, wie man D. 4 c. 2 lesen kann, sagt: »*Das Gesetz aber
soll ehrsam und gerecht, im Rahmen des Natürlichen und
auch im Rahmen des Gewohnheitsrechts des Landes durch-
führbar sein, nach Ort und Zeit notwendig, auch offenkundig von Nutzen, so daß es niemandem durch dunkle Formulierungen verleitet, zudem keinesfalls zu privatem, sondern
allein zu gemeinem Vorteil verfaßt.*« Also hat der Kaiser
nur dann die Fülle der Kompetenz, daß er alles vermag,
wenn es zum gemeinen Nutzen dient.
Weiterhin: Wenn der Kaiser in derartigen Dingen solche
Kompetenzfülle hat, dann wären alle anderen Könige und
Fürsten und alle anderen Laien, die ihm untergeben sind,

sibi subiecti essent puri servi ipsius. Nam dominus non habet maiorem potestatem super servos quam quod omnia possit precipere eis, que non sunt contra ius divinum nec contra ius naturale; imo forte nec tantam potestatem habet super eos. Si igitur imperator non solum possit ista, que sunt pro communi utilitate, sed etiam alia quecunque in temporalibus, que non sunt contra ius divinum nec contra ius naturale, omnes alii sibi subiecti essent veri servi sui.

Rursus: Papa non habet potestatem plenariam in spiritualibus; quia ea, que sunt supererogationis, non potest alicui precipere, sicut virginitatem, ieiunium in pane et aqua, intrare religionem et huiusmodi. Igitur multo magis imperator in temporalibus non habet talem plenitudinem potestatis.

Item: Imperator non habet maiorem potestatem in temporalibus quam habuit populus, cum imperator habeat potestatem suam a populo, ut allegatum est supra. Quia populus plus iurisdictionis aut potestatis non potuit transferre in imperatorem quam habuit. Sed populus nunquam habuit talem potestatis plenitudinem, ut possit precipere cuilibet de populo omne illud, quod non est contra ius divinum aut contra ius naturale. Quia non poterat precipere ista, que non erant de necessitate facienda, teste glosa Extra, de constitutionibus, 'Cum omnis', secundum quam *'in talibus, que ex necessitate *non fiunt*, nihil potest fieri, nisi omnes consentiant.'* Ergo si populus precipit aliquid alicui de populo, quod non est de necessitate faciendum, non tenetur illud facere, nisi velit. Restat igitur, quod imperator non habet talem potestatis plenitudinem.

Preterea. *Cassare, alienare, vendere, dare vel legare non

seine Knechte. Denn ein Herr hat keine größere Gewalt über seine Hörigen, als die, daß er ihnen alles gebieten kann, was nicht gegen das göttliche oder natürliche Recht verstößt. Ja, vielleicht hat ein Herr nicht einmal eine so weitgedehnte Kompetenz über sie. Wenn also der Kaiser nicht allein das, was zum gemeinen Nutzen dient, sondern auch anderes, was immer in zeitlichen Dingen nicht gegen das göttliche Recht noch gegen das natürliche Recht verstößt, (befehlen könnte), dann wären alle ihm Untergebenen wahrhaftig seine Hörigen.

Wiederum: Auch der Papst hat keine solch vollkommene Kompetenz in geistlichen Dingen; denn er kann, was zur Übergebühr gehört, niemandem gebieten, wie etwa Keuschheit, Fasten bei Wasser und Brot, Eintritt in einen religiösen Orden, und dergleichen: Um so mehr hat also auch der Kaiser keine derartige Kompetenzfülle.

Außerdem: Der Kaiser hat in zeitlichen Dingen keine größere Kompetenz, als sie das Volk hatte, da der Kaiser seine Kompetenz vom Volke hat, wie oben angeführt wurde. Denn das Volk konnte ja nicht mehr Herrschaftsrecht oder Kompetenz auf den Kaiser übertragen, als es hatte. Aber das Volk hatte niemals eine derartige Kompetenzfülle, daß es einem einzelnen aus dem Volke alles, was nicht gegen das göttliche Recht oder gegen das natürliche Recht ist, gebieten könnte. Denn es konnte ja schon nicht gebieten, was nicht mit Notwendigkeit zu tun war, nach dem Zeugnis der Glosse zu X 1.2.6 [s. v. *constitutum*], nach deren Wortlaut *»in Angelegenheiten, die nicht mit Notwendigkeit getan werden müssen, nichts getan werden kann, wenn nicht alle zustimmen«*. Wenn also das Volk einem einzelnen aus dem Volk etwas gebietet, was nicht mit Notwendigkeit getan werden muß, dann ist er nur verpflichtet, das zu tun, wenn er selber einwilligt. So bleibt nur der Schluß, daß der Kaiser keine solche Kompetenzfülle hat.

Außerdem: (Das Kaiserreich) einzuziehen,[93] zu veräußern, zu verkaufen, wegzugeben oder zu vermachen ver-

est* contra ius divinum nec contra ius naturale, et tamen
imperator hoc non potest. Igitur non habet plenitudinem
potestatis.

Rursus: Imperator non habet periculosam potestatem
bono communi. Sed talis plenitudo potestatis esset periculosa bono communi. Posset enim omnes subditos ad paupertatem redigere, quod esset contrarium bono communi.

Item: Potestas, que solummodo est constituta propter so-
lam communem utilitatem, non se extendit, nisi ad illa, que
ad communem utilitatem ordinantur. Et per consequens
non se extendit ad omnia, que sunt contra ius divinum aut
contra ius naturale. Sed potestas imperialis est solummodo
constituta ad utilitatem communem; igitur non se extendit
ad illa, que ad communem utilitatem non pertinent. Confirmatur hoc ratione: Illud, quod non ordinatur ad finem debitum, inordinatum videtur; quod autem est inordinatum,
non est licitum iudicandum. Sed finis institutionis imperatorum est communis utilitas. Igitur quod imperator auctoritate imperiali facit et non ordinat ad utilitatem communem,
est inordinatum et per consequens illicitum. Ex quo infertur, quod imperator auctoritate imperiali non potest omnia,
que non sunt contra ius divinum nec contra ius naturale, sed
solum illa, que ad utilitatem communem proficiunt.

c. 28

DISCIPULUS. Quia ista opinio secunda communitati mortalium et bono communi – pro qua quilibet zelare tenetur
– sonare videtur, scire *desidero*, quomodo ad rationes pro
opinione contraria respondetur. Dic itaque, qualiter respon-

stößt nicht gegen das göttliche Recht noch auch gegen das
natürliche Recht, und doch kann der Kaiser das alles nicht.
Also hat er nicht die Fülle der Kompetenz.

Wiederum: Der Kaiser hat keinerlei Kompetenz, die dem
gemeinen Wohl gefährlich wäre. Solch eine Kompetenzfülle
aber wäre dem Gemeinwohl gefährlich. Denn damit könnte
er alle seine Untergebenen in Armut stürzen, was dem gemeinen Wohl widerspräche.

Außerdem: Eine Kompetenz, die nur wegen des gemeinen Nutzens eingerichtet ist, erstreckt sich ausschließlich
auf das, was dem gemeinen Nutzen zugeordnet ist. Folglich
erstreckt sie sich nicht auf alles, was ⟨nicht⟩ gegen das göttliche oder natürliche Recht verstößt. Aber die kaiserliche Gewalt ist ausschließlich zum gemeinen Nutzen eingerichtet;
also erstreckt sie sich nicht auf das, was nicht zum gemeinen
Nutzen gehört. Und diese Argumentation wird noch gestützt: Was nicht seinem gehörigen Ziel zugeordnet ist,
scheint nicht in Ordnung zu sein; was aber nicht in Ordnung ist, ist als nicht erlaubt einzuschätzen. Der Zweck der
Einsetzung eines Kaisers ist aber der gemeine Nutzen. Also
ist, was der Kaiser nicht in kaiserlicher Vollmacht tut und
was nicht dem gemeinen Nutzen zugeordnet ist, nicht in
Ordnung und folglich unerlaubt. Daraus kann man schließen, daß der Kaiser kraft seiner kaiserlichen Vollmacht nicht
alles kann, was nicht gegen das göttliche Recht und auch
nicht gegen das natürliche Recht verstößt, sondern allein
das, was dem gemeinen Nutzen frommt.

c. 28

SCHÜLER. Weil diese zweite Auffassung mit der Gemeinschaft der Sterblichen und ihrem gemeinen Wohl – für das
jedermann zu kämpfen verpflichtet ist – ⟨am ehesten⟩ im
Einklang zu stehen scheint, wünsche ich zu wissen, wie man
auf die Argumente zugunsten der entgegengesetzten Argumentation antwortet. Sage darum, wie man auf die erste Argumentation, die in Kapitel 26 angeführt wurde, antwor-

detur ad primam capitulo 26 adductam. MAGISTER. Respondetur ad ipsam distinguendo de lege humana. Quarum quedam sunt leges imperatorum et aliarum personarum et communitatum particularium imperatori subiectarum; que civiles possunt appellari. Quedam sunt quodammodo totius communitatis mortalium, que ad ius gentium spectare videntur, que quodammodo sunt naturales et quodammodo humane sive positive sicut ex his, que dicta sunt huius partis capitulis 10 et 11, colligi potest. Imperator nequaquam astringitur de necessitate, licet *deceat eum vivere secundum leges suas*, servatis legibus, que spectant ad ius gentium, pro eo, quod omnes gentes et potissime rationales et ratione viventes tali iure utuntur. Prout imperator ad idem astringitur nec licet sibi eas irregulariter transgredi, nisi in casu, in quo viderit eas derogare utilitati communi. Unde non liceret sibi generaliter *prohibere occupationes sedium, bella, captivitates, servitutes, postliminia, legatorum non violandorum religionem*' et alia, que ad ius gentium spectare videntur. Imperatorem autem non habere plenitudinem potestatis, ut omnia possit in temporalibus, que non sunt contra ius divinum et naturale absolutum, de quo dictum est huius capitulis 11 et 12, spectat ad ius gentium, sicut et aliquos esse liberos et non pure servos ad ius gentium pertinere dinoscitur, et quod unum sequitur ex alio. Et ideo hac lege astringitur imperator; que tamen humana est, quia de consensu omnium

tet. LEHRER. Auf sie antwortet man, indem man beim
menschlichen Gesetz eine Unterscheidung macht. Denn unter solchen Gesetzen gibt es einige, die von Kaisern und anderen Personen und besonderen Personengemeinschaften,
die dem Kaiser untergeben sind, herrühren; diese kann man
die »bürgerlichen Gesetze« nennen. Einige andere rühren in
gewissem Sinn von der gesamten Gemeinschaft der Sterblichen her; sie gehören offenbar dem Recht der Völker an.
Und diese sind in gewisser Weise natürliche Gesetze, in gewisser Weise aber auch menschliche oder positive Gesetze,
wie man es aus dem entnehmen kann, was in diesem Teil in
Kapitel 10 und 11 gesagt wurde. Der Kaiser ist keineswegs
mit Notwendigkeit verpflichtet, sie einzuhalten, wenn es
»ihm auch ziemt, nach seinen eigenen Gesetzen zu leben«
[vgl. die Lex *»Digna vox«*: Cod. 1.14.4], solange er nur diejenigen Gesetze einhält, die dem Recht aller Völker angehö-
ren, weil ja alle Völker und insbesondere die, die vernünftig
sind und ihr Leben nach der Vernunft führen, solche Gesetze einhalten. So ist auch der Kaiser diesem nämlichen
Gesetz verpflichtet und es ist ihm nicht erlaubt, es regel-
widrig zu überschreiten, ausgenommen in jenem Fall, wo er
sieht, daß es dem gemeinen Nutzen abträglich ist. Darum
wäre es ihm nicht erlaubt, ganz allgemein *»die Besetzung
eines Wohnsitzes, Kriege und Gefangenschaften, Knecht-
schaftslasten, das Restitutionsrecht und die Verpflichtung
zum Schutz von Gesandten gegen Verletzungen«* [vgl. D. 1
c. 9] und alles andere, was offenkundig zum Recht aller Völker gehört, ⟨zu mißachten⟩. Der Kaiser hat demnach keineswegs die Fülle der Kompetenz, daß er in zeitlichen Angelegenheiten alles könnte, was nicht gegen göttliches und
gegen das absolute natürliche Recht verstößt, von dem oben
in Kapitel 10 und 11 die Rede war,[94] das gehört zum Recht
aller Völker, wie z. B. die Tatsache zum Recht aller Völker
gehört, daß es einige Freie gibt, die nicht bloße Hörige
sind, weil ja das eine aus dem anderen folgt. Und darum ist
der Kaiser an dieses Gesetz gebunden. Und doch ist dieses

mortalium *contradicentium* contrarium posset servari
pro lege.

DISCIPULUS. Dic, quomodo respondetur ad rationem secundam.

MAGISTER. Ad illam dicitur, *'quod illud, quod placet prin-*
cipi', scilicet imperatori, rationabiliter et iuste propter bonum commune, *'legis habet vigorem'*, quando hoc explicat
manifeste. Si autem aliquid placet non propter bonum commune, sed propter privatum, non propter hoc legis habet vigorem, scilicet: iuste, – sed inique et iniuste.

DISCIPULUS. Ista ratio sicut et opinio precedens capitulo
precedenti recitata veritati et auctoritati imperatorum derogare videtur. Nam secundum prescripta imperator nullam
posset condere legem nisi generalem, que respicit bonum
commune. Ex quo sequitur, quod nullum posset privilegium concedere cuicunque, quia *'privilegia sunt private'* scilicet legis, non communia seu generalia, di.*3*, 'Secundum
quod quedam', et c. 'Privilegia'. Sed imperatorem non posse
privilegium speciale concedere cuicunque tam veritati quam
auctoritati imperatoris derogare videtur. MAGISTER. Ad hoc
respondetur, quod quelibet privata persona et quodlibet
particulare collegium est pars totius communitatis. Ideo bonum cuiuslibet private persone et cuiuslibet particularis col-
legii est bonum totius communitatis. Et ideo illud ad bonum commune poterit redundare et ordinari valebit. Quare
si imperator concedendo specialia privilegia aliquibus personis vel collegiis particularibus (ratione non errante contra
bonum commune), privilegia iusta sunt et ad bonum commune spectantia. Si autem non intendit modo predicto bo-

Gesetz ein menschliches Gesetz, weil mit der Zustimmung aller Sterblichen, die ihm widersprächen, sein Gegenteil als Gesetz betrachtet werden könnte.

SCHÜLER. Sage, wie man auf die zweite Argumentation antwortet.

LEHRER. Darauf erwidert man: »*Was der Fürst*«, gemeint ist der Kaiser, vernünftig, gerecht und um des gemeinen Wohls willen »*beschließt, hat Gesetzeskraft*«, sofern es klar ist, daß er es machen darf. Wenn er aber etwas beschließt, nicht um des gemeinen Wohls willen, sondern zu seinem eigenen Wohl, so hat das keineswegs Gesetzeskraft, gemeint ist dabei: von Rechts wegen, sondern ist Unrecht und Ungerechtigkeit.

SCHÜLER. Diese Argumentation tut, wie auch die unmittelbar zuvor im vorangehenden Kapitel vorgebrachte, der Wahrheit und der Autorität der Kaiser Abbruch. Denn nach dieser Meinung könnte der Kaiser nur allgemeine Gesetze erlassen und nur dann, wenn sie sich auf das gemeine Wohl beziehen. Daraus aber folgt, daß er kein Privileg an irgend jemanden erteilen dürfte, denn »*Privilegien sind Sache eines privaten*«, gemeint ist: Gesetzes, nicht gemeinsame oder allgemeine, D. 3 c. 3.⁹⁵ Daß der Kaiser aber niemandem ein besonderes Privileg erteilen dürfe, das scheint sowohl der Wahrheit, als auch der Autorität des Kaisers Abbruch zu tun. LEHRER. Darauf ist die Antwort, daß jede Privatperson und jedes besondere Kollegium ein Teil der gesamten Gemeinschaft (der Sterblichen) ist. Daher ist das Wohl jeder Privatperson und jeden besonderen Kollegiums das Wohl der ganzen Gemeinschaft. Daher wird es auch zum gemeinen Wohl überreichlich beitragen können und wird zu ihm hingeordnet werden können. Wenn darum der Kaiser besondere Privilegien an bestimmte Personen oder besondere Kollegien erteilt, so sind diese Privilegien (sofern seine Überlegung nicht gegen das gemeine Wohl irrte) gerecht und beachten das gemeine Wohl. Wenn er aber das gemeine Wohl in dieser besagten Weise nicht im Auge hat, sondern

num commune, sed concedit huiusmodi privilegia ex amore privato vel alia causa minus iusta, privilegia illa non sunt iusta, sed iniqua et iniusta, et concedens vitium acceptionis personarum incurrit, de quo minime excusatur.

Discipulus. Dic, qualiter respondetur ad rationem tertiam. Magister. Dicitur, quod error principis probabiliter ius facit. Facit itaque, ut alii teneantur obedire, nisi appareat eis, quod error principis est contra ius divinum aut naturale aut bonum commune. Quia si sic, error principis non facit ius.

Discipulus. Qualiter respondetur ad quartam rationem. Magister. Respondetur per ista, que dicta sunt superius in responsione ad primam rationem. Quia sepe precepto imperatoris, quod nec est contra ius divinum nec naturale, potest quis resistere iure humano, non quidem civili, sed iure gentium, sicut dictum est. Ad argumentum dicitur, quod loquitur de iuribus humanis civilibus, non de iure gentium. Sed iura civilia sunt iura imperatorum et regum, sed ius gentium non est imperatorum nec regum per institutionem ipsorum, licet posset per ipsorum approbationem et observantiam.

Discipulus. Dic, quid sentit ista opinio de ultima ratione. Magister. Hoc sentit, quod generale pactum est societatis humane obtemperare regibus suis in his, que spectant ad bonum commune. Et ideo obligata est societas humana ad obediendum generaliter imperatori in his, que ad utilitatem communem proficiunt, non in aliis, in quibus non dubitat, quod nequaquam bono communi proficiant.

derartige Privilegien aus privater Liebe oder aus anderer
weniger gerechter Ursache erteilt, so sind jene Privilegien
nicht gerecht, sondern unrecht und ungerecht. Und (der
Kaiser), der sie erteilt, macht sich des Lasters der Voreinge-
nommenheit schuldig, von dem er nicht entschuldigt werden kann.

SCHÜLER. Sage, wie auf die dritte Argumentation geantwortet wird. LEHRER. Man sagt, daß auch ein Irrtum des
Fürsten mit Wahrscheinlichkeit Recht schafft;[96] denn er
bewirkt, daß die anderen zu Gehorsam verpflichtet sind,
außer wenn ihnen offensichtlich ist, daß der Irrtum des
Fürsten gegen göttliches oder menschliches Recht oder das
gemeine Wohl verstößt. In diesem Fall schafft der Irrtum
des Fürsten kein Recht.

SCHÜLER. Wie antwortet man auf die vierte Argumentation? LEHRER. Die Antwort geschieht durch das, was oben
in der Antwort auf die erste Argumentation gesagt wurde.
Denn oft kann jemand dem Gebot des Kaisers, auch wenn
es nicht gegen göttliches oder natürliches Recht verstößt,
kraft menschlichen Rechts Widerstand leisten, freilich nicht
kraft bürgerlichen Rechts, sondern kraft des Rechts aller
Völker, wie schon gesagt wurde. Zum Argument im einzelnen sagt man, daß es von den bürgerlichen menschlichen
Gesetzen spricht, nicht vom Recht aller Völker. Die bürgerlichen Rechte nun sind Rechte der Kaiser und Könige, das
Recht aller Völker hingegen ist nicht von Kaisern oder Königen kraft ihres Erlasses, mag es auch durch ihre Billigung
und Beachtung eingeschärft werden.

SCHÜLER. Sage, was diese Auffassung von der letzten
Argumentation meint. LEHRER. Sie meint, daß es eine allgemeine Vereinbarung der menschlichen Gesellschaft ist,
ihren Königen in dem zu gehorchen, was zum gemeinen
Wohl dient. Und deshalb ist die menschliche Gesellschaft
dazu verpflichtet, dem Kaiser allgemein darin Gehorsam zu
leisten, nicht in anderen Dingen, die, wie unzweifelhaft zu
sehen ist, dem gemeinen Wohl keineswegs zuträglich sind.

Anhang

Abkürzungen

Außer den allgemein üblichen Abkürzungen habe ich – insbesondere bei den Allegationen – die heute üblichen Zitationsformen gebraucht.

Für die biblischen Bücher verwende ich die Bezeichnungen der Vulgata.

Act.	Actus Apostolorum *(Apostelgeschichte)*
Apoc.	Apocalypsis *(Offenbarung)*
Cor.	Ad Corinthios *(Korintherbriefe)*
Dan.	Daniel *(Daniel)*
Deut.	Deuteronomium *(5. Buch Mose)*
Eccles.	Ecclesiastes *(Prediger)*
Ecclus.	Ecclesiasticus *(Jesus Sirach)*
Eph.	Ad Ephesios *(Epheserbrief)*
Exod.	Exodus *(2. Buch Mose)*
Gal.	Ad Galatas *(Galaterbrief)*
Gen.	Genesis *(1. Buch Mose)*
Hebr.	Ad Hebraeos *(Hebräerbrief)*
Iac.	Epistola B. Iacobi *(Jakobusbrief)*
Ier.	Ieremias *(Jeremia)*
Ioh.	Iohannes *(Johannesevangelium)*
Is.	Isaias *(Jesaia)*
Lc.	Lucas *(Lukasevangelium)*
Mach.	Machabaeorum *(Makkabäer)*
Mt.	Matthaeus *(Matthäusevangelium)*
Paral.	Paralipomenon *(Chronik)*
Petr.	Epistola Petri *(Petrusbriefe)*
Prov.	Proverbia *(Sprüche)*
Ps.	Psalmi *(Psalmen)*
Reg.	Regum *(Könige)*
Rom.	Ad Romanos *(Römerbrief)*
Sam.	Samuelis *(Samuel)*
Sap.	Sapientia *(Weisheit Salomonis)*
Tim.	Ad Timotheum *(Briefe an Timotheus)*

Für die Allegationen aus dem *Corpus Iuris Canonici* und dem *Corpus Iuris Civilis* gelten folgende Auflösungen (hier alphabetisch, z. T. an Beispielen, angegeben):

D. 80 c. 2	Decretum Gratiani, Distinctio 80, capitulum [bzw.: canon] 2
C. 24 q. 1 c. 12	Decretum Gratiani, Causa 24, quaestio 1, capitulum 12
De cons.	Decretum Gratiani, De consecratione (Distinctio, capitulum)
a.	dictum Gratiani ante (capitulum)
p.	dictum Gratiani post (capitulum)
X 5.7.9	Liber Extra [Decretales Gregorii X], Liber 5, titulus 7, capitulum 9
VI	Liber Sextus [Decretales Bonifacii VIII]
Clem.	Clementinae [Decretales Clementis V]
Dig.	Digesten
Cod.	Codex Iustiniani
Gl.	Glossa ordinaria
s. v.	supra verbo

Zu den Abkürzungen für die Werkausgaben Ockhams vgl. S. 374.

Anmerkungen

1 Die (umfangreiche) Glosse zu D. 40 c. 6 ist abgedruckt bei Brian Tierney, *Foundations of the Conciliar Theory*, Cambridge 1955, Nachdr. ebd. 1968, S. 250–254, hier S. 251 f. Daß Ockham Huguccios Positionen gekannt und – vielleicht vermittelt über Guido de Baysio – verwendet hat, vermutete Brian Tierney, »Ockham, the Conciliar Theory and the Canonists«, in: *Journal of the History of Ideas* 15 (1954) S. 40–70. Bei den Texten der vorliegenden Ausgabe fällt freilich keine unmittelbare Benutzung Huguccios oder Guidos auf, Ockham zitiert hier Huguccio nach seiner Hauptquelle zum kanonischen Recht, der *Glossa ordinaria*.

2 Vgl. Anm. 91: *Princeps, licet non sit verisimile quod erret, tamen errare potest [. . .].*

3 Papst Marcellinus (296–304) wird in den »Symmachianischen Fälschungen« (vom Beginn des 6. Jahrhunderts) als einer der Präzedenzfälle für den Rechtssatz *Nemo iudicabit primam sedem* angeführt und mit erdichteten Quellenzitaten verewigt. Dazu zusammenfassend: Erich Caspar, *Geschichte des Papsttums*, Bd. 1–2, Tübingen 1930 (Nachdr. Münster 1985), 1933, hier Bd. 2, S. 107; zu Marcellinus selbst (»ein schwarzes Kapitel in der Geschichte der römischen Kirche«) Bd. 1, S. 98 f. Ockham kennt den Fall, wie das späte Mittelalter überhaupt, aus Gratian, bzw. aus Aegidius Romanus, *De renunciaciacione pape*, c. 24, sec. pars (hrsg. von John R. Eastman, Lewiston/Queenston/Lampeter 1992, S. 349), aus dem auch Johannes Quidort von Paris (*De regia potestate et papali*, c. 24) dieses Beispiel übernommen hat; vgl. Fritz Bleienstein (Hrsg.) *Johannes Quidort von Paris, Über königliche und päpstliche Gewalt*, Textkritische Edition mit deutscher Übersetzung, Stuttgart 1969, S. 199. Diese Ausgabe enthält den größten Teil der von Ockham benutzten Autoritäten. Ockhams Zeitgenosse, der englische Carmelit John Baconthorpe (gest. 1345/1352), hat aus demselben »Präzedenzfall« die entgegengesetzten (papalistischen) Schlüsse gezogen; vgl. Beryl Smalley, »John Baconthorpe's Postill on St. Matthew« (¹1958), wiederabgedr. in: B. S., *Studies in Medieval Thought and Learning*, London 1981, S. 336 f. Diese Beispiele (auch die folgenden und weitere) sind sämtlich in dem Traktat »Quoniam omnis humane sent, entie« enthalten; dieser (noch ungedruckte) Text könnte von Ockham selbst stammen, kommt jedenfalls aber aus dem Kreis der Münchener

Minoriten: vgl. Offler in: OPol I, S. 288 f.; II, S. xviii; Miethke, *Ockhams Weg*, S. 80–82; Becker, *Appellation*, S. 294 f. Vgl. für die zitierten Vorlagen Martin von Troppau, *Chronicon* (hrsg. von L. Weiland, *Monumenta Germaniae Historica* [im folgenden zit. als: MGH] SS 22, S. 414 f.), den Ockham wörtlich zitiert. Der Wortlaut der *legenda* ist nicht der der *Legenda aurea* des Jacobus de Voragine, steht ihr aber nahe, vgl. Th. Graesse (Hrsg.), *Legenda aurea*, Breslau ³1890, Reprogr. Nachdr. Osnabrück 1965, S. 271 (cap. LVIII [60]). Da Ockham (oder seine Quelle) hier nach Aegidius Romanus zitiert, wird klar, woher die Formulierungen kommen, da Aegidius seine Quelle nennt: es ist die Dekretsumme des Huguccio (bisher noch nicht gedruckt, die Passage über Papst Marcellinus [zu D. 21 c. 7, s. v. *Marcellinus*] bei Martin Bertram, »Die Abdankung Papst Coelestins V. und die Kanonisten«, in: *Zeitschrift der Savigny-Stiftung für Rechtsgeschichte, Kanon. Abt.* 56, 1970, S. 1–101, hier S. 81). Zusammenfassend zu Huguccio jetzt bes. Wolfgang P. Müller, *Huguccio of Pisa, The Life, Works and Thought of a Twelfth-Century Jurist,* Washington (D. C.) 1993.

4 Papst Liberius (352–366). Zu ihm Ignaz Döllinger, *Papstfabeln des Mittelalters*, München 1856, S. 106–111; vgl. Caspar (wie Anm. 3) Bd. 1, S. 166–196, 588–592. Auch Liberius war in den Symmachianischen Fälschungen aufgeführt. Ockham beruft sich offensichtlich wiederum auf das *Decretum* Gratians. Auch hier kann er (oder seine Quelle) sich auf die Debatten um den Amtsverzicht Coelestins V. stützen, so hat beispielsweise der Kardinal Nikolaus von Nonancourt in einer Predigt vor Papst Bonifaz VIII. (1197) an der Kurie diesen Fall zitiert; vgl. Anneliese Maier, »Due documenti nuovi relativi alla lotta dei cardinali Colonna contro Bonifacio VIII« (¹1949), wiederabgedr. in: A. M., *Ausgehendes Mittelalter*, Bd. 2, Rom 1967, S. 13–34, hier S. 26 ff.

5 Zur Häresie des Arius – der seit 315/317 in Alexandria als Priester seine Lehre verbreitete, 318/319 (oder 323) und auf dem Konzil von Nikaia (»Nicaenum«) verurteilt wurde, von Kaiser Konstantios (337–361) wieder gefördert, von Bischof Athanasius von Alexandrien aber unerbittlich bekämpft wurde – vgl. zusammenfassend etwa Hans Lietzmann, *Geschichte der Alten Kirche*, Bd. 3, Berlin ³1961, S. 80 ff., 180 ff., 208 ff.; auch Carl Andresen, *Die Kirchen der alten Christenheit*, Stuttgart [u. a.] 1971, S. 379 ff.

6 Papst Anastasius II. (496–498); vgl. Döllinger (wie Anm. 4) S. 146–153; Caspar (wie Anm. 3) Bd. 2, S. 82–87, 758; dem Mittel-

alter durch das *Decretum* Gratians im Gedächtnis gehalten, vgl. etwa auch Dante, *Commedia*, Inferno 11,8 f.

7 Martin von Troppau, *Chronicon*, ad ann. 498 (wie Anm. 3, S. 420), bzw. der Traktat »Quoniam omnis humane sentencie« (wie Anm. 3).

8 Papst Symmachus (498–514); dazu etwa Caspar (wie Anm. 3) Bd. 2, S. 88–129. Wiederum bezieht Ockham (bzw. sein Gewährsmann) seine Informationen aus Gratians Dekret und seiner Glosse.

9 In Wirklichkeit handelt es sich wohl um den Zusammenstoß Papst Leos I. (440–461) mit Bischof Hilarius von Arles; vgl. Caspar (wie Anm. 3) Bd. 1, S. 439–451. Siehe aber auch die kurialistische Schrift des Petrus de Palude / Guillelmus Petri de Godino, *De causa immediata ecclesiasticae potestatis* (um 1318), art. 4, concl. 1, ed. William D. McCready, *The Theory of Papal Monarchy*, Toronto 1982, S. 194 Z. 221 ff.: *Secundum remedium est exemplo beati Hylarii, qui contra Leonem papam prevaluit orando, quia orandum esset pro ipso a tota ecclesia, quod deus ipsum corrigeret vel de medio amoveret, nec unquam deus sic ecclesiam suam despiceret quin eam exaudiret.* (»Das zweite Mittel [gegen einen Papst, der Unrecht tut] ist gemäß dem Beispiel des heiligen Hilarius anzuwenden, der gegen Papst Leo erfolgreich blieb, weil er betete; denn die ganze Kirche müßte für ihn beten, daß Gott ihn züchtigte oder abberiefe; Gott wird seine Kirche niemals so sehr verlassen, daß er sie nicht erhört.«)

10 Papst Sylvester II. (Gerbert von Aurillac; 999–1003), dem wohl bedeutendsten Gelehrten seiner Zeit, wurde schwarze Magie und ein minuziös ausgemalter Teufelspakt nachgesagt; vgl. z. B. Harald Zimmermann, *Das Papsttum im Mittelalter*, Stuttgart 1981, S. 104 f. Bezeichnend ist, daß Ockham offenbar keine Bedenken hatte, diese Legende argumentativ zu verwenden, die er wohl aus Martin von Troppau, *Chronicon*, ed. L. Weiland, in: MGH SS 22, S. 432 Z. 25 ff. (bzw. aus dem Traktat »Quoniam omnis humane sentencie«; wie Anm. 3) kannte.

11 Das Argument bezieht sich auf den Armutstreit; vgl. dazu etwa Jürgen Miethke, »Paradiesischer Zustand – Apostolisches Zeitalter – Franziskanische Armut, Religiöses Selbstverständnis, Zeitkritik und Gesellschaftstheorie im 14. Jahrhundert«, in: *Verlorenes oder kommendes Paradies auf Erden, Möglichkeiten und Grenzen utopischen Denkens im Mittelalter*, hrsg. von Peter Moraw und Bernhard Töpfer, Berlin [in Vorb.].

12 Hier und beim nächsten Beispiel handelt es sich um den Streit über die Sonderlehren Papst Johannes' XXII. über die selige Schau Gottes nach dem Tode, die *visio beatifica*. Dazu etwa die Arbeiten von Anneliese Maier, *Ausgehendes Mittelalter*, Bd. 3, Rom 1977, S. 319–590; knapp und präzise beleuchtet den Stand unserer Kenntnisse neuerlich Frans Anastasius van Liere; »Johannes XXII en het conflict over de *visio beatifica*«, in: *Nederlands theologisch tijdschrift* 44 (1992) S. 208–222. (Noch nicht zugänglich war mir die umfängliche Thèse von Christian Trottmann, *La vision béatifique dès disputes scolastiques à sa définition par Benoît XII*, Université de Paris 1, 1993, 1491 Seiten [masch.].) Ockham ist nicht müde geworden, auf diese »ketzerischen« Sonderlehren seines päpstlichen Gegners hinzuweisen, vgl. *Epistola ad fratres minores* (OPol III, S. 14 f.); *De dogmatibus Iohannis XXII* (II Dialogus I–II); *Compendium errorum*, c. 5; *De Imperatorum et pontificum potestate*, c. 27, oder *Octo Quaestiones*, VIII 7 (OPol I, S. 214).

13 Gregorius Magnus, *Dialogi*, IV 25, hrsg. von U. Moricca, Rom 1924, S. 262–264 (J.-P. Migne, *Patrologiae cursus completus, series Latina*, Bd. 77, S. 356 f.).

14 »Quia vir reprobus« (16. 11. 1329), ed. Conrad Eubel, in: *Bullarium Franciscanum*, Bd. 5, Rom 1898, S. 442; vgl. auch die Erörterung Ockhams in: *Opus Nonaginta Dierum*, c. 95 (OPol II, S. 718 Z. 112 ff.).

15 Vgl. *In Evang.*, Hom. 26 § 1 (Migne PL 76, 1197 C); offensichtlich zitiert Ockham aus dem Gedächtnis: die Autorität findet sich bei Petrus Lombardus, *Sententiae*, lib. IV dist. 11 cap. 3, in der »Editio tertia« des Collegio S. Bonaventura (ed. Ignatius Brady e. a.), Bd. 2, Grottaferrata 1981, S. 299. In seiner eigenen Sentenzenvorlesung hatte Ockham das Problem nicht behandelt, also auch die Allegation nicht angeführt. Doch vgl. »Tractatus de corpore Christi«, cap. 41 (OTh X, S. 224).

16 Nach der *Legenda aurea* des Jacobus de Voragine etwa (wie Anm. 3, cap. CLVIII [153], S. 701–705, bes. S. 703 f.; dt. Übers. von Richard Benz, *Die Legenda aurea des Jakobus von Voragine*, Heidelberg ¹⁰1985, S. 809 f.) hieß der Papst Cyriacus, nicht Symmachus, so übrigens auch bei Aegidius Romanus, *De renunciacione pape*, c. 24, sec. pars, und (dem Text des Aegidius hier folgend) bei Johannes Quidort, *De regia potestate et papali*, c. 24 (beide wie Anm. 3; S. 351 bzw. S. 200). Vgl. auch Döllinger, *Papstfabeln* (wie Anm. 6) Bd. 2, S. 56–58. Bezeichnenderweise

hatte auch Petrus Johannis Olivi in seiner Quaestion »De renunciatione pape« (von 1296) dieses Beispiel nur anonym vorgetragen: *non est authenticum sed apocrifum* (ed. Livarius Oliger in:
Archivum Franciscanum Historicum 11, 1918, S. 345). Der Na-
mensverwechslung bei Ockham mag solche Verschleierungsab-
sicht oder ein Kopistenfehler zugrunde liegen, oder zitierte
Ockham irrtümlich aus dem Gedächtnis?

17 Papst Coelestin V. trat 1294 als bisher einziger Papst in der Geschichte freiwillig von seinem Amt zurück; vgl. Peter Herde,
Cölestin V. (1294), Peter vom Morrone, Der Engelpapst, Stuttgart 1981. Zur Diskussion der Zeitgenossen vor allem Martin
Bertram, »Die Abdankung Papst Coelestins V. (1294) und die
Kanonisten« (wie Anm. 3); materialreich, freilich nicht sehr be-
griffsscharf und mit Verständnisschwächen John R. Eastman, *Papal Abdication in Later Medieval Thought*, Lewiston (N. Y.)
1990.

18 Vgl. etwa *Opus Nonaginta Dierum*, Prolog (OPol I, S. 292); *Bre-
viloquium* I 5, II 13 (S. 46, 81 Scholz); oder Text 11. Bei den Juri-
sten war dieses Zitat offenbar verbreitet: vgl. etwa die *Glossa
ordinaria* (um 1325) des Jesselin von Cassagnes, Gl. ad Extrav.
Ioh. XXII. 14,2 *(Quia nonnumquam)* s. v. *veritas*, und 14,4
(Cum inter nonnullos) s. v. *scholasticos*, sowie das *Consilium* des
Recupero de San Miniato und Bonifaz von Modena, gedr. als:
Cinus de Pistoia, *Consilium* nr. 11, ed. Gennaro Maria Monti,
Cino da Pistoia, Le »quaestiones« e i »consilia«, Mailand 1942,
S. 113. Auch in der anonymen Quaestion *Rex pacificus Salomon*
(um 1302) taucht dieser Beleg auf, vgl. den Druck bei Pierre
Dupuy, *Histoire du différend d'entre le pape Boniface VIII et
Philippes le Bel, Roy de France*, Paris 1655, Nachdr. Tucson
1963, S. 663–683, hier S. 664.

19 Zur *fallacia figurae dictionis* vgl. Ockham, *Summa logicae*
III 4,10 (OPh I S. 791–819); dazu bes. Roberto Lambertini, *Con-
sequentiae, fallaciae, virtus sermonis. Sul ruolo della terminolo-
gia logica nelle opere politiche di Guglielmo di Ockham*, Diss.
Phil. Bologna 1981/82 [Masch.], S. 93–173, bes. S. 118 ff.

20 Vgl. Gratian, C. 23 q. 1 a. c. 1: *Quia omnis militia vel ob iniuriam
propulsandam vel propter vindictam inferendam est instituta
[. . .]. Cum ergo, ut supra dictum est, militia videatur instituta
vel ob iniuriam propulsandam vel ad vindictam inferendam,
utrumque autem lege Evangelica prohibeatur, apparet quod militare peccatum est.*

21 Vgl. auch die Gl. ad C. 23 q. 4 c. 42, s. v. *temporibus*.

22 Vgl. Cod. 9,29,2; C. 17 q. 4 a. c. 30 und c. 30; siehe etwa *Breviloquium* I 1 (S. 41 Scholz); I Dialogus VI, c. 1.

23 Zu Ockhams Theorem vgl. etwa Wilhelm Kölmel, »Wilhelm Ockham, der Mensch zwischen Ordnung und Freiheit«, in: *Beiträge zum Berufsbewußtsein des mittelalterlichen Menschen*, hrsg. von Paul Wilpert, Berlin 1964, S. 204–229; McGrade, *Political Thought*, S. 140–149; Miethke, »Ockham's Concept of Liberty«, in: *Théologie et droit dans la science politique de l'état moderne*, Actes de la table ronde organisée par l'École française de Rome 1987, Rom 1991, S. 89–100.

24 Vgl. »Regula bullata« (vom 29.11.1223), c.1, 12 (ed. Kajetan Esser, *Die Opuscula des heiligen Franziskus von Assisi*, Grottaferrata 1976, S. 366 f.; 371; dazu die verschiedenen Regelkommentare, z. B. den des Führers der Spiritualen Petrus Johannis Olivi (gest. 1298), II 1–4 und XII B 1–2 (hrsg. von David Flood, *Peter Olivi's Rule Commentary*, Wiesbaden 1972, S. 120–122, 193 f.).

25 Vgl. Iac. 1,25.

26 Vgl. S. 88 (Di. 12 c. 12).

27 Welche Franziskaner das gewesen sind, kann ich nicht feststellen, eventuell bezieht er sich hier auf die Bemühungen des nach der Absetzung Michaels von Cesena gewählten Generalministers Geraldus Odonis, die Ordensstatuten (im Jahre 1331) mit päpstlicher Hilfe gegen die Regel zu ändern, dazu etwa Duncan Nimmo, *Reform and Division in the Franciscan Order*, Rom 1987, S. 206–210.

28 Vgl. S. 114.

29 Knapp zusammenfassend etwa Jean Dunbabin, »The Reception and Interpretation of Aristotle's *Politics*«, in: *The Cambridge History of Later Medieval Philosophy*, hrsg. von Norman Kretzmann, Anthony Kenny, Jan Pinborg und Eleonore Stump, Cambridge 1982, S. 723–737. Im einzelnen Christoph Flüeler, *Rezeption und Interpretation der aristotelischen »Politica« im späten Mittelalter*, Amsterdam/Philadelphia 1992. Ockham stützt sich an dieser Stelle offensichtlich besonders auf Thomas von Aquin und Peter von Auvergne; vgl. insbes. Robert Lambertini, »Wilhelm von Ockham als Leser der *Politica*. Zur Rezeption der politischen Theorie des Aristoteles in der Ekklesiologie Ockhams«, in: *Das Publikum politischer Theorie im 14. Jahrhundert*, hrsg. von Jürgen Miethke, München 1993, S. 207–224; zum Tyrannenbegriff vgl. Hella Mandt, »Tyrannis, Despotie«, in: *Ge-*

schichtliche Grundbegriffe, Bd. 6, hrsg. von Otto Brunner, Werner Conze und Reinhart Koselleck, Stuttgart 1990, S. 651–706.

30 Richtig: *teknopoiitika* (in der *Translatio incompleta*, ed. Pierre Michaud-Quantin, in: *Aristoteles Latinus*, Bd. 19,1, Brüssel / Paris 1961); bzw. (palaeographisch wahrscheinlicher) *teknofactiva* (in der *Translatio completa*, ed. Franz Susemihl, *Aristotelis Politicorum libri octo cum vetusta translatione Guilelmi de Moerbeka*, Leipzig 1872) *Politik* 1,3, 1253b 10. Zu den Übersetzungen und ihrer Datierung vgl. Guillaume de Moerbeke, *Recueil d'études*, edd. Jozef Brams et Willy Vanhamel, Löwen 1989, hier bes. Vanhamel, S. 339–341, und vor allem Fernand Bossier, S. 282 f., 292.

31 Vgl. Gl. ad C. 9 q. 3 c. 3, s. v. *oeconomos*.

32 *Politik* 1,9, 1258b 37; vgl. Thomas von Aquin, *Sententiae libri Politicorum*, z. St. (Editio Leonina, tom. XLVIII, Rom 1971, S. A. 110b). – Fehlerhaft bei Trechsel und Goldast: *bannansi*.

33 Vgl. dazu Petrus de Alvernia, *Lectura ad Politicam*, III, lect. 6 (hrsg. von Gundisalvus M. Grech, *The Commentary of Peter of Auvergne on Aristotle's Politics, The Unedited Part: Book III, less. 1–6*, Rom 1967, S. 124 Z. 2–5; identifiziert durch Lambertini, *Ockham als Leser*, S. 211 f.): '*Politheuma*' enim primo significat impositionem ordinis politiae, secundo impositorem ipsius, tertio significat ipsum ordinem impositum qui est ipsa politia. Et sic verum est quod '*politheuma*' et '*politia*' idem significant. Grech weist hier für *politheuma* die Lesart *politicum*, bzw. *politice iona* (in: Ms. Salamanca, Biblioteca Universitaria 2258, XV s.), nach, eine ähnliche Lesart muß auch Ockham vorgelegen haben.

34 Vgl. die folgende Anmerkung!

35 Gemeint ist hier offensichtlich die Selbstverpflichtung des Königs im Krönungseid, die insbesondere in der englischen Geschichte starke Bedeutung erlangte und demgemäß auch in der englischen Forschung lebhaft diskutiert wurde. Besonders wichtig wurden die Verhandlungen vor der Krönung Edwards II. (1307/08, also zu Ockhams Lebzeiten), in denen der König (neu) verpflichtet wurde, bei seiner Krönung zuzusagen, *les leys et les custumes droitureles, les quiels la communaute de vostre roiaume aura eslu* einzuhalten (Text des berühmten § 4 hier zitiert nach dem Druck bei Robert Stuart Hoyt, »The coronation oath of 1308«, in: *The English Historical Review* 71, 1956, S. 355 f.), im einzelnen vgl. etwa die Übersicht zur Entwicklung

des englischen Krönungseides bei Percy Ernst Schramm, *Geschichte des englischen Königtums im Lichte der Krönung* (¹1937), Nachdr. Darmstadt 1970, bes. S. 78 ff., 196 ff., 204 ff.; dazu auch Ernst Hartwig Kantorowicz, *The King's Two Bodies*, Princeton (N. J.) 1957, S. 347–358 (dt. *Die zwei Körper des Königs*, München 1990, S. 348–358). Außerdem etwa Hoyt, S. 353 bis 383; E. H. Kantorowicz, »Inalienability« (¹1954), wiederabgedr. in: E. H. K., *Selected Studies*, Locust Valley (N. Y.) 1965, S. 138–150; James Ross Sweeney, »The problem of inalienability in Innocent III's correspondence with Hungary«, in: *Medieval Studies* 37 (1975) S. 235–251. Allgemein zu den deutschen Krönungseiden vgl. Lothar Kolmer, *Promissorische Eide im Mittelalter*, Kallmünz 1989, der aber auf die englischen Krönungseide nicht eingeht.

36 Vgl. auch III Dialogus II iii, c. 18, fol. 272ᵛᵇ–273ʳᵃ.

37 *Qualitas temporis* als Grund für eine Änderung der Gesetze bei Augustin, sowie im Kirchenrecht, vgl. die Belege aus dem *Decretum Gratiani* (Di. 79 c. 9; C. 2 q. 1 c. 19) und aus Ockham (bei Jürgen Miethke, »Parteistandpunkt und historisches Argument in der spätmittelalterlichen Publizistik«, in: *Objektivität und Parteilichkeit in der Geschichtswissenschaft*, hrsg. von Reinhart Koselleck, Wolfgang J. Mommsen und Jörn Rüsen, München 1977, S. 47–62, hier S. 59 f. mit Anm. 17 f.); zusätzlich vgl. etwa den argumentativen Gebrauch in I Dialogus VI 26; III Dialogus I ii, c. 17; II i, c. 5; II ii, c. 9 (fol. 52ᵛᵇ; 197ʳᵇ; 233ʳᵃ; 251ᵛᵃ). Zum allgemeinen Rahmen bes. Klaus Schreiner, »*Diversitas temporum*, Zeiterfahrung und Epochengliederung im späten Mittelalter«, in: *Epochenschwelle und Epochenbewußtsein*, hrsg. von Reinhart Herzog und Reinhart Koselleck, München 1987, S. 381–428.

38 Die Einfügung des letzten Satzes und der Rednerwechsel ist nach Ms. Paris, Bibl. Maz. 3522, fol. 216ᵛᵃ, vorgenommen.

39 Vgl. Accursius, Gl. ad Dig. 35.1.72.6, s. v. *non cohaeret*; Thomas von Aquin, *Summa theologiae* 1,96,3.

40 In der Glosse folgen noch einige legistische Allegate, die Ockham ausläßt.

41 Der Text bei Trechsel und Goldast ist hier verwirrt; lies mit der Glosse: [. . .] *di. 40, Multi, in fine et 4. q. 3 c. Si restes § Item iurisiurandi.*

42 Vgl. auch Accursius, Gl. ad Dig. 1.10.1.1, s. v. *expedire*.

43 Der lateinische Text folgt hier i. a. (die Ausnahme ist wiederum

durch Sternchen gekennzeichnet) der Fassung, die Léon Baudry aus drei Pariser Manuskripten hergestellt hat, »A propos de Guillaume d'Occam et de Wyclef«, in: *Archives d'histoire doctrinale et littéraire du moyen âge*, a. 14 t. 12 (1939) S. 231 bis 251, hier S. 233–235 (teilweise wiederholt bei Baudry, *Vie*, S. 210 Anm. 3).

44 Vgl. zur ersten Allegation (ein Lieblingszitat Ockhams!) Anm. 18. Zur zweiten Allegation vgl. besonders *Breviloquium* I 2 (S. 43 Z. 7–9, Scholz).

45 Zur *Lex Regia* und zur Formel *Princeps legibus solutus*, die hier gemeint ist, vgl. Anm. 87.

46 Vgl. wiederum Anm. 87.

47 Diese (von Ockham mehrfach zitierte) Schrift konnte ich nicht identifizieren. George Knysh, *Ockham Perspectives*, Winnipeg 1994, S. 30, erwägt die Identität mit Ciceros *De oratore*, um dann Ockham, *Summa logicae*, pars IV, als wahrscheinlichen Kandidaten einzuführen. Beide Vorschläge bedürfen einer genauesten Prüfung, die hier nicht zu leisten ist.

48 Wörtliches Zitat aus Innozenz IV. (?), »Eger cui lenia« (hrsg. von Peter Herde, »Ein Pamphlet der päpstlichen Kurie gegen Kaiser Friedrich II. von 1245/46 [›Eger cui lenia‹]«, in: *Deutsches Archiv* 23, 1967, S. 468–538 [Text S. 510 ff.], hier S. 521 f.). Vgl. auch Knysh, *Political Authority as Property and Trusteeship*, Diss. Phil. London 1968 [masch.] S. 43–45; auch Alberto Melloni, »William of Ocham's critique of Innocent IV«, in: *Franciscan Studies* 46 (1986) S. 161–203 (zu unserer Stelle bes. S. 187 ff.).

49 Ockham schreibt hier den Traktat (wie auch sonst, wo er »Eger cui lenia« zitiert) unmittelbar Papst Innozenz IV. zu. Der Herausgeber Peter Herde dagegen meint dezidiert, es liege kein Beweis dafür vor, daß es sich bei dem Traktat um einen offiziellen Papstbrief handele, »der in Reinschriften und beglaubigt durch die päpstliche Bulle die Kanzlei verlassen hat« (S. 488); das freilich haben die spätmittelalterlichen und modernen Autoren, die in Innozenz IV. den Verfasser sehen wollten, ja nicht behauptet. Der Papst hat zudem auch seinen Kommentar zum *Liber Extra* der Dekretalen ausdrücklich als Privatarbeit veröffentlicht. Nach Herdes Meinung hätten wir es mit einem kurialen Pamphlet »aus der Umgebung des Papstes« zu tun. Hier ist der Streit nicht zu entscheiden. Mir scheinen die Kategorien der Alternative, die Herde aufstellt, auf beiden Seiten zu eng gefaßt. Vgl. auch James

A. Watt, »The Theory of Papal Monarchy in the 13th Century«, in: *Traditio* 20 (1964) S. 179–317, hier S. 212 mit Anm. 14.

50 Zur Unterscheidung zwischen *de iure* und *de facto* bei den Juristen vgl. Anm. 85.

51 Beliebtes Stichwort (nach Deut. 23,25), um die Trennung von weltlicher und kirchlicher Sphäre festzuhalten, vgl. etwa X 1.6.34 *(Venerabilem)*.

52 Trechsels Text verliest hier ebenso wie der zweite Text in der Pariser Handschrift (Bibl. Maz. 3522, fol. 251ra) unsinnig *Romanos* statt *Germanos* und wiederholt diesen offensichtlichen Fehler wenige Zeilen später. Angesichts der palaeographischen Wahrscheinlichkeit der Verwechslung (die vielleicht schon im Archetypus geschah) habe ich hier den einzig möglichen Sinn durch Emendation wiederhergestellt, zumal auch im Pariser Manuskript wenigstens bei der anderen Abschrift des Textes (fol. 162rb) hier ein Korrektor das *Romanos* durch Überschreiben in *Ger(manos)* verbessert hat.

53 Abweichend der Text bei Trechsel und Goldast: 'Ecce duo gladii hic!', *et in similibus, nulla fit mencio specialis de aliquo regno nec intelligitur specialiter exemptum a potestate data Petro a Christo magis quam Romanum imperium, quod non acceperit super Franciam et alia regna* [. . .].

54 Vgl. Augustinus de Ancona, *Summa de ecclesiastica potestate*, qu. 41 art. 2 (u. 3), (gedr.) Rom 1479, fol. 135rb–136ra, vgl. bes. in art. 2 (fol. 135va): *Respondendum quod ad eum pertinet electionem aliquam examinare, ad quem pertinet ius eligendi conferre et ordinare ac manus imponere et electionem confirmare.* Daß Ockham nicht auf die Tatsache hinweist, daß es sich um Augustinus von Ancona, nicht um den Kirchenvater handelt, ist bemerkenswert. Möglicherweise hat er »Münchener« Kollektaneen von Belegen benutzt, die er nicht immer im einzelnen überprüfte; es könnte auch am Text der Druckfassung liegen.

55 Fassungen des Krönungseides bei der Kaiserkrönung sind in den *Ordines* überliefert, bequem zugänglich bei Reinhard Elze (Hrsg.), *Ordines coronacionis imperialis* (MHG, Font. iur. germ. 9), Hannover 1960, etwa Nr. XVII 6 (S. 63), oder Nr. XX 6 (S. 106); Nr. XXIII 6 (S. 134) u. ö.; Ockham selbst zitiert hier aber nicht die Ordines, sondern Gratians Dekret. – In Deutschland galt es für den König zunächst als unpassend, nach seinem Krönungseid noch weitere Eide abzulegen (vgl. etwa *Sachsenspiegel*, Landrecht 3,54). Zur Entwicklung dieser Vorstellung im

Spätmittelalter besonders Ernst Schubert, *König und Reich, Studien zur spätmittelalterlichen deutschen Verfassungsgeschichte*, Göttingen 1979, S. 350–353; Kolmer, *Promissorische Eide* (wie Anm. 35), S. 304–313.

56 Zusammenfassend zur sogenannten »Approbationstheorie« Jürgen Miethke, »Approbation der deutschen Königswahl«, in: *Lexikon für Theologie und Kirche*, Bd. 1, Freiburg i. Br. [u. a.] ³1993, Sp. 888–891.

57 Henricus de Segusio, genannt »Hostiensis«, *Summa aurea*, Liber III, De feudis, *Quid sit fidelitas*, Lyon 1537 (Nachdr. Aalen 1962), fol. 153ᵛᵃ. Daß der Kaiser dem Papste einen Lehnseid ablege, hatte 1314 vor allem die Konstitution Papst Clemens' V. »Romani principes« (Clem. 2.9.1; gegen die Maßnahmen Kaiser Heinrichs VII. gerichtet) festgestellt; danach war diese Frage verstärkt in den Schulen und an den Höfen diskutiert worden; vgl. etwa Pennington, *The Prince and the Law*, S. 186 ff. Zur Entwicklung der Ockhamschen Argumentation gegen diese These seit seinen Schriften der frühen 30er Jahre bis zu III Dialogus etwa McGrade, *Political Thought*, S. 88 f. Man wird die Frage stellen dürfen, ob Ockham nicht die juristische Dimension der Debatte aus Lupold von Bebenburg kannte, dessen »Tractatus de iuribus regni et imperii« er in seinen *Octo Quaestiones* bekanntlich kritisiert hat, vgl. bes. Lupold, cap. 9 (wo ausführlich nachgewiesen wird, daß das *iuramentum fidelitatis* des Kaisers kein *homagium* sei), zitiert nach dem Druck bei Simon Schardius, *Syntagma tractatuum de imperiali iurisdictione* [...], Straßburg 1609, S. 161–208, hier S. 187 f. Freilich arbeitet Lupold in seinem ganzen Traktat fast ausschließlich mit der *Lectura* des Hostiensis, kaum mit seiner *Summa*, die Ockham offenbar allein zur Verfügung stand (Ockham zitiert die *Summa* auch z. B. in *An princeps*, c. 6 [OPol I, 252²³ᶠᶠ·]. Lupold seinerseits gebraucht das hier von Ockham verwandte Argument meines Wissens nirgends.

58 Hostiensis (wie vorige Anm.) fol. 153ᵛᵃ⁻ᵇ.

59 Bei Hostiensis im Anschluß an den ausdrücklich (in Anm. 57) zitierten Text (fol. 153ᵛᵃ).

60 *Discipulus* ist nach Ms. Paris, Maz. 3522, fol. 258ʳᵇ, einzufügen.

61 Wiederum Zitat aus »Eger cui lenia«, ed. Herde (wie Anm. 48), S. 522–523. Die Identifikation dieses Zitates erfolgte bereits durch Knysh, *Political Authority*, Appendix 2, S. 45.

62 Trechsel und Goldast lesen hier statt *Solite* irrtümlich *Solet* (ein

Canon »Solet« findet sich nicht im *Liber Extra*, vgl. aber *Decretum Gratiani*, De cons. D. 4 c. 31).

63 Vgl. Gl. ad Di. 45 c. 1, s. v. *fidem.*

64 Im Text des Canons heißt es nicht *credere*, sondern *crescere*; d. h., niemand dürfe gegen seinen Willen zu höherer Vollkommenheit gezwungen werden; vgl. auch die Glosse, s. v. *crescere.*

65 Dort heißt es: *Adhuc obstat II q. 2* [sic!], *Non liceat, ibi unus papa iudicat de suo successore. Sed ibi non iudicat de ipso, sed dicit quod non liceat ei alienare res ecclesiae.* (»Weiterhin steht dem C. 2 q. 12 c. 20 [so muß gelesen werden!] entgegen, wo ein Papst über seinen Nachfolger zu Gericht sitzt; aber er sitzt dort ja nicht zu Gericht über ihn, sondern sagt [nur], daß es ihm nicht erlaubt ist, Grundbesitz der Kirche zu entfremden.«)

66 Im »casus« der Glosse heißt es: *ut vel contenti essent uxoribus tantum, vel beneficiis tantum* (»daß sie sich zufrieden geben sollten entweder nur mit ihren Frauen oder nur mit ihren Pfründen«).

67 Nur sehr indirekt in der *Glossa ordinaria* zu finden. Eine genauere Vorlage konnte ich nicht aufspüren, auch nicht bei Guido de Baysio.

68 Trechsel und Goldast lesen sinnwidrig: *ab hominibus.*

69 In der Glosse heißt es in der von mir benutzten Druckausgabe: *a domino, et non a conciliis* (»vom Herrn und nicht von Konzilien«)! Aber vielleicht hatte Ockham wirklich ein Manuskript, mit der ihn offenbar selber erstaunenden Lesart, die er anführt, vor Augen?

70 Vgl. Augustinus, *De civitate Dei*, 4,3 ff. (CC, SL 47) S. 100 ff.

71 Diese These hat vor allem der Augustinereremit Aegidius Romanus in seinem Traktat »De ecclesiastica potestate« (um 1302) verfochten, ed. Richard Scholz (1929), Nachdr. Aalen 1961; vgl. dazu besonders Richard Scholz, *Die Publizistik zur Zeit Philipps des Schönen und Bonifaz' VIII.*, Stuttgart 1903, Nachdr. Amsterdam 1969), S. 32–129; Kölmel, *Regimen Christianum*, S. 291 bis 360; Miethke, *Legitimität*, S. 654 ff.

72 »Eger cui lenia«, ed. Herde (wie Anm. 48) S. 520.

73 Vgl. auch die Diskussion bei Petrus Lombardus, *Sententiae*, lib. II dist. 41 cap. 1 n. 3 (wie Anm. 15) Bd. 1 (1971), S. 562 f.

74 Abweichend der Text von Trechsel und Goldast: *non peccaverunt mortaliter vel venialiter in mentiendo.*

75 Zu Ockhams Ethik etwa Miethke, *Ockhams Weg*, S. 300–335 (zur *conscientia* S. 330); Marilyn McCord Adams, *»The structure*

of Ockham's moral theory«, in: *Franciscan Studies* 46 (1986)
S. 1–35; Lucan Freppert, *The Basis of Morality According to William of Ockham*, Chicago 1988.

76 Die sogenannte »Translatio imperii« ist seit dem 12. Jahrhundert
intensiv diskutiert worden. Innozenz III. hat die Vorstellung als
Argument in seiner berühmten Dekretale »Venerabilem« (von
1202) aufgenommen, die in die Dekretalensammlungen einging
(vgl. X 1.6.34) und damit zum *locus classicus* der Diskussion
wurde, auf den sich natürlich auch Ockham im weiteren Verlauf
stützt. Im einzelnen zur Entstehung und Geschichte der Diskussion Piet A. van den Baar, *Die kirchliche Lehre von der »Translatio imperii Romani« bis zur Mitte des 13. Jahrhunderts*, Rom
1956; Werner Goez, *»Translatio imperii«, Ein Beitrag zur Geschichte des Geschichtsdenkens und der politischen Theorien im
Mittelalter und in der frühen Neuzeit*, Tübingen 1958.

77 D. h. den Deutschen und Franzosen zusammengenommen. In
der deutschen Publizistik der Zeit war die Bezeichnung *Francigene* (im ausdrücklichen Unterschied zu *Franci*) für die Franzosen üblich, vgl. z. B. Alexander von Roes oder Lupold von Bebenburg. Noch die »Heidelberger Postillen«, verfaßt von Konrad (Koler) von Soest und Job Vener im Jahre 1409, gebrauchen
Francigene und *Gallici* nebeneinander für die Franzosen, vgl.
Deutsche Reichstagsakten unter König Ruprecht, 3. Abt. 1406 bis
1410, hrsg. von Julius Weizsäcker, Gotha 1888, S. 422–444,
Nr. 269, hier z. B. Glosse Nr. 81 (S. 406 f.). Zu den Postillen vgl.
Hermann Heimpel, *Die Vener von Gmünd und Straßburg*, Göttingen 1982, bes. Bd. 1, S. 257–276.

78 Ein *non* ist mit Ms. Paris, Maz. 3522, fol. 263va, einzufügen.

79 Diese berühmte Parömie, die für die Entwicklung des Souveränitätsgedankens wichtig wurde, ist aus Vorformen in Dig.
36.1.13.4, 4.8.3.3 und 4.8.4 schon in der Gl. ad Dig. 36.1.13.4,
s. v. *imperium*, formuliert worden. Für die Kanonisten vgl. bereits Innozenz III. in: X 1.6.20 und dazu die Gl. s. v. *in parem*.
Vgl. auch Tierney, *Origins*, S. 29 f.

80 Bei Trechsel und Goldast lautet der Text abweichend: *Quia a
deo immediate non habet gladium materialem quoad executionem, nec quoad hoc, quod possit committere executionem gladii
materialis, ab homine vero vel ab hominibus habere potest* [. . .].

81 Gegen den Text von Trechsel und Goldast ist sinngemäß ein *non*
in den lateinischen Text aufzunehmen.

82 Ockham stützt sich hier auf die »mendikantische Ekklesiolo-

gie«, die im 13. Jahrhundert ausgearbeitet worden ist. Im einzelnen dazu vor allem Yves M. J. Congar, »Aspects ecclésiologiques
de la querelle entre mendiants et séculiers«, in: *Archives d'histoire doctrinale et littéraire du moyen âge* 28 (1961) S. 35–151;
Jürgen Miethke, »Die Rolle der Bettelorden im Umbruch der
politischen Theorie an der Wende zum 14. Jahrhundert«, in: *Stellung und Wirksamkeit der Bettelorden in der städtischen Gesellschaft*, hrsg. von Kaspar Elm, Berlin 1981, S. 119–153; ders.,
»Politische Theorie und die ›Mentalität‹ der Bettelorden«, in:
*Mentalitäten im Mittelalter, Methodische und inhaltliche Pro-
bleme*, hrsg. von František Graus, Sigmaringen 1987, S. 157–176.
Die Übertragung auf die kaiserliche Stellung ist freilich Ockhams eigene Leistung.

83 Die Frage des Eigentums als eines Zentralproblems der politischen Theorie des späteren Mittelalters in knappem Überblick
bei Janet Coleman, »Property and Poverty«, in: *Cambridge
History of Medieval Political Thought*, S. 607–648. Vgl. auch
Dietmar Willoweit, »*Dominium* und *proprietas*, Zur Entwicklung des Eigentumsbegriffs in der mittelalterlichen und neuzeitlichen Rechtswissenschaft«, in: *Historisches Jahrbuch* 94 (1974)
S. 131–156; Dieter Schwab, »Eigentum«, in: *Geschichtliche
Grundbegriffe* (wie Anm. 29), Bd. 2 (1975) S. 65–115, bes. S. 66
bis 74; Damian Hecker, *Eigentum als Sachherrschaft. Zur Ge-
nese und Kritik eines besonderen Herrschaftsanspruches*, Paderborn 1990, bes. S. 27–76.

84 Die Lesart von Trechsel und Goldast ist verwirrt und lautet abweichend: *Quedam sunt, que spectant ad alios, que aliquo modo
sunt dominorum earum rerum mobilium, que specialiter spectant
ad imperatorem* [. . .] *non tamen teneretur eas imperio vel aliis
restituere. Quarundam etiam rerum immobilium ita est dominus, ut* [. . .]. Ich folge hier wiederum Ms. Paris, Maz. 3522,
fol. 275ra.

85 Zur Bedeutung der Unterscheidung zwischen *de iure* und *de
facto* bei den Juristen, vor allem bei Ockhams jüngerem Zeitgenossen Baldus de Ubaldis (gest. 1400), vgl. Joseph Canning, *The
Political Thought of Baldus de Ubaldis*, Cambridge 1987, S. 64
bis 68. Schon Johannes Duns Scotus (gest. 1308) hatte diese juristische Sprachtradition dazu benutzt, sich und seinen Zeitgenossen Gottes Allmacht in der theologischen Unterscheidung von
seiner *potentia absoluta* und *potentia ordinata* verständlich zu
machen; Ockham war ihm bereits in seiner ersten großen politi-

schen Streitschrift, dem *Opus Nonaginta Dierum* (c. 95; OPol II, S. 726 Z. 412 ff.) gefolgt; vgl. Miethke, *Ockhams Weg*, S. 137 bis 156, bes. S. 145 f., 155; Eugenio Randi, »A Scotist Way of Distinguishing Between God's Absolute and Ordained Powers«, in: *From Ockham to Wyclif*, hrsg. von Anne Hudson und Michael Wilks, Oxford 1987, S. 43–50; jetzt auch William J. Courtenay, *Capacity and Volition, A History of the Distinction of Absolute and Ordained Power*, Bergamo 1990, bes. S. 115–145.

86 Zu den zeitgenössischen Verhältnissen vgl. etwa Denis Hay, »The Division of the Spoil of War in Fourteenth-Century England«, in: *Transactions of the Royal Historical Society* 4 (1954) S. 91–109.

87 Anspielung auf die sogenannte *Lex regia*: vgl. Inst. 1.2.5; Dig. 1.4.1.1; Cod. 1.17.1.7. Dazu zusammenfassend Kantorowicz, *King's Two Bodies* (wie Anm. 35) S. 87–192 (dt. Ausg. S. 106–204); Dieter Wyduckel, »Princeps legibus solutus«, *Eine Untersuchung zur frühmodernen Rechts- und Staatslehre*, Berlin 1979, S. 163 ff.

88 Der Text von Trechsel und Goldast ist hier korrupt: *quod principis sunt omnia quoad tuitionem sed ipse tenetur omnia dividere secundum merita personarum, ut supra di. 2, 'Ius militare', sic dantur episcopo decimae, ut dividat eas, 12 q. 2 c. 'Concesso', super verbo 'omnia'.* (Streiche *super verbo 'omnia'* als Dittographie!)

89 Diese Glosse stammt von Johannes Faventinus, was Johannes Teutonicus in der *Glossa ordinaria* noch angemerkt hat, Ockham aber bezeichnenderweise verschweigt: ihm kommt es nur auf »die Glosse«, nicht auf die einzelne Lehrmeinung an.

90 Dazu vgl. etwa Brian Tierney, »›The Prince is not Bound by the Laws‹, Accursius and the Origins of Modern State«, in: *Comparative Studies in Society and History* 5 (1962/63) S. 378–400, wiederabgedr. in: B. T., *Church, Law and Constitutional Thought in the Middle Ages*, London 1979, Nr. iii; zusammenfassend Wyduckel (wie Anm. 87), passim, bes. S. 48–62, 94 ff., 130 ff.; vgl. auch Pennington, *Prince*.

91 Dazu vgl. etwa Kantorowicz, *King's Two Bodies* (wie Anm. 35) S. 103, 150 f. (dt. Ausg. S. 121, 165 f.), auch Wyduckel (wie Anm. 87), S. 42 ff., 93, 103 usw. Die Auslegung des Baldus de Ubaldis, die der Ockhams sehr verwandt ist, interpretiert umsichtig Canning (wie Anm. 85), bes. S. 76 ff. mit Anm. 20 (bzw. S. 239; ad Dig. 1.4.1): *Nota tamen, quod hec auctoritas, 'quicquid*

principi placet', debet intelligi, scilicet 'possibile' et 'honestum';
nam impossibilia princeps non potest. Illud autem est impossibile,
cuius contrarium est necessarium. Est autem necessarium ius di-
vinum, item ius naturale [. . .] sic non potest tolli ius gentium, su-
pra [Dig. 1.1.11; Inst. 1.2.1]. Et ideo, si principi placet, quod deo
non placet, non habet legis vigorem.

92 Die Parömie (*error principis facit ius*) findet sich so nicht im
Corpus Iuris Civilis, vgl. aber Dig. 33.10.3.5: *error ius facit*. Das
war ursprünglich nicht auf den *princeps* bezogen. Doch durch einen Schreibfehler in der Bologneser Vulgata wurde dieser Satz
auf den *imperator* angewandt und wissenschaftlich erörtert, vgl.
z. B. Accursius, Gl. z. St. (hier benutzt nach der Ausgabe Lyon
1604), s. v. *usum imperatorum* (so statt richtig: *imperitorum*; vgl.
die Ausgabe von Paul Krüger und Theodor Mommsen, Nachdr.
Berlin 1956): *et sic error principis facit ius [. . .]. Sed quomodo so-*
lius principis error facit ius? Respond(endum), quia et alii debent
sequi quod ipse facit [. . .]. Item quomodo princeps errat in iure,
cum omnia sint in eius pectore [. . .]. Respond(endum), non est
verisimile eum errare, potest tamen [. . .]. Für die Diskussion im
13. und 14. Jahrhundert vgl. den Kommentar des Bartolus von
Sassoferrato (hier zitiert nach dem Druck Venedig 1602, Bd. 3:
In primam Infortiati partem), ad Dig. 33.10.2, s. v. *Sed et de his*:
Princeps, licet non sit verisimile quod erret, tamen errare potest
[. . .]. Sed dicitur hic quod error imperatoris facit ius [!]. Contra:
Ius non potest per errorem constitui, ut l. [Dig. 1.3.39]. So(lvit)
Cy(nus) variat(is) in fol(iis) in l. [Cod. 8.52.1] in quarto contra-
rio, et in l. [Cod. 8.52.2]. Finaliter Ja(cobus) de Are(na), quem se-
quitur Oldr(adus), dicit multum bene iudicio meo. Quandoque
princeps vel alius, qui habet ius condendi, errat in ipsa legis con-
stitutione, quia in veritate non intendit legem constituere, sed
utitur, tamquam sit iam constitutum, tunc non facit ius talis er-
ror, quia deficit consensus, dicta l. [Dig. 1.3.39] secundum unam
lectionem. Quandoque non errat in constitutione legis, sed in
modo condendi seu constituendi legem, et tunc dic: aut errat in
causa de preterito, quia dicit imperator quod sic fuit constitutum,
sed erat per desuetudinem sublatum, ideo statuimus, etc. Et tunc
error facit iust, tamen tali modo non est trahendum ad conse-
quentias [Dig. 1.3.14] secundum aliam lectionem. Ita possumus
intelligere hunc textum, et imperator statuit argentum esse in su-
pellectili credens sic alias esse statutum, cum non esset. Si vero er-
rat in causa de presenti, siquidem error esset talis qui faceret legis

equitatem cessare, cessaret lex, quia cessaret causa s⟨u⟩i. Si vero
error talis causae non faceret equitatem legis cessare, tunc valet
lex et error ius facit. – Allgemein mit weiteren Nachweisen En-
nio Cortese, *La Norma giuridica*, Bd. 2, Mailand 1964, S. 105 f.
mit Anm. 13 f.

93 Bei Trechsel und Goldast ist der Text zum Unverständlichen
korrumpiert: *falssare, alienare, vendere, dare vel legare non*
est [. . .]. (Hier verbessert nach Ms. Paris, Bibl. Maz. 3522,
fol. 276vb); vgl. auch Text 11, S. 190 (Abs. 2).

94 So zu Recht die Lesart von Ms. Paris, Bibl. Maz. 3522. Ockham
verweist auf seine Erörterung in III Dialogus II ii, c. 10–11,
fol. 251vb–252rb, zurück, wo er die Kompetenzen des Kaisers diskutiert hatte.

95 Die Allegation ist verwirrt: Der Druck von Trechsel und Goldast liest: '[. . .] *seu generalia' di. viii. secundum quod quaedam, et*
c. privilegia [Di. 3 c. 3. Hier wörtlich das Zitat des Textes!]; *sed*
imperator [. . .]; Ms. Paris, Bibl. Maz. 3522: *Di. 8 secundum quod*
quedam et c. quantumlibet [. . .]. Offenbar zitiert Ockham sehr
allgemein oder nach den Allegationen einer Glosse, die ich nicht
identifizieren konnte [vgl. etwa die Glossen ad Di. 100 c. 8;
X 1.4.8; X 5.11.25].

96 Vgl. Anm. 93.

Literaturhinweise

Werkausgaben

Guillelmi de Ockham Opera philosophica et theologica ad fidem codicum manuscriptorum edita. Cura Instituti Franciscani Universitatis S. Bonaventurae.

Opera Philosophica. Bd. 1–7. St. Bonaventure (N. Y.): Porziuncola, 1974–1988. [Zit. als: OPh, mit Band- und Seitenzahl.]

Opera Theologica. Bd. 1–10. Ebd. 1967–1986. [Zit. als: OTh, mit Band- und Seitenzahl.]

[Vgl. dazu: Jürgen Miethke: Der Abschluß der kritischen Ausgabe von Ockhams akademischen Schriften. In: Deutsches Archiv 47 (1991) S. 175–185.]

Guillelmi de Ockham Opera politica. [Zit. als: OPol, mit Band- und Seitenzahl.]

Bd. 1. Accuravit Jeffrey Garrett Sikes. Manchester: Manchester University Press, 1940. Editio altera recensuit Hilary Seton Offler. Ebd. 1974. [Nach dieser Ausgabe wird zitiert.]

Bd. 2. Recognovit Jeffrey Garrett Sikes. Retractavit Hilary Seton Offler. Ebd. 1963.

Bd. 3. Edidit Hilary Seton Offler. Ebd. 1956.

Bd. 4. Oxford [i. Vorb.].

Einzelausgaben und Übersetzungen

Dialogus magistri Guillermi de Ockam doctoris famosissimi. Lyon: Johannes Trechsel, 1494. (Neudr. als: Guillelmus de Ockham: Opera plurima. Bd. 1. London / Farnborough, Hants: The Gregg Press 1962.)

Abgedr. in: Melchior Goldast: Monarchia Sacri Romani Imperii. Bd. 2. Frankfurt a. M.: Conrad Biermann, 1614. (Unveränd. photomechan. Nachdr. Graz: Akademische Druck- und Verlagsanstalt, 1960. S. 394–957.) [Lateinische Textgrundlage.]

Jürgen Miethke: Ein neues Selbstzeugnis Ockhams zu seinem »Dialogus«. In: From Ockham to Wyclif. Hrsg. von Anne Hudson und Michael Wilks. Oxford: Blackwell, 1987, S. 19–30 [hier S. 28 f.]. [Lateinische Textgrundlage für Text 1.]

Léon Baudry: À propos de Guillaume d'Occam et de Wyclef. In: Archives d'histoire doctrinale et littéraire du moyen âge 14 (1939)

H. 12. S. 231–251 [hier S. 233–235]. [Lateinische Textgrundlage für Text 11.]
Wilhelm von Ockham: Dialogus. Auszüge zur Politischen Theorie. Ausgew., übers. und mit einem Nachw. vers. von Jürgen Miethke. Darmstadt: Wissenschaftliche Buchgesellschaft, 1992, ²1994 [Deutsche Textgrundlage.]

Eine englische Auswahlübersetzung des »Dialogus«, herausgegeben und ausgewählt von Arthur Stephen McGrade, übersetzt von John Kilcullen, soll demnächst in der von Quentin Skinner herausgegebenen Reihe »Cambridge Texts in the History of Political Thought« erscheinen, in der bereits die englische Übersetzung des »Breviloquium« erschien:

William of Ockham: A Short Discourse on Tyrannical Government. Ed. and introd. by Arthur Stephen McGrade, transl. by John Kilcullen. Cambridge: Cambridge University Press, 1992.
Wilhelm von Ockham: Texte zur Theorie der Erkenntnis und der Wissenschaft. Lat./Dt. Hrsg. von Ruedi Imbach. Stuttgart: Reclam, 1984 [u. ö.]. [Vorzügliche knappe Einführung in die theoretische Philosophie. Eine entsprechende Einführung in die theologischen Positionen fehlt; vgl. aber V. Leppin (S. 380).]

Hilfsmittel und Bibliographien

Abbreviatio Dyalogi Okan. Ed. by Ian Murdoch. Diss. Phil. Monash University Melbourne (Australien) 1981. [Masch.]
Ockham-Bibliographie 1900–1990. Hrsg. von Jan P. Beckmann. Hamburg 1992. [Zahlreiche Hinweise zu Spezialliteratur.]
Volker Leppin: Ockham/Ockhamismus. In: Theologische Realenzyklopädie. Hrsg. von Gerhard Müller. Bd. 25. Berlin/New York 1995.
Jürgen Miethke: Politische Theorien – vom 5. bis 15. Jahrhundert (Berichtszeitraum: 1956–1988). In: Contemporary Philosophy. A New Survey. Bd. 6. Hrsg. von Guttorm Fløistad und Raymond Klibansky. Dordrecht [u. a.] 1990. S. 837–882. [Bibliographie raisonnée ausgewählter neuerer Titel.]
Jürgen Miethke: Publizistik, II.: Spätmittelalter. In: Lexikon des Mittelalters. Bd. 7,2. München/Zürich 1994. S. 315–317.

Benutzte Ausgaben für die Glossen

Zur Bibel: Druck Basel 1568.
Zum *Decretum Gratiani*: Druck Venedig 1584.
Zu den Dekretalensammlungen: Druck Venedig 1591.
Letzter Druck des unglossierten Textes in: Emil Friedberg (Hrsg.):
    Corpus Iuris Canonici. Bd. 1: Decretum Magistri Gratiani. Bd. 2:
    Decretalium Collectiones. Leipzig 1879–1881. Nachdr. Graz
    1959 [u. ö.].

Als überaus hilfreich bei der Identifikation von Stellen aus Gratians
Dekret erwies sich:

Wortkonkordanz zum Decretum Gratiani. Bearb. von Timothy
Reuter und Gabriel Silagi. Tl. 1–5. München 1990. (Monumenta
Germaniae Historica. Hilfsmittel. 10.)

Allgemeine Darstellungen zur Geschichte der politischen Theorie

Storia delle idee politiche, economiche e sociali. Hrsg. von Luigi
    Firpo. Tl. 2, Bd. 2: Il medioevo. Turin 1983.
The Cambridge History of Medieval Political Thought, c. 350 bis
    c. 1450. Hrsg. von James H. Burns. Cambridge 1988.
Pipers Handbuch der Geschichte der politischen Theorien. Hrsg.
    von Iring Fetscher und Herfried Münkler. Bd. 2: Mittelalter.
    München 1993.

Black, Antony: Political Thought in Europe 1250–1450. Cambridge
    [u. a.] 1992.
Mertens, Dieter: Geschichte der politischen Ideen im Mittelalter. In:
    Geschichte der politischen Ideen. Von Homer bis zur Gegenwart.
    Hrsg. von Hans Fenske. Königstein i. Ts. 1981. 2., durchges.
    Ausg. Frankfurt a. M. 1987. 1990. S. 141–238, 587–596.
Miethke, Jürgen: Politische Theorien im Mittelalter. In: Politische
    Theorien von der Antike bis zur Gegenwart. Hrsg. von Hans-
    Joachim Lieber. Bonn/München 1991. [2]1993. S. 47–156. [Selbstän-
    dig ersch. u. d. T.: Las ideas políticas de la Edad Media. Traduc-
    ción de Francisco Bertelloni. Buenos Aires 1993.]

Becker, Hans-Jürgen: Die Appellation vom Papst an ein allgemeines
    Konzil. Köln/Wien 1988.
Kantorowicz, Ernst Hartwig: The King's Two Bodies, A Study in

Medieval Political Theology. Princeton (N. J.) 1957. ²1966. – Dt.: Die zwei Körper des Königs, eine Studie zur politischen Theologie des Mittelalters. München 1990.

Krynen, Jacques: L'Empire du roi, idées et croyances politiques en France au moyen âge. Paris 1993.

Miethke, Jürgen (Hrsg.): Das Publikum politischer Theorie im 14. Jahrhundert. München 1992.

Miethke, Jürgen / Bühler, Arnold: Kaiser und Papst im Konflikt. Zum Verhältnis von Staat und Kirche im späten Mittelalter. Düsseldorf 1988.

Pennington, Kenneth: The Prince and the Law, 1200–1600. Sovereignty and Rights in the Western Legal Tradition. Berkeley [u. a.] 1993.

Sieben, Josef Hermann: Die Konzilsidee des lateinischen Mittelalters (847–1378). Paderborn 1984. [Zu Ockham bes. S. 410–469.]

Stürner, Wolfgang: »Peccatum« und »potestas«. Der Sündenfall und die Entstehung der herrscherlichen Gewalt im mittelalterlichen Staatsdenken. Sigmaringen 1987.

Tierney, Brian: Origins of Papal Infallibility (1150–1350). Leiden 1972. ²1988.

Walther, Helmut G.: Imperiales Königtum, Konziliarismus und Volkssouveränität. Studien zu den Grenzen des mittelalterlichen Souveränitätsgedankens. München 1976.

Wilks, Michael J.: The Problem of Sovereignty in the Later Middle Ages. Cambridge 1963.

Zu Ockhams Biographie und seinen Schriften

Baudry, Léon: Guillaume d'Occam. Sa vie. Bd. 1: L'Homme et les Œuvres. Paris 1949. [Weitere Bände sind nicht erschienen.]

– L'Ordre franciscain au temps de Guillaume d'Occam. In: Medieval Studies 27 (1965) S. 184–211.

Courtenay, William J.: Ockham, Chatton, and the London Studium: Observations on recent changes in Ockham's biography. In: Die Gegenwart Ockhams. Hrsg. von Wilhelm Vossenkuhl und Rudolf Schönberger. Weinheim 1990. S. 327–337.

Etzkorn, Girald J.: Ockham at a Provincial Chapter, 1323. A Prelude to Avignon. In: Archivum Franciscanum Historicum 83 (1990) S. 557–567.

From Ockham to Wyclif. Hrsg. von Anne Hudson und Michael Wilks. Oxford 1987.

Die Gegenwart Ockhams. Hrsg. von Wilhelm Vossenkuhl und Rolf Schönberger. Weinheim 1990.

Knysh, George [Yurij Dmytro]: Biographical Rectifications Concerning Ockham's Avignon Period. In: Franciscan Studies 46 (1986) S. 61–92. [Eigenwillige Thesen.]

– Ockham Perspectives. Winnipeg 1994. Vgl. dazu: Jürgen Miethke: Ockham-Perspektiven oder Engführung in eine falsche Richtung? Eine Polemik gegen eine neuere Publikation zu Ockhams Biographie. In: Mittellateinisches Jahrbuch 29/1 (1994) S. 61–82.

Koch, Josef: Neue Aktenstücke zu dem gegen Wilhelm Ockham in Avignon geführten Prozeß (1935/36). Wiederabgedr. in: J. K.: Kleine Schriften. Bd. 2. Rom 1973. S. 275–365.

– Der Kardinal Jacques Fournier (Benedikt XII.) als Gutachter in theologischen Prozessen ([1]1960). Wiederabgedr. in: J. K.: Kleine Schriften. Bd. 2. Rom 1973. S. 367–386.

Maier, Anneliese: Zwei unbekannte Streitschriften gegen Johann XXII. aus dem Kreis der Münchener Minoriten. ([1]1967). Wiederabgedr. in: A. M.: Ausgehendes Mittelalter. Gesammelte Aufsätze zur Geistesgeschichte des 14. Jahrhunderts. Bd. 3. Hrsg. von Augostino Paravicini Bagliani. Rom 1977. S. 373–414, 612.

Miethke, Jürgen: Ockhams Weg zur Sozialphilosophie. Berlin 1969.

– Wilhelm von Ockham. In: Gestalten der Kirchengeschichte. Hrsg. von Martin Greschat. Bd. 4: Mittelalter II. Stuttgart 1983. S. 155–175. Wiederabgedr. [geringfügig ergänzt] in: »Nimm und lies«. Christliche Denker von Origenes bis Erasmus von Rotterdam. Stuttgart 1991. S. 307–332.

Rhodes, Dennis E.: The Printer of Ockham. In: The Library Chronicle of the Friends of the University of Pennsylvania Library 40 (1976) S. 118–123.

Schmitt, Clément: Un pape réformateur et un défenseur de l'unité de l'église: Benoît XII et l'Ordre des Frères Mineurs 1334–1342. Karatschi/Florenz 1959.

Wilhelm von Ockham. Das Risiko, modern zu denken. Hrsg. von Otl Aicher, Gabriele Greindl und Wilhelm Vossenkuhl. München 1986.

Zu Ockhams politischer Theorie

Bastit, Michel: Naissance de la loi moderne. La pensée de la loi de saint Thomas à Suarez. Paris 1990. [Bes. S. 241–304.]

Blythe, James M.: Ideal Government and the Mixed Constitution in the Middle Ages. Princeton (N. J.) 1992.

Boehner, Philotheus: Ockham's Political Ideas. (¹1943); Wiederabgedr. in: P. B.: Collected Articles on Ockham. Hrsg. von Eligius Maria Buytaert. St. Bonaventure (N. Y.) [u. a.] 1958. S. 441–468.

Dolcini, Carlo: Crisi di poteri e politologia in crisi. Da Sinibaldo Fieschi a Guglielmo d'Ockham. Bologna 1988.

Hofmann, Hasso: Repräsentation, Studien zur Wort- und Begriffsgeschichte. Berlin 1974. ²1990. [Bes. S. 141–144, 225–261.]

Knysh, George (Yurij Dmytro): Political Authority as Property and Trusteeship in the Works of William of Ockham. Diss. Phil. University of London 1968. [Masch.]

Kölmel, Wilhelm: Wilhelm Ockham und seine kirchenpolitischen Schriften. Essen 1962.

– *Regimen Christianum.* Weg und Ergebnisse des Gewaltenverhältnisses und des Gewaltenverständnisses (8. bis 14. Jahrhundert). Berlin 1970.

– Perfekter Prinzipat. Ockhams Fragen an die Macht. In: Die Gegenwart Ockhams. Hrsg. von Wilhelm Vossenkuhl und Rolf Schönberger. Weinheim 1990. S. 289–304.

Lagarde, Georges de: La naissance de l'esprit laïque au déclin du moyen-âge. Nouvelle édition réfondue. Bd. 4 und 5. Paris/Brüssel 1962–1963.

Lambertini, Roberto: Wilhelm von Ockham als Leser der »Politik«. In: Das Publikum politischer Theorie im 14. Jahrhundert. Hrsg. von Jürgen Miethke. München 1992. S. 207–224.

McGrade, Arthur Stephen: The Political Thought of William of Ockham. Personal and Institutional Principles. Cambridge 1974.

Mann, Jesse D.: Ockham Redivivus or Ockham Confutator? Juan de Segovia's *Repetitio de superioritate* Reconsidered. In: Archivum Historiae Conciliorum 24 (1992) S. 186–208.

Miethke, Jürgen: Marsilius und Ockham. Publikum und Leser ihrer politischen Schriften im späteren Mittelalter. In: Medioevo 6 (1980) S. 534–558.

– Zur Bedeutung von Ockhams politischer Philosophie für Zeitgenossen und Nachwelt. In: Die Gegenwart Ockhams. Hrsg. von Wilhelm Vossenkuhl und Rudolf Schönberger. Weinheim 1990. S. 305–324.

– Wilhelm von Ockham und die Institutionen des späten Mittelalters. In: Politische Institutionen im gesellschaftlichen Umbruch. Ideengeschichtliche Beiträge zur Theorie politischer Institutio-

nen. Hrsg. von Gerhard Göhler, Kurt Lenk, Herfried Münkler und Manfred Walther. Opladen 1990. S. 89–112.

Miethke, Jürgen: Ockham's Concept of Liberty. In: Théologie et droit dans la science politique de l'état moderne. Rom 1991. S. 89–100.

– Die Legitimität der politischen Ordnung im Spätmittelalter. Theorien des frühen 14. Jahrhunderts (Aegidius Romanus, Johannes Quidort, Wilhelm von Ockham). In: *Historia philosophiae medii aevi*. Studien zur Geschichte der Philosophie des Mittelalters. Festschrift für Kurt Flasch zum 60. Geburtstag. Hrsg. von Burkhard Mojsisch und Olaf Pluta. Amsterdam/Philadelphia 1991. S. 643–674.

– Michael von Cesena. In: Neue Deutsche Biographie. Bd. 17 (Berlin 1994) S. 419–421.

Potestà, Gian Luca: Rm. 13,1 in Ockham, Origine e legittimità del potere civile. In: Cristianesimo nella storia 7 (1986) S. 465–492.

Schlageter, Johannes: Glaube und Kirche nach Wilhelm von Ockham. Diss. (Kath.) Theol. München 1970. [Dissertationsdruck Münster 1975.]

Tabacco, Giovanni: Pluralità di papi ed unità di chiesa nel pensiero di Guglielmo di Occam. Turin 1949.

Tierney, Brian: Ockham, the conciliar theory, and the canonists. (¹1954). Wiederabgedr. in B. T.: Church, Law, and Constitutional Thought in the Middle Ages. London 1979. Nr. xi.

Willms, Bernhard: Kontingenz und Konkretion. Wilhelm von Ockham als Wegbereiter des neuzeitlichen Rechts- und Staatsdenkens. In: Die Rolle der Juristen bei der Entstehung des modernen Staates. Hrsg. von Roman Schnur. Berlin 1986. S. 13–49.

Zu weiteren Themen Ockhams

Adams, Marilyn McCord: William Ockham. Bd. 1–2. Notre Dame (Indiana) 1987.

Baudry, Léon: Lexique philosophique de Guillaume d'Ockham. Études de notions fondamentales. Paris 1958.

Iserloh, Erwin: Gnade und Eucharistie in der philosophischen Theologie des Wilhelm von Ockham. Ihre Bedeutung für die Ursachen der Reformation. Mit einer Einleitung von Joseph Lortz. Wiesbaden 1956.

Leppin, Volker: Das Theologieverständnis Wilhelms von Ockham. Göttingen 1995.

Zeittafel

Die Feststellung der Daten ist in den meisten Fällen nur annäherungsweise möglich; demgemäß sind viele Ansätze in der Forschung mehr oder minder heftig umstritten. Die Zeittafel verzeichnet nicht die breitestmögliche Streuung der Annahmen, sondern gibt die für mich wahrscheinlichste (und, wo möglich, die exakte) Datierung an. Daten der allgemeinen Zeitgeschichte sind nur dann aufgeführt, wenn ein offensichtlicher Bezug zu Ockhams Biographie vorliegt.

um 1285–1290	Geburt in Ockham, wahrscheinlich dem Dorf 35 km südwestlich Londons (Diözese Winchester).
(1290–1305)	Eintritt in den Franziskanerorden zu einem uns unbekannten Zeitpunkt.
1306	26. Februar: Ordination eines »Willelmus de Ocham, o. f. m.« zum Subdiakon durch den Erzbischof von Canterbury, Robert von Winchelsey, in der Pfarrkirche St. Salvatoris in Southwark (Diözese Winchester; vorausgesetztes kanonisches Alter nach Clem. 1.6.3, Bestimmung des Konzils von Vienne, 1311–1312: 18 Jahre – doch bleibt fraglich, ob man sich bereits 1306 an diese Richtlinie hielt).
um 1310–1324	Studium und Universitätsunterricht, sicher in Oxford, vielleicht auch in London, am Franziskanerkolleg (Chronologie im einzelnen unklar).
1318	19. Juni: Auf einer Namensliste von Franziskanern, die den (für Oxford zuständigen) Bischof von Lincoln, John Dalderby, um die erforderliche Erlaubnis zum Beichtehören bitten, findet sich auch der von Wilhelm von Ockham (laut Statuten des Franziskanerordens seit 1316 dafür erforderliches Alter: 30 Jahre; ob man sich daran gehalten hat, ist wiederum unbekannt).
1317–1328	Theologische und Philosophische Schriften: 1317–1319: *Sentenzenkommentar* (OTh I bis VII); 1321–1323: *Physikvorlesung* (OPh III bis IV); 1323 (ff. ?): *Summa logicae* (OPh I); 1323 ff.: *Quodlibets* (OTh IX); 1322/24: *De quantitate, De corpore Christi* (OTh X).
1323	Nach dem 20. August: Abreise des früheren Kanz-

lers der Universität Oxford, John Lutterell, nach Avignon, wo er u. a. ein Verfahren gegen Ockham in Gang setzen will.

Herbst/Winter (?): Untersuchung der Theologiemagister eines franziskanischen Provinzialkapitels in England gegen Ockham wegen seiner Auffassungen *de relationibus* (d. i. wegen seiner Abendmahlslehre).

1324   Sommer: Reise Ockhams nach Avignon wegen Ketzereiverdachts. Ockham nimmt im Franziskanerkonvent Wohnung. Er muß (zu einem uns unbekannten Zeitpunkt) eidlich versprechen, ohne Erlaubnis des Papstes sich nicht zu entfernen (»Arrest« sagen dazu die päpstlichen Schreiben nach seiner Flucht).

1324/25   Einsetzung einer Expertenkommission an der Kurie in Avignon durch den Papst zur Untersuchung der Vorwürfe.

1326   Ostern: Ein (zweites) Gutachten der Kommission wird dem Papst vorgelegt. Ein späteres (heute verlorenes) Gutachten des Zisterzienserkardinals Jacques Fournier (des späteren Papstes Benedikt XII.), das sich auf dieses zweite Kommissionsgutachten stützt, ist gleichfalls ungünstig für Ockham ausgefallen. Gleichwohl kommt es zu keiner Verurteilung.

1327   1. Dezember: Der Generalminister des Franziskanerordens Michael von Cesena trifft aus Italien kommend an der Kurie in Avignon ein. Die Spannungen zwischen dem Franziskanerorden und dem Papst wachsen. Der Papst untersagt Michael die Reise zum Generalkapitel des Ordens in Bologna.

1328   9. April: Konflikt im Konsistorium zwischen Papst Johannes XXII. und Michael von Cesena.

13. April: (Geheime, aber notariell beglaubigte) Appellation Michaels von Cesena in Avignon gegen die päpstliche Entscheidung im Armutstreit. Auch Wilhelm von Ockham schließt sich dieser feierlichen Appellation an. Seine Unterschrift steht hinter der des Generalministers, aber vor der des Ordensprokurators Bonagratia.

26. Mai: Die Franziskaner Michael von Cesena,
Bonagratia von Bergamo, Wilhelm von Ockham,
Franz von Ascoli, Heinrich von Thalheim (u. a.)
fliehen des Nachts aus Avignon. Mit knapper Not
erreichen sie vor den päpstlichen Häschern in
Aigues Mortes ein Schiff genuesischer Ghibelli-
nen, das sie nach Italien bringt.
6. Juni: Papst Johannes XXII. erklärt in Avignon
die Exkommunikation über Michael und seine Anhänger.
9. Juni: Eintreffen der Flüchtlinge in Pisa.
18. September: Die Franziskaner erneuern in Pisa
ihre Appellation gegen Johannes XXII. *(Appellatio
in forma maiori)*.
21. September: Kaiser Ludwig der Bayer trifft von
Rom kommend in Pisa ein.
26. September: Ludwig der Bayer nimmt Michael
und seine Anhänger durch ein großes Privileg in
seinen Schutz.
12. Dezember: Die Franziskaner wiederholen in
Pisa ihre Appellation gegen Johannes XXII. *(Appellatio in forma minori)*.
13. Dezember: Ludwig der Bayer publiziert in Pisa
(unter dem ursprünglichen Datum vom 13. April
1328) ein von den Franziskanern stark überarbeite-
tes Absetzungsurteil gegen Johannes XXII. durch
Anschlag an die Türen des Doms.

1329   16. November: In seiner Bulle »Quia vir reprobus«
antwortet Johannes XXII. ausführlich auf die von
Michael und seinen Freunden in den Appellationen
vorgetragenen Argumente.

1330   Februar / März: Rückkehr Kaiser Ludwigs des Bayern nach München. Ockham lebt künftig im Münchener Franziskanerkonvent.
12. Juni: Kaiser Ludwig befiehlt den Bürgern der
Stadt Aachen, Heinrich von Thalheim und Wilhelm
von Ockham als den Vikaren des Franziskanergene-
rals Michael von Cesena Unterstützung zu gewähren.

1330–1347/48   Politische Schriften aus Ockhams Umkreis:
26. März 1330: Appellation der Münchener Franzis-

kaner gegen »Quia vir reprobus«; vor dem 24. Januar 1331: *Improbacio errorum* des Franz von Ascoli (eine Streitschrift gegen »Quia vir reprobus«, die Ockham stark beeinflußt) (1331/32: »Schreibeverbot«, bzw. Publikationspause der Franziskaner in München).

Ockhams politische Schriften:
1332: *Opus nonaginta dierum* (Streitschrift gegen »Quia vir reprobus«); 1332/34: *I Dialogus*; 1333/34: *De dogmatibus Iohannis XXII.* (später als II Dialogus gedruckt); 1335: *Contra Iohannem* (1335/36: »Schreibeverbot«, bzw. Publikationspause der Franziskaner); 1337/38: *Contra Benedictum*; 1337/1340: *An princeps Angliae*; 1337–1347/48: *III Dialogus I–II*; 1340/41: *Octo quaestiones*; 1340–1342: *Breviloquium* (1340/45–1347/48: *Tractatus minor logicae* und *Elementarium logicae*); 1341 (vor dem 10. Februar 1342): *Consultatio de causa matrimoniali*; 1346/47: *De imperatorum et pontificum potestate* (1347/48: *De electione Caroli quarti* – die Schrift ist wohl authentisch, könnte aber auch eine Schülerarbeit unter Benutzung von Ockhams Materialien sein).

1340	19. Juni: Tod des Bonagratia von Bergamo in München.
1341	Franz von Ascoli fällt in Italien in die Hände der päpstlichen Inquisition; während der Haft in Avignon kehrt er 1344 in den Gehorsam zu Papst Clemens VI. zurück (Todesdatum unbekannt).
1342	23. November: Tod Michaels von Cesena in München.
1343	vor 10. April: Tod des Marsilius von Padua in München.
1347	11. Oktober: Tod Ludwigs des Bayern auf einer Bärenjagd in Puch bei Fürstenfeldbruck vor München.
1348 (?)	9. April: Tod Wilhelms von Ockham in München.

Nachwort

Noch heute streiten sich die Gelehrten darüber, mit welchem Teil seines Werks der englische Franziskaner Wilhelm
von Ockham eine tiefere Wirkung auf Zeitgenossen und
Nachwelt geübt hat, mit seinen Texten zur theoretischen
Philosophie und Theologie oder mit seinen polemisch-politischen Traktaten. Hier ist nur von seiner politischen Philosophie zu sprechen, die in Ockhams Fall deutlicher als bei
anderen Autoren des Mittelalters von den akademischen
Schriften unterschieden ist, durch die Lebenssituation des
Autors und durch das angezielte Publikum. Während die
Opera philosophica et theologica (wie die kürzlich abge-
schlossene kritische Ausgabe sie nennt) aus dem Universi-
tätsunterricht erwachsen und für Kollegen und Studenten
gedacht waren, wollten die polemisch-politischen Traktate
eine politische Öffentlichkeit erreichen. Diese war zwar
auch durch Universitätsbildung geprägt und mit Univer-
sitätsmethoden vertraut, und Universitätstexte waren ihr
durchaus bekannt, sie unterschied sich also in diesem Punkt
nicht von den Studenten, die Ockham in Oxford vor sich
gehabt hatte. Nur lebten diese Leser nicht mehr an der Universität selbst, sondern dienten und wirkten als gelehrte
»Experten«, die Problembewußtsein und Problemlösungen
der Zeit mitformulierten, an den Herrscherhöfen und in
den Herrschaftsapparaten. In ihrer täglichen Praxis hatten
sie den gesellschaftlichen Nutzen scholastischer Bildung zu
demonstrieren. Mit dem wichtigsten Text der polemisch-
publizistischen *Opera politica* Ockhams haben wir es im
Dialogus zu tun.

Der Lebensweg ihres Autors ist zwar dramatisch verlau-
fen, aber nicht eben spektakulär: die wenigen Daten, die wir
kennen oder relativ sicher erschließen können, lassen sich
leicht und knapp auflisten (vgl. Zeittafel). Die Universitäts-
karriere des jungen, offenbar aus nichtadeliger Familie

stammenden Franziskaners Wilhelm von Ockham (wohl doch – entgegen anderen Annahmen – nahezu ausschließlich in Oxford durchlaufen) vollzog sich stetig, wenn auch nicht blitzhaft. Die langen und mühevollen Ausbildungsschritte, die die Mendikantenorden, und also auch die Franziskaner, ihren studierenden Bettelbrüdern abverlangten, hat Ockham anscheinend alle ohne Ausnahme absolviert. Zeugnis dafür sind vor allem die 17 stattlichen Quartbände seiner *Opera philosophica et theologica*, die fast ausschließlich in den Jahren des stillen und nur von intellektuellen Abenteuern belebten Wirkens an der Universität Oxford entstanden sind. Qualitativ und quantitativ ragen diese Texte unter der zeitgenössischen universitären Produktion hervor, sie allein hätten ausgereicht, um Ockham zu einer Schlüsselfigur der europäischen Geistesgeschichte werden zu lassen.

Gestört wurde das ruhige Gleichmaß dieses Lebens durch Unruhen, die aus den kühnen Fragen und gewagten Antworten des jungen Gelehrten erwuchsen. Jedenfalls versuchten die Ordensleitung bzw. die in Cambridge auf einem Provinzialkapitel versammelten englischen promovierten Theologiemagister des Ordens im Herbst des Jahres 1323, über die Lehren des jungen Theologen Klarheit zu gewinnen,[1] sicherlich waren bereits zuvor einige Diskussionen an der Universität geführt worden. 1323/24 schließlich wurde Ockham Ziel einer denunziatorischen Anklage, die der kurz zuvor abgesetzte Kanzler der Oxforder Universität, John Lutterell, an der päpstlichen Kurie in Avignon vorbrachte, ein Theologe aus dem Weltklerus, der sich noch stark an Thomas von Aquin orientierte und erbittert die neueren Strömungen bekämpfte, die sich in der Theologie Oxfords im Anschluß vor allem an Johannes Duns Scotus herausbildeten. Wie andere Zeitgenossen war Ockham so-

---

1 Vgl. Girald J. Etzkorn, »Ockham at a Provincial Chapter, 1323. A Prelude to Avignon«, in: *Archivum Franciscanum Historicum* 83 (1990) S. 557–567.

mit Opfer des »Berufsrisikos« eines spätmittelalterlichen Theologen geworden, eines Häresieverdachts, der, von Kollegen erhoben, von der Amtskirche fast regelmäßig überprüft worden ist.

Längst hatte sich ein festes Verfahrensschema herausgebildet, das auch in Ockhams Fall offenbar Anwendung fand. Der Beschuldigte wurde zur Verantwortung an die Kurie zitiert. Dort untersuchte eine vom Papst eingesetzte Expertenkommission die Angelegenheit. Von ihr wurde dann meist eine qualifizierte Irrtumsliste ausgearbeitet, welche von der Amtskirche als Grundlage einer Verurteilung gebraucht werden konnte. Zwei solcher Listen als Ergebnis der Kommissionsarbeit sind uns aus Ockhams Prozeß erhalten.[2] Die Kommission sparte nicht mit deutlicher Kritik an dem jungen Theologen, insbesondere die zweite Liste enthält vielfach das harte Urteil, die Sätze seien ketzerisch oder doch zumindest irrig oder falsch. Auch ein weiteres Gutachten, das Papst Johannes XXII. von dem Zisterzienser und gelehrten Theologen Jacques Fournier, seinem späteren Nachfolger Benedikt XII., einforderte (wie er das häufiger tat), endete mit einer deutlichen Kritik an Ockhams Lehren. Trotzdem kam es zu keiner Verurteilung durch den Papst.

Was einen solchen Abschluß des Verfahrens verhindert hat, ist gänzlich unbekannt. Trotzdem sollte der Aufenthalt an der Kurie, den Ockham zunächst, ungeduldig auf seine Rückkehr nach Oxford hoffend, mit Diskussionen und Stellungnahmen in der Kommission und wohl auch im päpstlichen Konsistorium ausfüllte (wobei er sich nebenher, wie es scheint, auch mit literarischen Arbeiten, etwa der Redaktion seiner in Oxford disputierten Quodlibets beschäftigte), für den Lebensweg des Franziskaners eine entscheidende Wende bringen. Am 1. Dezember 1327 traf auf dring-

2 Josef Koch, »Neue Aktenstücke zu dem gegen Wilhelm Ockham in Avignon geführten Prozeß« (1935/36), wiederabgedr. in: J. K., *Kleine Schriften*, Bd. 2, Rom 1973, S. 275–365.

liche Aufforderung durch die Kurie nach langem Zögern endlich der Generalminister der Franziskaner Michael von Cesena, aus Italien kommend, in Avignon ein, vom Papst argwöhnisch und kalt empfangen, weil er um einige für den Orden hochwichtige Fragen mit ihm in ernsten Streit verwickelt war und weil aus Italien die Anschuldigung gegen ihn an der Kurie eingetroffen war, er sei ein Anhänger des deutschen Herrschers Ludwig des Bayern, von dem er, Michael, sich zum (Gegen-)Papst machen lassen wolle.

Schon seit 1322 (also mehr als fünf Jahre lang) hatte der sogenannte »Theoretische Armutsstreit« den Orden mit dem entscheidungsfreudigen Papst entzweit: Johannes XXII. (von Hause aus ein gelehrter Jurist) hatte nämlich schlicht erklärt, die Theorien des Ordens, mit denen dieser seit seiner Entstehung, besonders ausgeprägt aber seit dem Generalat des heiligen Bonaventura (1256–72), versucht hatte, den alltäglichen Umgang mit Vermögenswerten mit der in der Regel des heiligen Ordensstifters dem Orden auferlegten »alleräußersten Armut« (*altissima paupertas*) in Einklang zu bringen, seien unhaltbar und verführten die Jünger des heiligen Franziskus nur zu falscher Selbstüberhebung. Es war in den Augen des Ordens schon schlimm genug, daß ihm der Papst mit einem Federstrich die Eigentumsrechte an seinen Kirchen, Konventen und Grundstükken, Wertsachen und täglichen Gebrauchsgegenständen (wie Kleidung und Nahrung) zurückgeben wollte (und wenigstens teilweise auch zurückgab), Rechtstitel, die Papst Innozenz IV. drei Menschenalter zuvor großzügig für die römische Kirche übernommen hatte. Noch schlimmer aber war, daß Johannes XXII. überdies erklärte, die Meinung der Franziskaner sei falsch, irrig und ketzerisch, nach der Christus und seine Apostel in ihrem Erdenleben gleichsam als Franziskaner avant la lettre gelebt hätten. Damit wurde die Kontroverse zu einem Streit um den Glauben gemacht und gewann eine neue, fundamentale Dimension.

Man möchte es nicht recht glauben, daß der Franziskaner

Wilhelm von Ockham, wie er selbst berichtet,[3] all die Jahre
seines Prozesses in Avignon hindurch von diesem Streit, der
die Männer der Ordensleitung und die Führungsgremien
des Ordens so massiv erregte und also auch gewiß im
avignonesischen Franziskanerkonvent, gewissermaßen der
Zentrale des damaligen Ordens, heiß diskutiert worden ist,
nichts wahrgenommen haben will. Erst auf Geheiß seines
Generals habe er sich von der abgrundtiefen Ketzerei des
Papstes überzeugen müssen. Jetzt erst, um die Jahreswende
1327/28 will er Partei ergriffen haben, Partei für die Positionen seines Ordens und seiner Oberen, Partei gegen die Irrtümer und Ketzereien, die sich an der Kurie Geltung ver-
schafft hatten.

Doch wenn die offene Parteinahme Ockhams auch relativ
spät erfolgte, so zeitigte sie doch nachhaltige Wirkungen.
Scharf hat Ockham empfunden, was diese seine »mon-
ströse«, seine ungeheuerliche Erfahrung[4] bedeutete: Der
Papst war, wie er zu erkennen glaubte, ein Ketzer! Theore-
tisch hatte man das seit Jahrzehnten in den Kreisen der
Theologen und Juristen hin und wieder als theoretische
Möglichkeit durchaus bedacht. Aber jetzt, wie Ockham
glaubte, nicht nur mit der Möglichkeit, sondern mit der
Wirklichkeit und Tatsache konfrontiert, sah er sich genötigt,
sein eigenes Leben und seine Arbeit auf diese Erkenntnis
radikal neu einzustellen: er hatte sein Leben zu ändern.

Selbstverständlich schien es ihm, daß er seine Zeitgenossen darüber aufklären mußte, daß der Nachfolger Petri in
ketzerischer Verkehrung die Kirche in den Abgrund führe.
Das tat er zusammen mit seinen Gesinnungsgenossen, den
Franziskanern, die mit ihm und dem Ordensgeneral zusammen am 26. Mai 1328 des Nachts aus Avignon geflohen
waren, zusammen also mit Michael von Cesena, Bonagratia

---

3 »Epistola ad Fratres Minores«, in: *Guillelmi de Ockham Opera poli-*
   tica, Bd. 3, ed. H. S. Offler, Manchester 1956, S. 6 Z. 9–20 [im folgenden
   zit. als: OPol mit Band-, Seiten- und Zeilenzahl].
4 »Epistola ad Fratres Minores«, in: OPol III, S. 17 Z. 7.

von Bergamo, Franz von Ascoli und Heinrich von Thalheim, alles hochgelehrte Spezialisten, graduierte Theologen
und Juristen, die offenbar rasch einen gewaltigen Fundus an
Argumenten und Belegen zusammentrugen und schriftlich
festhielten, mit denen sie – mit den wissenschaftlichen Methoden ihrer Zeit – die Wahrheit ihrer eigenen Auffassung
gegen den Papst und seine ganze Kurie unwiderleglich beweisen zu können glaubten. Zum Teil speisten sich die pole-
mischen Traktate des Kreises – und somit auch die Schriften
Ockhams – vorwiegend aus diesem gemeinsamen Fundus
von Argumenten und Belegen. Auch in seinem *Dialogus* hat
sich Ockham immer wieder, wie es scheint, auf die gemeinsamen Kollektaneen gestützt, die uns freilich heute nur
noch in Bruchstücken und Ableitungen zugänglich sind und
nur durch mühsame Rekonstruktion sichtbar gemacht werden können.

Auch Ockham verwendet immer wieder breiten Raum
für den Nachweis, auf den ihm alles ankam. Ständig drängte
das Thema der franziskanischen Armut an die Oberfläche.
Es ließ sich auch im *Dialogus* nicht völlig unterdrücken.
Freilich blieb Ockham hier nicht stehen, sondern ging einen
Schritt weiter: dieser Schritt unterschied ihn von seinen Ge-
fährten, mit denen zusammen er von der päpstlichen Kurie
geflohen war. Ockham hat offenbar früh schon über die
Sammlung, Ausfeilung und Präsentation von Argumenten
hinaus, die die Gruppenmeinung immer neu belegten und
bestätigten, das Entsetzen reflektiert, wie und warum geschehen konnte, was geschehen war, daß der Papst selbst
zum Ketzer geworden war und nun die Kirche verderben
wollte. Davon war er zutiefst überzeugt: nur wenn er
die Gründe und Rahmenbedingungen bedachte, würde er
Mittel und Wege nennen können, wie dem Übel zu begegnen sei.

Lebensrahmen der Gruppe war der Schutz, den der römische Kaiser besonderer Prägung, Ludwig der Bayer, noch
auf seinem abenteuerlichen Zug durch Italien dem Häuflein

der Dissidenten gewährte und den er ihnen niemals, so oft auch in seinen Verhandlungen mit der Kurie später die Rede davon sein mochte, entziehen sollte. Am kaiserlichen Hof hatten die Franziskaner eine prekäre und sicher nicht angstfreie Zuflucht gefunden, weil der Herrscher sich der Feinde seines Feindes annahm, zumal er – aus ganz anderen Gründen und auf ganz anderen Wegen – seinerseits in einen tiefgreifenden Konflikt mit dem Papst verwickelt war, weil dieser ihm Herrschaftsrecht und Regierungsgewalt im Römisch-Deutschen Reich bestritt.

Bei Ockham führte eine vertiefte Reflexion seiner Parteinahme in der Dimension sozialtheoretischer Bemühungen zur politischen Theorie, nicht etwa ein von vornherein »theoretischer« Ansatz, wie das z. B. bei Thomas von Aquin oder Marsilius von Padua der Fall gewesen war, um nur zwei bedeutende, freilich sehr unterschiedliche andere Autoren politischer Theorie des 13. und 14. Jahrhunderts zu nennen. Dieser besondere Ausgangspunkt gibt Ockham zunächst eine gewisse Rückenfreiheit gegenüber den mittelalterlichen Traditionen politischer Theorie. Gewiß benutzt er deren »normale«, herkömmliche Formen, Methoden und Argumentationen in breitem Umfang. Sein eigenes Thema aber stellt die ganz verschiedenartigen und auch heterogenen traditionellen Materialien unter eine neue spezifische Perspektive, schmilzt sie ein in eine einheitliche Reflexionsbewegung, die auf die tragenden Strukturen politischer Organisation in Kirche und Welt zielte.

Am deutlichsten ist das an Ockhams Hauptwerk zu verfolgen, dem *Dialogus*, an dem Ockham bereits in den letzten Regierungsjahren Papst Johannes' XXII. gearbeitet hat: die »Prima Pars« [d.h. der »Erste Teil«] der Schrift ist offenbar abgeschlossen worden, bevor man vom Tod des Papstes (4. Dezember 1334) in München am Kaiserhof erfuhr. Nach seiner eigenen Aussage im Prolog (hier Text 2) will Ockham eine »systematische« Analyse der »Auseinandersetzung, die zur Zeit unter den Christen über den katho-

lischen Glauben geführt wird, und vieles, was damit zusammenhängt« liefern, eine »Summa«, wie es ausdrücklich
heißt. Aber Methode und Aufriß seiner Darlegung sind,
anders als bei Thomas von Aquin im 13. Jahrhundert und
anders als bei dem Zeitgenossen Augustinus von Ancona,
deren »Summen« Ockham beide gekannt hat und auch di-
rekt in seinem *Dialogus* zitiert – sie gehören zu den relativ
wenigen Schriften, die er als seine Quellen benennt –, keineswegs eine Zusammenstellung von scholastischen »Quae-
stionen«, in denen der Verfasser schließlich durch eine ma-
gistrale »Determinatio« (d. h. »Feststellung, Abgrenzung«)
seine eigene Antwort auf das erörterte Problem unmißver-
ständlich mitgeteilt hätte. Ockham legt dagegen ein »Zwiegespräch« vor, in dem das scholastische Spiel der Argumente und Gegenargumente wohl in aller Ausführlichkeit
stattfindet, nicht aber eine beruhigende Auflösung durch
eine autoritative Entscheidung des Streits erfährt, sondern
gleichsam bodenlos weitergeführt wird. Der Autor meint,
und das drückt er überall aus, wo er sich programmatisch zu
seinem Vorgehen äußert (vgl. etwa Texte 1, 2, 5, 11), daß die
Wahrheit dabei nicht nur erkennbar bleibe, sondern dank
diesem Verfahren um so stärker zur Geltung kommen,
nämlich (um es modern auszudrücken) verbunden mit einer
Evidenzerfahrung »ans Licht treten« werde.

Im Prolog zur »Prima Pars«, dem ersten (fertig geworde-
nen) Abschnitt seines geplanten Riesenwerks (hier Text 2)
gibt Ockham einen Aufriß seines Vorhabens. Zunächst
sollte ein »Erster Teil« in sieben Büchern die Ketzer abhan-
deln, wobei am Anfang der Begriff der Ketzerei untersucht
werden sollte (Buch 1–3), bevor die Anwendung dieses Be-
griffs auf die kirchliche Wirklichkeit geprüft werden sollte
anhand der Fragen, wie Ketzer zu überführen sind, wer der
Ketzerei verfallen kann, wie Ketzer zu bestrafen sind und
schließlich wie Helfer und Helfershelfer von Ketzern zu behandeln sind (Buch 4–7). Das klingt nach dem Programm
eines Inquisitionshandbuchs. Doch in Wahrheit geht es um

die Frage, was es heißt und welche Konsequenzen es unweigerlich haben muß, wenn der Papst selbst, Zentrum und Spitze der Amtskirche, zum Ketzer geworden ist.

Inwiefern konnte es geschehen, was kann dagegen unternommen werden, wer hat die Verantwortung, wer die Verpflichtung, hier einzuschreiten? Eindrucksvoll ist die umfängliche Überlegung, wer in der Kirche gegen Ketzerei gefeit ist (Buch 5): es stellt sich für Ockham und seine geduldigen Leser schließlich heraus, daß institutionelle Sicherungen nirgends gegeben sind, daß kein Amt und keine Verfassung die Kirche vor dem Absturz in Unglauben und Unheil schützen kann, so daß niemand davor sicher sein darf, weder Kleriker noch Laien, weder Bischöfe noch Kardinäle, auch nicht der Papst, nicht Männer oder Frauen, niemand schlechthin. Somit kann niemand unbefragt als einzig legitimer Vertreter der Wahrheit gelten. Die Verantwortung, als Vertreter der rechten Kirche zu handeln, kann im Falle der Not wirklich jeden einzelnen treffen, welche Stellung er im Normalfall auch immer in der Kirche gehabt haben mag.

Politische Theorie ist hier meist eher indirekt zu finden, bei der Analyse der Prinzipien kirchlicher Ämter und ihrer Zuständigkeiten, bei der Zuweisung von Handlungskompetenz im Notfall und dergleichen, aber die Breite der Diskussion ist eindrucksvoll. Sie war es auch für die Zeitgenossen, denn es existieren heute noch 33 Manuskripte, die diesen Ersten Teil des Gesamtwerkes ganz oder teilweise enthalten.

Die Absicht der Untersuchung ist ersichtlich vorwiegend ekklesiologisch, d.h. auf die Kirche und ihre Verfassung gerichtet; die weltliche Herrschaftsordnung kommt nur deshalb bisweilen ins Spiel, weil Ockham die »Kirche« umfassend als die soziale Welt der Christenheit versteht und auch die weltlichen Herrschaftsträger im Notfall für die Glaubenslehre (mit-)verantwortlich macht, insofern sie Christen sind. Damit kündigt sich seine spätere Ausweitung

der Reflexion bereits an. Für unsere knappe Auswahl freilich wurden nur exemplarisch wenige Texte herausgegriffen, die Vorgehen und Argumentationsmaterial Ockhams dokumentieren sollen. Vor allem sind es, wie er später selber bezeugt (in Text 11), Bibel, Gratians Dekret, sowie die Dekretalen – also das Hauptbuch der Christen und die Kirchenrechtsquellen –, die ihm (zusammen mit ihren jeweiligen Glossen) in München zur Verfügung stehen. Dieses umfassende, aber keineswegs besonders exquisite oder gar nur gelehrtester Findigkeit zugängliche Material wird durch Ockham einem zupackendem analytischen Zugriff unterworfen, der stets auf mögliches Verhalten von Menschen zielt, auch wo solches Verhalten nicht als historisch bereits nachweisbares Verhalten oder Fehlverhalten bezeugt ist, sondern nur als denkmöglich erkennbar wird.

Erwin Iserloh[5] hat dieses Vorgehen als ein methodisches Spiel mit dem Feuer, als ein »Denken von der Grenze, von der Grenzsituation her« charakterisiert und verurteilt, weil sich in der Ausnahmesituation die wahren Verhältnisse nicht zeigen könnten. Ockham würde wohl diesen Vorwurf gar nicht verstehen, da er geradezu durchdrungen war vom Erlebnis solch einer gründlichen Verkehrung aller falschen Sicherheit der Normalität, dem Ausnahmefall der Not, weil der Papst selbst zum Ketzer geworden war.

Ein geplanter zweiter Teil des *Dialogus* sollte (vgl. Text 2) die »Lehren Johannes' XXII.« behandeln, während ein dritter Teil sich der »Geschichte derer, die um den rechten Glauben streiten« zuwenden wollte. Wir brauchen nicht zu ergründen, wie sich eine historische Darstellung, eine polemische Analyse der Zeitgeschichte, in der Darstellungsform und Methode des *Dialogus* durchgeführt, wohl ausnähme: an seinem diskursiven Denkstil hat Ockham jedenfalls hartnäckiger festgehalten als an dem ursprünglichen Aufriß seines Vorhabens. Als er nach dem Abschluß der »Prima Pars«

5 E. Iserloh, *Gnade und Eucharistie in der philosophischen Theologie des Wilhelm von Ockham*, Wiesbaden 1956.

und offenbar längere Zeit nach dem Tod Johannes' XXII.
sich an die Fortsetzung seines großen Planes machte, blieb
er zwar durchaus unverrückbar bei seiner Absicht, die
»controversia«, den Streit seiner Zeit, bis in die Darlegung
der konkreten Handlungen einzelner Hauptfiguren hinein
zu verfolgen (vgl. Text 5, auch Text 1), aber er schaltete jetzt
zwei systematische Untersuchungen davor ein, als »Vorbereitung und Einleitung« (S. 76 und 190, Texte 5 und 11) für
das folgende, in denen er Überlegungen über die Kompetenzen des Papstes, seine Stellung in Kirche und Welt, sowie
über die Rechtsstellung des römischen Kaisertums anstellt.
Offenbar hat er den personenbezogenen Teil seines ursprünglichen Plans niemals zu Papier gebracht.

Freilich ist nur die erste dieser »Präambeln«, die er vor
der Fortsetzung des ursprünglichen Plans in Angriff nahm,
wirklich abgeschlossen worden; sie fand allerdings keinen
breiten Weg in mittelalterliche Büchersammlungen. Nur
drei (späte) Manuskripte sind von dem ersten Traktat der
»Tertia Pars« [d. h. des »Dritten Teils«] erhalten geblieben,
z. T. nicht unabhängig voneinander. Der zweite Traktat, eine
Analyse des römischen »Imperium«, hatte dagegen hinsichtlich des Echos bei den Zeitgenossen ein besseres Ge-
schick: nicht weniger als 18 Handschriften zeugen von dem
lebhaften Interesse mittelalterlicher Leser an diesem freilich
nicht ganz gewöhnlichen Thema. Der uns bekannte Text
bricht zumeist mitten in einem und demselben Kapitel ab,
wenn auch nicht in allen Handschriften einheitlich an exakt
derselben Stelle. Die wahrscheinliche Erklärung dafür ist,
daß Ockham die weiteren im Vorwort zu diesem Traktat
(Text 11) angekündigten Teile nie geschrieben hat.

Es ist üblich geworden, den Abschluß der gesamten »Tertia Pars« auf 1342 (Tod Papst Benedikts XII.) anzusetzen.
Ich bin nicht davon überzeugt, daß dieser Ansatz stichhaltig
ist, gehe vielmehr weiterhin davon aus, daß Ockham an
dem Text bis zu seinem Tod (wahrscheinlich am 9. April
1348) weitergearbeitet hat.

Späterer Eifer fügte (jedenfalls noch vor 1386, da Pierre d'Ailly im Collège de Navarre in Paris diesen Teil in seinem Inhaltsüberblick, seinem »Epylogus«[6], in diesem Jahr bereits berücksichtigt hat) zwischen die »Prima Pars« und das Fragment der »Tertia Pars« die zweifellos authentische, aber nicht dem *Dialogus* zugehörige Streitschrift Ockhams »De dogmatibus Iohannis XXII.« – vielleicht der gleichnamigen Überschrift wegen – als angebliche »Secunda Pars« ein, obwohl der Text in Vorgehen und Gestalt überhaupt nicht in den *Dialogus* paßt, wenn er auch thematisch gewiß auf der nämlichen Erfahrung beruht, die Ockhams »politiktheoretische« Reflexion überhaupt ausgelöst hatte. Ich habe darauf verzichtet, aus diesem dem *Dialogus* fremden Text Auszüge aufzunehmen, da das den Charakter unserer Auswahl entscheidend hätte verändern müssen: für einen Querschnitt aus Ockhams politischen Schriften insgesamt hätten andere Texte den gleichen, ja sicherlich einen weit höheren Anspruch auf Berücksichtigung. Die für die vorliegende Ausgabe unumgängliche Beschränkung hinsichtlich des Umfangs machte aber eine Auswahl bereits für den authentischen *Dialogus* äußerst schwierig.

Natürlich kann diese Auswahlausgabe nur erste Schritte bei einer Bemühung um Ockhams politische Theorie erleichtern, nicht den ganzen Weg abschreiten, den Ockham gegangen ist. Nur wer bereit ist, mit langem Atem und mit großer Geduld Zeit in die Lektüre und Prüfung der Argumentationen und ihrer Windungen zu investieren, darf erwarten, der vom Autor versprochenen evidenten Einsichten teilhaftig zu werden. Ockham selbst hat seinen *Dialogus* immer als seine wichtigste Schrift betrachtet, als sein Hauptwerk und sein letztes Wort. Nur ungern ließ er sich abgekürzt und ohne einen langen diskursiven Weg der Argumentation, der die Mühsal des Erkenntnisgewinns nachschreitet, vernehmen. So schrieb er: »Gewiß, ich weiß

6 I. Murdoch (Hrsg.), *Critical Edition of Pierre d'Ailly's »Abbreviatio Dyalogi Okan«*, Diss. Phil. Melbourne 1981 [Masch.].

genau: verkürzte Aussagen über die Wahrheit mögen bisweilen, wenn die Untersuchungen nur bruchstückhaft
durchgeführt sind und besonders dann, wenn die Probleme
nicht ausführlich erörtert werden, den Anschein erwecken,
als wären sie nur mit dunklen und unwirksamen Argumenten geführt oder stünden gar spitzfindigen Scheineinwänden schutzlos offen. Manchmal tragen sie deshalb das Gesicht der Falschheit, so daß sie Menschen, die der Wahrheit
widerstreben, keineswegs überzeugen können, besonders
dann nicht, wenn diese sich von ihren Affekten leiten lassen
oder sich an falsche Lehren und Irrtümer gewöhnt haben.
Solche Texte werden dann von Menschen, die nicht fest
genug begründet zu urteilen wissen, als lächerlich eingeschätzt, ja liefern bisweilen einfältigen Lesern Anlaß zum
Irrtum. Während sie in Wahrheit insgeheim den Knoten lösen, wird ihnen vorgeworfen, daß sie ihn allererst schürzten. Trotzdem möchte ich, da die Menschen von heute sich
an der Kürze freuen und über ausführliche Werke vor Langeweile stöhnen, in einer Kurzfassung auszuführen versuchen, daß [. . .].«[7] Dergestalt hat Ockham eine knappere
Stellungnahme, sein Memorandum für den englischen König Edward III. begründet. Er hätte es offensichtlich vorgezogen, wenn man sich auf seinen *Dialogus* eingelassen hätte.

7 »An princeps pro suo succursu«, in: OPol I, S. 288 Z. 1–10.

Zur Ausgabe

Eine Auswahl, noch dazu wenn sie räumlich beschränkt werden muß, darf nicht hoffen, in repräsentativer Breite Ockhams politische Reflexionen vorführen zu können. Trotzdem soll der Versuch gewagt werden, durch die ausgewählten Splitter (die hier vor allem wegen ihrer politisch-theoretischen Bezüge aufgenommen worden sind) einen ersten Einstieg in seine Sozialphilosophie zu finden, was dann ein selbständiges Weitergehen erleichtern mag. Die Auswahl ist bestrebt, nicht nur »Kernsätze« mit mehr oder minder kühnen Thesen zu präsentieren, sondern jeweils – wenngleich manchmal in vorsichtig raffender Auswahl – auch den Weg zu markieren, auf dem Ockham seine eigenen Ansichten wie die seiner Gegner begründet und abgesichert hat. Es wurde versucht, auch das Spiel mit verschiedenen traditionellen Genera politischer Theorie des Mittelalters (etwa mit Aristoteleskommentar oder Fürstenspiegel) zu seinem Recht kommen zu lassen. Freilich konnte nur in Ausnahmefällen genauer verfolgt werden, wie Ockham die ihm vorliegenden Argumente behandelt: so fehlt sowohl seine Auseinandersetzung mit Marsilius von Padua (den Ockham im *Dialogus* seitenweise zitiert, wenn auch ohne Namensnennung oder gar Stellenangabe) als auch die mit Lupold von Bebenburg (von dem er sich kritisch in einer anderen Schrift, dem *Achtfragentraktat*, abgegrenzt hat), auch auf die von Ockham benutzten Quellen konnte nur in Ausnahmefällen in den Anmerkungen hingewiesen werden. Trotzdem hoffe ich, daß die hier aufgenommenen Texte exemplarisch für die bohrende Frageenergie und kühne Thesenfreudigkeit ihres Autors, für seinen Scharfsinn und seinen Erkenntnisoptimismus, für seine Entschlossenheit, seine Radikalität und auch für seine Einseitigkeiten und Grenzen sprechen mögen.

Bei der Kommentierung habe ich vor allem die formellen Quellen Ockhams im Kirchenrecht identifiziert und nach

Möglichkeit nachgewiesen. Dabei habe ich im lateinischen
Text die Zitierweise des Spätmittelalters (wenn auch leicht
normalisiert) beibehalten, in der Übersetzung wurde die
heute übliche Zitation benutzt. (Bei unterschiedlichen An-
gaben entspricht der Nachweis in der Übersetzung meiner
Identifikation!) Die Herstellung eines lateinischen Textes ist
gegenwärtig ein Wagnis. Es erschien mir nicht angemessen,
ja eigentlich unmöglich, für die von mir ausgewählten Ex-
zerptsplitter eine kritische Ausgabe herzustellen, da das
letztlich die Übersicht über den gesamten Text und seine
Überlieferung und also die Vollendung einer kritischen
Ausgabe zur Voraussetzung hat. Darum habe ich mich darauf beschränkt, die Textfassung des Inkunabeldruckes von
Johannes Trechsel (Lyon 1494; Nachdr. London 1962), die
von Melchior Goldast in seiner *Monarchia S. Romani
Imperii* (Bd. 2, Frankfurt a. M. 1614; Nachdr. Graz 1960)
abgedruckt worden ist, im wesentlichen unverändert wie-
derzugeben. Nur wo mir dieser Text offensichtlich in Un-
ordnung schien, habe ich versucht, an einer Kontrollhand-
schrift eine bessere Lesart oder durch Konjektur eine
Emendation zu finden. Die so gefundene Abweichung von
der Druckvorlage wurde stets durch Sternchen bei dem
Wort oder Satzteil kenntlich gemacht. Auf diese Weise
konnte natürlich kein »kritischer Text« zustande kommen;
einen »Lesetext« – und einen lesbaren Text –, der das Verständnis erschließt, meine ich damit aber doch vorlegen zu
können, und darauf allein kommt es mir hier an.

Die Orthographie wurde vorsichtig auf Lautstand und
graphische Usancen des Spätmittelalters zurückgeführt, das
Latein erscheint hier also nicht in der Schreibweise des
Gelehrtenlateins des 19. Jahrhunderts, die sonst so häufig
spätmittelalterliche Texte verfremdet. Die Zeichensetzung
wurde grammatisch analysierend, nicht nach den Druckvor-
lagen vorgenommen.

Bei der Übersetzung habe ich mich um Treue, aber nicht
um ängstlich enge Wörtlichkeit bemüht, vor allem habe ich

durch eine vorsichtige Aufgliederung der Perioden versucht, eine »deutsche« Fassung der Sätze zu erreichen und eine allzu verschachtelte Wiedergabe der komplexen Konstruktionen, die stets nach den bei Schülern so beliebten Übersetzungshilfen schmeckt, konsequent zu vermeiden. Die von mir gewählten deutschen Überschriften für die abgedruckten Texte sollen die inhaltliche Orientierung erleichtern.

Mehr als einen Wegweiser zur politischen Theorie Wilhelms von Ockham, das sei wiederholt und unterstrichen, will die vorliegende Exzerptsammlung nicht liefern. Sie hätte ihren Sinn erfüllt, wenn möglichst zahlreiche Benutzer sich auf einen eigenen Weg zu diesem großen und wichtigen Text des 14. Jahrhunderts locken ließen.